Wissenschaftliche Untersuchungen
zum Neuen Testament · 2. Reihe

Herausgeber / Editor
Jörg Frey (München)

Mitherausgeber / Associate Editors
Friedrich Avemarie (Marburg)
Judith Gundry-Volf (New Haven, CT)
Hans-Josef Klauck (Chicago, IL)

250

Stefanie Lorenzen

Das paulinische
Eikon-Konzept

Semantische Analysen zur Sapientia Salomonis,
zu Philo und den Paulusbriefen

Mohr Siebeck

STEFANIE LORENZEN, geboren 1976; Studium der evangelischen Theologie, Germanistik und der spanischen Philologie in Heidelberg; 2004 Assistenzvertretung am Lehrstuhl für Neues Testament in Jena; 2008 Promotion; seit 2007 Studienreferendarin in Saarbrücken.

ISBN 978-3-16-149650-9

ISSN 0340-9570 (Wissenschaftliche Untersuchungen zum Neuen Testament, 2. Reihe)

Die Deutsche Nationalbibliothek verzeichnet diese Publikation in der Deutschen Nationalbibliographie; detaillierte bibliographische Daten sind im Internet über *http:// dnb.d-nb.de* abrufbar.

© 2008 Mohr Siebeck Tübingen.

Das Buch wurde von Laupp & Göbel in Nehren auf alterungsbeständiges Werkdruckpapier gedruckt und von der Buchbinderei Nädele in Nehren gebunden.

Für Maja

Vorwort

Die vorliegende Arbeit wurde im Wintersemester 2006/07 von der Theologischen Fakultät der Ruprecht-Karls-Universität Heidelberg als Dissertation angenommen. Für die Drucklegung wurde sie leicht überarbeitet.

Professor Dr. Peter Lampe hat die Arbeit betreut. Ihm danke ich herzlich für seine stete Bereitschaft zum kritischen und motivierenden Gespräch sowie zur praktischen Unterstützung. Mein Dank gilt auch PD Dr. Peter Busch für die Erstellung des Zweitgutachtens.

Wertvolle Anregungen für die Gestaltung der Dissertation erfuhr ich auch während meiner Zeit an der Universität Jena durch Gespräche mit Professor Dr. Niebuhr, Professor Dr. Roland Deines und Professor Dr. Hermut Löhr.

Die Dissertation wurde durch ein Stipendium der Deutschen Studienstiftung gefördert. Dies ermöglichte mir ein zügiges und konzentriertes Arbeiten.

Für die Aufnahme der Dissertation in die Reihe WUNT II danke ich Herrn Professor Dr. Jörg Frey, für die freundliche Betreuung seitens des Verlages Herrn Dr. Henning Ziebritzki und Frau Bettina Gade.

Für die Entstehung der Arbeit wichtig war auch das Oberseminar Professor Lampes: Hier konnte ich meine Ergebnisse vorstellen und diskutieren. Dr. Angela Rascher danke ich herzlich für die Mühe des Korrekturlesens und manch hilfreichen Gedankenaustausch, Dr. Henning Hupe für sein stets offenes Ohr und fortwährende Diskussionsbereitschaft.

Meinen Eltern Annegret und Peter Bitsch möchte ich für die rege Anteilnahme und Unterstützung nicht nur während der Arbeit an der Dissertation, sondern auch während der langen Jahre meiner Ausbildung danken. Schließlich gilt mein Dank meinem unverzichtbarsten Gesprächspartner und Begleiter auf dem langen Weg der Promotion, meinem Mann Uwe Lorenzen.

Saarbrücken, August 2008   Stefanie Lorenzen

Inhaltsverzeichnis

Einleitung

1. Bild – Medium – Körper im Rahmen einer Bildanthropologie

Produktion und Rezeption von Bildern gehören zum menschlichen Dasein und bestimmen das menschliche Vorstellungsvermögen. Unter dieser Prämisse ist es nur folgerichtig, die wissenschaftliche Untersuchung von Bildern als Teil der Anthropologie zu verstehen. Hans Belting durchbricht daher die bislang in der Kunstgeschichte übliche Fokussierung auf den Kunstcharakter von Bildern zu Gunsten einer umfassenderen „Bild-Anthropologie".[1]

Anhand der drei Größen Bild, Medium und Körper stellt Belting die Relationen von materialer Bildproduktion, mentalen Vorstellungsbildern und Bildtheorien dar. Grundlegend ist dabei seine Annahme, dass Bilder niemals „körperlos", sondern immer in medialer Vermittlung erscheinen. Auf diese Weise werden sie vom Menschen wahrgenommen und im menschliche Körper „medial" gespeichert.[2] Dort erscheinen sie dann als innere Bilder – im Gedächtnis, in Träumen und Visionen.[3] Doch der menschliche Körper ist nicht nur Speichermedium für Bilder, er kann auch für andere zum Bildträger werden, z.B. mit Hilfe einer Maske oder Bemalung.[4]

Die drei von Belting aufgestellten Parameter Bild, Medium und Körper sollen in der folgenden Untersuchung des „jüdisch-alexandrinischen"[5] und des paulinischen Bildkonzeptes als Orientierungspunkte dienen: Während die Auseinandersetzung mit materialen Bildern in diesen Texten meist polemisch geschieht – schließlich gilt für die Verfasser das biblische Bilderverbot –, zeigen sich unterschiedliche Auffassungen vom Menschen als göttlichem Ebenbild: Während die z.T. platonisch beeinflussten[6] jüdisch-

---

[1] Vgl. *Belting* 2001.

[2] Vgl. *Belting* 2001, 19-33.

[3] Vgl. *Belting* 2001, 65-75.

[4] Vgl. *Belting* 2001, 34-38.

[5] Diese etwas verkürzte Kategorisierung bezieht sich auf die Sapientia Salomonis sowie die Texte Philos.

[6] Die platonische Bildertheorie beraubt die Bilder ihrer Körperhaftigkeit, indem sie nicht mehr das medial vermittelte, sinnlich wahrnehmbare Bild, sondern nur noch das

alexandrinischen Texte den Körper des Menschen und damit auch dessen
mediale Funktion weitgehend ausblenden und allein die geistige Realität
gelten lassen, besitzt der Körper für Paulus entscheidende Bedeutung: Er
ist medialer Vermittler des Christusereignisses und Träger der Gott- bzw.
Christusebenbildlichkeit.

Diese somatische Komponente des paulinischen εἰκών-Konzeptes
wurde von der Forschung bislang nur unzulänglich erfasst. Sie soll in dieser Arbeit daher näher beleuchtet und erklärt werden.

2. Der εἰκών-Begriff in der theologischen Forschung

Da die theologische Begriffsgeschichte zum Bereich der religionsgeschichtlichen Forschung gehört, bietet es sich an, die Beiträge zum paulinischen εἰκών-Begriff im Rahmen der religionsgeschichtlichen Forschung
des 20. Jahrhunderts darzustellen. In Anlehnung an eine Kategorisierung
Vollenweiders[7] kann man diesbezüglich „drei große religionsgeschichtliche ‚Wellen‘"[8] unterscheiden: die „alte" Religionsgeschichtliche Schule
bis Bultmann, die Generation der Bultmannschüler sowie die so genannte
„Neue Religionsgeschichtliche Schule". Jede dieser „Schulen" nähert sich
dem εἰκών-Begriff aus einer anderen Perspektive.

2.1. Der εἰκών-Begriff der Religionsgeschichtlichen Schule bis Bultmann

Für die Göttinger Religionsgeschichtliche Schule, die Vollenweider in
Bultmanns religionsgeschichtlichen Thesen gipfeln lässt,[9] sind bereits die
Anfänge des Christentums durch die orientalische Strömung der Gnosis
beeinflusst.[10]

So bringt bereits Bousset den Christustitel εἰκών mit dem himmlischen
Anthropos gnostischen Ursprungs in Verbindung, denkt aber auch an den

---

rein geistige Urbild dieses Bildes, die Idee, ontologisch gelten lässt. Vgl. *Belting* 2001,
173-176.

[7] Vgl. *Vollenweider* 2002, v.a. 25-31. Er bezieht diese Unterteilung auf die Christologie, doch lässt sie sich m.E. auch auf andere Bereiche anwenden.

[8] *Vollenweider* 2002, 25.

[9] Das bezieht sich auf die Theorie von der Gnosis als Hintergrund neutestamentlicher
Christologie. Vgl. auch *Colpe* 1961, 57f.

[10] Vgl. neben *Bousset* 1926, 140-143, paradigmatisch *Bultmann* 1984, 111f: „Die
Gnosis ist nicht eine erst innerchristliche, innerkirchliche Erscheinung, die als eine spekulative christliche Theologie unter dem Einfluß griechisch-philosophischer Tradition
charakterisiert werden dürfte – als ‚akute Hellenisierung‘ des christlichen Glaubens, wie
einst Harnack meinte. Sie hat ihre Wurzeln in einer aus dem heidnischen Orient eindrin-
genden dualistischen Erlösungs-Frömmigkeit und ist aufs Ganze gesehen eine Parallel-
oder Konkurrenzerscheinung zur christlichen Religion." Vgl. auch ebd. 175.

hellenistischen Herrscherkult als einen möglichen Hintergrund der Tradition.[11] Ähnlich bezieht Reitzenstein die Verwendung von εἰκών in 1Kor 15,49 auf die Gewandvorstellungen aus den „jungiranischen Totentexten", auf den Seelenhymnus der Thomasakten und die mandäischen Totenlieder.[12]

Der Ursprung des paulinischen εἰκών-Gebrauchs in 2Kor 3,18 und Röm 8,29 liegt nach Reitzenstein in der „Mysteriensprache" bzw. in der „hellenistischen Mystik"[13]. Er setzt εἰκών mit μορφή gleich, das er als „etwas Wesenhaftes"[14] interpretiert: „[...] nicht in einer Änderung der Gestalt, sondern des Wesens [...] besteht die μεταμόρφωσις [...]."[15]

In der Nachfolge Reitzensteins und Boussets versteht Bultmann in seiner „Theologie des Neuen Testaments" die Bezeichnung Christi als εἰκών τοῦ θεοῦ (2Kor 4,4, Kol 1,15) nicht allein vor dem Hintergrund der jüdisch-hellenistischen Sophia- und Logosspekulation, sondern auch des gnostischen Anthroposmythos.[16]

Ebenfalls mit Bezug auf Reitzenstein geht Bultmann weiterhin davon aus, dass der Terminus εἰκών, ebenso wie μορφή und σχῆμα, bei Paulus nicht – wie sonst im Griechischen üblich – die äußere Form bezeichne, sondern das Wesen bzw. die Form, in der das Wesen zum Ausdruck komme.[17] Die Art und Weise, wie Bultmann diese Feststellung trifft, ist allerdings widersprüchlich: Zuerst bestimmt er generell die Bedeutung 'Wesen' in Abgrenzung zur Bedeutung 'Form', 'Gestalt'. Dann räumt er ein, es gehe um die Gestalt bzw. Form, in der ein Wesen zum Ausdruck komme.[18] Gleich darauf bestimmt er aber in seinen Bedeutungsangaben zu den einzelnen Textstellen die Bedeutung immer als 'Wesen' und eben nicht als 'Wesensausdruck'.

Diese Unklarheit ermöglicht es Bultmann, den Ausdrucksaspekt zwar vordergründig in die Semantik des Wortes zu integrieren, letztlich aber eine „Verinnerlichung" der Bedeutung zu erreichen, die nun nicht mehr auf

---

[11] Vgl. *Bousset* 1926, 150.

[12] Vgl. *Reitzenstein* 1956, 350f.

[13] Vgl. *Reitzenstein* 1956, 357.

[14] Vgl. *Reitzenstein* 1956, 357.

[15] Vgl. *Reitzenstein* 1956, 357. Vgl. auch ebd. 360.

[16] Vgl. z.B. *Bultmann* 1984, 170. Zur Übernahme der εἰκών-Prädikation aus der Gnosis vgl. auch *Bultmann* 1984, 134: „[...] dieser Begriff gehört nämlich in den Zusammenhang der kosmologischen Gottessohn-Spekulationen und erscheint so bei Philon und in der hermetischen und gnostischen Literatur."

[17] Vgl. *Bultmann* 1984, 194.

[18] Vgl. auch *Kleinknecht* 1935, 386: „[...] ‚Bild' kann auch bedeuten eine Ausstrahlung, ein Sichtbar- und Offenbarwerden des Wesens mit substantialer Teilhabe (μετοχή) am Gegenstande. [...] So bedeutet εἰκών [...] das Inerscheinungtreten geradezu des Kerns, des Wesens einer Sache."

das sichtbare Äußere als Ausdruck des Inneren, sondern nur mehr auf den „Wesenskern" referiert. Diese Interpretation setzt sich bei seinen Schülern fort.

2.2. Der εἰκών-Begriff in der Nachfolge Bultmanns

2.2.1. Käsemann

Käsemann nimmt in seiner 1933 erschienenen Dissertation „Leib und Leib Christi" den Gedanken vom gnostischen Anthroposmythos als Ursprung des christologischen εἰκών-Begriffs auf, um ihn auf die εἰκών-Belege im Kolosserbrief zu beziehen. Den „gnostischen εἰκών-Gedanken"[19] betrachtet er als Teil eines gnostischen „σῶμα-Mythos"[20]. In diesem Rahmen bezieht er εἰκών allerdings nicht auf die äußere Gestalt des Körpers, sondern auf die Seele: Zum einen sei „der Urmensch oder der Erlöser" die himmlische „εἰκών der Seele"[21], zum anderen der Mensch Träger dieser εἰκών.[22]

Dieses Erlöser-Schema der gnostischen Texte findet Käsemann dann im Kolosserbrief (vgl. Kol 1,15; 3,10) wieder: Hier ist Christus als εἰκών im Soma der Gläubigen „das himmlische Selbst wie der erlöste ‚innere Mensch' wie endlich Urmensch und Erlöser"[23].

2.2.2. Eltester

Auch in der Dissertation des Bultmann-Schülers Friedrich-Wilhelm Eltester mit dem Titel „Eikon im Neuen Testament"[24] lassen sich die Schemata des vorgestellten religionsgeschichtlichen Modells nachweisen, obwohl bei Eltester „die Gnosis als geschlossene Größe gar nicht deutlich wird"[25].

Für Eltester beginnt die Traditionsgeschichte des Eikon-Begriffs mit Platon. Im Hellenismus vermische sich dann die platonische Eikon-

---

[19] *Käsemann* 1933, 81.

[20] *Käsemann* 1933, 83.

[21] *Käsemann* 1933, 82.

[22] Vgl. *Käsemann* 1933, 87: „Mit der εἰκών trägt man zugleich den Gott, der Aion ist. Man ist man selbst, indem man zugleich der Aion selber ist. Und dieses ‚Zugleich' wird interpretiert im Gliedergedanken: Als erneuerter Mensch ist man dies so, daß man ‚Glied' ist. Der εἰκών-Gedanke mündet in der Vorstellung vom Riesenleibe des Aion-Urmenschen."

[23] *Käsemann* 1933, 148.

[24] Vgl. *Eltester* 1958.

[25] So die kritisch gemeinte Bemerkung von *Schwanz* 1974, 269.

Spekulation mit anderen philosophischen (v.a. stoischen) und religiösen Einflüssen und finde sich auch in der Gnosis wieder.[26] All diese Traditionen fließen nach Eltester in die Schriften des hellenistischen Judentums ein, als dessen Hauptquelle er neben der Sapientia Salomonis v.a. Philo untersucht, wo sowohl die Sophia als auch der Logos als εἰκών Gottes bezeichnet werden. Eltester geht davon aus, dass die Eikon-Vorstellungen durch diese Vermittlung Eingang in die hellenistische Urgemeinde fanden, von der Paulus schließlich seinen Eikon-Begriff übernehme. Der Bezug auf Gen 1,26f ist für ihn folgerichtig nur von sekundärer Relevanz für die Begriffstradition.[27]

Unter dieser traditionsgeschichtlichen Prämisse legt Eltester sein Augenmerk hauptsächlich auf die Eikon-Prädikationen in 2Kor 4,4 und Kol 1,15; 3,10. Die Aussagen zur Christusebenbildlichkeit in Röm 8,29, 1Kor 15,49, 2Kor 3,18 lässt er dagegen fast völlig außer Acht und beschränkt sich darauf, die Bedeutung von εἰκών mit Verweis auf Bultmann als 'Gestalt' im Sinne von 'Wesen' anzugeben.[28]

Im Falle von 2Kor 4,4 sieht er die in den Vergleichstexten herausgearbeitete kosmologische Bedeutung von εἰκών nur am Rande wirksam. Stattdessen verwende Paulus das Wort vor dem Hintergrund der jüdisch-hellenistischen Sophia-Spekulation als Offenbarungsbegriff. Dagegen komme in Kol 1,15 noch die kosmologische Bedeutungsdimension zum Ausdruck, die als Ergebnis einer bereits vorphilonischen Mischung aus gnostischer und hellenistischer Spekulation zu verstehen sei.[29] Daher stelle Kol 1,15 ein traditionsgeschichtliches früheres Stadium dar als 2Kor 4,4, wobei Paulus sich auch hier nicht für die kosmologische Bedeutungsdimension interessiere.[30] In Kol 3,10 sieht er die seines Erachtens genuin gnostische Vorstellung von der Gottebenbildlichkeit als eschatologischer Möglichkeit ausgeprägt. Im Unterschied zur Gnosis sei der eschatologische Aspekt aber in der Taufe bereits vorweggenommen und verbinde sich mit

---

[26] Zur Erarbeitung dieser Entwicklung kann Eltester auf *Willms* 1935 zurückgreifen.

[27] Vgl. z.B. *Eltester* 1958, 113.119f.

[28] Vgl. *Eltester* 1958, 23-25. 165f. Es lässt sich hier also dasselbe Changieren beobachten wie bei Bultmann, wenn Eltester Ausdrucks- und Bedeutungsebene vermischt und die Bedeutung 'Gestalt' als Bezeichnung für das 'Wesen' betrachtet. Er gibt also eigentlich zwei verschiedene Bedeutungen an, wobei die Bedeutung 'Gestalt' vermutlich der außerneutestamentlichen Bezeugung geschuldet ist und von ihm uminterpretiert werden muss, um zur eigentlich für Paulus intendierten Bedeutung 'Wesen' zu gelangen. Wie Bultmann „verinnerlicht" Eltester also die Semantik des Wortes, indem er von ihrer eigentlichen Funktion absieht, das äußerlich Sichtbare als Manifestation zu begreifen.

[29] Auch die Anthroposvorstellung Philos und der philonische Leib-Seele-Dualismus werden als Resultat gnostischer Einflüsse betrachtet. Vgl. *Eltester* 1958, 124-127.

[30] Vgl. *Eltester* 1958, 130-152.

einem ethischen Anspruch, den Eltester auf jüdische Einflüsse zurückführt. Außerdem fehle die für die Gnosis typische Präexistenzvorstellung.[31] Eltester versucht in seiner Arbeit erstmals, eine Traditionslinie des paulinischen εἰκών-Begriffs zu zeichnen. Die zentrale Rolle, die er dem hellenistischen Judentum bei der Rezeption und Vermittlung der platonischen Eikon-Vorstellung zumisst, dürfte gerechtfertigt sein. Seine Einschätzung der Gnosis als vorchristliche bzw. vorphilonische Größe führt ihn aber dazu, den Einfluss von Gen 1,26f auf die philonische Ausbildung der Anthroposvorstellung zu verkennen.

Nur ungenügend berücksichtigt Eltester die Bedeutung von εἰκών bei Paulus.[32] Er konzentriert sich vor dem Hintergrund seiner erarbeiteten Traditionsgeschichte hauptsächlich auf die Belege in 2Kor 4,4 und Kol 1,15; 3,10 und vernachlässigt dabei textanalytische Aspekte.[33] Die mindestens ebenso wichtigen Belegstellen in Röm 8,29, 1Kor 15,49 und 2Kor 3,18 spielen so gut wie keine Rolle und werden allein durch Verweis auf Bultmann abgehandelt. Ihre theologische Bedeutung kommt dabei gar nicht in den Blick. Dadurch übersieht Eltester auch, dass die paulinischen Aussagen exegetische Rekurse auf Gen 1,26f; 5,1.3 darstellen, die z.T. auch ohne Umweg über Philo oder die Gnosis erklärt werden könnten.[34]

2.2.3. Jervell

Zwei Jahre nach Eltesters Arbeit erschien Jacob Jervells Dissertation „Imago Dei. Gen 1,26f. im Spätjudentum, in der Gnosis und in den paulinischen Briefen".[35] Im Gegensatz zu Eltester geht Jervell nicht wortorientiert vor, bezieht sich also nicht nur auf Belege des Wortes εἰκών.[36] Stattdessen bevorzugt er einen interpretationsgeschichtlichen Ansatz. Das beinhaltet eine Berücksichtigung des gesamten zwischentestamentarischen („spätjüdischen"), rabbinischen und gnostischen Materials als Hintergrund für das Verständnis der paulinischen und deuteropaulinischen Ebenbildlichkeitsaussagen.[37] In diesem Materialreichtum liegt eine große Stärke der Arbeit. Sie bringt es allerdings auch mit sich, dass die Belege nicht einzeln gewür-

---

[31] Vgl. *Eltester* 1958, 156-164. Zur These, dass die Vorstellung der Gottebenbildlichkeit als eschatologischer Möglichkeit gnostisch sei, vgl. *Eltester* 1958, 128f.

[32] Vgl. *McKenzie* 1959, 242: „The reader may be intrigued by the relation of title to content in E.'s monograph. The study of eikon in the NT begins on p. 130."

[33] Das kritisiert auch *Jervell* 1960, 12.

[34] Natürlich wurde Eltesters einseitige Konzentration auf Plato, den Hellenismus und die Gnosis kritisiert und ein stärkerer biblischer Bezug angemahnt. Vgl. z.B. *Boismard* 1959, 421.424, sowie *Des-Places* 1959, 111. Zur Kritik an Eltester vgl. auch *Marques* 1986, 4-7.

[35] Vgl. auch *Jervell* 1980. Die traditionsgeschichtlichen Ausführungen kommen in diesem Lexikonartikel nur am Rande zur Sprache.

[36] *Jervell* 1960, 12, kritisiert dies an Eltesters Arbeit.

[37] Dessen Nichtberücksichtigung kritisiert *Jervell* 1960, 12, an Eltesters Arbeit.

digt werden, sondern oft nur zusammenfassend auf sie verwiesen wird, was einen Nachvollzug der Interpretationen erheblich erschwert.

Jervell verknüpft seine traditionsgeschichtlichen Ergebnisse mit einer formkritischen Analyse der paulinischen Texte. Das zugrunde liegende religionsgeschichtliche Modell basiert auf der Annahme, dass Paulus in vielen Fällen auf Tauftraditionen der hellenistischen Gemeinde rekurriere, die z.T. gnostisch beeinflusst seien: In diesen Tauftraditionen werde die Taufe als Auferstehung mit Christus interpretiert, womit sich die Erneuerung der Gottebenbildlichkeit in Form der Christusebenbildlichkeit verbinde. Diese Identität von Erlöser und Erlöstem sei zwar gnostischen Ursprungs, werde aber von Paulus umgedeutet.

Als Beispiele für solche umgedeuteten Traditionen nennt Jervell Röm 8,29 (Paulus verstehe die Taufe hier nur als proleptische Auferstehung, da die eigentliche Auferstehung erst im Eschaton stattfinde)[38], 1Kor 15,49 (Paulus eschatologisiere die hellenistische Tauftradition, um „philonischen und gnostischen Gedanken"[39] entgegenzuwirken)[40], 2Kor 3,18 (für Paulus ereigne sich die Verwandlung zur Christusebenbildlichkeit durch die Verkündigung und entspreche der Rechtfertigung)[41], Kol 3,10 und Eph 4,22-24 (die hellenistisch-gnostische Taufvorstellung werde gemäß „spätjüdischen" Vorstellungen ethisiert)[42].

Dasselbe gelte für 2Kor 4,4, Phil 2,6 und Kol 1,15 – nach Jervell allesamt Bestandteile christologischer Taufhymnen der hellenistischen Gemeinde,[43] die in gnostischer Tradition v.a. zur Anzeige der Göttlichkeit dienten. Aus diesem Grund bezeichnet nach Jervell die Eikon-Prädikation in 2Kor 4,4 die Göttlichkeit Christi – und nicht etwa Christus als neuen Menschen in der Nachfolge Adams.[44] Die Erkenntnis Christi sei deshalb gleichzusetzen mit der Erkenntnis seiner Göttlichkeit und Paulus „deutlich von philonisch-gnostischen Gedanken beeinflußt".[45]

---

[38] Vgl. *Jervell* 1960, 272-275.

[39] *Jervell* 1960, 260.

[40] Vgl. *Jervell* 1960, 261.267.268. Weil Paulus den Menschen immer ganzheitlich beschreibe, sei das Wort εἰκών nicht mit 'Gestalt', sondern mit 'Wesen' zu übersetzen (vgl. ebd. 268). Auch hier kommt also die Interpretation Bultmanns deutlich zutage. Vgl. auch ebd. 271: Paulus könne sich „keine Leiblichkeit an und für sich vorstellen".

[41] Vgl. *Jervell* 1960, 173-197, v.a. 174 mit Anm. 5, sowie 180-183.189-191 und die Zusammenfassung 332.

[42] Vgl. *Jervell* 1960, 232f.239f.243.256.333.

[43] Vgl. *Jervell* 1960, 197-213.332f.

[44] Vgl. *Jervell* 1960, 215-217.

[45] Vgl. *Jervell* 1960, 218. Als „philonisch-gnostisch" werden die philonischen Aussagen zum gottebenbildlichen Anthropos deshalb bezeichnet, weil Jervell die soteriologische Dimension des Eikon-Begriffs auf gnostischen Einfluss zurückführt und von einem platonischen Eikon-Begriff unterscheidet. Vgl. *Jervell* 1960, 53-70.

Die Fokussierung auf die Interpretationsgeschichte von Gen 1,26f führt Jervell dazu, Bezüge zur Gottes- oder Christusebenbildlichkeit auch in solchen Texten zu vermuten, die darauf nicht explizit Bezug nehmen. So verweise z.B. Röm 1,23 nicht allein auf den Sündenfall am Sinai (Ex 32), sondern thematisiere in Anlehnung an „spätjüdische Theologie"[46] bzw. „rabbinische Auslegung"[47] eigentlich den Verlust der Gottebenbildlichkeit nach Adams Fall. Die Rede vom φθαρτὸς ἄνθρωπος sei daher als Anspielung auf Adam zu verstehen, in dessen Nachfolge der Mensch tiergleich sei und Gottes Gerechtigkeitsforderung nicht mehr erfüllen könne.[48] Es handele sich dabei um das „Prolegomenon" der paulinischen „Ebenbildlichkeitstheologie"[49].

Anhand dieser Beispiele lässt sich ein Grundproblem der Studie Jervells verdeutlichen: Die Betonung des interpretationsgeschichtlichen Ansatzes führt zu einer Vernachlässigung der synchronen, textanalytischen Deutung. Auf diese Weise werden oft traditionsgeschichtliche Aspekte in die Texte eingetragen, die einer synchronen Analyse nicht standhalten.[50] Dies gilt für die Deutung von Röm 1,23 als Ausdruck einer adamitischen Ebenbildlichkeitstheologie ebenso wie für die Interpretation von 1Kor 15,49 und 2Kor 4,4 vor gnostischem Hintergrund. Und auch die Verknüpfung von εἰκών in 2Kor 3,18 mit dem Gedanken der Rechtfertigung durch Verkündigung fußt auf einer gewagten traditionsgeschichtlichen Rekonstruktion[51] und mutet einigermaßen „dogmatisch" an.

Diese Überbelastung der interpretationsgeschichtlichen Methode führt nicht zuletzt dazu, dass mit der heute verbreiteten Skepsis gegenüber einer vorchristlichen Gnosis auch Jervells Untersuchung in vielen Teilen als veraltet eingestuft werden muss.

2.2.4. Schwanz

In seiner 1970 erschienenen Dissertation und einem daraus erwachsenen Aufsatz von 1974 stützt Peter Schwanz die Thesen Eltesters und Jervells

---

[46] *Jervell* 1960, 321.
[47] *Jervell* 1960, 336.
[48] Vgl. *Jervell* 1960, 323-325.335f.
[49] *Jervell* 1960, 335.
[50] Vgl. zu *Jervells* Interpretationsmethode auch die Kritik *Larssons* 1962, 113f Anm. 2, sowie *Schenke* 1962, 121 Anm. 2: „Die Arbeit Jervells leidet an einer m.E. unvertretbaren Interpretationstechnik, bei der die Akzente verschoben und die Unterschiede verschleiert werden. Mit dieser Technik kann man alles beweisen, was man will. So kommt Jervell in allen Partien seines Buches nur zu halbwahren Ergebnissen."
[51] Vgl. z.B. die Bedeutungsangabe 'Verkündigung' für εἰκών in 2Kor 3,18, die durch Verweis auf CH IV.11 gerechtfertigt wird. Hier bedeutet εἰκών aber keineswegs 'Verkündigung', sondern 'Gleichnis'.

bzgl. einer gnostischen Vorprägung des paulinischen Eikon-Begriffs.[53] Vor diesem Hintergrund versteht er auch das paulinische Leib- bzw. Haupt-Glieder-Motiv als Äquivalent zum Eikon-Begriff,[54] da er – vermutlich in der Nachfolge Käsemanns – die Eikon Christi als identisch mit der Eikon des Menschen betrachtet und dabei von einer inneren Identität ausgeht.

Es zeigt sich also in allen vorgestellten Arbeiten eine (zeitgeschichtlich verständliche) Abhängigkeit von dem Modell der Religionsgeschichtlichen Schule mit ihrer starken Betonung der Gnosis als vorchristlicher Größe einerseits, der damit verbundenen „Verinnerlichung" des Eikon-Begriffs andererseits. Da die Existenz einer vorchristlichen Gnosis aus heutiger Perspektive mit Fragezeichen zu versehen ist,[55] stehen auch die vor diesem Hintergrund erwachsenen Interpretationen zur Disposition.

2.3. Der εἰκών-Begriff bei Larsson und Marques

Unabhängig und z.T. in Abgrenzung zur Bultmann-Schule erschienen die Arbeiten Larssons und Marques'[56], die beide einen stärkeren Akzent auf die alttestamentliche Tradition legen.

2.3.1. Larsson

Larsson untersucht in seiner Dissertation die paulinischen Tauf- und Eikontexte unter dem Aspekt des Nachfolgegedankens.[57] Dabei geht er nicht wort-, sondern motivorientiert vor, behandelt also z.B. auch Eph 4,24 und Phil 2,6ff sowie verschiedene andere Vergleichstexte, die zwar nicht das Wort εἰκών, wohl aber das Bildmotiv enthalten.

Seine traditionsgeschichtliche Rekonstruktion der Gottebenbildlichkeit beginnt Larsson im Alten Testament, wo er eine Gottebenbildlichkeit des Herrschers und des Volks ausmacht, die in der messianischen Gottebenbildlichkeit einer eschatologischen Herrschergestalt, des Menschensohnes, und Israel münde.[58] Diese Grundlinie einer messianischen und einer allgemeinen Ebenbildlichkeit verfolgt er über die zwischentestamentarische

---

[53] Vgl. *Schwanz* 1974, 270: „Der paulinisch-deuteropaulinische Eikon-Begriff wird nicht anders als vor dem Hintergrund der gnostischen Eikon-Vorstellung voll verständlich."

[54] Vgl. *Schwanz* 1974, 275.

[55] Vgl. z.B. *Markschies* 2001.

[56] Vgl. *Larsson* 1962, *Marques* 1986. Der veröffentlichte erste Teil der Dissertation von Marques umfasst allerdings nur die semantische Analyse des εἰκών-Begriffs der LXX, die Analyse der Paulus-Belege folgt im unveröffentlichen zweiten Teil.

[57] Vgl. *Larsson* 1962, 15-18.

[58] Vgl. *Larsson* 1962, 115-127.

Literatur[59] und die Evangelientraditionen bis hin zu Paulus, wobei er die Möglichkeit philonischen Einflusses explizit ablehnt[60].

Für die Vorstellung einer Gottebenbildlichkeit des Messias bzw. des Menschensohns gibt es allerdings ebenso wenig eindeutige Belege wie für die Gottebenbildlichkeit des Königs, die Larsson anhand von Ps 8; 2,7; 45,7f, Ez 28,2-10.11-19 nachweisen will, die aber alle das Wort εἰκών (bzw. ein hebr. Äquivalent) nicht aufweisen und auch keine Gottebenbildlichkeit des Herrschers erwähnen.[61] Insofern entbehrt Larssons traditionsgeschichtliche These einer textuellen Grundlage und ist daher nicht akzeptabel. Intention dieses Ansatzes ist offensichtlich das Bemühen, Traditionsgeschichte vor allem auf biblischer Grundlage zu betreiben.

Da Larsson die paulinischen Eikon-Aussagen aber nicht wie seine Vorgänger vor dem Hintergrund philonischer oder gnostischer Texten interpretiert, entgeht er der Tendenz, sie zu spiritualisieren. So umfasst der paulinische Eikon-Begriff für ihn neben dem Auferstehungskörper[62] auch die Leiden der Apostel und bezieht nicht nur den erhöhten, sondern auch den leidenden Christus mit ein.[63] Auch wenn Larssons traditionsgeschichtliche Ableitung also zu hinterfragen ist, verdienen seine Interpretationen der paulinischen Aussagen doch Beachtung.

2.3.2. Marques

Wie Larsson konzentriert sich Marques auf den traditionsgeschichtlichen Hintergrund des Alten Testaments, anders als er widmet er sich aber einer detaillierten semantischen Analyse des Wortes εἰκών in der LXX, die er als maßgeblichen traditionsgeschichtlichen Bezugspunkt für die paulinischen Eikon-Aussagen betrachtet.[64]

Hier lassen sich nach seinen Untersuchungen zwei Linien erkennen: Zum einen finde sich ein konkretes Verständnis von εἰκών im Zusammenhang mit der Götzenbildthematik[65]; zum anderen sei Gen 1,26f der Ausgangspunkt für die übertragene Bedeutung von εἰκών, meist im Rahmen der Gottebenbildlichkeitsvorstellung, die niemals physisch-visuell, sondern immer spirituell bzw. mental vorgestellt sei.[66] Mit der Götzenbild-

---

[59] Vgl. *Larsson* 1962, 128-169.

[60] Vgl. *Larsson* 1962, 137f.165-169.170f.

[61] Vgl. auch *Kim* 1984, 159f.

[62] Vgl. *Larsson* 1962, 302-321. Nicht zuzustimmen ist allerdings Larssons Annahme, dass Christus von Paulus in 1Kor 15,45ff in Menschensohnkategorien geschildert wird.

[63] Vgl. z.B. *Larsson* 1962, 187.285 mit Anm. 2.287-293.305.

[64] Vgl. z.B. *Marques* 1986, 322. Diese These wird vermutlich im zweiten Teil der Arbeit erhärtet, die aber nicht veröffentlicht vorliegt.

[65] Vgl. *Marques* 1986, 316-318.

[66] Vgl. z.B. *Marques* 1986, 86.88.119f.126.128.148.150.161-165.196f.316.

thematik verbinde sich eine negative, mit der Gottebenbildlichkeit eine positive Konnotation: Die Gottebenbildlichkeit stehe für Macht und Leben, das Götzenbild dagegen für das Gegenteil, den Tod.[67]

Bei Paulus besitze der Eikon-Begriff überwiegend positive Konnotationen. Das sei nicht zuletzt darin begründet, dass die Auferstehung Christi für die vormals den toten und falschen Göttern unterworfenen Menschen eine neue Möglichkeit der Gottebenbildlichkeit eröffne.[68]

Auch wenn einiges für den von Marques erkannten Zusammenhang von εἰκών und der Lebens- bzw. Todesthematik spricht,[69] so ist doch fraglich, ob zwischen den Bedeutungen in Gen 1,26f; 5,1.3; 9,6, Sir 17,3 und SapSal 2,23; 7,26 eine derartige Kontinuität besteht, wie Marques sie favorisiert.[70] Das betrifft v.a. die von Marques für all diese Belege behauptete spirituelle Bedeutung von εἰκών. Diese Betonung der geistigen Ebenbildlichkeit mag für Texte wie Sir und SapSal angehen, ist aber gerade im Blick auf die Belege in Gen zu hinterfragen. Insofern ist auch Marques' These, die Gottebenbildlichkeit beziehe sich auf das mentale Bild, das Gott sich bei der Schöpfung der Menschen von sich selbst gemacht habe[71], anzuzweifeln. Nichtsdestotrotz stellen die LXX-Belege von εἰκών eine wichtige Vergleichsgrundlage für Paulus dar, die Marques systematisch aufgearbeitet hat.

2.4. Der εἰκών-Begriff der „Neuen Religionsgeschichtlichen Schule"

Die von Vollenweider in Anlehnung an die Jesusforschung so bezeichnete „Third Quest" der „Neuen Religionsgeschichtlichen Schule"[72] betrachtet die jüdische Apokalyptik als Vorläuferin der jüdischen Merkhaba- oder Hekhalot-Mystik[73] und versucht, auch Paulus und v.a. das paulinische Damaskuserlebnis in diese traditionsgeschichtliche Linie, die auch als „mystisch-apokalyptisch"[74] deklariert wird, einzuordnen.[75]

Traditionsgeschichtlicher Ausgangspunkt für diese Art von versprachlichter Visionserfahrung sei die Schau Ezechiels in Ez 1,26-28, in der Ezechiel „eine Gestalt, dem Aussehen eines Menschen gleich" bzw. „ein mit der Gestalt eines Menschen Vergleichbares" (אָדָם כְּמַרְאֵה דְּמוּת bzw.

---

[67] Vgl. *Marques* 1986, 319-322.

[68] Vgl. *Marques* 1986, 322.

[69] Vgl. z.B. *Marques* 1986, 194f.198. 245. 266f.319.

[70] Vgl. *Marques* 1986, 266f.

[71] Vgl. *Marques* 1986, 127-129.149.164.319.

[72] Für die hier diskutierte Frage rekurriere ich auf *Kim* 1984, *Segal* 1990, *Newman* 1992, *Vollenweider* 2002.

[73] Vgl. *Vollenweider* 2002, 27f, *Segal* 1990, 34-52.

[74] Vgl. *Segal* 1990, 34: „Paul is a mystic."

[75] Vgl. z.B. *Segal* 1990, 40.48, *Kim* 1984, 239-256.

ὁμοίωμα ὡς εἶδος ἀνθρώπου) sieht, wobei es sich um eine Erscheinung Gottes bzw. seines *kabod* in menschlicher Gestalt handelt.[75] Diese Theophanietradition lasse sich dann in verschiedenen Texten weiterverfolgen[76] und bilde die Grundlage für die frühchristliche Vorstellung von Jesus als menschlicher Erscheinung Gottes.[77] Auch die paulinischen Visionen ließen sich vor diesem Hintergrund einordnen.[78]

Da sich die Beziehung von Gott und menschengestaltiger Mittlerfigur also im Rahmen der Bildrelation beschreiben lasse,[79] handele es sich bei dieser Tradition auch um den traditionsgeschichtlichen Hintergrund des (deutero)paulinischen Sprachgebrauchs von εἰκών in Röm 8,29, 1Kor 15,49, 2Kor 3,18; 4,4 sowie Kol 1,15; 3,10.[80] Der Terminus εἰκών wird dadurch zum Schlüsselwort für „mystische Erfahrungen" des Paulus und

---

[75] Vgl. *Segal* 1990, 41, *Newman* 1992, 92-104. Segal spricht ebd. auch von „several Jewish traditions", in denen die Eikon Gottes als Adams prälapsarische Erscheinung diskutiert würde. Leider gibt er zu diesem Befund keine Stellenangabe. Falls er auf ApkMos anspielt, so ist dort allerdings zwischen Adams δόξα, die er mit dem Sündenfall verliert (vgl. ApkMos 20f), und Adams Gottebenbildlichkeit (εἰκών), die er bis zu seinem Tode gerade nicht verliert, zu unterscheiden. Semantisch besteht zwischen beiden Ausdrücken in diesem Text keine Verbindung. Vgl. auch *Jervell* 1960, 39f.100, der die Gleichung von δόξα bzw. רבכ und εἰκών nur für rabbinische bzw. rabbinisch beeinflusste Quellen gelten lässt. Adams Ebenbildlichkeit aufgrund dieser Identifikation mit „God's human appearance" (vgl. *Segal* 1990, 41) gleichzusetzen und diese wiederum mit der z.B. in Ez vorfindlichen visionssprachlichen Tradition zu verbinden (vgl. *Segal* 1990, 52), ist daher höchstens für rabbinische (und d.h. im Vgl. zum NT relativ späte) Texte erlaubt.

[76] Dazu zählen z.B. Dan 7,13, 1Hen 14.46.60.61.62.71.90, TestLev 3-5, ApkAbr 17-19, 4Esra 13, Apk 4-5 etc. Vgl. für weitere Belege *Newman* 1992, 92-104, *Segal* 1990, 40-52, *Kim* 1984, 205-223.239-252. *Segal* 1990, 42-45, sieht auch die philonische Anthropos- und Logosfigur sowie die Vergöttlichung Moses in dieser Tradition, ebenso wie Belege aus dem CH. *Kim* 1984, 219f, rekurriert mit Verweis auf *Hegermann* 1961 ebenfalls auf die Funktion von Logos und Sophia als Theophanieträger. Dass Logos und Sophia diese Funktion erfüllen, bedeutet aber nicht, dass sie mit visionärer Gottesschau in Verbindung gebracht werden müssen, auch wenn solche Erfahrungen nicht ausgeschlossen sind.

[77] Vgl. *Segal* 1990, 44.51.

[78] Vgl. *Segal* 1990, 47.58.

[79] Vgl. *Segal* 1990, 51.

[80] Vgl. *Segal* 1990, 59: „Paul himself designates Christ as the image of the Lord in a few places (2 Cor 4:4, Col 1:15 [if it is Pauline]), and he mentions the *morphē* of God in Phil. 2:6. More often he talks of transforming believers into the image of God's son in various ways (Rom. 8:29; 2 Cor. 3:18; Phil. 3:21; 1 Cor. 15:49; see also Col. 3:9 [sic!]). These passages are critical to understanding Paul's experience of conversion. They must be examined in detail to understand their relationship to Jewish apocalypticism and mysticism, from which they derive their most complete significance for Paul. Paul's longest discussion of these themes occurs in an unlikely place (2 Cor 3:18-4:6), where he assumes the context rather than explaining it completely."

seiner Anhänger.[82] Diese Erfahrungen stellen nach Segal nicht nur mentale, sondern auch somatisch fassbare Erlebnisse dar, die in der körperlichen Verwandlung in das Bild Christi bei der Auferstehung mündeten. Aus diesem Grund beinhalte auch die paulinische Bedeutung von εἰκών eine somatische Komponente.[83]

Das paulinische Damaskuserlebnis wird vor diesem Hintergrund zum Ursprung der paulinischen εἰκών-Christologie,[84] die den „Katalysator" für die Identifikation Christi mit Adam oder der Weisheit (so Kim)[85] bzw. für die paulinische Doxa-Christologie (so Newman)[86] darstelle.

Vollenweider fasst die Aussagen der „Neuen Religionsgeschichtlichen Schule" zur Gottebenbildlichkeit im Neuen Testament zusammen:

„Die Imago Dei scheint ihren spezifischen Ort im Kontext einer Doxa-Christologie bekommen zu haben, worin Christus als Träger des göttlichen Kabod in die höchste himmlische Position einrückt. Das Profil dieser frühen Christologie, die noch ganz aus der jüdischen Vorstellungswelt schöpft und im Gottesdienst entwickelt wie vergegenwärtigt wurde, zeichnet sich durch apokalyptische und mystische Spekulationen über Adam und über die himmlischen Engel, über den Menschensohn und wahrscheinlich auch über Ezechiels Thronwagen mit seiner „menschengleichen Gestalt" (Ez 1,26; vgl. 8,2) aus. Jesus Christus ist das Bild Gottes, das von göttlicher Herrlichkeit umspielt ist. Auf seinem Angesicht glänzt die Kabod Gottes auf. Doxa und εἰκών durchdringen sich, ohne miteinander identisch zu sein. Die Eikon scheint die Doxa zu reflektieren, sie wird zum Spiegel, welcher das göttliche Licht in die Welt hineinstrahlt. Die Glaubenden werden ihrerseits zu Spiegeln für das Strahlen der göttlichen Herrlichkeit. Sie gewinnen Anteil an derjenigen Doxa, von der Christus umspielt ist. Vielleicht besteht auch die ganze Berufungserfahrung des Paulus in einer Vision von Jesus Christus als Träger von göttlicher Doxa und als Bild Gottes."[87]

Positiv ist an diesem Ansatz zu würdigen, dass der visuelle und damit auch somatische Aspekt des paulinischen εἰκών-Konzeptes hinreichend beachtet wird,[88] was neue Perspektiven für das Verständnis von εἰκών aufwirft.

---

[82] Vgl. z.B. *Newman* 1992, 202.

[83] Vgl. *Segal* 1990, 60–69, *Kim* 1984, 200.218f: „[...] the basic connotation of the word εἰκών, visible, material, plastic or physical likeness and representation, cannot be removed completely."

[84] Vgl. *Kim* 1984, 223–239.

[85] Vgl. *Kim* 1984, 193.267: „*Paul saw the exalted Christ as the εἰκών and as the Son of God on the Damaskus road. This perception led him to conceive of Christ in terms of the personified, hypostatized Wisdom of God (together with his realization at that time that Christ had superseded the Torah) on the one hand, and in terms of Adam, on the other. Thus, both Paul's Wisdom-Christology and Adam-Christology are grounded in the Damascus Christophany*" (ebd. 267; seine Hervorhebung).

[86] Vgl. *Newman* 1992, 245f: „In fact, the Christophany was the origin of Paul's δόξα-Christology, for Paul interpreted the Christophany in light of the tradition-history of Glory."

[87] *Vollenweider* 2002a, 61.

[88] Vgl. z.B. *Kim* 1984, 219.

Nichtsdestotrotz leidet das Modell an einigen Schwächen. Diese betreffen v.a. die Quellenlage: Abgesehen von der Frage, inwieweit es zulässig ist, Paulus als Vorläufer der Merkhaba/Hekhalot-Mystik zu betrachten,[88] ist gerade für das Wort εἰκών der Bezug auf Ez 1,26 mehr als ungesichert. Diese Annahme basiert allein auf einer in anderen Texten nachweisbaren Synonymität von צֶלֶם mit דְּמוּת bzw. εἰκών mit ὁμοίωμα oder ὁμοίωσις.[89] Dem muss aber entgegengehalten werden, dass der Ausdruck εἰκών weder in Ez 1,26 noch in eindeutig in dieser Tradition stehenden vorpaulinisch-jüdischen Theophanietexten auftaucht.[90]

Die εἰκών-Belege in Philo, som. I.232.240.241, auf die sich Kim beruft,[91] sind nicht ohne Weiteres als Zeichen für eine spezifisch „visionäre Tradition" von εἰκών im Sinne von Ez 1,26 zu werten: Philo berichtet hier über die Theophanie Jakobs in Gen 31,13, wobei er diese Art der angelomorphen Gotteserscheinung als Logophanie und damit als zweitrangig gegenüber der wahren Gotteserkenntnis interpretiert. Aufgrund der vielen Belege für die Bedeutungsverwandtschaft von λόγος und εἰκών bei Philo[92] ist aber zunächst einmal davon auszugehen, dass diese Gleichung eher auf der philonischen Logostheologie – und damit auf einer platonisierenden Auslegung von Gen 1,26f – als auf einer epiphaniesprachlichen Tradition von Ez 1,26 beruht.
Philo verbindet die biblische Theophanietradition an dieser Stelle vermutlich deshalb mit seiner Vorstellung von der Logos-Eikon Gottes, weil das Wort εἰκών auch die Bedeutung 'Gestalt' und daher eine visuelle Komponente besitzen kann. Nur in som. I.232.240.241 bezieht sich εἰκών bei Philo auf die Bedeutung 'uneigentliche, gestalthafte Erscheinungsweise Gottes bzw. seines Logos in der menschlichen, noch körperorientierten Seele'. Auf eine entsprechende epiphaniesprachliche Tradition kann man deswegen aber – v.a. aufgrund mangelnder einschlägiger intertextueller Hinweise (z.B. auf Ez 1,26) – nicht schließen.

Aufgrund dieser mangelnden Traditionslinie genügt der Beleg auch nicht als Argument für eine „technische" Verwendung des Wortes εἰκών bei

---

[88] Das gilt überhaupt für die Annahme einer traditionsgeschichtlichen Kontinuität zwischen Apokalyptik und jüdischer Mystik. Vgl. *Vollenweider* 2002, 28: „Fragezeichen muß man schließlich setzen hinter die in Anspruch genommene große Kontinuität mystischer Tradition, die sich von den Thronsaalvisionen der älteren Apokalyptik über die Sabbatopferlieder Qumrans bis zu den Merkabaspekulationen des frühen rabbinischen Judentums und den Hekalot-Texten, ja bis zur mittelalterlichen Kabbala erstrecke. All dies sollte davor warnen, die Sünden der religionsgeschichtlichen Väter zu reproduzieren."

[89] Vgl. *Kim* 1984, 200-205.

[90] Bei dem Beleg Ant. 6.333, den *Kim* 1984, 212f zitiert, handelt es sich, wie er selbst sagt, nicht um eine apokalyptische Vision Gottes; ebenso wenig eindeutig ist die griechische Rückübersetzung von 4Esra 5,37. Allerdings stellen diese Textstellen gute Belege für die Wortbedeutung 'Gestalt' von εἰκών dar, die sich mit meiner „somatischen" Deutung des paulinischen Eikonbegriffs deckt.

[91] Vgl. *Kim* 1984, 220-223.

[92] Vgl. dazu unten, 89-97.

Paulus, mit dem ein „automatischer" Bezug der εἰκών-Belege auf Damaskus oder andere Epiphanieerlebnisse einherginge.

Vielmehr muss auch in den paulinischen Texten zunächst der Kontext über derartige Bezüge entscheiden. Hier kommen m.E. einzig 2Kor 3,18; 4,4 (im Verbund mit 2Kor 4,6) als mögliche Belege in Frage. Diese können zwar als Versprachlichungen von Offenbarungserlebnissen gedeutet werden, über die Natur dieser Offenbarungserlebnisse oder gar über ihre Gleichsetzung mit „Damaskus" lassen sich jedoch keine Aussagen machen, da Paulus darüber schweigt.[94]

Wenn aber dem Terminus εἰκών wirklich eine derartige Prominenz bei der Deutung des paulinischen Damaskus zukäme wie z.B. Kim postuliert, dann ist es immerhin verwunderlich, dass Paulus dieses Wort in Gal 1,16, der einzig eindeutigen Schilderung dieses Erlebnisses, nicht verwendet. Auch in der ebenfalls eindeutigen Entrückungserzählung 2Kor 12,1-4 taucht der Ausdruck nicht auf.

2.5. Konsequenzen

Aus den dargestellten Arbeiten wird deutlich, welche Maßgaben für eine traditionsgeschichtlich orientierte Untersuchung des paulinischen εἰκών-Konzeptes eingehalten werden sollten:

Zu achten ist zunächst auf eine ausreichende Vergleichbarkeit der Quellenbelege: Diese ist zum einen durch eine größtmögliche zeitliche, lokale und „mentale" Nähe der Vergleichstexte zu gewährleisten. Zum anderen ist ein wortorientiertes dem motivgeschichtlichen Vorgehen vorzuziehen: Während letzteres nämlich einer hermeneutischen Vorleistung bedarf, impliziert ansonsten das Vorkommen eines Wortes seine semantische Analyse, was methodisch besser kontrollierbar ist.[95] Das bedeutet nicht, dass der Kontext des Wortes außer Acht gelassen wird. Vielmehr ist seine Untersuchung integrativer Bestandteil der semantischen Analyse. Weiterhin ergibt sich aus diesen Analysen ein Wortfeld, das als Ausdruck eines begrifflichen Konzeptes gewertet werden kann. Einer induktiven Schlussrichtung vom sprachlichen Ausdruck auf ein „dahinter" stehendes begriffliches Konzept wird also der Vorrang gegeben vor einer eher deduktiv orientierten Methode, die zuerst nach einer bestimmten Vorstellung und dann (wenn überhaupt) nach den dafür verwendeten sprachlichen Ausdrücken fragt.

Die Frage traditionsgeschichtlicher Abhängigkeiten sollte erst sekundär gestellt werden. Stattdessen erscheint es angemessener, die verschiedenen

---

[94] Vgl. die Analysen der entsprechenden Abschnitte im zweiten Teil.

[95] Diese Entscheidung bedingt – neben der Besonderheit der hier angewandten Analysemethode – auch eine Einschränkung auf griechische Texte. Interessante anderssprachige Vergleichstexte werden z.T. in Exkursen zur Sprache kommen.

εἰκών-Konzepte zunächst einzeln herauszuarbeiten und sie dann vergleichend nebeneinander zu stellen. Erst in einem letzten Schritt sollten dann Gründe für die festgestellten Unterschiede und Gemeinsamkeiten gesucht und entsprechende traditionsgeschichtliche Schlussfolgerungen gezogen werden.

3. Methodischer Ansatz

3.1. Korpuswahl

Berücksichtigt man die oben festgestellten Anforderungen an die Vergleichstexte, dann bieten sich nach den Ergebnissen des forschungsgeschichtlichen Überblicks bereits die Sapientia Salomonis (im Folgenden SapSal) sowie die Texte Philos von Alexandriens als Textcorpora an: Sie wurden in zeitlicher Nähe zu Paulus[95] im hellenistischen Diasporajudentum verfasst, werden von den meisten Arbeiten auf die ein oder andere Weise behandelt und z.T. als entscheidender traditionsgeschichtlicher Hintergrund des paulinischen Eikon-Konzeptes betrachtet.

Vermutlicher Entstehungsort der Texte ist Alexandria,[96] so dass der Forderung einer lokalen Nähe nur bedingt Beachtung geschenkt werden kann. Allerdings besteht dadurch die Möglichkeit, einen evtl. lokal üblichen Sprachgebrauch zu bestimmen.[97] Da für 1Kor 15 die Frage alexandrinischen Einflusses diskutiert wird, ist diese Lokalisierung nicht ohne Brisanz.

Neben diesen „äußerlichen" Eigenschaften der Vergleichstexte ist aber vor allen Dingen ein Argument ausschlaggebend, das mit der hier angewandten Analysemethode zusammenhängt: Da es im Folgenden um die Erstellung von Wortfeldern gehen soll, die auf bestimmte mentale Konzepte verweisen, sollten die verschiedenen Textkorpora eine möglichst große Übereinstimmung des um das Wort εἰκών fassbaren semantischen Umfeldes aufweisen.[98] Eine Recherche im elektronischen Thesaurus Linguae Graecae (TLG) ergibt, dass sich viele derjenigen Wörter, die für das se-

---

[95] Vgl. unten, 21-23.

[96] Vgl. unten, 21-23.

[97] Dazu passt auch ein εἰκών-Beleg in dem weisheitlichen Spruchgedicht des Pseudo-Phocylides (PsPhoc 106), der u.U. ebenfalls in Alexandria zu verorten ist. Vgl. unten, 136 Anm. 180.

[98] Nicht zuletzt deswegen wird hier auf die Analyse anderer zwischentestamentarischer Eikonbelege verzichtet. Sie sind insgesamt disparat, bieten höchstens partiell interessante Vergleichsmöglichkeiten und v.a. ein weniger eindeutig vergleichbares semantisches Umfeld. Vgl. z.B. grHen 92.97.106 (wo allerdings in 106 die für Paulus wichtige Bedeutung 'Gestalt, Aussehen' bezeugt ist), ApkMos 10.12.33.35, TestRub 3, TestNaph 2, Sib 1.3.8, ApkSedr 13. Sir 17,3 bezieht sich auf die mit der Gottebenbildlichkeit verbundene Herrschaft über die Schöpfung und ist höchstens für 1Kor 11,7 relevant.

mantische Umfeld der paulinischen Eikon-Belege wichtig sind, auch bei Philo bzw. in der SapSal finden: So erscheinen bei Philo im Abstand von 100 Wörtern (ca. ein Drittel einer NA-Seite) um εἰκών die Ausdrücke σῶμα, δόξα, πνεῦμα, φῶς, φωτισμός, ζωή, δύναμις, ἀφθαρσία, ἀθανασία, πρόσωπον, ἐξουσία, in der SapSal die Belege πνεῦμα, φῶς, ζωή, ἀφθαρσία, ἀθανασία.[100] Bei den für 1Kor 15,49 wichtigen Bedeutungsverwandten ἀφθαρσία und ἀθανασία stellen Philo (mut. 213) und SapSal (SapSal 2,23, für ἀθανασία auch 15,5) die einzigen Belege vor dem 2. Jahrhundert dar. Für die semantische Nähe von εἰκών und δόξα ist SapSal 7,26 der außerneutestamentlich beste Beleg, denn δόξα wird von Paulus meist im Sinne der δόξα κυρίου der LXX (bzw. des יְהוָה כְּבוֹד des MT) gebraucht[101]. Insofern kommen für diese Bedeutungsverwandten nur Texte mit Bezug zur LXX (bzw. zum MT) in Frage, und nur in SapSal 7,26[102] lässt sich eine gewisse semantische Nähe zwischen δόξα und εἰκών im paulinischen Sinne erkennen.

Die Belege im Corpus Paulinum wurden auf die sicher paulinischen beschränkt. Das bedeutet, dass der u.U. deuteropaulinische Kolosserbrief (vgl. Kol 1,15; 3,10) nicht berücksichtigt wird, um dessen Sprachgebrauch nicht vorschnell auf die Belege der Homologumena zu übertragen.

3.2. Die konzeptographische Analyse

Die vorliegende Arbeit basiert auf einer Methode, die am Lehrstuhl des Heidelberger Sprachhistorikers Oskar Reichmann unter Einbezug der Erfahrungen mit dem „Frühneuhochdeutschen Wörterbuch" entstand und von Jochen Bär als „konzeptographische Analyse"[103] bezeichnet wird. Ziel dieses lexemorientierten Ansatzes ist es, vom konkreten Wortgebrauch auf ein „dahinter" stehendes mentales „Konzept" zu schließen, das durch die Interpretation von Begriffsfeldern ermittelt wird.[104]

Ausgangspunkt für die Untersuchung ist ein sog. Basislexem, im vorliegenden Fall das Wort εἰκών. Die Belegstellen von εἰκών im ausgewählten Textcorpus werden alle samt Kontext zur Kenntnis genommen, exzerpiert und „verzettelt". Für jeden Beleg werden dabei bestimmte Angaben

---

[100] Auffällig ist auch die große Zahl von Übereinstimmungen bei Plutarch, der aber aus traditionsgeschichtlicher Perspektive von geringerem Interesse ist.

[101] Vgl. *Newman* 1992.

[102] Bei Philo erscheint das Wort fast ausschließlich im profangriechischen Sinne. Ausnahmen sind spec I.45, QE 2.45.47, wo er δόξα im direkten Bezug auf Ex 24,16 benutzt. Vgl. auch *Kittel* 1935, 239f.

[103] Vgl. *Bär* 2000, 46. Bär verwendet diese Methode in seiner 1999 erschienenen Dissertation. *Lobenstein-Reichmann* 1998, die einem ähnlichen methodischen Ansatz folgt, bevorzugt die Bezeichnung „lexikographische Textanalyse".

[104] Theoretischer Hintergrund ist u.a. das Zeichenmodell Ferdinand de Saussures (vgl. *Saussure* 1931) sowie die Wortfeldtheorie Jost Triers (vgl. *Trier* 1932).

über seine syntaktischen und semantischen Beziehungen zum Kontext gemacht.

Diese Informationen zum semantischen Umfeld des Wortes umfassen evtl. Bedeutungsverwandte, mögliche Paraphrasen der Wortbedeutung, evtl. Antonyme sowie sog. kontextcharakeristische Wörter oder Syntagmen, d.h. solche Ausdrücke, die zwar nicht in einer direkt „verwandtschaftlichen" Relation zum Belegwort stehen, aber dennoch als aussagekräftig angesehen werden. Außerdem werden auf jedem Belegzettel evtl. Prädikationen bzw. das Syntagma, in das das Belegwort eingebettet ist, (nach Möglichkeit in der Grundform)[105] notiert. Auch typische Wortbildungen werden erfasst. Zum Schluss wird die Belegbedeutung des Ausdrucks angegeben. Ein Beispiel für einen solchen Belegzettel sieht folgendermaßen aus:

Εἰκών, ἡ, Subst.: ›der unkörperliche, erstgeborene Sohn Gottes als kosmisches Modell des vollkommenen Weisen‹[106].

Bdv.: πρωτόγονος. Paraph.: ‹ἄνθρωπος› ἀσώματος; πρεσβύτατος υἱός; οὐρανίαι ἀρεταί. ParaphAnt. : ‹ἄνθρωπος› ἐκ σώματος καὶ ψυχῆς συνεστῶτως. Synt.: ‹ἄνθρωπος ἀσώματος› θείας εἰκόνος ἀδιαφορῶν. Ktx.: ἀνατέλλειν, μιμεῖσθαι. KtxSynt.: ἀνατολὴ ψυχῆς; πρὸς παραδείγματα ἀρχέτυπα βλέπων ἐμόρφου τὰ εἴδη; ἀσωμάτον φῶς ἄσβεστον.

Beleg: conf. 63. Belegausschnitt: conf. 60-63.[107]

Sind alle Belegbedeutungen erfasst, werden jeweils gleiche oder ähnliche unter Beibehaltung aller Kontextangaben zu Einzelbedeutungen zusammengefasst.[108] Nachher können alle Bedeutungen des Wortes in einem alle semantischen Informationen und Belege enthaltenden Wortartikel erschei-

---

[105] Bei den im Fließtext angegebenen Syntagmen handelt es sich also nicht (immer) um Zitate, sondern – je nach Ausgangslage – um grammatisch umgewandelte Quellenbelege.

[106] Die eigentlich übliche Bedeutungsanzeige in spitzen Klammern wird im Fließtext dieser Arbeit aus typographischen Gründen durch einfache gerade Anführungszeichen ersetzt.

[107] Es folgt dann der jeweilige Belegausschnitt, auf dessen Darbietung ich hier aus Platzgründen verzichte.

[108] Das Wort εἰκών besitzt bei Philo z.B. folgende Bedeutungen: 1) 'Die menschliche Vernunft (νοῦς, λογισμός) bzw. die unsterbliche menschliche Seele als menschliche Entsprechung zum göttlichen, das All lenkenden Geist, die den Menschen zum intellektuellen, moralischen und spirituellen Denken und Handeln befähigt.' 2) 'Die z.T. personalisiert dargestellte geistige Wirk- und Erscheinungsform Gottes in der Welt, die mit dem geistigen Teil im Menschen korrespondiert und diesen zu Gott führen kann.' 3) 'Der Idealmensch als protologisches und soteriologisches Vorabbild des vollkommenen Weisen.' Daneben existieren für Philo zwar noch andere Bedeutungen, aufgrund der außerordentlich hohen Zahl von Belegen konzentriere ich mich in dieser Arbeit aber auf diese drei, da sie für den Vergleich mit Paulus am relevantesten sind.

nen, dessen Aufbau dem des Belegzettels entspricht. Dasselbe Procedere wird nun für alle mit εἰκών bedeutungsverwandten Wörter durchgeführt.

Stellt man schließlich alle bedeutungsverwandten Wörter mit ihren verschiedenen Einzelbedeutungen nebeneinander, erhält man ein Wortfeld. Diejenigen Bedeutungen, die sich entsprechen, d.h. synonym sind, können dann weiter zusammengefasst und abstrahiert, also „auf den Begriff gebracht"[109] werden: „Begriff heißt hier die Zusammenfassung der ganz oder teilweise [...] übereinstimmenden Sememe des Basislexems eines Wortfeldes und anderer Wörter desselben Wortfeldes zu einer Einheit, die ihrerseits als inhaltsseitige Größe verstanden wird."[110] Ein Begriff ist also ein gemeinsames „(semantisches) Konzept"[111] partiell bedeutungsgleicher Wörter.

Um einen Einzelbegriff handelt es sich dann, wenn das gemeinsame semantische Konzept nur einer Bedeutung, d.h. das semantische Konzept der jeweiligen Homosememe[112], gemeint ist. Alle Einzelbegriffe eines Wortfeldes werden dann zu einem Gesamtbegriff bzw. zu einem konzeptuellen Feld oder Begriffsfeld zusammengefasst.[113] Dieses Begriffsfeld beinhaltet alle „Sememe eines Ausgangswortes, die zugleich Homosememe sind"[114]. Mit Hilfe des Begriffsfeldes lassen sich dann Aussagen über das mentale Umfeld machen, in dessen Rahmen z.B. das Wort εἰκών benutzt wird.

Aus den erstellten εἰκών-Konzepten der einzelnen Texte bzw. Textgruppen ergibt sich die Gliederung der entsprechenden Kapitel, in denen die semantischen Einzelanalysen i.d.R. diskursiv dargestellt[115] werden und ihre Einbettung in eine bestimmte „mentale Struktur" vedeutlicht wird. Auf eine exhaustive, wortartikelförmige Darstellung wird also zugunsten einer „mehr exemplarisch-kommentierenden Form"[116] verzichtet.

---

[109] *Lobenstein-Reichmann* 1998, 25.

[110] *Bär* 2000, 35.

[111] *Bär* 2000, 35.

[112] Als Homosememe werden alle (partiell) synonymen Sememe, d.h. alle (partiell) synonymen Einzelbedeutungen, bezeichnet. Vgl. dazu *Bär* 2000, 32f.

[113] Vgl. hierzu die Definitionen in *Bär* 2000, 35f. *Lobenstein-Reichmann* 1998, 25, bezeichnet den Gesamtbegriff als Begriffsfeld. Die konzeptuellen Felder bzw. Begriffsfelder der hier analysierten Texte befinden sich im Anhang.

[114] *Bär* 2000, 36.

[115] Bei Philo muss wegen der hohen Belegdichte auf eine detailliertere Schilderung der kontextuellen Zusammenhänge im Fließtext verzichtet werden.

[116] Vgl. zu den Darstellungsmöglichkeiten *Bär* 2000, 60.

Teil I

Das alexandrinische εἰκών-Konzept: Leben in Vollkommenheit

Die antike Kulturmetropole Alexandria ist der wahrscheinlichste Entstehungsort der herangezogenen außerneutestamentlichen Vergleichstexte.[1] In dieser Stadt wurden die hebräischen heiligen Schriften übersetzt, und die Entscheidung der Übersetzer, das hebräische צֶלֶם mit εἰκών wiederzugeben, bot späteren Auslegern die Möglichkeit, diese Schriftstellen mit philosophischem, v.a. platonischem, Gedankengut zu verknüpfen.[2]

Während die stoische Pneuma-Vorstellung sich für aktualisierende Interpretationen von Gen 2,7 – der Beseelung des Menschen mit göttlichem Odem – anbot, regte der Ausdruck εἰκών in Gen 1,26f im Rahmen des Platonismus Überlegungen zur Frage einer geistigen Entsprechung bzw. einer geistigen Ideen- und Mittlerwelt zwischen Gott und Mensch an.[3] Auf diese Weise gelang es jüdischen Auslegern, die Aussagen ihrer heiligen Schriften mit aktuellen philosophischen Diskussionen in Verbindung zu bringen. Diese Verknüpfung von biblischer Tradition und griechisch-

---

[1] Die Argumente für Alexandria als Entstehungsort der SapSal beziehen sich meist auf die Ähnlichkeit der Schrift mit Philo und die „ägyptische Thematik" im dritten Teil: Hier kommt neben Idolatrie und Tierverehrung v.a. der Exodus aus Ägypten zur Sprache. Geht man von Alexandria als Entstehungsort aus, dann kann man auch die Thematik des ersten Teiles auf Spannungen zwischen den alexandrinischen Juden und ihrer Umwelt beziehen oder die Gestaltung der Weisheit in Anlehnung an die Isis-Figur erklären. Gegen eine Verortung in Alexandria erhebt *Georgi* 1980, 395-397, Einspruch. Keines der Argumente sei schlagend. Georgi optiert dagegen für Syrien als Entstehungsort – wegen der Kenntnis der palästinischen Apokalyptik, die die Schrift kennzeichne. Dagegen ist mit *Niebuhr* 1987, 211, Anm. 200, festzuhalten: „Georgi ist zwar zuzustimmen, daß nur wenig in Weish eine Entstehung in Alexandria positiv belegt. Allerdings findet sich erst recht nichts, was diese ausschließt." Ebenso *Collins* 1998, 178. So bleibt die Mehrheit der Exegeten bei Alexandria als Entstehungsort. Vgl. *Hübner* 1999, 16, *Engel* 1998, 32f, *Vílchez* 1990, 58, *Schmitt* 1989, 6, *Larcher* 1983, 138f, *Offerhaus* 1981, 260-270, *Winston* 1979, 25, *Ziener* 1970, 8f, *Fichtner* 1938, 8, *Görg* 1991, 25.

[2] *Rösel* 1994, 49, vermutet, dass bereits die Wahl des Begriffes vor dem Hintergrund platonischer Spekulationen zu verstehen ist. Der Nachweis dieser Vermutung ist aber schwer zu erbringen.

[3] Zur Auslegungsgeschichte von Gen 1,27; 2,7 in Alexandria vgl. *Tobin* 1983.

hellenistischen Vorstellungen ist ein Charakteristikum der jüdisch-alexandrinischen Schriften und Ausdruck ihrer Identitätssuche.[4]

Ein Text, an dem diese „doppelte Identität" deutlich wird, ist die SapSal, die vermutlich um die Zeitenwende während der römischen Herrschaft über Alexandria entstand.

Unter den Exegeten werden verschiedene Datierungen diskutiert:[5] Zu den Frühdatierern gehören z.b. Georgi[6] (spätes 2. Jh. v.Chr.), Offerhaus[7] (Wende 2./1. Jh. v.Chr.) und Fichtner[8] (1. Hälfte 1. Jh. v.Chr). Winston[9] macht aber auf das im Vergleich mit anderen Schriften „späte" Vokabular aufmerksam, das für eine Entstehung unter römischer Herrschaft spricht. Nach Scarpats Untersuchung[10] der Wörter κράτησις und διάγνωσις gilt vielen eine Entstehung nach 30 v.Chr., d.h. nach Beginn der römischen Herrschaft, als wahrscheinlich. Daher situieren manche Exegeten den Text innerhalb der Regierungszeit von Augustus und Caligula.[11] Der *terminus ante quem* hängt u.a. davon ab, wie man das nicht eindeutig zu bestimmende Verhältnis zu Philo und Paulus bewertet und die dem Text zugrunde liegende historische Situation einschätzt. Einige Exegeten plädieren für eine Abfassung vor Philos Schriften, weil sie keinen philonischen Einfluss in SapSal entdecken.[12] Dieses Argument ist aber nicht schlagend, denn eine gleichzeitige Entstehung ohne direkte Abhängigkeit ist durchaus denkbar. Viele Autoren versuchen daher eine Korrelation von Textinhalt und historischen Ereignissen: So sieht Scarpat[13] in SapSal 14,15-17 die Herrschaft Caligulas verarbeitet und gehört so gemeinsam mit Winston[14] zu den Spätdatierern. Andere legen sich nicht auf diesen spezifischen Zeitpunkt der jüdisch-alexandrinischen Auseinandersetzungen fest, sondern sehen die allgemein angespannte Lage seit dem Niedergang der ptolemäischen Herrschaft und dem Beginn der römischen Besatzung als Hintergrund für die in SapSal durchscheinende antagonistische Stimmung.[15] Ich schließe mich der Datierung nach 30 v.Chr. an. Da sich in der zweiten Hälfte des 1. Jhs. n.Chr. das Klima in Alexandria derart zu Ungunsten der jüdischen Bevölkerung verändert, dass die in SapSal vorauszusetzenden integrativen und universalis-

---

[4] Vgl. *Sterling* 1995a, 8: „[...] there are two foci which constitute the horizons of Alexandrian Jewish self-identity: the necessity of maintaining allegiance to the ancestral tradition, and the right to participation in Hellenism *de bon coeur*. While the tension created by these apparently bipolar foci was resolved in numerous ways within the Alexandrian Jewish community, Jewish self-identity was preserved as long as both horizons were kept in view. It was only when one of these horizons was eclipsed that Alexandrian Jewish identity was lost."

[5] Vgl. dazu *Vílchez* 1990, 59-63.

[6] Vgl. *Georgi* 1980, 396f.

[7] Vgl. *Offerhaus* 1981, 260-270, v.a. 268-270.

[8] Vgl. *Fichtner* 1938, 8.

[9] Vgl. *Winston* 1979, 22f.

[10] Vgl. *Scarpat* 1989, 14-21.

[11] Vgl. z.B. *Hübner* 1999, 17f, *Collins* 1998, 179, *Vílchez* 1990, 63, *Larcher* 1983, 161 (für die Gesamtredaktion), *Gilbert* 1991, 93, *Engel* 1998, 34.

[12] Vgl. *Vílchez* 1990, 50f.

[13] Vgl. *Scarpat* 1989, 24.

[14] Vgl. *Winston* 1979, 20-25.

[15] Vgl. z.B. *Barclay* 1997, 451, der eine weite Datierung zwischen 100 v.Chr. bis 30 n.Chr. vornimmt.

tischen Tendenzen zumindest selten geworden sein dürften, halte ich eine Entstehung in diesem Zeitraum für unwahrscheinlich.[16]

SapSal thematisiert die Frage nach einem gerechten, Gott gemäßen Leben unter andersgläubigen Menschen im Rahmen der biblisch-jüdischen Traditionen, nimmt gleichzeitig aber Denkkonzepte der Umwelt auf, was zu gewichtigen Transformationen „auf beiden Seiten" führt: So wird z.B. die biblisch begründete Gottebenbildlichkeit mit der griechischen Vorstellung der unvergänglichen Seele verbunden. Das führt einerseits zu einer Spiritualisierung und Transzendierung der Gottebenbildlichkeit, andererseits zu einer Einschränkung der Unsterblichkeit auf die Gerechten unter den Menschen,[17] d.h. auf diejenigen, die trotz Anfeindungen von außen nach dem Gesetz leben.[18]

Nach einer anderen Interpretation der Gottebenbildlichkeitsaussage ist die göttliche Weisheit, die sich den Gerechten und Weisen offenbart, Ebenbild Gottes. Auch hier zeigt sich also eine Tendenz zur Spiritualisierung der εἰκών-Vorstellung, die sich andererseits nur auf eine bestimmte Gruppe unter den Menschen bezieht.

Einer der Hauptrepräsentanten für die universalistischen Tendenzen des hellenistischen Judentums ist Philo von Alexandria (ca. 15 v.Chr. – 50 n.Chr.), ein Zeitgenosse des Paulus. Als Exeget der Tora versucht er, z.T. durch allegorische Interpretationen, das jüdische Gesetz mit den Ansichten der zeitgenössischen Philosophie zu verbinden.

Wie im Folgenden zu zeigen sein wird, ist die Frage nach der Gottebenbildlichkeit für Philo mit der Frage nach einer möglichen Vollkommenheit des Menschen durch eine immer weiter fortschreitende Gotteserkenntnis verknüpft. Diese Erkenntnis geschieht durch das Eindringen des menschlichen Geistes in die Sphäre der göttlichen Weisheit bzw. des göttlichen Logos, des gottebenbildlichen Immanenzprinzips auf Erden. Die Körperlichkeit des Menschen ist von dieser göttlichen Immanenzsphäre ausgeschlossen und daher auch nicht Teil der Erlösung – im Gegenteil, sie kann den Menschen zum Abfall von seiner Gottsuche verführen.

---

[16] Im Übrigen geht nach der Auflistung in *Vílchez* 1990, 63, nur W.L. Dumière so weit, SapSal in das 2. Jh. zu datieren.

[17] Vgl. *Schaller* 1961, 75f.

[18] SapSal wird wegen dieser mahnenden und erbaulichen Intention oft zur Gattung des *logos protreptikos* gerechnet. Vgl. z.B. *Offerhaus* 1981, 23f, *Winston* 1979, 18-20, *Hübner* 1999, 25f, *Lattke* 2004, 806, *Schmitt* 1989, 7. *Vílchez* 1990, 38f, plädiert dagegen mit *Gilbert* 1991, 87, für eine Zuordnung zum *genus demonstrativum*. Allerdings biete SapSal keine reine Ausprägung dieses Genres (ebd. 39). Insgesamt scheinen mir die beiden Alternativen nicht allzu weit auseinanderzuliegen. SapSal geht es darum, die Leser von einem Leben in Gerechtigkeit und Weisheit zu überzeugen: Eines ihrer rhetorischen Mittel dazu ist der Lobpreis (*Enkomion*), denn man lobt, für was man wirbt. Ähnlich *Hübner* 1999, 25f.

Als Idealtypen solcher Weisen gelten Philo u.a. die Patriarchen Israels, die den Rezipienten als mögliche Identifikationsmuster, als Paradigmen vollkommenen Lebens, vor Augen gestellt werden, und die es nachzuahmen gilt. Israel wird auf diese Weise zu einem Volk der Gerechten und Weisen, dem angehört, wer sich auf den Weg zum Gott Israels macht, und das heißt: wer seine Ebenbildlichkeit verwirklicht. Die geschichtliche und ethnische Bedeutung des Israel-Begriffs wird auf diese Weise ausgeweitet – hin zu einer kosmologischen und schließlich soteriologischen Größe, zu Israel als dem wahren Ebenbild Gottes, dem der weise Mensch als Ebenbild Gottes angehört.[19]

Die hier bereits deutlich skizzierten und im Folgenden näher ausgeführten Bedeutungen der Gottebenbildlichkeit im hellenistischen Judentum Alexandrias sind für die Frage nach dem εἰκών-Begriff des Paulus von entscheidender Bedeutung. Neben der teilweisen Ähnlichkeit im verwendeten Wortmaterial ist v.a. die Beziehung zwischen Gott bzw. einer personifizierten Mittlergröße und dem Gläubigem vergleichbar, die durch die Möglichkeit der Offenbarung und Teilhabe charakterisiert ist.

---

[19] Zur universalistischen Tendenz Philos vgl. *Barclay* 1997, 170-176.

Kapitel 1

Ebenbild oder Trugbild? Der Mensch zwischen Leben und Tod in der Sapientia Salomonis

Wie die semantischen Analysen zu εἰκών[1] in SapSal zeigen werden, lassen sich die Bedeutungen in ein Lebens- und Todeskonzept einordnen, das den gesamten Text prägt:[2] Gottebenbildlichkeit setzt SapSal gleich mit dem ewigen Leben der Seele, das aus einem gerechten „Leben mit Gott" resultiert. Das materielle Götterbild dagegen verführt zur Götzenverehrung, damit zur Abkehr von Gott und so zum „spirituellen Tod", auch wenn der körperliche Tod noch nicht eingetreten ist.

Im ersten Teil der SapSal (1,1-6,21)[3], dessen Argumentation auf eschatologischen Prämissen beruht,[4] steht Gottes lebendige, unvergängliche Schöpfung der Todesverfallenheit der gottlosen Menschen gegenüber. Das Prinzip des Todes, d.h. der Abkehr von Gott, symbolisiert der Gegenspie-

---

[1] Ich diskutiere alle εἰκών-Belege in SapSal mit Ausnahme von SapSal 17,20, da die dort bezeugte Bedeutung 'Symbol' für den weiteren Verlauf der Untersuchung keine Rolle spielt.

[2] Zu „Leben" und „Tod" als Kernthemen der SapSal vgl. *Taylor* 1966, *Werner* 1990, *Raurell* 1999. Damit verwandt ist, wie sich zeigen wird, das Thema „Gerechtigkeit". Den Zusammenhang von Gottebenbildlichkeit bzw. εἰκών und Leben in SapSal betont auch *Marques* 1986, 244.247.

[3] Zur hier vertretenen Dreiteilung der SapSal vgl. die Gliederung in *Vílchez* 1990. Auch *Nobile* 1999, 307, und *Offerhaus* 1981 lassen den dritten Teil mit Kapitel 10 beginnen. Die Gliederungen in *Hübner* 1999, *Collins* 1998, 179-182, *Schroer* 1998 und *Winston* 1979 unterscheiden sich nur in eben jener Abgrenzung zwischen zweitem und drittem Buchteil, die eine besondere Schwierigkeit darstellt. Für beide Lösungen, also die Teilung vor und nach Kapitel 10, sprechen gute Argumente. *Scarpat* 1989, 13, verzichtet auf eine solche Trennung von zweitem und drittem Teil und gliedert Sap in 2 Teile: 1,1-6,23 und 7-19. Für meine Entscheidung, den dritten Teil mit Kapitel 10 beginnen zu lassen, spricht v.a. die in Kapitel 10 einsetzende historische Perspektive auf das Wirken der Sophia. Einen Überblick über die bislang vertretenen Gliederungen bietet *Vílchez* 1990, 23-27.

[4] Vgl. *Vílchez* 1990, 40f, für mögliche Gattungszuordnungen, die den weisheitlichen und eschatologischen Einschlägen im ersten Teil gerecht werden. *Collins* 1998, 182, bezeichnet den ersten Teil als „Book of Eschatology". Die eschatologische Ausrichtung des ersten Teils zeigt sich an der immer wieder aufscheinenden Gerichtsperspektive (vgl. z.B. 3,8-11. 18b; 4,16.20), die in Kapitel 5 ausführlich dargestellt wird. Insofern bildet das Endgericht den Maßstab für die Gegenwart. Gleichzeitig ist die Beschreibung dieses Endgerichtes eigenartig „zeitlos", denn der Zeitpunkt dieses Geschehens wird nicht weiter reflektiert.

ler Gottes, der Teufel.[5] Diejenigen, die dem Satan huldigen, indem sie das eigentliche Leben, also das Leben mit Gott, für wertlos erachten, haben am Wesen des Teufels, am Tode, Anteil. Diejenigen aber, die sich auf das „Lebensprinzip Gott" einlassen, Gott suchen und nach seinem Willen – das heißt: nach seinem Gesetz – wandeln, dürfen als Ebenbilder seines Wesens, der Unvergänglichkeit, auch nach ihrem körperlichen Tod bei Gott weiterexistieren.[6] Die Gottebenbildlichkeit des Menschen besitzt also eine ethische Komponente: Der Mensch entscheidet sich für oder gegen ein Leben und Handeln im Sinne Gottes und damit für oder gegen seine Unvergänglichkeit.[7]

Im zweiten Teil (6,22-9,18), dem Lobpreis oder *Enkomion* auf die Sophia,[8] wird die eschatologische Ausrichtung des Buchanfangs verlassen. Der Blick richtet sich auf die Gegenwart des Menschen – auf die Frage, wie sich sein Leben mit Gott, sein Leben in Gerechtigkeit, gestaltet.[9] Hier erst kommt die Weisheit Gottes, die Sophia, ins Spiel. Sie ist die Offenbarerin Gottes in der Welt; als weisheitlicher Geist verbindet sie sich mit dem Menschen, um seine Gottesbeziehung intakt zu halten bzw. diese immer wieder zu erneuern. Nur mit ihrer Hilfe gelingt es dem Menschen, ein Leben im Sinne Gottes zu führen und auf diese Weise seine Gottebenbildlichkeit zu erhalten. Die Sophia besitzt daher anagogische Funktion: Sie führt den Menschen zu Gott und hilft ihm, in dieser Sphäre göttlicher Präsenz zu bleiben.

Das rettende Eingreifen Gottes für die Gerechten zeigt sich im Rückblick auch ganz konkret: Gott bewahrt sein Volk vor dessen Feinden, er schenkt ihm das (körperliche) Leben, bereitet den Feinden aber den (körperlichen) Tod. Die Feinde verehren Götterbilder, also ihre eigenen, toten Schöpfungen, die den Menschen vom wahren, Leben schenkenden Schöpfer trennen und ihm den spirituellen und auch körperlichen Straftod brin-

---

[5] Zwar besitzt der erste Teil der SapSal eine dualistische Ausrichtung, doch geht es hier nicht um einen kosmischen Dualismus, wie auch *Werner* 1990, 54, bemerkt. SapSal intendiere vielmehr, die Existenz des Bösen als nicht gottgewollt darzustellen, gleichzeitig aber „auf ein Urgeschehen zurückzuführen". Somit ist der Teufel „der Erste all derer, die den Tod und den Untergang mit Händen und Reden herbeiziehen" (ebd.).

[6] Vgl. *Vílchez* 1990, 130.

[7] Vgl. *Raurell* 1999, 347: „By the assertion of 1,14d [...] the author proclaims with clarity that man is responsible for his own eschatological destiny."

[8] Diese Gattungszuordnung genießt unter den Exegeten breite Akzeptanz. Vgl. z.B. die Gliederungen der Kommentare von *Schmitt* 1989, *Vílchez* 1990 (auch 41f) sowie *Hübner* 1999.

[9] Diese Zuordnung der drei Buchteile zu Zukunft (Eschatologie), Gegenwart und Vergangenheit vertritt *Schmitt* 1989, 7.

gen. Die Gerechten[10] aber werden von Gott errettet. Über diese Erlebnisse der Gerechten in der Auseinandersetzung mit ihren Feinden berichtet in midraschartiger Form[11] der dritte Teil (10,1-19,22), eine Reflexion über Gottes Weg mit seinem Volk.

Wer sich von den geschöpflichen Trugbildern auf Erden nicht verführen lässt, sondern um das „irdische" Ebenbild des transzendenten Gottes, seinen weisheitlichen Geist, bittet, bleibt Gottes Ebenbild und lebt ewig bei Gott. Der Mensch zwischen Trugbild und Ebenbild, zwischen Tod und Leben – so könnte man die in SapSal beschriebene menschliche Existenz auf den Punkt bringen.[12]

1. Die menschliche Gottebenbildlichkeit
als unvergängliche Gerechtigkeit

1.1. Die protologische und eschatologische Bestimmung des Menschen zur Unvergänglichkeit

Seine ursprüngliche Schöpfung bestimmt den Menschen zu einem unvergänglichen Leben als Ebenbild Gottes. Durch die Sündigkeit des Menschen, also seiner Abkehr von Gott, kam aber der Tod in die Welt, so dass die gottebenbildliche Unvergänglichkeit zu einer eschatologischen Gabe wird, die nur noch denjenigen zusteht, denen es gelingt, auf Erden ein Gott gemäßes Leben zu führen.[13] Das diesseitige Leben wird daher als eine Art Tugendwettkampf begriffen, in dem sich bewähren muss, wer im Jenseits den Siegespreis des wahren Lebens erhalten möchte.

---

[10] Die Gestalt des Gerechten bzw. des Weisen kommt also in allen drei Teilen auf verschiedene Weise zum Ausdruck: Im ersten Teil als Gestalt des leidenden Gerechten, im zweiten als weiser Herrscher, im dritten als gerechtes Volk.

[11] Im Hintergrund steht die Exoduserzählung. Die in diesem Midrasch dominierende Form ist die *Synkrisis*, der Vergleich. Zur Diskussion um die scheinbaren Alternativen „Midrasch" und „Synkrisis" für diesen Teil vgl. *Vilchez* 1990, 42-52.

[12] Ich gehe – mit der Mehrheit Exegeten in der Nachfolge Grimms – bei der Analyse von einer literarischen Einheitlichkeit des Buches aus: Vgl. z.B. *Winston* 1979, 12-14, *Vilchez* 1990, 27-34, *Gilbert* 1991, 87-91, *Hübner* 1999, 22-24. Zwar weist das Ergebnis der semantischen Analysen auf verschiedene εἰκών-Begriffe in den drei Teilen, diese entsprechen aber den unterschiedlichen Perspektiven, die SapSal in den verschiedenen Textabschnitten einnimmt. Insofern handelt es sich hierbei nicht um ein Argument gegen die Einheitlichkeit der Schrift.

[13] Vgl. *Schaller* 1961, 75f.

1.1.1. Erschaffung zur Unvergänglichkeit: Die Bedeutung von εἰκών,
ἀφθαρσία und ἀθανασία in SapSal 2,21-3,9

1.1.1.1. Kontextanalyse: SapSal 2,1-5,23

Dem Belegausschnitt SapSal 2,21-3,9 geht die Rede der „Partei" der Gottlosen (ἀσεβεῖς)[14] in 2,1b-20 voraus – eine Gruppe, die dem Typus des
„Gerechten"[15] (ὁ δίκαιος) kontrastiv gegenübergestellt wird. Durch das
Mittel der direkten Rede versetzt sich der Sprecher in die Gottlosen hinein
und gibt ihre Sicht der Dinge, ihre Gedanken und Aussprüche, wieder. Er
gibt damit eine Erklärung für die Ursachen und Motive der Verfolgung des
„Gerechten".[16]

---

[14] Natürlich wird unter den Exegeten die Frage diskutiert, ob man diese Gruppe der
Gottlosen mit einer bestimmten historischen Bewegung (etwa den Epikuräern oder den
Sadduzäern) in Verbindung bringen kann und ob es sich dabei um Juden oder um pagane
Mitbürger handelt. Der Vorwurf der Sünde gegen Gesetz und Erziehung spricht eher für
assimilierte Juden, die brutale Gewaltanwendung dagegen eher für die griechische Umwelt. Der Vorwurf, die Gerechten würden ihre Mitbürger wegen ihrer Unreinheit meiden,
könnte von beiden Seiten gemacht werden, ist aber von paganer Seite wahrscheinlicher
(so z.B. *Barclay* 1997, 186). Vermutlich sind beide Gruppen insofern im Blick, als dass
es sich aus der Perspektive des Gerechten bei beiden um Gottlose handelt. Den noch
treuen Juden soll dann deren Denken und ihr Schicksal vor Augen gehalten werden. Vgl.
Offerhaus 1981, 259, *Collins* 1998, 194f. *Vílchez* 1990, 154, und *Fichtner* 1938, 17, sehen primär abtrünnige Juden, aber auch pagane Bürger im Fokus des Textes.
[15] Vgl. *Mack* 1973,78-87, der den im ersten Teil der SapSal behandelten Typus des
Gerechten mit Israel identifiziert, das – als Volk – im dritten Teil eine wichtige Rolle
spielt. Auch *Vílchez* 1990, 108, sieht die grundsätzliche Unterscheidung Gerechte – Un-
gerechte in Teil I und Teil III präsent. In der Tat erscheint es angebracht, zwischen der
Gestalt des/ der Gerechten aus dem ersten Teil und der Geschichte des Volkes Israel im
dritten Teil eine Verbindung zu ziehen. Dazwischen steht im zweiten Teil die ideale Figur des salomonischen Herrschers, des Weisen schlechthin, der mit Hilfe der Sophia
ewig regiert. Alle diese drei Aspekte – der leidende Gerechte, der weise Herrscher und
das von Gott geleitete Volk – konstituieren die Größe Israel.
[16] Gegen Versuche, diesen Dualismus zwischen Gerechten und Gottlosen auf eine bestimmte historische Periode – also etwa auf die Pogrome unter Caligula oder die zuneh-
menden Spannungen zwischen Juden und Griechen bzw. Ägyptern während der römischen Herrschaft – zu beziehen, wehrt sich *Collins* 1998, 179. Dennoch halte ich es für
nicht unwahrscheinlich, dass hinter der Textwelt eine konfliktreiche historische Wirklichkeit steht, die für die jüdische Gemeinschaft die Frage ihrer Identität wachruft. Diese
Identität kennzeichnet *Kaiser* 1998 in seinem Aufsatztitel als „Anknüpfung und Widerspruch" zur griechisch-hellenistischen Umwelt. Es gibt aber auch Deutungsversuche, die
die Diskussion zwischen Gottlosen und Gerechten als intertextuellen Rekurs auf andere
Strömungen des Judentums sehen. Vgl. z.B. *d'Alario* 1999, die SapSal als Antwort auf
Hiob und Kohelet betrachtet. Deren resignierender Haltung und Kritik an der Vorstellung
der göttlichen Gerechtigkeit setze SapSal die Unvergänglichkeit des Gerechten entgegen,
um so die Vorstellung von der Gerechtigkeit Gottes gegenüber möglichen innerjüdischen
Zweifeln zu bewahren.

Basis für das Handeln der Gottlosen ist demnach ihre Nekrophilie (2,1-5): Sie verachten den Wert des Lebens, halten es für nichtig, sinnlos und überdies für äußerst kurz und begrenzt. Der Tod bedeutet für sie das endgültige Aus, mit ihm endet, was vorher nicht einmal wirklich gewesen ist. Alles basiert auf dem Zufall, das Leben ist kontingent (2,1b-2b). Daraus folgt zwangsläufig, dass das Verhalten des Menschen keine Bedeutung besitzt und jegliche moralisch-ethische Richtlinie fehlt.[17]

Die Argumentation der Gottlosen wirkt insgesamt sehr materialistisch.[18] Die Bestandteile des Menschen, sein Körper und seine πνοή bzw. sein πνεῦμα[19], sind für sie im Grunde nichts weiter als Asche und Luft, die sich nach dem Tod wieder auflösen;[20] sein Logos, also sein Denken, ist als aus dem Herzschlag resultierender Funke vorgestellt, der verlischt, wenn das Herz zu schlagen aufhört (2,2c-3b).[21]

Auch das Argument des diesseitigen Angedächtnisses zählt für diese Leute nicht: Denn nach dem Tod, so meinen sie, werden der Mensch und seine Taten vergessen. Es bleibt keine Erinnerungsspur − der Tod bedeutet Auflösung dessen, was bereits vorher als nichtig und sinnlos bestimmt war (2,2c-5c).

Aus dieser nihilistischen Grundeinstellung folgt in 2,6-9 ganz konsequent die Aufforderung, die Diesseitigkeit des Lebens im Genuss des Augenblicks festzuhalten (vgl. Jes 22,13). Der propagierte Hedonismus, das oberflächliche *Carpe Diem*, ist ein Symptom von Todesverliebtheit und gleichzeitiger Todesangst: Ist das Leben rein biologisch bestimmt und also eine moralische Lebensführung sinnlos, dann zählt nur noch das augenblickliche Wohlbefinden. Diesen Genuss findet der Mensch am schnellsten im „jugendlichen Ausnutzen" der Schöpfungsgaben (χρεῖν τῇ κτίσει ὡς νεότητι), also bei Wein[22] und Gesang (2,7). Das Blumenmotiv in 2,7b-8 verweist auf die Vergänglichkeit der irdischen Schönheit,[23] deren Genuss gleichzeitig ein Versuch ist, eben dieser Vergänglichkeit zu entkommen (2,9).

---

[17] Vgl. *Hübner* 1999, 39.

[18] Vgl. *Vílchez*, 1990, 152.

[19] Beide Ausdrücke werden in 2,2c.3b offensichtlich synonym gebraucht.

[20] Vgl. dazu Koh 12,7: Dort ist allerdings daran gedacht, dass das luftartige Pneuma nach dem Tod zu Gott zurückkehrt.

[21] *Hübner* 1999 übersetzt λόγος in Anlehnung an ein Lukrez-Wort (de rer.nat. III.455f) mit „Reden". Ich halte im Kontext jedoch „Denken", „Gedanken" für die angemessenere Übersetzung. Vgl. *Vílchez* 1990, 156, *Fichtner* 1938, 15.

[22] Der Ausdruck μύρον meint hier wohl nicht den parfümierten Wein, sondern das Salböl oder Parfum. Vgl. *Scarpat* 1989, 180f.

[23] *Hübner* 1999, 40f, diskutiert die Frage, ob mit dem Brechen der Blume auf Promiskuität angespielt ist. Angesichts der Tatsache, dass geschlechtliche Ausschweifungen hier in auffälliger Weise fehlen, könnte diese Annahme berechtigt sein.

Der Rausch des schwindenden Augenblicks, die Todesverliebtheit, bleibt nicht ohne Wirkungen.[24] Sie weckt in ihren Anhängern Hass und Aggression, die auf diejenigen Mitmenschen projiziert werden, die diesen hedonistischen Lebensstil kritisieren bzw. von denen man glaubt, dass sie dies tun (2,10-20). Der Zorn der Gottlosen richtet sich gegen „den Gerechten", „die Witwe", „die Alten" – kurz: auf alles, was schwach ist; denn der einzige Maßstab, nach dem die Gottlosen handeln, ist ihre eigene Stärke (ἰσχύς) und das Diktat der Nützlichkeit (2,11).

Ihre Aggression gegen die „Randgruppen" steigert sich bis zur offenen Gewalttätigkeit, die diejenige Stimme vernichten will, die das eigene Handeln allein durch ihre andersartige Existenz in Frage stellt. Tatsächlich geäußerte oder imaginierte Gedanken und Aussprüche werden dem Opfer, dem „Gerechten", unterstellt: Er klage die „Starken" der Gesetzesübertretung an; er halte ihnen in prophetischer Art und Weise (ἐπιφημίζειν) ihre Sünden gegen ihre Erziehung vor (2,12); er halte sich selbst für ein Kind Gottes, sie aber für unrein und meide sie daher wie Abfall (2,16b). Durch sein eigenes frommes Verhalten wird er zum Ankläger, zum Überführer der Sünden seiner Mitmenschen, denen er auf diese Weise lästig wird (2,14).

Der Lebensstil, der sich mit seiner Frömmigkeit verbindet, entspricht nicht dem „Mainstream" in der Gesellschaft; er ist fremd und andersartig, verbunden mit seltsamen Sitten und Gebräuchen (2,15), die das Misstrauen der Mitbürger wecken (2,16a). Der Schwache preist „das Letzte der Gerechten", also ihr Sterben, sowie seinen Vater-Gott (2,16cd) und reizt so seine Gegner. Das führt sie dazu, seinen Glauben und seine Lebensführung auf die Probe zu stellen, indem sie ihn mit dem Tod konfrontieren (vgl. Ps 22). Ist er Sohn Gottes, so meinen sie spöttisch, wird er sich wohl vor dem Tod retten; in Wirklichkeit glauben sie nicht an diese Möglichkeit und wollen ihn durch einen schändlichen Tod bestrafen und in die Vernichtung führen (2,17-20).[25]

Diese Gedanken der Gottlosen werden in 2,21-24.(25) theologisch kommentiert und in 3,1-9 mit dem Schicksal der Gerechten nach dem Tod kontrastiert: Der Grund für das gottlose und irrende Verhalten der Ungerechten liegt in ihrer Verblendung, die von ihrer Bosheit herrührt. Sie

---

[24] Nach *Kolarcik* 1991, 179, liegt in dieser Erklärung des Bösen eine kreative Leistung von SapSal. Vgl. dazu auch seinen theologischen Ausblick auf mögliche Aktualisierungen in unserer Zeit ebd. 187-189.
[25] Vgl. zum Ganzen Jes 52,13-59,20 als Subtext sowie die von *d'Alario* 1999 aufgeführten Parallelen aus Hiob (9,25f; 10,18-22; 14,1f; 24,11) und Kohelet (vgl. Koh 8,10; 9,14f).

sind blind vor Todesverfallenheit und Egozentrismus, so dass sie die Geheimnisse Gottes nicht (mehr) erkennen können.[26]

Diese Geheimnisse Gottes beziehen sich auf die Schöpfung des Menschen zum unvergänglichen Bild Gottes (2,23) und den daraus resultierenden ethischen Konsequenzen: Wenn der Mensch als Abbild Gottes unvergänglich ist, dann muss er auch nach dem Willen Gottes handeln (2,22bc), um dieser Unvergänglichkeit teilhaftig zu werden.

Der Tod (θάνατος) bzw. das Sterben (τεθνάναι) wird mit der List des Teufels (διάβολος) erklärt und denjenigen Menschen in Aussicht gestellt, die sich mit ihm verbünden. Dies sind paradoxerweise gerade diejenigen, die das wahre Leben aus Angst vor dem drohenden Tod missachten (vgl. 1,16-2,9) und daher zu einem Teil der Todes- und Teufelsmacht werden (διάβολος und θάνατος können als synonym gelten).[27]

Diesen Törichten (ἄφρονες) erscheint (δοκεῖν) der Weggang[28] der Gerechten aus der diesseitigen Welt als Verderben (3,2) – in Wahrheit jedoch bedeutet der Tod für sie die Erfüllung ihrer Hoffnung voll von ἀθανασία[29] (vgl. 3,4: ἡ ἐλπὶς αὐτῶν ἀθανασίας πλήρης), d.h. ihres Zutrauens auf eine unsterbliche Existenz bei Gott ἐν εἰρήνῃ (3,3).

Aus der Perspektive der Unsterblichkeit stellt das ganze erlittene Leid für die Gerechten nur eine Probe Gottes dar, mit Hilfe derer er feststellt, ob sie seiner würdig sind (3,5f).[30]

Zu der Zeit aber, wenn sie von Gott, dem Richter, „heimgesucht", das heißt ihm gegenübergestellt werden (ἐπισκοπῇ)[31], leuchten die Seelen auf (ἀναλάμπειν) wie Funken über dem Stoppelfeld (ὡς σπινθῆρες ἐν καλάμῃ διαδραμοῦνται) (3,7).[32] Gemeinsam mit Gott werden die Gerechten nun über diejenigen Völker herrschen[33] (κρίνειν, βασιλεύειν),

---

[26] Vgl. das Motiv des Verblendetseins in 2Kor 3-4.

[27] Vgl. *Kolarcik* 1991, 178-182: Der eschatologische Tod habe seine Ursache im menschlichen Glauben an die Endgültigkeit des physischen Todes, wie sie in der Rede der Gottlosen zum Ausdruck kommt.

[28] Beachte die Euphemismen ἡ ἔξοδος, ἡ ἀφ᾽ ἡμῶν πορεία.

[29] *Scarpat* 1989, 212, bringt ἔλπις in Zusammenhang mit dem paulinischen παρρησία (vgl. 2 Kor 3,12) und kommentiert ebd. 215: „[...] i giusti, anche quando vengono puniti, sono «in attesa» dell᾽ immortalità, como premio."

[30] Vgl. *Schmitt* 1989, 26: „Marter und gewaltsamer Tod sind also nicht mehr Zeichen des Scheiterns und der Katastrophe, sondern der Erwählung. Das Leid, das den Gerechten in dieser Welt widerfährt, schenkt Hoffnung auf eine leidlose Existenz jenseits des Todes."

[31] Vgl. die Bedeutungsangabe in *Georgi* 1980, 409: „Besuch (oder Heimsuchung) meint eine richterliche Visitation (entweder gnädig oder strafend)."

[32] Vgl. aber auch *Vílchez* 1990, 182, der auf die zerstörende Funktion des Feuers aufmerksam macht, das die Ungerechten vernichtet: so z.B. Ob 18, Jes 1,31.

[33] *Mack* 1973, 92, betont diese Herrschaftsprädikation sehr stark, wenn er annimmt, „[...] den Schlüssel zum Verständnis von Sap. 2,23 gefunden" zu haben. „Denn der Gott-

die ihnen vorher Unrecht zugefügt haben (3,8).[34] Sie werden Wahrheit (ἀλήθεια) und Gnade (χάρις καὶ ἔλεος) Gottes erfahren und ewig bei ihm bleiben (προσμένειν αὐτῷ) (3,9).

Die Gerechten haben also wirklichen Grund zur Hoffnung, während die Hoffnung der Gottlosen in 3,10-11 als leer und nichtig qualifiziert wird. Was vorher, nach den Maßstäben der Welt, Wert besaß, erweist sich im Nachhinein, im Gericht, als unnütz.

Diese „Umwertung der (irdischen) Werte" wird anschließend an zwei konkreten Beispielen demonstriert (3,13-4,20): So kann z.B. Kinderlosigkeit – ein Schicksal, das im Alten Testament ein großes Problem darstellt – nach Meinung der SapSal eine Chance sein, sich in einem tugendhaften Leben zu üben (3,12-4,6). Und auch das verfrühte Ableben eines frommen Menschen ist kein Zeichen für ein Strafhandeln Gottes, sondern im Gegenteil die vorzeitige Rettung der gerechten Seele vor den Versuchungen dieser Welt (4,7-20).

Die Werthaltungen, die hier relativiert werden sollen, zielen auf eine vermeintliche „Unsterblichkeit" im Diesseits: zum einen durch den Fortbestand der Sippe, der nur durch Kinderreichtum gewährleistet ist; zum anderen durch ein langes Leben, das als Geschenk Gottes an den gerechten Menschen gilt. Beide Einstellungen werden neu bewertet, der bisherige Mangel wird zu einem Vorzug, der wahre Unsterblichkeit, das heißt ein Leben bei Gott, verspricht. Auffällig ist dabei die Relativierung des Körpers: weder fehlende Reproduktionsfunktion noch früher körperlicher Tod spielen eine Rolle für die Frage nach Unvergänglichkeit.

Die Erkenntnis über die Rechtmäßigkeit des gerechten Lebens wird letzten Endes auch den Gottlosen zuteil – allerdings erst nach ihrem Tod, wenn sie vor Gottes Richterstuhl stehen (5,1-3). In einer weiteren direkten Rede (5,4-14), die mit 2,1-10 eine *Inclusio* bildet, rekapitulieren die Gottlosen diese „Paradoxie des Heils". Die Maßstäbe, denen sie auf Erden gefolgt sind, waren verkehrte Wegzeichen und Trugbilder, die sie die „Zeichen der Tugend", den „Weg der Wahrheit" verfehlen und stattdessen den

---

könig ist ja Abbild seines Vaters Amun, wie der Horus-König als ‚lebendes Bild auf Erden' gilt." Ich denke nicht, dass hier in erster Linie an die ägyptisch-hellenistische Herrscherprädikation gedacht ist, auch wenn sich im Konzept vielleicht Übereinstimmungen ergeben. Entscheidend für die Gottebenbildlichkeitsvorstellung von SapSal 2,23 ist die Funktion des Menschen als Repräsentant und Teilhaber der göttlichen Gerechtigkeit. Seine Rolle als Herrscher über die Schöpfung wird nicht thematisiert. Eher in die Nähe des göttlichen Ebenbildes kommt allerdings die Herrscherfigur des Salomo im zweiten Teil, auf die allerdings nicht mit dem Terminus εἰκὼν θεοῦ rekurriert wird.

[34] Vgl. zu diesen Bildern Dan 7; 12,3. *Hübner* 1999, 51, macht allerdings darauf aufmerksam, dass in Dan 12,3 im Unterschied zu SapSal 3,7 an die Auferstehung, nicht an ein Weiterleben der Seele gedacht ist.

Irrweg einschlagen ließen.[35] Ihre Hoffnungen, so der Sprecher in einem erklärenden Nachsatz (5,14), waren flüchtig und seicht im Gegensatz zur Verheißung der Gerechten, die im Folgenden (5,15-23) ausgeführt wird. Die Frommen erhalten ihren Lohn, werden im Himmel von Gott gekrönt und seiner Fürsorge unterstellt (5,15-16). Gemeinsam mit seiner Schöpfung kämpft Gott im Endkampf gegen die Ungerechtigkeit und Bosheit der Welt (5,17-23).

Das übergreifende Thema des ersten Teils ist demnach der Sieg der unsterblichen göttlichen Gerechtigkeit über die Ungerechtigkeit der Welt (vgl. SapSal 1,15).

1.1.1.2. Die semantischen Beziehungen von εἰκών, ἀφθαρσία, ἀθανασία, δικαιοσύνη

Bereits die äußere Form des *Parallelismus membrorum* legt nahe, ὁ θεὸς ἔκτισεν τὸν ἄνθρωπον ἐπ' ἀφθαρσίᾳ (2,23a) als Paraphrasierung des Folgeverses 23b zu betrachten. Daher ist der Ausdruck ἀφθαρσία[36] als eng bedeutungsverwandt mit εἰκών anzusehen. Da V.23a überdies eine interpretierende Anspielung auf Gen 1,26f darstellt, tritt für die Hörer an die Stelle des wohlbekannten κατ' εἰκόνα in diesem Vers der Ausdruck ἐπ' ἀφθαρσίᾳ, so dass auch durch diese vergleichende Assoziation eine enge Verwandtschaft zwischen ἀφθαρσία und εἰκών suggeriert ist.

Die genauere Paraphrasierung von Gen 1,26f folgt aber erst in V.23b. Hier wird die Bedeutungsbestimmung von εἰκών durch die folgende Genitivkonstruktion in Form einer *figura etymologica* gewährleistet: Gott macht den Menschen zu[37] einer εἰκὼν τῆς ἰδίας ἰδιότητος[38], zum Bild seines eigenen Wesens.

---

[35] Vgl. dazu die Götzenbildpolemik im dritten Teil (SapSal 13-15).

[36] Dieser Terminus erscheint in der LXX sonst nur noch in 4Makk 9,22; 17,12, ist aber bei Philo häufig zu finden. Im NT ist er nur in den (deutero)paulinischen Briefen belegt, in 1Kor 15,49 in unmittelbarer Nähe zu εἰκών. Aus diesem Grund ist SapSal als wichtiger Parallteltext zum Verständnis des paulinischen εἰκών-Begriffs einzustufen. Vgl. auch *Marques* 1986, 259.

[37] Beachte den Wegfall von κατά, das in der LXX u.a. die Funktion hat, den Abstand zwischen Gott und Mensch zu wahren. Vgl. *Marques* 1986, 245.

[38] So mit dem Text der Göttinger LXX (Joseph Ziegler) gegen *Rahlfs* 1979, der ἰδίας ἀϊδιότητος liest. Die hier übernommene Lesart kann sich auf eine bessere Bezeugung stützen, aber es könnte sich auch um einen Abschreibefehler aufgrund des vorhergehenden Adjektivs handeln: Innere und äußere Textkritik stehen sich hier entgegen. Vgl. *Werner* 1990, 35 Anm. 40. Allerdings wird die Bedeutungsbeschreibung von εἰκών dadurch nicht wesentlich beeinträchtigt.

Im Hintergrund dieser Interpretation könnte Gen 2,7 stehen, die Beseelung des Menschen mit dem göttlichen Pneuma.[39] Zieht man weiterhin die Parallelität von V.23ab wieder in Betracht, muss das Wesen Gottes – und damit auch das des Menschen – in diesem Falle durch seine Unvergänglichkeit und Ewigkeit[40] bestimmt sein. Die Unvergänglichkeit, oder anders ausgedrückt: das ewige Leben, wird damit zum herausragenden Merkmal des Menschen in seiner Beziehung zu Gott und zum entscheidenden Argument für die Propagierung der göttlichen Gerechtigkeit, die sich erst nach dem körperlichen Tod des Gerechten erweist.

Zu dieser Kennzeichnung der Gottebenbildlichkeit des Menschen passt auch die in 3,4b ausgedrückte Hoffnung der Gerechten auf Unsterblichkeit, ἀθανασία[41], das als Synonym von ἀφθαρσία[42] und damit als ebenfalls bedeutungsverwandt mit εἰκών gelten kann.

Diese gottebenbildliche Unsterblichkeit bezieht sich – wie 3,1 ausdrücklich sagt – nur auf die Seelen der Gerechten (δικαίων δὲ ψυχαί, vgl. auch 2,22c).[43] An eine körperliche Auferstehung (vgl. Dan 12,2, 2Makk 7) scheint also nicht gedacht.[44] Nach Schaller ist SapSal 2,23 daher „der älteste Beleg einer spiritualisierenden Auslegung von Gen. 1,26".[45]

---

[39] Vgl. *Sandelin* 1976, 42: „Für Sap hat Gott den Menschen zu einem Abbild seiner eigenen Ewigkeit (εἰκόνα ἰδίας ἀϊδιότητος) gemacht (2,23). Er hat auch ein πνεῦμα ζωτικόν in ihn eingehaucht (15,11). Für Sap. sind diese Vorgänge Bedingungen für die Unsterblichkeit der Seele. Dadurch sind εἰκών (cf. Gen. 1,27) und πνεῦμα (cf. Gen. 2,7) ganz nahe aneinander gerückt. Bei Philo sind sie identifiziert, und für ihn ist auch das Einhauchen von Seiten Gottes, als er den Menschen schuf, Grund zur Unsterblichkeit der Seele (ψυχή / διάνοια Op. 135)."

[40] Insofern könnte man die von *Rahlfs* 1979 und *Georgi* 1980, 409, bevorzugte Variante ἀϊδιότητος auch als eine frühe Interpretation von ἰδιότητος ansehen.

[41] Ebenfalls innerhalb der LXX nur in SapSal und 4Makk 14,5; 16,13 belegt. Im „Unsterblichkeitsvokabular" bestehen also interessante Überschneidungen zwischen diesen beiden Texten und Paulus, 1Kor 15.42.50.53f, wo ἀφθαρσία ebenfalls mit ἀθανασία bedeutungsverwandt ist – ein weiterer Hinweis auf mögliche Parallelen im εἰκών-Begriff.

[42] Vgl. auch *Hübner* 1999, 51.

[43] Auch die in 3,7b verwendeten Bilder von den stiebenden Funken lassen eher an leuchtende Seelen als an leuchtende Körper denken. Es könnte sich hierbei um eine „entkörperlichte" Anspielung auf Dan 12,2f handeln.

[44] Gegen *Taylor* 1966, 128f. Für einen Bezug auf die Seele vgl. aber *Hübner* 1999, 50, *Fichtner* 1938, 18f, *Larcher* 1983, 274, *Winston* 1979, 125, *Engel* 1990, 81, *Collins* 1998, 185. Damit zusammen hängt auch die Frage, ob hier ein Zwischenstatus vorgestellt ist, in dem die Seelen auf die Heimsuchung (ἐπισκοπή) bzw. das große Endgericht warten, wie es in 4,17-5,23 beschrieben wird. So z.B. *Taylor* 1966, 122-124, *Kaiser* 1998, 210. Vgl. auch *Larcher* 1983, 273.284f. Die unterschiedliche Zeitenfolge, die der Sprecher verwendet, könnte auf eine entsprechende Unterscheidung zwischen postmortalem Status und Eschaton hinweisen: Aus seiner Perspektive sind die zu beklagenden Toten „jetzt" bei Gott und „werden" am Tage der Heimsuchung aufleuchten und mit ihrem Gott

Da die Unsterblichkeit aber nicht der Seele an sich, sondern der Seele des Gerechten zukommt, ist der Gegensatz zur Seele des Gerechten auch nicht der Körper (im Sinne des platonischen Gegensatzes von σῶμα und σῆμα[46]), sondern die Seele des Gottlosen, so dass sich die Gottebenbildlichkeit des Menschen am Gegensatz von Gerechtigkeit versus Gottlosigkeit, nicht aber am Gegensatz von Körper und Seele entscheidet.[47] Der Körper spielt also für die Soteriologie keine Rolle, ist aber auch nicht negativ besetzt.

Die Aussageabsicht des *Parallelismus membrorum* in 2,23 wird zusätzlich verdeutlicht, wenn man beachtet, dass sein Inhalt bereits in 1,13-15 präludiert wird: Das beweist u.a. die planvolle Verwendung der Verben ποιεῖν und κτίζειν, die in 1,13f auf die Schöpfung verweisen.[48]

Danach schuf Gott die Lebewesen als heilvolle Geschöpfe (σωτήριοι αἱ γενέσεις)[49], „um zu sein" (εἰς το εἶναι). Der Zweck der Schöpfung ist also das heilvolle Sein, und dieses Sein kennt weder Tod noch Verderben (φάρμακον ὀλέθρου, ᾅδου βασίλειον). Der Autor setzt diesen göttlichen Seinszustand gleich mit der unsterblichen Gerechtigkeit (δικαι-

---

richten und herrschen. Noch hat dieses Stadium also nicht begonnen. Das impliziert jedoch nicht die Vorstellung einer körperlichen Auferstehung (wie *Taylor* 1966 annimmt), und die Gottebenbildlichkeit bzw. die Unvergänglichkeit des Menschen hängt auch nicht an den eschatologischen Ereignissen, sondern setzt bereits nach dem Tod ein. Vgl. *Gilbert* 1991, 107: «Bref, l'auteur n'offre pas un exposé parfaitement clair sur l' eschatologie; en particulier, on ne voit pas bien s'il maintient un état intermédiaire entre la mort physique et le jugement [...]. Il est beaucoup plus net sur ce qui semble sa thèse fondamentale, à savoir que la pratique de la vertu et la fidélité à Dieu assurent l'amour, tandis que la vie impie s'exclut de cet épanouissement final auquel l'homme est appelé.»

[45] Vgl. *Schaller* 1961, 75, sowie seine Rezeption durch *Mack* 1973, 83.

[46] Vgl. Plato, Gorg 493 A.

[47] Vgl. *Schaller* 1961, 76, *Jervell* 1960, 28, *Brandenburger* 1968, 112f, *Marques* 1986, 245, *Collins* 1998, 186. Das veranlasst viele Exegeten dazu, sich bzgl. der eschatologischen Vorstellungen von SapSal nicht allzu genau festzulegen bzw. eine diesbezügliche Offenheit der SapSal anzuerkennen. Vgl. z.B. *Schmitt* 1989, 12, *Scarpat* 1989, 204, *Vílchez* 1990, 104f, *Cavallin* 1974, 132f.

[48] Vgl. z.B. *Vílchez*, 1990, 148, *Fichtner* 1938, 17f.

[49] Für die Wörter γενέσεις und σωτήριοι gibt es verschiedene Übersetzungsmöglichkeiten, die *Larcher* 1983, 201-203, auflistet. Das Wort γενέσεις kann verstanden werden als 1) Ursprung, 2) Generationen (im Sinne der Toledot), 3) Arten, 4) Kreaturen, Schöpfungen, Geschöpfe. Der Ausdruck σωτήριοι kann im profangriechischen Sinne „bewahrend, rettend" oder im biblischen Sinne „heilvoll", „heilbringend" bedeuten. Larcher selbst entscheidet sich für die Übersetzung: „elles sont conservatrices les générations". In Parallelität zum „Sein" in 13a erscheint mir „heilvoll" angebrachter, da es sich um die unvergängliche menschliche Existenz in der göttlichen Sphäre handelt. Die Rede von „Generationen" im atl. Sinne ist hier zu spezifisch, da es sich um eine Paraphrase von τὰ πάντα handelt. Ich folge in meiner Wiedergabe *Werner* 1990, 32.50, sowie *Vílchez* 1990, 147.

οσύνη ἀθάνατος, 1,15), das bedeutet also dem 'göttlichen Lebensprinzip, das dem Tod und Verderben in der Welt entgegensteht'.[50]

Wenn der Mensch in dieser göttlichen Gerechtigkeitssphäre lebt und sich zu ihr hin orientiert, dann existiert er als Gottes unvergängliches Ebenbild: δικαιοσύνη und εἰκών können daher indirekt als partiell synonym betrachtet werden. Das aber zeigt: Die Gottebenbildlichkeit ist im ersten Teil der SapSal durch die menschliche Haltung zur Gerechtigkeit bestimmt. Sie ist daher ethisch fundiert.[51]

SapSal 1,13 stellt dagegen eine antithetische Paraphrase zu 2,23 (aber auch zu 1,14) dar. Der Unvergänglichkeit Gottes, die auf Erden in seiner Gerechtigkeit und im gottebenbildlichen Menschen (εἰκών) zum Ausdruck kommt, steht antonymisch der Tod (θάνατος) gegenüber. Genauso aber wie das Leben nicht nur biologisch, sondern theologisch als Leben in der göttlichen Gerechtigkeit qualifiziert ist, so ist auch der Tod nicht mit dem biologischen Tod gleichzusetzen, sondern meint die Abwendung von Gott.[52]

Unsterblichkeit, ἀθανασία, und Unvergänglichkeit, ἀφθαρσία, lassen sich also beide semantisch beschreiben als 'schöpfungsgemäße[53] Anteilhabe des gottebenbildlichen Menschen an der unvergänglichen Gerechtigkeit Gottes, die sich nach dem körperlichen Tod im ewigen, friedvollen Sein bei Gott und der Teilhabe an seiner eschatologischen Herrschaft erweist'.

Überblickt man diese semantischen Zusammenhänge, kann man die Bedeutung von εἰκών definieren als 'schöpfungsgemäße menschliche Anteilhabe an der unvergänglichen und unsterblichen Gerechtigkeit Gottes, die sich nach dem körperlichen Tod im ewigen, friedvollen Sein bei Gott und der Teilhabe an seiner eschatologischen Herrschaft erweist'.

1.1.1.3. Zusammenfassung

Der Eikonbegriff des ersten Teils der SapSal bezieht sich auf die menschliche Gottebenbildlichkeit. Prinzipiell – d.h. durch die Schöpfung – ist der

---

[50] Vgl. *Vilchez* 1990, 107: „[...] la justicia que ejercitan los hombres, en cuanto es participación de la de Dios y en ella se manifiesta, se puede llamar también inmortal. El camino de la justicia, el camino recto es el único camino que lleva a la vida; su opuesto es el camino de la injusticia, el de los impíos, que termina en la muerte [...]. Este es el tema ampliamente desarrollado en la primera parte del libro de la sabiduría." Vgl. auch *Werner* 1990, 44: „Δικαιοσύνη konstituiert den Bereich, in dem der δίκαιος lebt. Über die unsterbliche Gerechtigkeit partizipiert er an der Schöpfungsordnung."

[51] Insofern ist *Jervells* Interpretation (1960, 28) zuzustimmen, auch wenn sie einen etwas „gesetzlichen" Beigeschmack hat: „So ist denn auch das Ebenbild die Möglichkeit zum tugendhaften Leben, durch das man Unsterblichkeit erwerben kann."

[52] Vgl. *Hübner* 1999, 34, *Schmitt* 1989, 25, *Collins* 1998, 189.

[53] SapSal 1,13f; 2,23a belegen, dass die Unvergänglichkeit eine dem Menschen von Gott bei seiner Schöpfung geschenkte Möglichkeit ist, die er allerdings verspielen kann.

Mensch Gottes Ebenbild durch seine Anteilhabe an der göttlichen Gerechtigkeit, die die physischen Dimensionen des Lebens übersteigt. Nur unter dieser hermeneutischen Voraussetzung ist die menschliche Seele unvergänglich bzw. unsterblich.

Demgegenüber bedeutet die Abkehr des Menschen von der göttlichen Gerechtigkeit den spirituellen Tod, also den Tod der Gottesbeziehung des menschlichen Selbst. Die Menschen, die sich von Gott abwenden und damit dem Teufel verfallen, verwirken mit ihrer Gottebenbildlichkeit auch ihre Unvergänglichkeit, denn ihr Ende ist von nun an durch den körperlichen Tod bestimmt.

Das Wirken der göttlichen Gerechtigkeit ist auf diese Weise von der innerweltlichen Erfahrungswirklichkeit gelöst und sowohl auf das Jenseits als auch auf das Zeitenende ausgedehnt. Insofern kann man davon sprechen, dass auch die Gottebenbildlichkeit des Menschen erst im Jenseits bzw. im Eschaton zu ihrer Erfüllung kommt. Die Gottebenbildlichkeit ist aber m.E. eher als transzendent und nur zum Teil als eschatologisch zu qualifizieren, denn sie ist nicht so sehr an das Gericht am Ende der Zeiten, als vielmehr an die Partizipation an der göttlichen Gerechtigkeit und an das Weiterleben der Gerechten nach dem Tode gebunden, durch das sich diese Gerechtigkeit erfüllt.[54] Insgesamt stellt diese Interpretation des Eikonbegriffs einen wichtigen Vergleichspunkt für Paulus – besonders 1Kor 15,49 – dar.

1.1.2. Der göttliche Lebensodem: πνεῦμα in SapSal 15 und 16

Als indirekt verwandt mit der Bedeutung von εἰκών im ersten Teil erweist sich die Bedeutung von πνεῦμα in SapSal 15,11c.16b; 16,14b. Diese Belege befinden sich im dritten Teil der Sapientia, in dem es um den Erweis der errettenden Macht Gottes für sein Volk geht.

1.1.2.1. Kontextanalyse: SapSal 13-15; 16

Die πνεῦμα-Belege in Kapitel 15 stehen in einem Exkurs zur Götterbildproblematik (13-15), die an späterer Stelle genauer besprochen wird. In Auseinandersetzung mit der Bilderverehrung seiner Umwelt betont der Text die Materialität der von Menschenhand hergestellten Götzen, in denen – im Gegensatz zur göttlichen Schöpfung – kein Leben ist.

Im Zusammenhang damit steht der in Kapitel 15 dargestellte Kontrast zwischen dem Töpfer, der aus Gewinnsucht ein totes Götterbild schafft, und Gott, der den lebendigen Menschen selbst aus Erde geformt hat (vgl.

---

[54] Insofern wäre *Hübners* Urteil zu modifizieren: „Daß der Mensch nach Gen 1,16 [sic!] Bild Gottes ist, versteht also der Verfasser der Sap eschatologisch" (ders. 1999, 47). Vgl. zur hier vorgetragenen Deutung auch *Werner* 1990, 60.

Jer 18,6, Jes 29,16; 64,8). Da nur Gott Leben schaffen kann, beleidigen die widergöttlichen Werke des Menschen den Schöpfer. Sie sind dem Tode verfallen und bewirken deswegen auch den Tod ihrer Verehrer.

Der Gegensatz zwischen dem rettenden Eingreifen Gottes für sein Volk und der Bestrafung seiner Feinde bestimmt die Struktur des dritten Teils, der in der Form der so genannten *Synkrisis*, des Vergleichs, das glückliche Schicksal des Gottesvolkes dem Tod der Ägypter während des Exodus gegenüberstellt.[55] In dieses Schema ist der πνεῦμα-Beleg in 16,14b eingebunden, in dem es um die Leben und Tod wirkende Macht Gottes geht.

1.1.2.2. Semantische Analyse: πνεῦμα in SapSal 15,11c.16b; 16,14b

Die Stilfigur des *Parallelismus membrorum* begründet formal die Paraphrasierung von 11c in 11b. Der Ausdruck ἐμφύσειν πνεῦμα ζωτικόν bedeutet also soviel wie ἐμπνεύειν ψυχὴν ἐνεργοῦσαν. Daher müssen πνεῦμα und ψυχή als Synonyme betrachtet werden.[56] Die Seele bzw. der Geist ist als wirkmächtig (ἐνεργοῦσα) und lebendig (ζωτικόν) charakterisiert, weil sie als Grund des Lebens gelten.[57] Urheber dieser Lebenskraft (ζωή, βίος)[58] ist Gott, ὁ πλάσσων.

Das Vergehen des Götterbildproduzenten besteht nun darin, dieses Geschenk der göttlichen Lebenskraft zu verniedlichen (παίγνιον) und zu kommerzialisieren (πανηγυρισμὸς ἐπικερδής), indem er den göttlichen Schöpfungsakt umgekehrt nachstellt, d.h. als Mensch versucht, einen Gott zu schaffen (15,11f).

Natürlich resultieren daraus nicht etwa lebendige Geschöpfe, sondern tote Götzen, wie SapSal 15,16f beschreibt: Der Mensch (ἄνθρωπος) besitzt lediglich geliehenes Pneuma (πνεῦμα δεδανεισμένος). Da im Menschen also nur ein Teil des göttlichen Pneumas wirkt, ist es ihm nicht möglich, wie Gott Leben zu erschaffen. Als Sterblicher (θνητὸς ὤν) kann er, obwohl er selbst lebt (ζῆν), ohne Gottes Hilfe nur Totes (τὸ νεκρόν) hervorbringen.[59] Tod und Leben, Götzenbild (τὰ εἴδωλα) und wahrer Gott, stehen sich antithetisch gegenüber.[60]

---

[55] Zur Gattungszuordnung vgl. oben, 30 Anm. 152.

[56] Vgl. *Sellin* 1986, 83.

[57] Vgl. *Fichtner* 1938, 57: „᾽Ενεργοῦσα heißt die ψυχή, weil sie als das göttliche Lebensprinzip dem Menschen erst das geistige und leibliche Tun ermöglicht."

[58] Die beiden Ausdrücke sind hier synonym gebraucht; eine Diskussion evtl. semantischer Unterschiede zwischen ζωή und βίος (βίος wird öfter verwendet) erübrigt sich daher. Vgl. auch *Taylor* 1966, 80.

[59] Vgl. *Hübner* 1999, 187: „Welchem seiner Werke könnte ein Künstler etwas von seinem nur menschlichen Leben einhauchen, geschweige denn göttliches Leben! Das wäre ja die Negation von Gen 2,7."

[60] Vgl. *Sisti* 1983, 51.

Nur Gott ist ermächtigt (ἐξουσία), über Tod (θάνατος, ἀποκτείνειν) und Leben (ζωή) zu entscheiden – so SapSal 16,13f. Auch hier zeigt sich die Bedeutungsverwandtschaft von πνεῦμα und ψυχή:[61] Diesmal aber geht es um die Seele, die sich aus dem sterbenden Körper zurückzieht (ψυχὴ παραλημφθεῖσα, πνεῦμα ἐξελθόν). Entweicht der Geist (πνεῦμα, ψυχή) aus dem Körper, entschwindet auch das Leben (ζωή) aus ihm – alle drei Ausdrücke sind bedeutungsverwandt.

Was mit dieser lebendigen Geistseele geschieht, darüber entscheidet Gott. Sie kann im Hades ein ewiges Schattendasein fristen oder aber – evtl. nach einem Aufenthalt im Hades – von Gott aus dieser Existenz befreit (ἀναστρέφειν, ἀναλύειν) und zu ihrer Erfüllung gebracht werden.

Zusammenfassend kann man die Bedeutung des Ausdrucks πνεῦμα daher beschreiben als 'Leben wirkende göttliche Seele, die den Menschen als wertvolles Geschöpf Gottes konstituiert'. Sie zieht sich nach dem Willen Gottes beim Tod des Menschen wieder aus dem Körper zurück, um in den Hades zu kommen und/ oder ggf. zu Gott zurückzukehren.

Wie für die Gottebenbildlichkeit in 2,23 gilt auch hier: Leben und Tod sind keine durch die Physis bestimmten Größen, sondern bezeichnen den Menschen in seiner Relation zu Gott. Diese Gottesbeziehung kommt erst nach dem physischen Tod zu ihrer endgültigen Entfaltung, wenn die Seele entweder in ewiger Gottesferne verschwindet (κατάγειν, πύλαι ᾅδου) oder in Gottes Nähe weiterexistieren (ἀνάγειν) darf.

Auch dieser Textbeleg bleibt in Bezug auf den Zeitpunkt der „Seelenführung" unklar. Von einem Endgericht ist hier nicht explizit die Rede, aber die Vorstellung von der Herausführung der Seelen aus dem Hades könnte auf das eschatologische Gericht verweisen.

1.1.3. Zusammenfassung

Betrachtet man den Ausdruck εἰκών in seinem Zusammenhang mit den Bedeutungsverwandten ἀφθαρσία, ἀθανασία und πνεῦμα, dann ergibt sich eine Vorstellung der Gottebenbildlichkeit, die sich zum einen auf das Pneuma bzw. die Seele als das Leben spendende, göttliche Konstituens des Menschen bezieht, und die weiterhin durch ihre ethische und transzendent-eschatologische Ausrichtung bestimmt ist.

Das bedeutet, dass die Gottebenbildlichkeit einerseits unabhängig vom körperlichen Zustand des Menschen existiert und ihre endgültige Erfüllung erst im Sein bei Gott nach dem körperlichen Tod findet, dass sie andererseits aber vom menschlichen Verhalten abhängig ist. Der körperliche Tod ist daher für die Gerechten keine Bedrohung mehr, sondern eher eine Art

---

[61] Vgl. *Taylor* 1966, 99.

Übergang zur eigentlichen, gottebenbildlichen Existenz des Menschen.[62] Der in 2,10-20; 3,1-9 beschriebene leidende Gerechte wird auf diese Weise zum prototypischen Vertreter des gottebenbildlichen Menschen und damit zum intendierten Vorbild für die Hörer.

Auf den Begriff gebracht, handelt es sich bei den hier behandelten partiell synonymen Bedeutungen um die 'schöpfungsgemäße, den Tod überdauernde Anteilhabe des Menschen am göttlichen Leben'. Der Mensch hat es selbst in der Hand, diese Anteilhabe durch sein Denken und Handeln zu erhalten oder zu verlieren.

1.2. Bewahrung der Gottesbeziehung in Gerechtigkeit und Weisheit

Die ausgehend von SapSal 2,23 beschriebene Gottebenbildlichkeit bleibt intakt, wenn der Mensch sich gemäß seiner Bestimmung verhält, die göttliche Lebensordnung (an)erkennt und sich ihr unterwirft. Voraussetzung für diese Bewahrung seiner Gottebenbildlichkeit ist die Liebe zur Tugend bzw. zum Gesetz als der Offenbarung göttlichen Willens. Diese Liebe zur im Gesetz offenbarten Weisheit lässt ihn an der Unsterblichkeit Gottes teilhaben.

1.2.1. Die Liebe zum Gesetz: σοφία und ἀφθαρσία in SapSal 6

1.2.1.1. Kontextbestimmung: SapSal 6,1-21

Die wichtigsten Belege, die den Zusammenhang von Unvergänglichkeit und Gesetzesliebe darstellen, finden sich in 6,1-21. Es handelt sich hierbei um eine Mahnrede an die Herrschenden, die mit dem Prolog (1,1-15) eine *Inclusio* um den ersten Buchteil bildet. Obwohl hier bereits entscheidende Themen des zweiten Buchteils präludiert werden, zählt dieser Abschnitt formal noch zum ersten Teil, trägt also die Züge eines Übergangstextes.[63]

In den beiden Mahnreden zu Anfang und Ende des ersten Teils werden die Herrscher der Welt dazu aufgefordert, ihre von Gott gegebene Macht nicht durch ungerechtes Verhalten zu gefährden. Stattdessen sind sie angehalten, dem göttlichen Willen gemäß zu herrschen, da sie sich als irdische Machthaber dem göttlichen Gericht besonders verantworten müssen. Als Herrscher, Verwalter und Richter über die Schöpfung Gottes erfüllen

---

[62] Vgl. *Vilchez* 1990, 105.

[63] Aus diesem Grund ist die Zuordnung dieses Abschnittes zum ersten oder zweiten Teil der SapSal unter den Exegeten umstritten. Vgl. die verschiedenen Vorschläge in *Vilchez* 1990, 22-26. Das Argument der *Inclusio* von 6,1-21 mit 1,1-15 ist aber entscheidend für die Zuordnung zum ersten Teil.

sie prototypisch die Aufgabe des Menschen in der Schöpfung (vgl. Sir 17,3).[64]

An der ewigen Herrschaft Gottes haben sie als seine irdischen Stellvertreter nur dann Anteil, wenn sie seinen Willen auf Erden erkennen und vollziehen. Dem Studium der göttlichen Weisheit kommt aus diesem Grund ein besonderer Stellenwert zu, denn nur so kann es dem Herrscher gelingen, nach Gottes Willen zu handeln und als Repräsentant des göttlichen Willens auf Erden zu regieren (6,1-12).

Um das Bemühen um die Weisheit weiter zu fördern, preist der Text die Sophia und zeigt gleichzeitig auf, wie sie sich dem Suchenden erschließt (6,12-22). Voraussetzung für das Finden der Sophia ist zunächst einmal – wie bereits im Prolog angeklungen – die Bereitschaft des Menschen, sie zu suchen und zu sich einzulassen. Ihr Eingehen in den Menschen belohnt sie dann mit ihren Gaben (6,12-17). Die Gemeinschaft mit ihr bedeutet eine besondere Gottesnähe, die wiederum die Teilhabe des weisen Herrschers an der ewigen Herrschaft Gottes garantiert. Daraus ergibt sich die Frage nach dem Wesen der Weisheit, die dann im nächsten Teil beantwortet wird.

1.2.1.2. Semantische Analyse von σοφία und ἀφθαρσία in 6,9b.20b.18c

Den Herrschern wird Lohn versprochen, wenn sie sich fleißig um die Weisheit bemühen, denn diejenigen, die mit ihrer Hilfe Herrschaft ausüben, werden eine „Entschuldigung" (ἀπολογία) haben, wenn sie einst vor Gott stehen (vgl. 6,9-11).

Schon das Syntagma μαθητεύειν σοφίαν weist darauf hin, dass es sich bei der Weisheit um eine erlernbare Kunst handelt. Die kontextcharakteristischen Wörter παιδεύειν und οἱ διδαχθέντες verstärken diesen Eindruck. Gleichzeitig wird das Erlernen der Weisheit mit dem Bewahren der Frömmigkeit begründet (γάρ). Es geht also an dieser Stelle um die weisheitliche Erziehung mit dem Ziel, die Frömmigkeit zu bewahren (φυλάσσειν ὁσίως τὰ ὅσια, ὁσιοῦσθαι) und keine moralischen Verfehlungen zu begehen (παραπίπτειν). Weisheit (σοφία) ist demnach bedeutungsverwandt mit Frömmigkeit (τὰ ὅσια) und besitzt also eine „praktische" Dimension.

Der Weg zur Sophia, so 6,17-21, führt dementsprechend auch über die Bildung und Erziehung im Gesetz.[65] Auf diese Weise erhält der Herrscher Anteil an der Unvergänglichkeit (ἀφθαρσία) der göttlichen Herrschaft.

---

[64] Dementsprechend sind als „reale" Adressaten der SapSal wohl auch keine Personen mit Herrscherfunktion vorgesehen. Gegen *Volgger* 2001. Es handelt sich hierbei um eine literarische Figur – allerdings vielleicht mit der Absicht, eine fiktive Gegenwelt zur Realität aufzubauen: eine Welt, in der Gottes Gerechtigkeit von den Machthabern wahrhaftig verkörpert wird.

Struktur gebende Stilfigur in diesem Abschnit ist der *Sorites*, der Kettenschluss[66], bei dem das Prädikat des jeweils letzten Satzes zum Subjekt des folgenden wird. Auf diese Weise werden die Ausdrücke ἀφθαρσία und σοφία einander angenähert. Während in 6,17 zunächst die σοφία mit der bedeutungsverwandten παιδεία identifiziert ist (vgl. auch 7,14c) und diese wiederum mit ἀγάπη bzw. τήρησις νόμων, wird in V.18b auch die ἀφθαρσία mit dem Halten der Gesetze (προσοχὴ νόμων) in Verbindung gebracht (durch die Parallelität von V.18ab auch mit τήρησις νόμων in V.18a). Diese daraus resultierende Bedeutungsverwandtschaft zwischen ἀφθαρσία und νόμος trifft sich mit der semantischen Nähe von σοφία und παιδεία bzw. νόμος.

So liegt also die Unvergänglichkeit im Gesetz, weil die göttliche Weisheit – nach 6,12a ἀμάραντος – mit ihm verbunden ist und in ihm wirkt. Die Menschen, die das Gesetz befolgen, haben als Vollzieher der darin „verkörperten" göttlichen Weisheit Teil an ihrer Unvergänglichkeit, die nach V. 19 bedeutet, Gott nahe zu sein (ἐγγὺς εἶναι θεοῦ).

Das weisheitliche Gesetz befestigt (βεβαίωσις) also die in der Gottebenbildlichkeit implizierte Gottesnähe, die die Unvergänglichkeit des Menschen begründet:[67] „Resümee aus dem Kettenschluss 17-19: Wer sich an die Weisheit bindet, findet die Erfüllung des Lebens [...]."[68]

Die Identifikation von Weisheit, Erziehung und Gesetz lässt erkennen, dass hier an die Unterrichtung in der Tora gedacht ist.[69] Gleichzeitig sind die Verse so formuliert, dass die Weisheitserziehung sich nicht in der Gesetzeserziehung erschöpfen muss. Darauf könnte auch die Bedeutungsverwandtschaft von σοφία mit σωφροσύνη (8,7c), φρόνησις (7,7a; 8,7c), παιδεία (7,14c), γνώμη (7,15a), ἐπιστήμη (7,16b) und γνῶσις (7,17a) hinweisen. Alle diese Ausdrücke beziehen sich auf die menschliche Weis-

---

[65] Vgl. *Scarpat* 1989, 52: „Osservare la legge è possedere la Sapienza."

[66] Vgl. *Hübner* 1999, 86, *Fichtner* 1938, 27, *Vílchez* 1990, 233f, sowie *Schmitt* 1989, 38: „Bei dem stufenweisen Voranschreiten vermeidet der Vf. nicht selten eine wörtliche Wiederholung des Schlüsselwortes und verwendet statt dessen ein Synonym."

[67] Vgl. Sir 17: Hier werden ebenfalls Gotteserkenntnis, Schöpfung, Gesetz und Bund in engem Zusammenhang gesehen.

[68] *Schmitt* 1989, 38.

[69] Gegen *Vílchez* 1990, 234f, der wegen des Universalismus' des zweiten Buchteiles hier das „Gesetz des Herzens" im Sinne von Jer 31,31-33 ins Spiel bringt. *Scarpat* 1989, 51-57, und *Kaiser* 1998, 211, halten dagegen das mosaische Gesetz für den Referenzpunkt. So auch *Collins* 1998, 192, der aber die universale Adresse des Buches „an die Herrscher der Welt" zum Anlass nimmt, von einer Universalisierung des mosaischen Gesetzes in SapSal auszugehen: „It is likely that Wis.Sol. also saw the Law of Moses as the embodiment of a universal law." Das könnte s.E. mit einer weniger rigorosen Gesetzesauffassung einhergehen, da in SapSal 3,14 das Sabbatgebot (im Gegensatz zur Parallele in Jes 56,4-5) nicht erwähnt wird. Vgl. ebd. 192f.

heit als geschenktes Offenbarungswissen,[70] das im Zusammenhang die Erkenntnisse über den Kosmos bezeichnet und auf ein umfassendes Bildungsideal schließen lässt, das daneben auch noch Charaktereigenschaften wie Gerechtigkeit (δικαιοσύνη)[71] und Mannhaftigkeit (ἀνδρεία) im Blick hat (vgl. 8,7d). Dieses Wissen ist wie ein Schatz (θησαυρός, 7,14a) für den Menschen, den er ehren und gut bewahren muss.[72]

Die Konsequenz, die die Mächtigen der Erde aus diesen Feststellungen ziehen sollen, beschreibt 6,20f: Die Liebe zur und die Teilhabe an der unvergänglichen Weisheit führen auch zu einer Unvergänglichkeit der Herrschaft (ἐπιθυμία σοφίας ἀνάγει ἐπὶ βασιλείαν): „[...] diese ist also der Erfolg des Verlangens nach Weisheit"[73]. Die Herrscher regieren in Ewigkeit (εἰς τὸν αἰῶνα βασιλεύειν) – allerdings nur in dem Maße, wie ihre Herrschaft eine stellvertretende Gottesherrschaft ist. Der irdische Machthaber vollzieht durch seine Gesetzestreue (τιμᾶν σοφίαν) den göttlichen Willen auf Erden und wird so zum irdischen Repräsentanten des göttlichen Willens. „Es gilt somit: *Wer die Weisheit liebt, herrscht mit Gott.*"[74] Nur durch diese Anteilhabe an der Ewigkeit der göttlichen Herrschaft ist auch seine Herrschaft unvergänglich.[75]

Zwischen dem angesprochenen Herrscher und dem im ersten Buchteil dargestellten Gerechten besteht also kein Unterschied:[76] Beiden wird Unvergänglichkeit zuteil, wenn sie gemäß der göttlichen Gerechtigkeit leben.[77] In diesem Sinne geht es nicht um ein wörtlich genommenes ewiges Herrschen eines bestimmten Machthabers, sondern um die Partizipation an

---

[70] Als menschliche Weisheit fasse ich die dem Menschen geschenkte göttliche Weisheit auf, die sich mit den oben angegebenen charakteristischen Bedeutungsverwandten verbindet. Da es hier aber besonders auf die Bedeutungsverwandtschaft von ἀφθαρσία und σοφία ankommt, die sich im Kontext an der Gesetzeserziehung erweist, gehe ich auf die anderen Aspekte der menschlichen Weisheit, die v.a. im zweiten Teil der SapSal zur Sprache kommen, hier nicht näher ein.

[71] Vgl. auch die Belege von δικαιοσύνη in SapSal 9,3; 15,3, alle in der Bedeutung 'tugendhafte Frömmigkeit, die Unsterblichkeit mit sich bringt'.

[72] Vgl. das Motiv vom Offenbarungswissen als Schatz in 2Kor 4,7.

[73] *Fichtner* 1938, 27.

[74] *Hübner* 1999, 87 [Hervorhebung seine].

[75] Hier könnte eine Verbindung zur hellenistisch-römischen Vorstellung vom Herrscher als εἰκών Gottes liegen. Hierbei handelt es sich um ein durch die Ptolemäer von den Pharaonen übernommenes Prädikat, das Bild- und Sohn-Relation miteinander verbindet. Vgl. SB 4244 sowie Ditt, Or 90.3 (= Inschrift von Rosette).

[76] Vgl. dazu *Mack* 1973, 78: „Es fällt auf, daß Salomo als Vorbild für die Gerechten und als Typ des Gerechten selbst dienen soll."

[77] Vgl. *Taylor* 1966, 115: „Therefore if we take all elements together we can conclude that the *Wisdom* author wanted to inculcate Wisdom as a way of achieving righteousness, for this righteousness ,makes near to God', and this in turn is the restoration to the original plan in which man was created for immortality, 6,12-19. The just man's life is the realisation of this and anything else is death."

der ewigen Gottesherrschaft durch ein Leben in Weisheit und Gerechtigkeit.

Der Ausdruck ἀφθαρσία bezeichnet an dieser Stelle daher die 'in der
Liebe zum Gesetz und zur darin wirkenden Weisheit vermittelte Teilhabe
an der ewigen Gottesherrschaft'. Die σοφία-Belege wiederum besitzen die
Bedeutung 'umfassende Gelehrsamkeit, charakterliche Bildung[78] sowie
Erziehung im Gesetz als Anteilhabe an der unvergänglichen göttlichen
Herrschaft auf Erden'[79]. Beide Wörter sind an dieser Stelle partiell bedeu-
tungsverwandt und bestimmen einen Aspekt der Gottebenbildlichkeit des
Menschen, der seine Unvergänglichkeit nur durch ein gerechtes Leben
nach dem Gesetz und durch den Erwerb von Weisheit bewahren kann.

1.2.2. Die Bewahrung der Tugend: ἀθανασία in SapSal 4,1b

1.2.2.1. Kontextbestimmung

Der nach 3,4b zweite Beleg für ἀθανασία im Buch der Weisheit (4,1b)
steht inmitten der Ausführungen zur Kinderlosigkeit, die sich an die Erör-
terung über das eschatologische Dasein der gerechten Seelen anschließt
(3,12-4,6). Es geht darin um einen anderen Aspekt der Unsterblichkeit,
nämlich um die Unsterblichkeit der Sippe auf Erden, die durch möglichst
zahlreiche Nachkommenschaft gesichert werden soll und im Judentum eine
zentrale Rolle spielt. Unter der Voraussetzung der transzendent-
eschatologischen Unsterblichkeit der Gerechten wird diese Problematik im
Text neu reflektiert[80] und in ihrer Bedeutung relativiert: „The goal of immortality, then, leads to a transformation of traditional values in
Wis.Sol."[81]

1.2.2.2. Semantische Analyse

Die unfruchtbare Frau, die „den Beischlaf der Übertretung nicht kennt",
preist der Text selig und stellt ihr eine Belohnung im Jenseits in Aussicht
(3,13). So ergeht es auch dem Mann, der „keine Bosheiten gegen den
Herrn ersinnt" (3,14), denn für beide gilt (in Anlehnung an Jes 56,3-5),

---

[78] Das schließt die Belege über die menschliche Weisheit in Kap.7 mit ein, die aber
im Zusammenhang mit der Bedeutungsverwandtschaft von σοφία und ἀφθαρσία in
Kap.6 eigentlich keine Rolle spielen.
[79] Als weiterer Beleg für diese Bedeutung vgl. SapSal 3,11a.
[80] Vgl. *Cavallin* 1974, 128: „This theme is not merely an occasional choice. The prog-
eny is the immortality in the old religion of Israel. A man's name was preserved by his
children. But here immortality is in the 'remembrance of virtue' (4:1) which is acknowl-
edged both by God in the eternal triumph (4:2b) and by men who follow the good man's
example (4:2a)."
[81] *Collins* 1998, 191.

dass eine in Tugend ausgeübte Kinderlosigkeit besser ist, da sie Unsterblichkeit (ἀθανασία) mit sich bringt.

Das Wort ἀθανασία ist durch eine Prädikation semantisch mit der Beachtung der Tugend (μνήμη ἀρετῆς) verknüpft. Die in Tugend[82] geübte Kinderlosigkeit, die auf Erden zwar zum Aussterben der Familie beiträgt, aber dennoch Unsterblichkeit bewirkt: Als Teilhaber und Mitstreiter der Tugend im Wettkampf der unbefleckten Athleten (τῶν ἀμιάντων ἄθλων ἀγῶνα) dürfen die sexuell Tugendhaften[83] nicht nur diesseitig Unsterblichkeit durch das ewige Angedächtnis unter den Menschen erleben, sie dürfen auch am Triumphzug (πομπεύειν) der personal vorgestellten Tugend (ἀρετή) teilnehmen, den sie einst, ἐν τῷ αἰῶνι,[84] mit ihnen feiern wird.

Der Ausdruck ἀθανασία meint hier also 'die durch die Tugend gewährleistete ewige Existenz des Menschen im Diesseits (durch das Angedächtnis der Nachfahren) und Jenseits (vor Gott)'.[85] Wie diese jenseitige menschliche Existenz vorgestellt ist, bleibt offen. Das Entscheidende ist hier nicht das Weiterleben des Einzelnen, sondern die Ewigkeit der Tugend, der der Einzelne angehört. Diese Partizipation an der Tugend bewirkt seine Nähe zu Gott und damit seine Unsterblichkeit. Insofern sind ἀρετή, δικαιοσύνη und σοφία partiell bedeutungsverwandt.[86]

1.2.3. Zusammenfassung

Die Gottebenbildlichkeit des Menschen kann im Diesseits bewahrt werden, wenn sich der Mensch um das Lernen und Lehren des Gesetzes bemüht. Der König, aber nach Gen 1,28 auch jeder Mensch, ist als Gottes Ebenbild Herrscher über die Schöpfung. Diesen Auftrag, an dem er einst vor Gott

---

[82] Zur Bedeutung von ἀρετή vgl. *Vílchez* 1990, 195: „*Virtud* tiene ya aquí el sentido de cualidad o disposición positiva en el orden moral y religioso, como es normal en Sab (cf. 5,13 y 8,7) y en el judaismo."

[83] Es bleibt zu fragen, inwiefern es sich dabei um sexuelle Askese handelt. Die meisten Exegeten lehnen dies ab und sehen die Tugend in der Vermeidung von Ehebruch und gesetzeswidrigen Ehen. Vgl. z.B. *Schmitt* 1989, 29, *Vílchez* 1990, 191, sowie *Fichtner* 1938, 21. Für eine asketische Strömung hinter diesen Versen votiert dagegen *Schroer* 1996, 115-117.

[84] An dieser Stelle könnte an eine eschatologische Bedeutung, im Sinne eines endzeitlichen Triumphzuges, gedacht sein.

[85] Vgl. dazu 4Makk 17,12. Auch hier werden Tugend und Unvergänglichkeit miteinander verbunden. In dieselbe Richtung geht auch der Beleg von ἀθανασία in SapSal 8,13a.17c mit der Bedeutung 'ruhmvolles, ewiges Angedächtnis der Tugenden des Weisen durch seine Nachfahren' (vgl. auch *Vílchez* 1990, 272). Allerdings ist dieser Beleg hier nicht ausführlicher besprochen, weil ihm eine eindeutig jenseitig orientierte Komponente fehlt bzw. die Frage einer transzendenten Bedeutung in V.17c nicht klar ist. Vgl. *Vílchez* 1990, 102.

[86] Auch für *Scarpat* 1989, 255, sind ἀρετή und δικαιοσύνη in SapSal synonym.

gemessen wird, kann er nur erfüllen, wenn er nach dem Willen Gottes lebt und regiert. Die Erkenntnis dieses göttlichen Willens kann durch das Studium des Gesetzes erreicht werden, denn in ihm wirkt die unvergängliche Weisheit Gottes, die denjenigen, der sie handelnd vollzieht, mit hineinnimmt in die Unvergänglichkeit ihres Waltens.[87]

Mit dem Halten des Gesetzes korrespondiert die Bewahrung der Tugend, die sich ebenfalls mit der Unsterblichkeit verbindet. Diese Unsterblichkeit betrifft nicht nur das Angedächtnis im Diesseits, sondern auch das Weiterleben im Jenseits, das durch die Anteilhabe an der Ewigkeit der Tugend gewährleistet wird. Wichtig ist nicht das Individuum, sondern seine Anteilhabe am göttlichen Wirken, das ewigen Charakter besitzt und somit nicht an die Bedingungen irdischen Lebens gebunden ist.

Dieser in den untersuchten Ausdrücken enthaltene Begriff der Gottebenbildlichkeit bezieht sich also auf die 'Gerechtigkeit', die gleichbedeutend ist mit einem Leben nach dem Gesetz sowie dem Erwerb von Weisheit und Tugend.[88] Gerechtigkeit ist daher auch ein Hauptthema der SapSal.[89]

Die bislang mit dem Ausdruck εἰκών und seinen Bedeutungsverwandten verbundenen Ebenbildlichkeitsbegriffe verweisen alle auf die menschliche Seite der Gottebenbildlichkeit. Sie gehören vorwiegend dem ersten Teil, z.T. auch dem dritten Teil der SapSal an. Das deckt sich mit der Beobachtung, dass der erste Teil der SapSal vorwiegend das menschliche Verhalten in Bezug auf Gott im Blick hat und um ein Gott gemäßes Leben der Menschen wirbt.

Im zweiten Teil ändert sich die Perspektive: Es geht nun um die göttliche Seite der Ebenbildlichkeit, um die göttliche Weisheit als immanente Offenbarung Gottes, auf die der Mensch angewiesen ist, um den im ersten Teil an ihn gestellten Anforderungen zu entsprechen.[90]

---

[87] Vgl. *Vílchez* 1990, 171.

[88] Das Wort δικαιοσύνη bezeichnet in SapSal 8,7; 9,3; 15,3 die 'aus dem Gott gemäßen Denken, Urteilen und Handeln (des Menschen) resultierende Unsterblichkeit'.

[89] Vgl. *Vílchez* 1990, 105: „El binomio justicia – injusticia constituye un tema capital en Sab, que puede servirnos como clave de interpretación de todo el libro [...]." Vgl. auch *Scarpat* 1989, 47, sowie den aufschlussreichen Aufsatz von *Raurell* 1999, der die Verbindung von Unsterblichkeit, Gerechtigkeit und Leben verdeutlicht.

[90] Vgl. *Engel* 1990, 90: „Das die philosophische und religiöse Terminologie der kulturellen Umwelt unpolemisch ‚auswertende' und benutzende, eigenständig gestaltete ἐγκώμιον auf die Weisheit ist in seiner motivierenden Funktion für das Festhalten an und dem Bemühen um die δικαιοσύνη zu sehen." – Insofern erweist sich die Komposition der SapSal als theologisch bedeutungsvoll: Im Zentrum des Textes steht Salomos Gebet um die göttliche Weisheit als Hinweis der menschlichen Angewiesenheit auf die göttliche Gnade, die ihm durch die Gabe der Weisheit die Erfüllung des Gesetzes ermöglicht.

2. Die Weisheit als Gottes Ebenbild in der Welt

Die göttliche Weisheit übernimmt die Funktion der Offenbarerin Gottes, einer Mittlerin zwischen Himmel und Erde. Sie leitet den Menschen, der sie sucht, und lässt ihn den göttlichen Willen in der Welt erkennen. Nur durch ihr Wirken ist es dem Menschen also überhaupt möglich, ein Gott gemäßes Leben zu führen und die Beziehung zu Gott nicht zu verlieren. Während sich diese positive Gottesbeziehung im ersten Teil v.a. am jenseitigen Ergehen des Gerechten auswies, zeitigt die Weisheit im zweiten Teil auch irdische Gaben.

Wie in diesen Funktionsbeschreibungen bereits angedeutet, wird die Weisheit in der SapSal stark personalisiert, so dass sie beinahe als eigenständige Person neben Gott erscheint.[91] Es handelt sich bei dieser Figur jedoch nicht um den Versuch, eine Zwischengöttin zu etablieren, sondern um die Veranschaulichung der göttlichen Ordnung auf Erden, oder anders gesagt: der „menschenfreundlichen Seite Gottes"[92]. Dass dieses Immanenzprinzip Gottes besonders weibliche Aspekte umfasst, kommt vielleicht einem zeitgenössischen Bedürfnis nahe, den paganen Göttinnen – v.a. dem in Ägypten sehr verbreiteten Isiskult[93] – ein eigenes Pendant entgegenzusetzen.[94]

Neben dem Wort σοφία verbindet sich mit εἰκών auch die Bezeichnung πνεῦμα. Bedeutung und Zusammenhang dieser Wörter sollen im Folgenden expliziert werden.

---

[91] Zur Diskussion um die Frage, ob es sich bei der Figur der Sophia um das Stilmittel der Personifikation oder um eine hypostatische Vorstellung handelt, vgl. *Vílchez* 1990, 90. Er behält den Terminus „Personifikation" in modifizierter Bedeutung bei: „Debemos, pues, entender por personificación de la Sabiduría un término medio entre la pura fantasía poética y la hipóstasis." Dem schließe ich mich an.

[92] *Offerhaus* 1981, 256f.

[93] *Mack* 1973 sieht in der Darstellung der Sophia ein Ergebnis der Beeinflussung durch den hellenisierten Isis-Kult. *Collins* 1998, 203, schränkt diese These bzgl. der Gestaltung der Sophia zwar ein, betont aber die Wirkung auf der Rezeptionsebene. Vgl. zu dem Thema auch *Engel* 1990.

[94] So sieht *Offerhaus* 1981, 255f, bspw. in der teilweise verführerischen Schilderung der Sophia ein rhetorisches Mittel, zur Abkehr neigende Juden wieder in Kontakt mit der jüdischen Religion zu bringen. *Offerhaus* argumentiert unabhängig von der Isis-These allein mit der erotischen Komponente der verwendeten Bilder (vgl. z.B. ebd. 257) – ein Aspekt, der von vielen Autoren ignoriert oder aber nur religionsgeschichtlich erklärt wird.

2.1. Die Weisheit Gottes

2.1.1. Vorkommen und Belegverteilung

Die σοφία-Belege in der SapSal sind so zahlreich, die Pronominalisierungen so häufig, dass sie hier nicht alle einzeln besprochen werden können. Stattdessen werde ich die Ergebnisse der semantischen Analysen zusammenfassend darstellen und auf die Kontextanalysen verzichten.

Bereits die Verteilung der σοφία-Belege in der hier zu besprechenden Bedeutung ist aufschlussreich: Sie finden sich im Prolog (SapSal 1,4a.6a) und in Kapitel 6-10; nur ein einziger Beleg steht im dritten Buchteil (SapSal 14,2b). Die Masse der Vorkommen konzentriert sich also auf den zweiten Teil des Buches (incl. der Übergangskapitel 6 und 10).[95] Das verwundert nicht, denn schließlich steht der Lobpreis auf die göttliche Sophia hier im Mittelpunkt, weshalb der Abschnitt auch zum Genus des *Enkomion* gerechnet wird.[96]

2.1.2. Die Bedeutung der σοφία als Offenbarerin Gottes

Betrachtet man die Synoyme von σοφία, so fallen zunächst einmal die zahlreichen Personalisierungen auf, mit Hilfe derer diese Idee charakterisiert werden soll: So wird die Weisheit z.B. als πάρεδρος, d.h. als Throngefährtin, bezeichnet (9,4a; 6,14b), und zwar zum einen als πάρεδρος Gottes (9,14a), zum anderen als πάρεδρος des irdischen Herrschers (6,14b). In dieser Doppelfunktion übernimmt sie eine Mittlerrolle, die den menschlichen und den göttlichen Herrscher verbindet (ἡ ἀπὸ σοῦ [Anm. S.L.: θεοῦ] σοφία ἀπούση; 9,6b).

Die geschlechtsspezifischen Assoziationen, die sich mit dem Ausdruck πάρεδρος verbinden, werden durch das Wort παιδίσκη (9,5a) noch verstärkt. Neben ihrer Funktion als Mitregentin ist die Sophia dadurch als junge Dienerin[97] und Mitregentin Gottes angesprochen (vgl. Prov. 4,6 LXX, Prov. 31, Sir 15,2b), die ihm Kinder (παῖς: 9,4b) bzw. Söhne und Knechte (δοῦλος, υἱός: 9,5a) unter den Menschen „gebiert", indem sie als heiliger Geist (vgl. 9,17b) in die Körper der Menschen eindringt und sie so mit Gott verbindet.

---

[95] Natürlich ist auch für den letzten Buchteil ein Bezug zur Weisheit hergestellt, aber er wird eben nicht explizit durch Nominalisierungen zum Ausdruck gebracht.

[96] Vgl. *Vilchez* 1990, 41f.

[97] Das Wort kann auch „junges Mädchen", „junge Tochter", „junge Frau", „junge Sklavin" und „Freudenmädchen" (vgl. *LSJ* 1996, 1287) bedeuten. *Bauer* 1988, 1223, bevorzugt aber für den biblischen Gebrauch das Wort „Magd", was gerechtfertigt ist, wenn man Ps 115,7 (LXX) als Parallele hinzuzieht. Ein erotisches Schillern der Bedeutung ist jedoch anzunehmen, schon allein wegen des Gebärmotivs.

Diese „Mutterschaft" der Sophia passt gut zu ihrer Aufgabe als göttliche Gehilfin bei der Schöpfung des Menschen ([Anm. S.L.: θεός] τῇ σοφίᾳ κατασκευάσας ἄνθρωπον: 9,2a) und als Baumeisterin der Welt (ἐχνῖτις: 7,22a; 8,6b), die ihr Wissen über die Natur (γνῶσις τῶν ὄντων: 7,17a; φρόνησις: 8,6a) und den Aufbau der Welt (σύστασις κόσμου καὶ ἐνέργεια στοιχείων: 7,17b) an diejenigen weitergibt, die mit ihr leben (vgl. 8,7c: σωφροσύνην γὰρ καὶ φρόνησιν ἐκδιδάσκει). Hier kommt es zu einer Überschneidung von göttlicher und menschlicher Weisheit, denn menschliche Weisheit ist nichts anderes als geschenkte göttliche Weisheit.[98]

Wichtig für die Bedeutungsbestimmung von σοφία ist die Bedeutungsverwandtschaft mit dem Ausdruck πνεῦμα.[99] Als Belegstelle für diese Gleichung ist zunächst der Prolog zu nennen, in dem von dem bzw. der menschenfreundlichen πνεῦμα σοφία (1,6a) die Rede ist. Dieser weisheitliche Geist ist die Erscheinungsform Gottes, die den Kontakt mit dem Menschen unmittelbar herstellt: Als weisheitlicher Geist kann die σοφία in diejenigen Menschen eingehen, die sie suchen (εὑρίσκεται ὑπὸ τῶν ζητούντων αὐτήν: 6,12c) und lieben (θεωρεῖται ὑπὸ τῶν ἀγαπώντων αὐτὴν: 6,12b)[100]. Als pneumatische Weisheit umfasst und durchwirkt sie das All (τὸ συνέχον τὰ πάντα: 1,7b).

Dabei meidet sie allerdings List und Ungerechtigkeit der Gotteslästerer (δόλος, ἀδικία, βλάσφημος: 1,5a.c.6b), die verkehrten und unvernünftigen Gedanken (λογισμοὶ ἀσυνέτων: 1,5b), die Schlechtes sinnende Seele (κακότεχνον ψυχή: 1,4a), den in Sünde verstrickten Körper (σῶμα κατάχρεῳ ἁμαρτίᾳ: 1,4b)[101] sowie den Neid (φθόνος: 6,23a).

---

[98] Das gilt prinzipiell auch für Philo, selbst wenn er die theoretische Unterscheidung zwischen göttlicher und menschlicher Weisheit durchführt. Vgl. v.a. her. 126-127, LA I.43. Genauso wie SapSal unterscheidet er damit nicht menschliches Können von göttlicher Offenbarung, sondern bezeichnet die göttliche Offenbarung aus zwei verschiedenen Perspektiven: menschliche Erkenntnis des göttlichen Wirkens auf der einen, das diese Fassungskraft überschreitende göttliche Wirken auf der anderen Seite. Gegen *Vílchez* 1990, 91-93, der die Belege in SapSal 7,10c.17ff.29; 8,21; 9,2 zur menschlichen Weisheit rechnet. Es handelt sich hierbei nicht um menschliche Weisheit, die sich mit charakteristischen Bedeutungsverwandten wie παιδεία, φρόνησις, γνώμη, ἐπιστήμη, γνῶσις, θησαυρός verbindet, sondern um Beschreibungen der göttlichen Weisheit.

[99] Vgl. *Vílchez* 1990, 96, der diese Identifikation als Schlusspunkt einer bereits in der früheren Weisheitsliteratur angelegten Entwicklung betrachtet.

[100] Vgl. auch die anderen Aussagen in 6,12-16.

[101] Auch an dieser Stelle ist keine platonisch-dualistische Leib-Seele-Vorstellung impliziert. Es handelt sich vielmehr um verschiedene Aspekte des Sündigseins. Vgl. z.B. *Taylor* 1966, 87, *Vílchez* 1990, 139 (er macht auf den synonymen Parallelismus aufmerksam), sowie *Hübner* 1999, 32: „Sie [Anm. S.L.: die Sophia] geht nicht in einen Menschen ein, dessen ganzes Denken und Wollen die Bosheit intendiert und so in die Sünde verstrickt ist. Wo aber diese den Menschen bis in seine Leiblichkeit hinein in ihre Fänge

Das bedeutet: Schlechtes Denken und Handeln trennt von der Weisheit bzw. verhindert überhaupt erst ihren Eingang.[102] Das heißt auch, dass schlechte, gottlose Menschen ausgeschlossen sind von den Leben spendenden Gaben der Weisheit:[103] „Die ‚Welt der Weisheit‘, d.h. die Welt, die sie durchdringt und zur guten Schöpfung Gottes macht, ist [...] nur für die zu Errettenden als Sphäre des Heils da!"[104]

Eine weitere Verbindung von σοφία und πνεῦμα schildert 7,22b-24: Hier ist davon die Rede, dass das im Folgenden mehrfach qualifizierte πνεῦμα „in"[105] der σοφία ist (ἐστιν γὰρ ἐν αὐτῇ πνεῦμα νοερόν). Die irdische Erscheinungsform der Weisheit ist also pneumatisch.[106] Als Pneuma durchdringt die Weisheit die gesamte Schöpfung (διήκει καὶ χωρεῖ διὰ πάντων διὰ τὴν καθαρότητα)[107]; als Pneuma geht sie (7,27) auch in die Seelen der Menschen ein (εἰς ψυχὰς ὁσίας μεταβαίνουσα), um sie zu erneuern (καινίζειν) und zu Gottes Freunden und Propheten zu machen (φίλους θεοῦ καὶ προφήτας κατασκευάζει).

Gerade diese Funktion als schöpferisch-erneuernde Erscheinungsform Gottes ist für den Begriff der Gottebenbildlichkeit wichtig, denn mit dem Eingang der Weisheit in den Menschen verbindet sich eine Erneuerung der Gottesbeziehung: „People are transformed to the degree that the Spirit of God is in them."[108] Durch diese Verwandlung der Gottesbeziehung wird der Mensch (wieder) zu dem, was er sein soll: Ebenbild Gottes. Die Gottebenbildlichkeit ist also, wie im ersten Teil, eingeschränkt: Betraf sie dort v.a. den leidenden Gerechten, kommt sie hier allein dem Weisen zu.[109]

In Gemeinschaft mit der Sophia (ὁ σοφίᾳ συνοικῶν: 7,28) erhält der Mensch auch allerlei irdische Gaben, die es ihm ermöglichen, Gottes Wil-

---

verstrickt, da ist kein Ort, keine Wohnung für die Weisheit!" Der entscheidende Faktor der Leiblichkeit ist also nicht die damit verbundene Materialität, sondern die Qualifizierung des Körpers als Medium der Sünde und möglichem Wohnort des weisheitlichen Geistes.

[102] Diese Ausdrücke sind daher als Antonyme zu σοφία zu verstehen.

[103] Vgl. *Taylor* 1966, 96.

[104] *Mack* 1973, 77.

[105] Man beachte die verschiedenen Textüberlieferungen.

[106] Vgl. auch *Mack* 1973, 64: „Um das Wesen der Weisheit in der Welt begreiflich zu machen, dient dem Verfasser der Terminus πνεῦμα."

[107] σοφία und πνεῦμα werden durch Übertragung dieser „durchdringenden Eigenschaften" miteinander identifiziert. Vgl. *Hübner* 1993, 61.

[108] *Collins* 1998, 198.

[109] Allerdings fehlt im zweiten Teil die protologische und eschatologische Verankerung der Gottebenbildlichkeit. Sie ist hier als im Diesseits zu realisierende Möglichkeit vorgestellt und ergänzt auf diese Weise die Konzeption des ersten Teils zu einer Einheit. Einmal mehr deutet dies auf eine durchdachte Komposition hin.

len zu erfüllen:[110] Die Sophia gibt ihm als Wegleiterin (ὁδηγός, 7,15c) die Maßstäbe für sein moralisches Handeln ein (ἐπισταμένη τί ἀρεστὸν ἐν ὀφθαλμοῖς σου [Anm. S.L.: θεοῦ], ἐπισταμένη τί εὐθὲς ἐν ἐντολαῖς σου [Anm. S.L.: θεοῦ]: 9,9cd), so dass er Wissen, also menschliche Weisheit, und damit wahren Reichtum erlangt (ἀναρίθμητος πλοῦτος ἐν χερσὶν αὐτῆς: 7,11b, vgl. auch 8,17-18). Diese Tugenden und Gaben bewirken wiederum das 'ruhmvolle ewige Angedächtnis der Tugenden des Weisen', mit einem Wort: die schon angeklungene (vgl. 4,1) Unsterblichkeit (ἀθανασία) auf Erden (vgl. SapSal 8,13.17).[111]

Das Wirken der Sophia betrifft aber nicht nur den Einzelnen, sondern auch die Gemeinschaft bzw. das Volk der Gerechten[112]. Dessen Errettung vor den Feinden, das dem Eingreifen der Sophia zu verdanken ist, wird im dritten Teil beschrieben.[113] Die Weisheit Gottes besitzt also auch einen heilsgeschichtlichen Aspekt, weil sie ein wichtiges Element in Gottes Geschichte mit den Menschen darstellt.

Ausgehend von diesen Beobachtungen kann man die Bedeutung von σοφία umschreiben als 'Gottes vermittelnde Wirkkraft in der Welt, die den Menschen eine positive Gottesbeziehung ermöglicht und ihnen auf diese Weise unvergängliches Leben schenkt'.[114]

2.2. Das πνεῦμα Gottes

Der Zusammenhang zwischen πνεῦμα und σοφία als Offenbarungsformen Gottes wird besonders an drei Stellen deutlich, die in der SapSal eine zentrale Rolle spielen: im Prolog (1,1-15), bei der Wesensbestimmung der Weisheit in der Mitte des Buches (7,22b-8,1) sowie in Salomos Gebet um Weisheit (9,13-18). Genau wie bei den eben untersuchten Bedeutungen von σοφία fällt auf, dass Prolog und zweiter Buchteil semantische mitein-

---

[110] Vgl. *Schmitt* 1989, 13: „Wer ihrer [Anm. S.L.: der Sophia] teilhaftig wird, kann seinen ihm aufgetragenen Weltdienst in vollem Umfang leisten; ein Zurückweichen vor den andrängenden Pflichten ist dann nicht mehr möglich."

[111] Im Gegensatz zu SapSal 4,1 ist an dieser Belegstelle allerdings keine explizit jenseitige Komponente erkennbar, was insgesamt zum zweiten Teil der SapSal passt.

[112] Auf diese Weise korrespondieren erster und dritter Buchteil miteinander. In beiden geht es um die Figur des Gerechten, der durch Gottes Wirken bewahrt wird. Einmal ist diese Figur als Individuum gesehen, einmal als Kollektiv, einmal ist ihr zukünftiges, einmal ihr vergangenes Schicksal dargestellt. Vgl. *Mack* 1973,78-87.

[113] Vgl. die Syntagmen in 10,1-9: αὕτη καὶ ἔγνω τὸν δίκαιον καὶ ἐτήρησεν αὐτὸν ἄμεμπτον θεῷ καὶ ἐπὶ τέκνου σπλάγχνοις ἰσχυρὸν ἐφύλαξεν; αὕτη δίκαιον ἐξαπολλυμένων ἀσεβῶν ἐρρύσατο; σοφία τοὺς θεραπεύοντας αὐτὴν ἐκ πόνων ἐρρύσατο.

[114] Vgl. auch *Wilckens* 1959, 499f.

ander korrespondieren, während diese Bedeutungen von πνεῦμα und σοφία in den anderen Buchteilen keine Rolle spielen.[115]

2.2.1. πνεῦμα in SapSal 1,5a.6a.7a

2.2.1.1. Kontextanalyse

Nach dem überschriftartigen Motto der SapSal in 1,1a (ἀγαπήσατε δικαιοσύνην) geht es im Prologteil 1,1b-10 darum, die Wechselwirkung von Gotteserkenntnis und Gotteserfahrung mit dem menschlichen Denken und Tun darzustellen. Gott erschließt sich nur denjenigen, die auf ihn trauen und ihn suchen. Diejenigen Menschen, die sich durch dunkle Gedanken, eine arglistige Seele und einen sündigen Körper[116] negativ auszeichnen, flieht Gott bzw. seine Geist-Sophia. Die Offenbarung Gottes hängt demnach mit dem Denken und Handeln des Menschen zusammen, das dieser selbst steuern kann.

Das menschliche Verhalten bleibt dem Geist Gottes nicht verborgen, denn er umfasst das All, er bewohnt den ganzen Erdkreis. Diese Vorstellung dient als Begründung dafür, dass Gott alles Denken und Handeln „überführen" wird, ihm also eine gerechte Beurteilung zukommen lässt.

2.2.1.2. Semantische Analyse: πνεῦμα in 1,5a.6a.7a

Der Text zielt auf eine Synonymität von σοφία und πνεῦμα, die als austauschbare Größen behandelt werden.[117] Der „heilige Geist der Zucht"[118] wird in V.5 eingeführt als einer, der wie die in V.4a erstmals auftauchende σοφία die Bosheit, und daher auch den bösen Menschen, meidet und dafür sorgt, dass die Ungerechtigkeit an den Tag kommen wird.

---

[115] Bei synchroner Betrachtung können alle Pneuma-Belege zu einer Bedeutung zusammengefasst werden, da es sich nicht um verschiedene „Arten" des Pneumas, sondern lediglich um verschiedene Aspekte handelt. Vgl. im Gegensatz dazu *Taylor* 1966, 100, der – im Rahmen einer eher traditionsgeschichtlichen Herangehensweise – die verschiedenen Aspekte des Pneuma getrennt aufzählt, um einen stoischen Pneumabegriff von einem alttestamentlichen abzusetzen, wobei er letzteren als den in SapSal dominierenden auffasst.

[116] Vgl. dazu die Charakterisierung der mit πνεῦμα verwandten Bedeutung von σοφία oben, 49f.

[117] Vgl. *Hübner* 1999, 32, *Winston* 1979, 100.

[118] So mit *Hübner* 1999, 32 Anm. 9, *Fichtner* 1938, 12. Nach *Mack* 1973, 75f, nimmt der heilige Geist der Zucht hier „die strafende Funktion der Weisheit auf" (76). Allerdings ist diese strafende Funktion in V.5ab noch nicht zu erkennen und wird erst in V.5c deutlich. Vielmehr wirkt hier noch die Beschreibung der σοφία nach. Daher übersetzt *Georgi* 1980, 403, παιδεία wohl mit 'Bildung'. Da es aber offensichtlich um die überführende Funktion des Pneumas geht, ist 'Bildung' unangemessen und 'Zucht' zu bevorzugen.

Die Synthese aus σοφία und ἅγιον πνεῦμα, das bzw. die πνεῦμα σοφία, ist nach V.6 dafür verantwortlich, dass alle Ungerechtigkeit und Bosheit registriert und überführt werden, denn, so V.7a, πνεῦμα κυρίου πεπλήρωκεν τὴν οἰκουμένην. Textpragmatisch soll an dieser Stelle der Gerechtigkeitsgedanke im Sinne des Tun-Ergehens-Zusammenhangs gesichert werden, und dafür ist die stoische Bedeutung des Pneuma-Begriffes besonders geeignet.[119] Als Pneuma bzw. pneumatische Sophia ist Gott überall präsent, er ist alles umfassend (τὸ συνέχον τὰ πάντα), daher allwissend und am Ende gerecht richtend. In eben diesem Sinne ist die Pneuma-Sophia auch menschenfreundlich (φιλάνθρωπον), denn sie sorgt dafür, dass die Gerechten Gerechtigkeit erhalten.[120]

Das Streben des Menschen sollte deswegen auf ein Leben im Sinne dieses weisheitlichen Geistes ausgerichtet sein – ein Leben in δικαιοσύνη (vgl. 1,1.15), das ihm allein durch das Wirken der Geist-Sophia ermöglicht wird. Das Wort πνεῦμα bezeichnet hier also die 'alles umfassende, allwissende und alle Ungerechtigkeit überführende Weisheit Gottes'.

2.2.2. πνεῦμα in SapSal 7,22b

2.2.2.1. Kontextanalyse: SapSal 6,22-7,22a

Der zweite Teil der SapSal (6,22-11,1) beginnt mit einer Einleitung (6,22-25), in der der Sprecher, in diesem Falle die fiktive Figur Salomo, sein Vorhaben schildert, Wesen und Herkunft der σοφία zu beschreiben: τί δέ ἐστιν σοφία καὶ πῶς ἐγένετο (6,22a). Anschließend erklärt er, die Antwort auf diese Frage in Lauterkeit ausführen zu wollen (6,22b-23). Er beendet sein *Prooemium* mit einem Aufruf an die Weisen und Mächtigen, seinen Ausführungen aufmerksam zu folgen (6,24f).

---

[119] Vgl. dazu *Hübner* 1999, 33: „Hier geschieht Anleihe an *stoische Terminologie*. Nach Auffassung der Stoa durchwaltet der Geist das All. Der Unterschied zu Sap 1,7 ist aber, daß die stoische Vorstellung pantheistisch ist, der Verf. der Sap sie aber in sein monotheistisches Denken, in seinen Glauben an den einen Gott integriert hat. Weil der Geist den Erdkreis erfüllt und er so das All umfaßt, hat er Kenntnis von dem, was auch immer gesprochen wird. Also bleibt nach 8 keiner, der Unrecht redet, vor dem Geist Gottes und somit vor Gott selbst verborgen. Er ist, ohne daß er sich wehren kann, der strafenden Gerechtigkeit preisgegeben." Vgl. auch *Winston* 1979, 100, sowie *Mack* 1973, 64, der mit *Kleinknecht* 1959 die typische Veränderung des stoischen Pneumabegriffs in SapSal betont. Er betrachtet diese Ausgestaltung als Ergebnis eines Identifikationsprozesses von Sophia und Isis. *Taylor* 1966, 100, verneint für diese Stelle stoischen Einfluss und will sie allein vor dem Hintergrund der atl. „Geist-Vorstellung" verstanden wissen. Zur Diskussion über die Frage des hellenistischen vs. atl. Einflusses vgl. *Vilchez* 1990, 73-87. Er selbst geht von einer Mischung beider Pneuma-Konzepte aus.

[120] Vgl. *Hübner* 1999, 33.

Nachdem der Autor also im ersten Teil die Notwendigkeit eines Gott gemäßen, gerechten und damit unvergänglichen Lebens aufgezeigt hat, geht es ihm nun darum, zu erklären, wie diese Gerechtigkeit im Leben erlangt werden kann – nämlich allein durch die Gabe der göttlichen Weisheit.

Im ersten Abschnitt seiner Rede (7,1-22a) beschreibt Salomo die Wohltaten und Erkenntnisse, die die Weisheit ihm geschenkt hat: Er beginnt mit einer Charakterisierung seiner selbst als eines Menschen in der Nachfolge Adams:[121] Er besteht aus Fleisch und Blut (vgl. Gen 2,7) bzw. erleidet Geburt und Tod (7,1-6) wie jeder andere. Auf diese Weise wird er – trotz seines Königstums – auch für den gemeinen Menschen zum Vorbild bei der Weisheitssuche, denn was für ihn gilt, besitzt allgemeine Bedeutung.

Die Frage nach dem Sinn von Geburt und Tod veranlasst ihn dazu, um die Gabe der Weisheit zu beten. Der Geist der Weisheit (πνεῦμα σοφίας) wird ihm in Form von Klugheit (φρόνησις) erteilt (7,7):[122] Der Vers bildet den Übergang zu den Ausführungen über die Vorzüge der Weisheit und den Lobpreis ihrer Gaben (7,8-22a), also der menschlichen Weisheit, zu der auch „kosmologische Kenntnisse"[123] gehören.

2.2.2.2. Semantische Analyse

Die Charakterisierung des weisheitlichen Pneumas in 7,22b-23 geschieht über die Aufzählung seiner Eigenschaften, die gleichzeitig seine Bedeutung an dieser Stelle definieren: 'das durch Geistigkeit, Heiligkeit, Einzigartigkeit, Leichtigkeit, Beweglichkeit, Reinheit, Wohltätigkeit, Menschenliebe, Standhaftigkeit, Allmacht und eine unaufhaltbare Durchdringungskraft geprägte Wesen der Weisheit'. Ziel dieser Aufzählung ist die Darstellung der Ubiquität und gleichzeitigen Unsichtbarkeit der Präsenz Gottes, die – gerade vor dem Hintergrund stoischer Pneumavorstellungen[124] – fast „materiell" anmutet[125].

---

[121] Diese Auslegung von Gen 2,7 erinnert wegen der prototypischen Funktion der Adamsfigur an 4Esra 8,6 und 1Kor 15,48a (dort allerdings durch die eschatologische Deutung in charakteristischer Veränderung).

[122] In freier, zeitgenössischer Ausgestaltung von 1Kön 3,5-15; 5,9-14, 2Chron 1,7-12.

[123] *Hübner* 1993, 58. Er geht in diesem Artikel auf die stoische Beeinflussung dieses Passus ein.

[124] Vgl. *Hübner* 1993 und *Hübner* 1999, 103-109. Er nennt ebd. 1993 SVF II.555.1009.442.471.416. *Collins* 1998, 200-202, geht wie bei Philo von einem mittelplatonischen Hintergrund aus, der sich aber durch die Verknüpfung von platonischen und stoischen Elementen auszeichnet.

[125] Allerdings ist hier nach *Hübner* 1999, 109, im Gegensatz zur Stoa keine materielle Vorstellung impliziert. Dagegen schreibt *Hübner* noch 1993, 60: „Das *intelligente* πνεῦμα ist demnach also die *Substanz Gottes* – Gott natürlich im pantheistischen Sinne [...] verstanden. Bewußt wurde gesagt: Substanz Gottes, denn das πνεῦμα ist – hier

2.2.3. πνεῦμα in SapSal 9,17b

2.2.3.1. Kontextanalyse: SapSal 9,1-18

Das Gebet Salomos um das göttliche Geschenk der Weisheit (Kapitel 9)[126]
schließt sich an die in Kapitel 8 beschriebene Sehnsucht nach einem eheli-
chen Zusammenleben mit der Sophia an und gliedert sich in drei Teile: Im
ersten Teil (9,1-8) geht es um die Erschaffung des Menschen zur gerechten
Herrschaft und Verwaltung der Schöpfung sowie um seine Angewiesenheit
auf göttliche Hilfe. Im zweiten Teil (9,9-12) steht die Bitte um Herabsen-
dung der allwissenden Sophia zur Unterstützung des Herrschers im Vordergrund, bevor im dritten Teil (9,13-18) noch einmal auf die Bedürftigkeit
des Menschen aufmerksam gemacht wird.

2.2.3.2. Semantische Analyse

Auch hier fällt sofort die Bedeutungsverwandtschaft zwischen πνεῦμα und
σοφία ins Auge: τὸ ἅγιόν πνεῦμα ἀπὸ ὑψίστων πεμπεῖν bedeutet
soviel wie διδόναι σοφίαν. Aussagekräftig sind in diesem Fall besonders
die kontextcharakteristischen Wörter und Wendungen, in denen es um
Wissen und Erkenntnis geht (διδάσκεσθαι, ἐξιχνιάζειν, γινώσθαι
βουλὴν θεοῦ). Sie stehen denjenigen Ausdrücken gegenüber, in denen die
Unzulänglichkeit der menschlichen Konstitution – einschließlich der Be-
schwernis durch die körperliche Existenz[127] – beschrieben wird (λογισμοὶ

---

denkt der Vf. der Sap tatsächlich ganz in den Bahnen stoischer Vorstellungen – nicht
völlig immateriell verstanden. Die Stoa sah ja das πνεῦμα als *Substanz von ganz feiner
Materialität.*" Auch *Georgi* 1980, 428, geht von einer materialen Vorstellung des Pneumas aus. Vgl. auch *Collins* 1998, 198. Dagegen *Fichtner* 1938, 31f. Nach *Bieder* 1959,
370, lässt sich die Frage nicht beantworten. Sie ist jedenfalls für die Textpragmatik nicht
entscheidend.

[126] Die Abgrenzung des Gebetes vom Kontext ist umstritten. *Hübner* 1999 und
Schmitt 1989 zählen 9,18 bereits zum folgenden Abschnitt über das Wirken der Weisheit
in der Geschichte. Wie oft bei den Abgrenzungen in der SapSal handelt es sich um einen
Übergangsvers, der an dieser Stelle wegen seiner Lexik interessant ist und daher zusammen mit dem vorhergehenden Text aufgeführt wird.

[127] Natürlich wird auch für diese Stelle die Frage eines platonischen Leib-Seele-
Dualismus diskutiert, v.a. aufgrund der engen Parallelen zu Platons Phaidon (81 C).
Während *Fichtner* 1938, 37-39, und *Taylor* 1966, 95, von einer rein terminologischen
Abhängigkeit ausgehen, erwägt *Hübner* 1999, 130, literarische Abhängigkeit. Dabei ist
allerdings zu berücksichtigen, dass im Gegensatz zum platonischen Text in SapSal auch
der geistige Teil des Menschen abgewertet wird: Es geht um die Unzulänglichkeit des
ganzen Menschen, der aus Leib und Seele besteht und des Pneumas bedarf. Vgl. *Brandenburger* 1968, 108, *Cavallin* 1974, 131f. Das bedeutet aber auch nicht, dass πνεῦμα
und ψυχή hier dualistische Gegensatzbegriffe sind, wie *Sellin* 1986, 84f, (mit Hinblick
auf seine These für 1Kor 15,45f) suggeriert. Mit *Vilchez* 1990, 290, kann man von einer
dichotomischen Konzeption des Autors sprechen, der die Seele mit der spirituellen, den

δειλοί, ἐπισφαλεῖς ἐπίνοιαι, φθαρτὸν σῶμα, τὸ γεῶδες σκῆνος, μόλις εἰκάζειν τὰ ἐπὶ γῆς, εὑρίσκειν μετὰ πόνου).

Ohne das weisheitliche Pneuma vermag der Mensch nichts „Rechtes" auszurichten, da er Gottes Willen nicht erkennt (vgl. auch Jes 40,3, 1Kor 2,16). Allein die Sophia kann alles richten (διωρθῶσθαι) und den Menschen vor dem Bösen in der Welt erretten (σώζεσθαι). Der Ausdruck πνεῦμα bezeichnet hier also 'die Weisheit als Offenbarerin des göttlichen Willens'.

2.2.4. Zusammenfassung

Die drei Belegbedeutungen können zusammengefasst werden zur Bedeutung 'alles umfassende, allwissende und die Ungerechtigkeit überführende göttliche Weisheit, die Gottes Willen offenbart'.

2.3. Das Spiegelbild Gottes: εἰκών in SapSal 7,26

2.3.1. Kontextanalyse: SapSal 7,22b-8,1

Der nach 2,23 zweite εἰκών-Beleg, der mit den eben besprochenen Termini und ihren Bedeutungen korrespondiert, steht im Zentrum des *Enkomions* auf die Sophia, das sich von 7,22b bis 8,1 erstreckt.

Nach der oben bereits erläuterten, in vielem stoisch anmutenden Beschreibung der „pneumatischen" Eigenschaften der Sophia in 7,22b-23, wechselt die Motivik ab V.25 zu (Licht)Strahlen- und „Bild"-Metaphern[128].

Körper mit der materiellen Sphäre in Verbindung bringe. Die körperliche kann die spirituelle behindern.

[128] *Hübner* 1993, 71-73, erkennt in der Verwendung der Spiegel-, Bild- und Lichtmetaphern platonische Terminologie und erklärt deren Verwendung als Versuch, das vorher angeklungene stoische Immanenzdenken zu transzendieren. Ähnlich *Collins* 1998, 199f. Gegen platonischen Einfluss spricht sich *Marques* 1986, 238, aus. Parallelen in der Terminologie lassen sich bei Plato eindeutig nur für εἰκών und φῶς finden: In Phaedr 250B, Resp 509A, Tim 92C werden die sinnlich erfassbaren Dinge des Kosmos als Abbilder des Geistigen bezeichnet (in Tim 92C gilt der sinnliche Kosmos außerdem als wahrnehmbarer Gott, θεὸς αἰσθητός). Im Gegensatz zu SapSal bezieht sich εἰκών hier also nicht auf eine unsichtbar-geistige Mittlergröße zwischen Gott und Kosmos, sondern auf den Kosmos selbst. Vgl. zum Thema neben *Hübner* 1993 *Willms* 1935, *Eltester* 1958. Das Spiegelmotiv ist bei Plutarch, also mittelplatonisch, gut belegt. Vgl. z.B. Platonicae Quaestiones 1001E: Plutarch erklärt hier mit Hilfe der Spiegelmetapher (ἔμφασις) Platos Auffassung, die sinnlich wahrnehmbaren Dinge seien Abbilder der geistigen Ideen. Vgl. *Eltester* 1958, 61.108. Als platonische Parallele zu φῶς gibt *Hübner* 1993, 71f, Politeia 540A an: Die 50-jährigen Männer sollen den Lichtstrahl ihrer Seele nach oben richten, um dort „das allem Licht Verleihende" (τὸ πᾶσι φῶς παρέχον) zu schauen. Interessant ist aber, dass das sonst nur spät bezeugte ἀπαύγασμα, genauso wie ἀτμίς und

Der Abschnitt V.25-30 ist durch diverse Verklammerungen geprägt. Auffällig sind zunächst die Einschnitte in V.25 und V.29, die beide mit γάρ begründete Prädikationen einleiten. Dabei ist V.29f eine Variation von V.25-26a. Beide Segmente klammern V.26b-28 ein, so dass V.26b-c den Übergang zum Zentrum dieses Abschnitts, den Offenbarungs- bzw. Neuschöpfungssaussagen in V.27, darstellt.[129]

2.3.2. Semantische Analyse

V.25 und V.26 beginnen jeweils mit einer Ist-Prädikation, die sich in mehreren synonymen *Parallelismi membrorum* fortsetzt. Diese parallelen Konstruktionen machen die Bedeutungsverwandten von εἰκών gut erkennbar: ἀτμίς, ἀπόρροια, ἀπαύγασμα und ἔσοπτρον[130] bilden die paradigmatische Achse, in die sich das Wort εἰκών einfügt. Die Verskonstruktion schafft eine besondere Nähe zu dem gleich anlautenden ἔσοπτρον, während die drei A-Anlaute ἀτμίς, ἀπόρροια, ἀπαύγασμα eine Gruppe für sich bilden. Stilistisch-syntaktisch allerdings gehört ἀπαύγασμα zur Dreiergruppe um ἔσοπτρον, die hier ein Tristichon bildet.

Beachtet man die einleitenden Konjunktionen, liefert V.25 die Begründung (γάρ, διὰ τοῦτο) für die Reinheit (καθαρειότης) und die damit verbundene Durchdringungskraft der Pneuma-Sophia in V.24b. Ihre Unbefleckheit (V.25c) ist in ihrer strahlenhaften Teilhabe an der göttlichen δύναμις bzw. δόξα[131] begründet, deren Ausstrahlung (ἀτμίς, ἀπόρροια) sie ist: „*Deus inquinari non potest.*"[132] Das Göttliche kommt also in die Welt, ohne seine Reinheit zu verlieren.[133]

ἀπόρροια (sowie natürlich εἰκών und ἔσωπτρον/ κάτοπτρον), bei Philo belegt ist (vgl. opif. 146, plant 50, spec IV.123). Philo erscheint also aufgrund dieser zahlreichen terminologischen Parallelen als das fruchtbarste Vergleichscorpus. Er selbst ist (mittel)platonisch beeinflusst, vgl. neben *Tobin* 1983 die Debatte zwischen *Sterling, Winston, Dillon, Tobin* und *Runia* (alle 1993). Zum Mittelplatonismus in Alexandria (incl. Philo) vgl. *Dillon* 1977. Es ist also zu vermuten, dass SapSal unter den Juden Alexandrias geläufiges, vorgeprägtes Sprachmaterial benutzt, das (mittel)platonisch durchsetzt ist. Aus dieser Perspektive ist auch *Jervells* Urteil (vgl. *Jervell* 1960, 50) zu modifizieren, wonach diese Ausdrücke aus „hellenistisch-gnostischer Tradition" stammten, von SapSal aber nicht in diesem Sinne verwendet würden.

[129] Diese Kombination von Gottebenbildlichkeit und Offenbarung bzw. Neuschöpfung ist nicht zuletzt für den Vergleich mit den paulinischen εἰκών-Aussagen interessant (vgl. v.a. 2Kor 3,18).

[130] Einziger weiterer Beleg in der LXX ist Sir 12,11.

[131] Die Alliteration bewirkt eine Annäherung beider Ausdrücke.

[132] *Hübner* 1999, 70.

[133] Vgl. *Hübner* 1999, 110: „Die Intention von 25 ist, daß Gottes transzendentes Wesen in höchster Paradoxie in die immanente Welt des Menschen ausströmt; es bricht in seinem jenseitigen Sein ohne Seinsverlust ins diesseitige Sein ein. So ist Doxa auch ein Offenbarungs-‚Begriff': Gott *ist* seine Doxa, ist sein Offenbarungs-Geschehen, sein Of-

Diese Reinheit der Sophia wird in V.26a erneut durch ihre Aus-strahlungsqualitäten begründet, diesmal aber verbunden mit der Lichtmoti-vik (φῶς), einem wichtigen Element der alttestamentlichen, aber auch hel-lenistischen Theophaniesprache,[134] das die „Bild"-Aussagen in V.26b-c und die Neuschöpfungsvorstellungen in V.27f inkludiert (ἥλιος, ἀστήρ, λαμπρός, V. 29).[135]
Die Spiegel- und Eikon-Prädikationen bilden den Übergang von den Emanationsbeschreibungen zum Gedanken der Neuschöpfung (καινίζειν) des Alls (τὰ πάντα), des Weisen (σοφός) und des Gottesfreundes (φίλος θεοῦ), der „clímax de las especulaciones sobre la Sabiduría"[136]. Diese spi-rituelle Erneuerung dürfen diejenigen erfahren, in deren fromme Seelen[137] (ψυχαὶ ὁσίαι) die Sophia eingeht (μεταβαίνειν κατὰ γενεάς) und die Gott deswegen liebt (ἀγαπᾶν). Dabei kommt dem Wort εἰκών, das an die

---

fenbarungs-Ereignis, indem er sich in dieser Doxa – man könnte auch sagen: als diese Doxa – manifestiert. Und dieses Geschehen ist eben als göttliches Geschenk die Weis-heit. Doxa und Weisheit rücken somit in ihrer jeweiligen Bedeutung nahe aneinander." Diese Bedeutungsbeschreibung ist von großer Wichtigkeit für die semantische Entwick-lung von εἰκών, das hier Bestandteil des „Offenbarungsvokabulars" ist und auch bei Paulus in beinahe allen Belegen in großer semantischer Nähe zu δόξα erscheint. – Eine weitere Frage ist, ob sich für den δόξα-Beleg traditionsgeschichtliche Zuordnungen ma-chen lassen. Da es sich bei δόξα in dieser Bedeutung um spezifisches LXX-Vokabular handelt, δόξα also die Übersetzung von hebr. כבד ist, muss man von einer diesbezügli-chen Referenz ausgehen. *Hübner* 1993, 68, vermutet eine Anspielung auf die Sinai-Erzählung. Dagegen macht *Collins* 1998, 199, auf den Zusammenhang mit Sir 24,3 auf-merksam, denn: „The biblical ‚Glory', or Kabôd, is never given a role in ordering the universe." Auch wenn der Bezug auf Sir 24,3 motivisch einleuchtend ist, so spricht das nicht gegen eine Ableitung der δόξα von כבד, denn nicht die Doxa übernimmt hier die kosmische Funktion, sondern die Weisheit als Ausfluss dieser Doxa. Das Eingehen des weisheitlichen Geistes in die Gottesfreunde könnte ein Hinweis auf das Sinaigeschehen bzw. speziell auf die Rolle des Mose in Ex 33-34 sein, doch wäre dieser sehr vage und wohl bewusst näher explizert.
[134] Vgl. *Marques* 1986, 248.
[135] *Marques* 1986, 247, weist auf die wichtige Kollokation von φῶς und εἰκών hin, denn φῶς findet sich auch in Gen 1,3.4.18 und neben SapSal 7,29 auch in SapSal 17,20. Eine semantische Nähe beider Wörter begegnet auch bei Philo und Paulus.
[136] *Vílchez* 1990, 262.
[137] Wie im ersten Teil der SapSal (vgl. 2,23; 3,1), so ist auch hier die menschliche Seele der Bezugspunkt. Berücksichtigt man weiterhin 9,15, so ist für SapSal von einer dichotomischen Anthropologie auszugehen, bei der zwischen Körper und Seele unter-schieden wird und die Seele als Kern der Person gilt. Der Körper wird also nicht explizit abgewertet, aber er ist soteriologisch irrelevant. Gegen *Brandenburger* 1968, 113. Er geht in seiner Interpretation zu weit, wenn er die Gottebenbildlichkeit des Menschen auf die Seele des Menschen bezieht und diese an sich als göttlich auffasst. Es geht aber ledig-lich darum, dass die Seele „Anknüpfungspunkt" für das Wirken des Pneumas bzw. der Sophia ist.

Gottebenbildlichkeitsaussage in Gen 1,26f erinnert,[138] eine Schlüsselfunktion zu, denn es verknüpft das Immanenzprinzip Gottes mit der Gottebenbildlichkeit des erneuerten Menschen: Es stellt also eine Verbindung her zwischen der Weisheit als Gottes Bild in der Welt und dem aus Gen 1,26f abgeleiteten Ideal des gottebenbildlichen Menschen.[139]

Das für die Bedeutung von εἰκών so wichtige Spiegelmotiv bringt die Mittlerschaft der Weisheit zwischen Transzendenz und Immanenz zum Ausdruck: „Wisdom is an independent entity, which derives from God and reflects the divine glory, but then becomes the means of God's presence in creation."[140] Sie ist Spiegel (ἔσοπτρον) der göttlichen Wirkkraft (ἐνέργεια).[141]

Das Motiv des Spiegels bzw. des Spiegelbildes lässt sich folgendermaßen deuten: Einerseits ist der Spiegel ein Mittel, um etwas für den Betrachter Unsichtbares – z.B. sein eigenes Antlitz – sichtbar zu machen. Ein unbefleckter Spiegel gibt seinen Gegenstand besonders deutlich wieder: In diesem Fall reflektiert die makellose Spiegel-Sophia Gottes sonst unsichtbare Wirkkraft und bringt so für den Menschen ein Spiegelbild (εἰκών) zum Vorschein, in dem er Gotte Güte (ἀγαθότης) erkennt. Die Schau der

---

[138] Es stellt sich natürlich die Frage, ob und ggf. wie an dieser Stelle mittelplatonischer Einfluss (vgl. z.B. die von *Scarpat* 1996, 76-78, aufgeführten Paralleltexte aus Plato, Timäus 71b, Philo, LA III.101, Plutarch, mor 781F) und atl. Gottebenbildlichkeitsaussage zusammenhängen. So lehnt z.B. *Eltester* 1958, 114, einen atl. Ursprung von εἰκών an dieser Stelle ab. *Tobins* traditionsgeschichtliche Untersuchung der philonischen Interpretation von Gen 1,26f; 2,7 aber kommt zu dem Ergebnis, dass die Koppelung der εἰκών-Prädikation an eine Mittlerfigur auf eine (mittel)platonische Interpretation von Gen 1,26f zurückgeht, die die Präposition κατά als Hinweis auf eine gottebenbildliche Zwischeninstanz, also z.B. Logos oder Sophia, deutet, „nach" der der gottebenbildliche Mensch geschaffen wurde. Vgl. *Tobin* 1983, 26-31.57f. Insofern gehörten atl. Gottebenbildlichkeitsaussage und εἰκών-Prädikation auch an dieser Stelle zusammen und entsprängen einer alexandrinischen Auslegungstradition.

[139] Vgl. dazu das im zweiten Kapitel vorgestellte εἰκών-Konzept Philos, für den das gottebenbildliche Immanenzprinzip (z.B. Logos oder Sophia) und das menschliche Ideal des vollkommenen Weisen einander entsprechende Größen darstellen. Die Einführung einer gottebenbildlichen Mittlerinstanz führt also dazu, dass die menschliche Gottebenbildlichkeit in der Entsprechung zu dieser Instanz liegt. Das ist gegen *Jervell* 1960, 49 Anm. 98, einzuwenden, der davon ausgeht, dass die Übertragung der Gottebenbildlichkeit auf die Weisheit eine menschliche Ebenbildlichkeit ausschließe.

[140] *Collins* 1998, 199.

[141] Auch hier nähert das Stilmittel der Alliteration die Wörter einander an. Die Kollokation und Bedeutungsverwandtschaft von ἔσοπτρον und εἰκών ist auch für Plutarch belegt (vgl. Conjugalia praecepta 139F; De facie in orbe lunae 920F: dort allerdings εἰκόνας ἐσοπτρικάς; Παροιμίαι αἷς Ἀλεξανδρεῖς ἐχρῶντο 1.65: dort allerdings ἐσοπτριζομένην τῇ εἰκόνι. Vgl. auch εἰκών und κατοπτρίζειν bei Artemidorus, Onirocriticon 2.7.1, Empedocles, Fragmenta 109a (POxy 1609.XIII.94) und Paulus (2Kor 3,18).

Güte Gottes bewirkt wiederum die Verwandlung des Menschen, der in seiner Gottesbeziehung erneuert und dadurch selbst zum Ebenbild Gottes wird. Diese Fähigkeit zur Verwandlung des Betrachters ist die zweite Eigenschaft des Spiegels, die sich in manchen antiken Texten wiederfindet.[142]

Die Sophia ist also die Offenbarerin von Gottes Güte und Liebe, die demjenigen gilt, der Gott sucht und gerecht lebt. Das Wort εἰκών bezeichnet an dieser Stelle 'die pneumatische Weisheit als Offenbarerin der Güte Gottes'.

2.4. Zusammenfassung

Im Gegensatz zum ersten und dritten Teil der SapSal betont der zweite Teil das Angewiesensein des Menschen auf den weisheitlichen Geist, um in der Gegenwart vor Gott zu bestehen.

Diese Entsprechung von göttlicher und menschlicher Weisheit korrespondiert mit der Bedeutung der göttlichen und menschlichen Gerechtigkeit (δικαιοσύνη) in SapSal, die daher als indirekt bedeutungsverwandt mit εἰκών gelten kann: Der Gerechtigkeit Gottes als dem 'göttlichen Lebensprinzip, das dem Tod und Verderben in der Welt entgegensteht'[143] entspricht die menschliche Gerechtigkeit, also die 'tugendhafte Frömmigkeit (des Menschen), die Unsterblichkeit mit sich bringt'[144].

Nur mit Hilfe des göttlichen Ebenbildes, der 'Erscheinungs- und Offenbarungsform Gottes auf Erden', kann der Mensch Gottes Liebe und Güte erfahren und seine Gerechtigkeit erkennen. Diese Erkenntnis ist die Voraussetzung für die Realisierung seiner eigenen Ebenbildlichkeit.[145]

---

[142] Vgl. neben *Weißenrieder* 2005 auch Empedocles, Fragmenta 109a (POxy 1609.13.94): Das Geschaute sendet Strahlen aus, die bewirken, dass das Bild des Geschauten in die Augen des Betrachters eingepasst wird. Auf diese Weise dringt also das Geschaute in den Betrachter ein, und daher könnte vielleicht die verwandelnde Kraft der Schau herrühren, die sich in manchen Texten findet und auch für 2Kor 3,18 von Bedeutung ist. Übertragen auf den vorliegenden Text: Gottes Güte dringt in den Betrachter der Weisheit ein und verwandelt ihn.

[143] Vgl. dazu die Belege in SapSal 1,1.15; 5,6; 14,7.

[144] Vgl. dazu die Belege in SapSal 8,7; 9,3; 15,3.

[145] Die offenbarende und verwandelnde Funktion der Eikon Gottes findet sich auch bei Paulus wieder: Für ihn ist Christus die offenbarende Eikon Gottes (2Kor 4,4); die Erkenntnis seiner Ebenbildlichkeit durch den Gläubigen bewirkt dessen Verwandlung in dieselbe Eikon (2Kor 3,18). Neben der Ähnlichkeit in vielen Wörtern und Motiven (z.B. εἰκών, δόξα, πνεῦμα, φῶς, φωτισμός, ἔσοπτρον) lassen sich also auch wichtige konzeptionelle Überschneidungen entdecken. Vgl. *Marques* 1986, 250, der für einen Einfluss der Eikon-Vorstellung von SapSal auf Paulus plädiert. In Anbetracht des im zweiten Teil erarbeiteten paulinischen Eikon-Konzeptes, das auch das Soma mit einschließt, müssen aber diesbezüglich Abstriche gemacht werden.

3. Das Tod bringende Trugbild der Gottlosigkeit

3.1. Kontextanalyse SapSal 13-15

Die exkursartig in den dritten Teil aufgenommene Götzenbildpolemik[146] ist eingebunden in das Leitprinzip der Entsprechung von Sünde und Strafe, die den gesamten Teil durchzieht und formal in der Verwendung der *Synkrisis* zum Ausdruck kommt. Der Exkurs ist dreigeteilt: Er beginnt mit einer Einleitung (13,1-9), die das allem zugrunde liegende Problem bereits ausspricht: Die Menschen erkennen in der Natur nicht Gott, den Schöpfer, sondern vergöttern stattdessen die Schöpfung selbst.[147] Dieser Einleitung steht der dritte Teil des Exkurses (15,14-19) gegenüber, in dem der Autor noch einmal grundsätzlich die Verirrung des Götzendienstes, d.h. die Verehrung von Materie und im Speziellen den verabscheuungswürdigen Tierkult, darstellt, verurteilt und so die nachfolgend erzählte Bestrafung der „Feinde des Gottesvolkes" begründet.

Der Mittelteil, der den Rahmen an Länge und Ausführlichkeit weit übertrifft, besitzt einen konzentrischen Aufbau.[148] In 13,10-19 (a) wird die Herstellung eines Geschöpfes menschlicher Produktion, eines Schnitzbildes aus einem Stück Abfallholz, beschrieben. Aus „Müll" macht der Mensch etwas „Heiliges", das er anbetet – auf diese Ironie zielt der Textabschnitt. Als dementsprechend lächerlich stellt er daher auch den verbreiteten Brauch dar, durch Anbetung des toten Götterbildes Leben bzw. Heil in allerlei Nöten zu suchen (vgl. v.a. 13,18).

Dem gegenüber steht am Ende des Exkurses in 15,7-13 das Beispiel des Töpfers, der meint, aus Lehm etwas Göttliches zu fabrizieren, und sich auf diese Weise in eine direkte Antithese zum Schöpfer des wahren Lebens bringt (a').

Im Gegensatz zum verabscheuungswürdigen Holzprodukt des Schnitzers, das als „Galionsfigur" die Schiffe der Heiden ziert und zum Objekt von Gebeten wird, steht die Arche, ein Erzeugnis, das der Gerechtigkeit Gottes dient. Dem einen also gereicht sein Werk zum Segen, dem anderen zum Fluch (b: 14,1-10). Die Gerechten aber gehören Gott; sie sind nicht wie die anderen, die durch sichtbare Objekte verführt werden (b': 15,1-6). Bei beiden Textsegmenten handelt es sich um Gebete.

Im Zentrum des dritten Textteils, in 14,11-31, kommt die These des Exkurses zu stehen: Alles Laster und alles Böse hat seine Ursache im Göt-

---

[146] Eine detailgenaue Strukturanalyse des Exkurses bietet *Gilbert* 1973.

[147] Vgl. Röm 1,18-32.

[148] Vgl. dazu die Strukturanalyse *Gilberts* 1973, 254, dessen Gliederung ich mich anschließe. Ebenso *Vílchez* 1990, 347f, *Schmitt* 1989, 62.

zendienst (14,12-14.22.27). Diese Behauptung wird zunächst historisch bewiesen, indem die Herkunft der Bilderverehrung als Resultat menschlichen Irrtums herausgestellt wird.

Der Bilderkult geht nach Meinung der SapSal in seinen Anfängen auf den Totenkult der Herrscher oder Heroen zurück. Der eigentliche Grund der kultischen Verehrung sei aber vergessen worden, so dass der Bilderkult auf den lebenden Herrscher überging: Damit dem König auch in fernen Landesteilen gehuldigt werden konnte, benötigte man Bildnisse, anhand derer die Untertanen ihre Verehrung kundtun und so ihre Loyalität unter Beweis stellen konnten.[149] Um dem König zu schmeicheln, so SapSal, wurden die Bildnisse in solch überwältigender Schönheit angefertigt, dass das Volk dazu verführt wurde, in den Bildern Gottheiten zu sehen und zu verehren.

Dieser Bilderkult wird schließlich zur Bedrohung für das wahre Leben nach dem Willen Gottes, denn der einzigartige Name Gottes wird nun für hölzerne und steinerne Bilder verwandt (vgl. 14,21).

Als Folge der Götzenverehrung kommt es zu einer Verkehrung der Sitten, die in 14,22-31 geschildert wird: „Schlagwortartig: Von sexueller Zügellosigkeit, Verlogenheit und gegenseitiger boshafter Gesinnung und Tat bis zum kultischen Kindermord!"[150] Diese 14,27 rahmenden Lasterkataloge dienen als Argument für die These, dass der Götzendienst Ursprung aller Sünde sei. Dem wird in 14,11.30f noch die Aussicht auf Bestrafung der Götzendiener hinzugefügt.

Wichtig sind auch die miteinander korrespondierenden, thesenartigen Verse, die die verschiedenen Abschnitte in Kap. 14 und 15 sowie die Einleitung verbinden: 14,12-14.27 und 15,11f sehen wie 13,1-9 die Ursache allen Übels in der Verkehrung der göttlichen Schöpfungsordnung: Der geschöpfliche Mensch schwingt sich selbst zum Schöpfer auf, verehrt seine eigenen Produkte und damit sich selbst. Auf diese Weise verkennt er seinen Bezug auf den Schöpfer und verfällt daher dem Tod.[151]

---

[149] Diese Beschreibung könnte auf den Herrscherkult der römischen Epoche verweisen. Vgl. z.B *Winston* 1979, 21f, und *Scarpat* 1989, 24.

[150] *Hübner* 1999, 177. Auch hier fällt die Ähnlichkeit mit Röm 1,18-32 auf. *Schmitt* 1989, 66, denkt sogar an eine Übernahme durch Paulus. Das lässt sich schwer beweisen. Mindestens muss es sich aber um einen weit verbreiteten Topos handeln.

[151] Auch bzgl. dieses Gedankengangs sei auf die Parallelität zu Röm 1,18-32 verwiesen.

3.2. Semantische Analysen

3.2.1. εἰκών in SapSal 13,13e.16c

Die Bedeutung von εἰκών in 13,16c lässt sich zunächst anhand der Prädikation bestimmen, in der das Wort zu stehen kommt: Diese bezieht sich wohl auf das in 13,13a genannte ἀπόβλημα, das in in 13,13b näher als ein Stück wertloses Abfallholz beschrieben wird (ξύλον σκολιὸν καὶ ὄζοις συμπεφυκός). Weiterhin kann das Syntagma ἔργα χειρῶν ἀνθρώπων in 13,10b, also Werke von Menschenhänden, als Paraphrase (wenn auch im Plural) betrachtet werden.

Die kontextspezifischen Ausdrücke und Syntagmen sowie die Wortbildungen verweisen u.a. auf die Materialität und die Machtlosigkeit des von Menschenhand Geschaffenen (vgl. γλύφειν, τυποῦν, χρείαν ἔχει βοηθείας, ἀδυνατεῖ ἑαυτῷ βοηθῆσαι, ἀπεικάζειν, ἀπεικάσματα).

Bestimmend für die Bedeutung von εἰκών in 13,16c ist also zum einen das wertlose, verabscheuungswürdige Material, aus der das Götterbild besteht, zum anderen seine Schöpfung von Menschenhand, aus der seine Macht- und Hilflosigkeit resultiert. Dieses Gottesbild ist lediglich, so die Bedeutung von εἰκών in 13,16c, 'ein Stück wertloses, von Menschenhand bearbeitetes Abfallholz, dem der Mensch fälschlicherweise göttliche Eigenschaften zuspricht'.

Seine Ähnlichkeit mit den Geschöpfen Gottes bezieht sich nach 13,13e, dem zweiten εἰκών-Beleg, nur auf seine 'menschliche Gestalt bzw. das menschliche Aussehen, das im Medium des Abfallholzes handwerklich nachgebildet wird'[152]. Im Gegensatz zum gottebenbildlichen Menschen verfügt das Götterbild also nicht über das göttliche, Leben schenkende Pneuma, sondern täuscht diese Lebendigkeit nur „nach außen hin" vor. Für die Menschen, die sich vom wahren Gott abwenden, wird es daher zum Trugbild, das in das Nichts und damit in den Tod führt.[153]

---

[152] Vgl. *Eltester* 1958, 16. Diese Belegbedeutung unterscheidet sich insofern von den anderen hier diskutierten, als hier nicht das fertige, materiale Bild, sondern das noch nicht medialisierte menschliche Aussehen gemeint ist. Wichtig ist diese Bedeutung v.a. deswegen, weil sie eine wichtige Parallele zum paulinischen εἰκών-Gebrauch in Röm 1,23 darstellt.

[153] Zu fragen ist, ob neben Ex 20,4 und Dtn 5,8 (Bilderverbot) auch Gen 1,26f im Hintergrund des Textes steht. Dann würde es sich um eine Parodie auf die menschliche Umkehrung der Gottebenbildlichkeit handeln. Vgl. *Vílchez* 1990, 367, der einen Bezug auf Gen 1,26f aufgrund der Wörter εἰκών und ὁμοιοῦν vermutet. Das allein reicht aber nicht aus, um eine Anspielung für die Rezipienten deutlich zu machen.

3.2.2. εἰκών *in SapSal 14,15a.17c*

Im Kontext kann das in V.16b verallgemeinernd verwendete τὸ γλυπτόν als Synonym (vgl. Dtn 4,16, 2Chr 33,7) für εἰκών betrachtet werden. Es zeigt an, dass es sich bei den Bildern wohl um geschnitzte Statuen und Statuetten handelt.[154] Die Syntagmen (τοῦ ἀφαιρεθέντος τέκνου εἰκόνα ποιεῖν, ἐμφανῆ εἰκόνα τοῦ τιμωμένου βασιλέως ποιεῖν) verweisen auf die dargestellten Personen. Damit werden gleichzeitig zwei verschiedene Bereiche abgesteckt, in denen Bilderverehrung eine Rolle spielt: Totenkult und Herrscherkult. In beiden Fällen dient das Bildnis der Repräsentation eines körperlich nicht anwesenden Menschen (νεκρὸς ἄνθρωπος), dem durch eine äußerliche Nachahmung (ὁμοιότης) trotz seiner Abwesenheit Verehrung (θρησκεύειν, τιμᾶν, ἐπίτασις θρησκείας) zukommen kann (ὡς παρόντα τὸν ἀπόντα κολακεύειν διὰ τῆς σπουδῆς), so dass er für die Kultteilnehmer (μυστήρια καὶ τελετάς) gegenwärtig wird.

Aufgrund des Ehrgeizes (φιλοτιμία) der Hersteller, dem Abgebildeten durch die Schönheit der Bilder (τὸ εὔχαρι τῆς ἐργασίας) zu schmeicheln (κολακεύειν), erinnern die Bildnisse an Götter. Der Ritus steigert sich daher zu göttlicher Anbetung (τὸν πρὸ ὀλίγου τιμηθέντα ἄνθρωπον νῦν σέβασμα λογίζεσθαι; ὡς θεὸν τιμᾶν); die damit öffentlich bezeugte Loyalitätserklärung (δουλεύειν) wird sogar zum Gesetz (τὸ ἀσεβὲς ἔθος ὡς νόμος φυλάσσεσθαι; τυράννων ἐπιταγή) – und damit zum Problem für diejenigen, deren Meinung der Sprecher vertritt.

In der außertextuellen Realität sind das die Juden: Wenn der einzigartige Name Gottes auf hölzerne und steinerne Bildnisse angewandt wird (τὸ ἀκοινώνητον ὄνομα λίθοις καὶ ξύλοις περιέθεσαν), werden diese mit Gott gleichgesetzt und Gott dadurch verunglimpft. Die Verehrung von toten Bildnissen, die nur dem Unglück und der Herrschaft dienen (συμφορά, τυραννίς), gefährdet daher das wahre Leben (τῷ βίῳ εἰς ἔνεδρον), weil sie den Abfall von Gott impliziert.[155]

Das Wort εἰκών meint in diesem Kontext also eine 'von Menschenhand gefertigte (geschnitzte oder behauene) Toten- oder Herrscherplastik, die als Gott verehrt wird' und auf diese Weise zum wahren Gott des Lebens in Konkurrenz tritt.

---

[154] Das Synonym ist in SapSal zweimal belegt (14,16b; 15,13b). Es bezieht sich auf ein 'von Menschenhand hergestelltes materielles Bild, das u.a. durch bunte Bemalung Lebendigkeit vortäuscht und die Menschen zu göttlicher Verehrung verführt'.

[155] Man ist geneigt, diese Bemerkungen mit dem Aufstellen von Standbildern des Caligula in jüdischen Synagogen unter Flaccus in Verbindung zu bringen (vgl. z.B. Philo in Flac. 41-43; Legat 134-137.346). So *Scarpat* 1989, 24. Die Bemerkung in 14,15-17 ist allerdings so allgemein gehalten, dass diese Annahme nur Mutmaßung bleiben kann.

3.2.3. εἰκών in SapSal 15,5b

Im Kontext wird die νεκρὰ[156] εἰκών als εἶδος ἄπνουν (15,5b) bezeichnet und mit Paraphrasen wie ἀνθρώπων κακότεχνος ἐπίνοια,
σκιαγράφων πόνος ἄκαρπος und εἶδος σπιλωθὲν χρώμασιν
διηλλαγμένοις beschrieben. Die Bezeichnung εἶδος in der Bedeutung
'oberflächlich Leben vortäuschendes, eigentlich aber unbeseeltes totes
Trugbild' kann daher als bedeutungsverwandt mit εἰκών angesehen werden.

Es handelt sich bei den Bildern also um Produkte nicht immer ausge-
reifter menschlicher Technik, vermutlich Porträts und Standbilder, die
durch Bemalung den Anschein von Lebendigkeit vermitteln und so für
viele – nach SapSal törichte (ἄφρονες) – Menschen große Faszination
ausstrahlen und ihre Sehnsucht bewirken (ποθεῖν εἶδος ἄπνουν
νεκρᾶς εἰκόνος; οἱ ποθοῦντες). Sie verlangen (ὄρεξις) nach der
Schau (ὄψις) dieser eigentlich toten Objekte, die sie wie lebende Götter
verehren (οἱ σεβόμενοι) und lieben (κακῶν ἐρασταί).

Es sind also v.a. die Sichtbarkeit und Sinnlichkeit dieser Bildnisse, die
die Menschen verführen (πλανᾶν), so dass sie den wahren Gott (ὁ θεὸς
χρηστὸς καὶ ἀληθής) der Stärke (εἰδέναι τὸ κράτος; εἰδότες τὸ
κράτος), die Wurzel der Unsterblichkeit (ῥίζα ἀθανασίας) und Gerechtigkeit (δικαιοσύνη), nicht erkennen (ἐπίστασθαί), daher auch nicht an
seiner Gerechtigkeit und Unsterblichkeit teilhaben und so dem Tod verfallen.

Das Wort ἀθανασία in der Bedeutung 'durch Erkenntnis der Macht und
Stärke Gottes gewonnene Gerechtigkeit[157], die den toten und Tod bringenden Götzenbildern entgegensteht', ist demnach an dieser Stelle als Antonym von εἰκών zu betrachten.

Das Wort εἰκών dagegen bezeichnet hier die 'von Menschen gemachte,
Leben vortäuschende, eigentlich aber tote Gestalt, die die Menschen zur
Abkehr von Gott und zum Tod bringenden Götzendienst verführt'.

3.3. Zusammenfassung

Die für den dritten Teil relevante Bedeutung von εἰκών lässt sich zusammenfassend beschreiben als 'von Menschenhand gefertigte, leblose Toten-,

---

[156] *Marques* nimmt die auffällige Kollokation von νεκρός an allen Belegstellen des
dritten Teils (außer V.17) zum Anlass für einen Vergleich mit den paulinischen εἰκών-
Stellen, an denen dieses Wort ebenfalls, im Zusammenhang mit dem Tod Christi, verwendet wird. Da aber der Kontext der Götzenverehrung nur in Röm 1,18-32 eine Rolle
spielt, halte ich diesen Vergleich für nicht besonders aussagekräftig.
[157] Zur indirekten semantischen Verwandtschaft von ἀθανασία und δικαιοσύνη vgl.
oben, 34, sowie SapSal 1,15 (ἀθάνατος).

Herrscher oder Göttergestalt, die die Menschen zu göttlicher Verehrung verführt'. Dabei ist zu betonen, dass die Faszination der Götterbilder von ihrer Ähnlichkeit mit der 'menschlichen Gestalt', so die Einzelbedeutung von εἰκών in 13,13e, und also von ihrer vorgetäuschten Lebendigkeit herrührt.

Auf den Begriff gebracht sind diese Bilder nichts anderes als 'tote und Tod bringende materielle Truggestalten', denen SapSal das wahre Ebenbild Gottes, die göttliche Weisheit, gegenüberstellt.[158] Das wahre Leben besteht in der Hinwendung zum einen Bild Gottes, während die Verehrung der bunten Trugbilder zum Tod führt.[159]

4. Das Bildkonzept der Sapientia Salomonis: Der Mensch zwischen Ebenbild und Trugbild

Das Bildkonzept der SapSal ist Ausdruck einer theologischen Vorstellung, die die menschliche Existenz auf Erden zwischen göttlichem Ebenbild und göttlichen Trugbildern, mithin zwischen Leben und Tod, verankert.

Als dem Ebenbild Gottes kommt dem Menschen eigentlich die Anteilhabe an Gottes unvergänglichem Wesen zu. Diese gottebenbildliche Unvergänglichkeit setzt aber eine intakte Gottesbeziehung voraus, die wiederum in einem „gerechten", also gesetzesgemäßen Leben in Tugend, Frömmigkeit und Weisheit zum Ausdruck kommt.

Für die Umsetzung eines solch gottebenbildlichen Lebens ist der Mensch auf göttliche Hilfe angewiesen. Nur durch die Offenbarungen der göttlichen Weisheit oder des göttlichen Pneuma ist es ihm überhaupt möglich, Gottes Willen in der Welt zu erkennen.

Verschließt sich der Mensch aber dieser Suche nach Gottes Offenbarung und wendet sich stattdessen der Geschöpflichkeit zu, um diese zu verehren und als Maßstab seiner Handlungen anzunehmen, verliert er auch seine Beziehung zum Schöpfer und damit die Anteilhabe an dessen Unvergänglichkeit. Gleichgültig, ob durch das egoistische Ausleben nekrophiler Gelüste oder durch die Verehrung bunter Götterbilder, die Abwendung vom Schöpfer bedeutet immer die Partizipation an der Macht des Todes. Damit

---

[158] Vgl. zum Zusammenhang von Götzenbild und Tod bzw. Unsterblichkeit Taylor 1966, 119f.

[159] Die Perversion der göttlichen Schöpfungsordnung, die im Götzendienst zum Ausdruck kommt, kann auch mit dem „ungerechten" Verhalten der Gottlosen im ersten Teil der SapSal in Verbindung gebracht werden. Beiden liegt dieselbe Ursache, die Abwendung vom Schöpfergott und damit die Umkehrung seiner Schöpfungsordnung, zugrunde. Vgl. z.B. den pervertierten Wortgebrauch von δικαιοσύνη durch die Gottlosen in 2,11, die damit das 'Gesetz des Stärkeren, das dem Schwächeren den Tod bringt', bezeichnen.

einher geht eine Verkehrung der göttlichen Schöpfungsordnung, die sich an allen erdenklichen Lastern kenntlich macht.

Diese theologische Konzeption kommt auf literarischer Ebene auch durch die Darstellung bestimmter Prototypen zum Ausdruck, die als Veranschaulichung verschiedener Verhaltensweisen dienen: So verkörpert der leidende Gerechte denjenigen Menschen, der sich trotz schlimmer Anfeindungen von Seiten der Umwelt nicht von seinem gerechten Leben abbringen lässt und dafür sogar den physischen Tod in Kauf nimmt, weil er auf seine unvergängliche Weiterexistenz bei Gott vertrauen darf. Salomo, der weise Herrscher, stellt den Menschen auf der Suche nach göttlicher Offenbarung dar, mit deren Hilfe er nach Gottes Willen handeln und so ebenfalls seine Gottebenbildlichkeit, die gerechte und weise Herrschaft über die Schöpfung, verwirklichen kann.[160]

In diesem Sinne besitzen die Bedeutungen von εἰκών in SapSal auch eine präskriptive Funktion[161], denn mit dem Wort verbinden sich bestimmte Vorstellungen über „richtiges" und „falsches" Verhalten: Das von SapSal positiv bewertete Verhalten schwankt zwischen sozialer Abgrenzung (leidender Gerechter) und universalistisch angelegtem, integrativem Verhalten (Salomo). Dagegen impliziert die negativ bewertete Variante der Bedeutung, die sich auf die Abkehr von Gott durch den Götzendienst bezieht, die Unterdrückung „sozial unerwünschten" Verhaltens, nämlich der Teilnahme am griechisch-römischen Bilderkult.

Bezieht man diese präskriptiven Dimensionen der Wortbedeutung von εἰκών auf ein mögliches Selbstverständnis der hinter dem Text stehenden gesellschaftlichen Gruppe, dann lässt sich darin ein spannungsvolles Nebeneinander von Integration und Abgrenzung erkennen. Die in SapSal zu beobachtende Spiritualisierung bzw. „Verinnerlichung" der Gottebenbildlichkeit könnte dann eine spezifische Antwort auf dieses Spannungsverhältnis darstellen: Das Heil des Menschen ist für diese Gruppe nicht am äußerlichen Ergehen ablesbar, sondern wird auf spekulative Weise in eine jenseitige Existenz verlagert, wo den Gläubigen Gerechtigkeit widerfahren wird. Wahrer Reichtum ist nicht materieller Art, sondern besteht in der Erkenntnis göttlicher Offenbarung.[162] Durch diese „Verinnerlichung" der Soteriologie wird der jüdische Glaube unabhängig von seiner „äußeren", d.h. gesellschaftlichen Akzeptanz.

---

[160] Im Gegensatz zum leidenden Gerechten ist diese Figur nicht auf Abgrenzung angelegt, sondern verkörpert die universale und integrative Ausrichtung gottebenbildlichen Lebens.

[161] Zum Konzept der präskriptiven oder auch deontischen Bedeutung vgl. *Hermanns* 1994, 1995 und 1995a.

[162] Diese erstreckt sich auch auf kosmische (also naturwissenschaftlich-philosophische) Zusammenhänge und lässt evtl. auf eine entsprechende Gelehrsamkeit der hinter SapSal stehenden Kreise schließen.

Kapitel 2

Auf dem Weg zur Vollkommenheit: εἰκών bei Philo

Für Philo stellt die menschliche Gottebenbildlichkeit ein potentielles Ideal dar, das der Mensch durch die pneumatische Beseelung bei seiner Schöpfung (vgl. Gen 2,7) in sich trägt. Dieser gottebenbildlichen Vernunft des Menschen steht Gottes kosmisches Ebenbild gegenüber, der göttliche Logos oder die Weisheit. Gelingt es dem Menschen mit Hilfe seiner Vernunft, dieses Ebenbild (zumindest teilweise) zu erkennen, ist er auf dem Weg zur Verwirklichung seiner potentiellen Gottebenbildlichkeit.

Das Ideal dieses gottebenbildlichen, im Logos oder der Sophia „aufgehenden" Weisen, bleibt zwar für den normalen Menschen in weiter Ferne, seine Verwirklichung wird aber für theoretisch möglich gehalten und bildet das Ziel, auf das der Mensch sich auszurichten hat.

In den biblischen Figuren der Patriarchen und Mose ist dieses Modell des vollkommenen Weisen beispielhaft vorgezeichnet und soll von den Angehörigen des Volkes Israels nachgeahmt werden. Zu diesem Zweck bringt Philo sie mit verschiedenen Möglichkeiten des Weisheitserwerbs in Verbindung, z.B. durch Gelehrigkeit (Abraham), Intuition (Isaak) oder durch Ausübung der Tugend (Jakob). Diese unterschiedlichen Zugänge zur Weisheit stehen gleichzeitig für verschiedene, hierarchisch geordnete „Seinsstufen" auf dem Weg des Menschen zu Gott.[1]

Die potentielle Verwirklichung dieser Entsprechung von göttlichem und menschlichem Logos nennt Philo den gottebenbildlichen Menschen im Menschen: Die Gottebenbildlichkeit erhält auf diese Weise soteriologischen Charakter, denn der pneumatische Mensch im Menschen ist die Vorwegnahme des vollkommenen Menschen in seiner teilweisen Übereinstimmung mit dem göttlichen Logos.[2]

Die hier skizzierten philonischen Ebenbildlichkeitsbegriffe entstehen durch verschiedene semantische Relationen, die das Wort εἰκών in den

---

[1] Vgl. *Dey* 1975, 48: „Thus Philo has a philosophy of history in which the OT patriarchs function as 'traits of the soul,' 'characters,' 'types' and 'virtues' – i.e., paideutic examples of heroic virtue to be followed and imitated [...]."
[2] Auf die Verankerung des philonischen Vollkommenheitsideals in der biblischen Gottebenbildlichkeit geht *Völker* 1938, 332f, ein.

einzelnen Kontexten eingeht. Auf einer ersten Stufe stehen solche Ausdrücke im Vordergrund, die die *menschliche* Geistigkeit bezeichnen, also z.B. νοῦς, ψυχή, λογισμός, λόγος. Auf einer zweiten Stufe kommt εἰκών mit Gottes Immanenzprinzip, λόγος, σοφία, φῶς oder ζωή, in Kontakt. Auf einer dritten Stufe schließlich – und diese betrachte ich als die entscheidende für die Ausbildung der Vorstellung vom gottebenbildlichen Anthropos – überschneiden sich die Bedeutungen von εἰκών und πνεῦμα.[3] Durch diese semantische Überlappung entsteht eine Kreuzung der Bild-Abbild- mit der Teil-Ganzes-Beziehung, so dass der Mensch als Gottes Ebenbild potentiell teilidentisch mit dem kosmischen Ebenbild Gottes wird.

Dies wird u.a. am philonischen Israel-Konzept deutlich: Israel als Name eines Individuums ist für Philo ein Beispiel für den vollkommenen jüdischen Weisen. Israel ist aber auch der göttliche Logos als die Welt umgreifendes göttliches Wirken. Israel ist schließlich das Gesamt der jüdischen Weisen in Übereinstimmung mit dem Logos und damit eine Größe, die nicht mehr ethnisch, sondern universalistisch bestimmt ist.

Das philonische Ebenbildlichkeitskonzept ist also die Antwort auf die Frage nach der Vorstellung vom Menschen, wie ihn Gott will – dem Idealmenschen. Dieser Idealmensch im Alexandria der Zeitenwende ist für Philo der Weise, der sich zum Gott Israels und der Tora bekennt und dieses Bekenntnis intellektuell zu durchdringen vermag. Philo selbst versucht dieses Ideal zu verwirklichen, indem er die (philosophischen) Fragen seiner Zeit durch Auseinandersetzung mit der biblischen Tradition zu beantworten und so das Mysterium der Schrift – ihren (für ihn) „eigentlichen" Sinn – zu verstehen sucht.

Es geht ihm dabei nicht um die Konstruktion eines philosophischen oder theologischen „Systems" mit fest definierten „Begriffen". Stattdessen gibt es für ihn zahlreiche sprachliche Möglichkeiten, sein Ebenbildlichkeits-

---

[3] Die Begriffsbestimmungen dieser Untersuchungen stehen z.T. in Korrelation zu den Ergebnissen *Tobins* 1983, denn einige von ihm angenommene Entwicklungsstufen der alexandrinischen Genesisinterpretation decken sich mit den hier vorgestellten εἰκών-Bedeutungen und -Begriffen. Vgl. dazu die von ihm angenommene Interpretationsgeschichte ebd. 31. Wichtig für meine Interpretation ist v.a. die semantische Überlappung von εἰκών und πνεῦμα, die Tobin auf eine Verschmelzung von platonischer (Gen 1,26f) und stoischer (Gen 2,7) Genesisinterpretation zurückführt. Nicht aussagekräftig sind meine Ergebnisse natürlich bzgl. der von Tobin angenommenen Bestimmung der Tradition und der Ordnung der Traditionsschichten. Zur Kritik an Tobins Methode vgl. *Runia* 2001, 20, der bezweifelt, dass Philo in weiten Teilen nur als Tradent von Tradition auftritt. Einen Forschungsüberblick über die verschiedenen Ansätze einer traditionsgeschichtlichen Einordnung Philos im Rahmen alexandrinischer Exegese gibt *Mack* 1984.

konzept mit den Aussagen der Schrift zu verbinden.[4] Erst bei einem traditionell ideengeschichtlich orientierten Zugang erweist sich seine Terminologie als „inkonsistent".[5]

Um den Erweis der hier vorgestellten Thesen soll es im Folgenden gehen. Dabei mussten – aufgrund der Vielzahl der philonischen εἰκών-Belege und ihrer Bedeutungsverwandten – einige methodische Abstriche im Vergleich mit den semantischen Analysen von SapSal und Paulus vorgenommen werden.[6]

1. Der weise Mensch als Gottes vollkommenes Ebenbild: Die Fundierung der Soteriologie in Anthropologie und Ethik

Einer der philonischen Eikon-Begriffe bezieht sich auf die Gottebenbildlichkeit im Menschen und setzt sie mit seiner Geistigkeit gleich. Ebenbild

---

[4] Das Verdienst, Philo in diesem Sinne weniger als schriftauslegenden Philosophen, sondern eher als philosophisch interessierten Exegeten zu sehen, ist u.a. mit *Nikiprowetzky* 1974 verbunden. Vgl. auch *Borgen* 1984. Das Problem wird diskutiert in der Debatte von *Sterling, Winston, Dillon, Tobin* und *Runia* (alle 1993). Vgl. auch *Noack* 2000, 232: „Philosophiegeschichtliches Novum ist somit Philos Konzept von Philosophie (im Sinne rationaler Theologie) *als* Exegese einer letztgültigen, autoritativen Offenbarungsquelle."

[5] Mein methodisches Vorgehen sehe ich durch *Dey* 1975, 17, bestärkt: „One of the keys to the understanding and interpretation of Philo would be to locate patterns of thought which are triggered by means of associative terms in the process of his exposition of the passages of the OT. These patterns of thought which emerge in various contexts are, in my judgement, the principal avenues for understanding the religious thought of Philo in contrast to the synthetic and genetic study of words and passages, which interpreters of Philo usually use". Ihre Kritik richtet sich dabei v.a. gegen *Jervell* 1960 und *Eltester* 1958. Zwar bin ich mir bewusst, dass auch mein methodischer Zugang immer in Gefahr ist, den Kontext der Belegstelle zu verkennen und die Bedeutung zu stark im Sinne der von mir vorgenommenen Abstraktionen zu interpretieren. Die Bandbreite der Belege und die Untersuchung der Bedeutungsverwandten scheinen mir aber geeignet, dieser Gefahr angemessen zu begegnen.

[6] Diese Einschränkungen betreffen zum einen die Analyse der Bedeutungsverwandten von εἰκών. Es können hier nur diejenigen Ausdrücke berücksichtigt werden, die a) nicht rein relational zu verstehen sind (z.B. ἐμφέρεια, ὁμοίωσις, ἐκμαγεῖον, τύπος, ἀρχέτυπον), sondern sich auf eine Entität beziehen; b) die auch für Paulus relevant sein könnten. Daraus ergibt sich eine Einschränkung auf σοφία, φῶς, ζωή, πνεῦμα, die (außer σοφία) auch im semantischen Umfeld von εἰκών bei Paulus auftauchen. Ich bin mir bewusst, dass es dadurch zu einer unausgewogenen Akzentuierung kommen kann und einige Fragen (z.B. zur genauen Abgrenzung zwischen σοφία und λόγος) unbeantwortet bleiben, glaube aber, bereits durch die Analyse dieser Verwandten das grundlegende Schema des εἰκών-Konzeptes bei Philo beschreiben zu können. Außerdem muss aus Raumgründen auch auf eine detaillierte Kontextanalyse verzichtet werden, wie sie für SapSal und Paulus vorgenommen wird.

Gottes ist der Mensch, weil und insofern er ein geistiges Wesen ist und mit
Hilfe dieses geistigen Anteiles nach Gott fragen, nach ihm streben und ihn
– zumindest teilweise – erkennen kann.

Aufgrund seines Intellekts ist der Mensch auch fähig, zwischen Gut und
Böse zu entscheiden, moralisch zu urteilen und dementsprechend, d.h.
nach Gottes Willen, zu handeln. Ein solch vernünftig-moralischer Mensch
kann als weise bezeichnet werden.

Hinter dieser Annahme Philos steht die Vorstellung, dass Vernunft, Erkenntnis und Moral eng zusammenhängen: Dementsprechend kommen an
dieser Stelle auch die mit εἰκών verwandten Bedeutungen von φῶς,
σοφία und ζωή zur Sprache.[7] Diese sind in dieser Bedeutung mit εἰκών
nur indirekt – z.B. über Wörter wie νοῦς, ψυχή, λογισμός o.ä. – verwandt, überschneiden sich aber direkt auf der zweiten, der kosmologisch-
anagogischen Bedeutungsebene.

1.1. Die menschliche Vernunft als Gottes Ebenbild

In opif. 69-71[8] geht Philo auf die Bedeutung der Gottebenbildlichkeit in
Gen 1,26f ein: Sie meine nicht etwa die Gestalt des Körpers (χαρακτὴρ
σώματος), denn weder sei Gott menschengestaltig (ἀνθρωπόμορφος ὁ
θεός) noch besitze der menschliche Körper göttliches Aussehen (θεοειδὲς
τὸ ἀνθρώπειον σῶμα). Der Ausdruck σῶμα ist hier also als Antonym
zu εἰκών zu verstehen.

Vielmehr beziehe sich die Gottebenbildlichkeit auf den die Seele führenden νοῦς: ἡ εἰκὼν λέλεκται κατὰ τον τῆς ψυχῆς ἡγεμόνα
νοῦν. Was für Gott sein νοῦς und dessen Wirken im Makrokosmos, das
ist für den Menschen der ἀνθρώπινος νοῦς ἐν ἀνθρώπῳ als geistiger
Herrscher über den Mikrokosmos „Anthropos" bzw. dessen Seele
(ψυχή).[9] Der νοῦς im Mikrokosmos Mensch kann nach dieser Analogie

---

[7] Auch πνεῦμα kann bei Philo in dieser Bedeutung gebraucht werden. Allerdings
gibt es nur wenige und z.T. in Abgrenzung zum göttlichen Pneuma nicht eindeutige Belege: Vgl. Mos II.40, mut. 123, spec. I.277, virt. 58.135, agr. 44, post. 67. Aus diesem
Grund wird auf die Diskussion an dieser Stelle verzichtet.

[8] Der εἰκών-Beleg befindet sich in opif. 69. Vgl. zu der Textstelle den Kommentar
von *Runia* 2001, 222-235.

[9] Vgl. zu dieser Interpretation der direkten Entsprechung von göttlichem und menschlichem Nous *Eltester* 1958, 45f, *Tobin* 1983, 37.44-47, sowie *Dey* 1975, 24, die sich
kritisch mit *Jervell* 1960, 58, auseinandersetzt, der in diesem Text statt vom göttlichen
Nous von einer hypostasierten Logos-Figur ausgeht: „Jervell incorrectly reads ‚nous of
the universe‘ to mean the Logos and dismisses Eltester's view that Philo can speak of the
human mind as a direct eikōn of God as false [...]. That Philo speaks of God as the ‚nous
of the universe‘ is clear [...] whereas I do not know of a single instance where Philo
speaks of the logos as the nous of the universe." *Jervell* 1960, 58, zählt opif. 69 tatsächlich zu den Belegstellen, in denen der menschliche Nous als Entsprechung zum göttlichen

der herrschaftlichen Funktion deshalb auch die Rolle eines Gottes (θεός) spielen, den der Mensch gleich einem lebendigen Schrein als Götterbild in sich trägt (ἀγαλματοφορεῖν).[10]

In Abgrenzung zu einer körperlichen Ähnlichkeit zwischen Gott und Mensch betont Philo die Unsichtbarkeit und damit Unsinnlichkeit (ἀόρατος, ἄδηλον) der Geisteskraft, die keinerlei körperlicher Beschränkung unterworfen ist und daher den gesamten sinnlich-wahrnehmbaren Kosmos (ἡ αἰσθητὴ οὐσία) durchschreiten kann, um schließlich, geleitet durch die Liebe zur Sophia (ἔρως σοφίας), die geistige Welt zu erreichen (ἡ νοητὴ οὐσία, ἁψὶς τῶν νοητῶν) und dort die Ideen (τὰ παραδείγματα καὶ τὰς ἰδέας) bzw. den „Großkönig" selbst (ὁ μέγα βασιλεύς) inmitten eines Strahlenmeeres (ἄκρατοι καὶ ἀμιγεῖς αὐγαὶ ἀθρόου φωτός) zu schauen.

Das Wort εἰκών bezeichnet an dieser Stelle also 'die menschliche Vernunft als Entsprechung zur göttlichen, das All lenkenden Vernunft, durch die der Mensch über die wahrnehmbare Welt hinaus zur geistigen Ideenwelt und schließlich zu Gott als dem höchsten Geistigen gelangen kann[11].

Logos beschrieben wird. Allerdings kritisiert er *Eltester* an dieser Stelle nicht wegen seiner Deutung der direkten Ebenbildlichkeit des Nous, sondern er bemerkt lediglich, dass die Entsprechung des ganzen Menschen als direkte Eikon Gottes, wie sie in opif. 25 geschildert wird, nicht überzubewerten sei, und verweist dabei auf *Eltester. Deys* Kritik an *Jervell* (und *Eltester*) geht jedoch weiter und betrifft v.a. deren methodischen Zugang, der „synthetic word studies" (vgl. *Dey* 1975, 21), die den Kontext vernachlässigten. Beide übersähen auf diese Weise die relationale Grundbedeutung des Wortes εἰκών und identifizierten es vorschnell einfach mit dem philonischen Logoskonzept. Doch die Gleichung εἰκών = λόγος gelte nicht immer. Prinzipiell arbeite Philo dagegen mit der platonischen Unterscheidung zwischen κόσμος νοητός und κόσμος αἰσθητός als Urbild und Abbild. Nur wenn es ihm darum ginge, verschiedene Stufen der Gotteserkenntnis darzustellen, greife er auf eine zweite Unterscheidung zurück und mache den Logos zur Eikon und den noch nicht vollkommenen Menschen zu seinem Abbild. Vgl. ebd. 20f.26f. In diesem Sinne ist die folgende Interpretation *Jervells* 1960, 55, durchaus zu kritisieren: „Wichtig ist nun weiter, daß Philo mit einer scharfen theologischen Distinktion zwischen εἰκών und κατ' εἰκόνα arbeitet. [...] Man darf vom Menschen nicht sagen, daß er εἰκὼν τοῦ θεοῦ ist; denn das ist nunmehr nur der Logos. So hat denn diese Unterscheidung zur Folge, daß der Begriff εἰκὼν τοῦ θεοῦ eine Bezeichnung des Mittlers geworden ist, eine Bezeichnung, die nicht ein Humanitätsprädikat, sondern ein Charakteristikum der Gottheit ist."

[10] Vgl. *Runia*, 2001, 141.227. Diese mit dem Ausdruck ἀγαλματοφορεῖν verbundene Vorstellung des göttlichen Bildes im Menschen verweist bereits auf die Idee des gott-ebenbildlichen Anthropos im Menschen. Auch ein Bezug zum Umgang mit dem Götterbild in der Antike lässt sich herstellen: Das Kultbild gilt als „Körperangebot" an die Gottheit, die sich im Bild niederlassen kann. Vgl. dazu z.B. *Scheer* 2000, 302-305. Ebenso ist der menschliche Körper hier der Träger eines „Gottes" bzw. der „göttlichen Vernunft".

[11] Die Frage, inwieweit es sich bei dieser Schilderung um „mystische" Erlebnisse bzw. bei Philo um einen „Mystiker" handelt, ist umstritten. Während manche Forscher

Philo will mit dieser Beschreibung der gottebenbildlichen Anlage des Menschen verdeutlichen, dass jedem Menschen die Möglichkeit der Gottesschau inhärent ist, soweit er bereit ist, seine geistigen Fähigkeiten zu gebrauchen und sich von seiner Orientierung auf die sinnliche Welt zu verabschieden. Die Gottebenbildlichkeit ist also eine anthropologische, jedem Menschen eigene Größe mit dem Ziel der Gottesschau.

Nach einer anderen Auslegung von Gen 1,26f in fug. 68 ist Gott bei der Schöpfung des Menschen nur für eben diesen führenden geistigen Teil (τὸ λογικὸν [μέρος], τὸ ἡγεμονεῦον ἐν ψυχῇ) zuständig, während der niedere, sterbliche Teil des Geistes (τὸ θνητὸν τῆς ψυχῆς μέρος) von seinen göttlichen Hilfskräften (αἱ δυνάμεις [θεοῦ]) geschaffen wird, um dem Menschen die Aufnahme sowohl von bösen wie auch von guten Gedanken zu ermöglichen (ἡ ἀνθρώπου ψυχὴ μόνη κακῶν καὶ ἀγαθῶν ἐννοίας λαμβάνειν), denn Gott selbst könne nur das Gute (ἡ τῶν ἀγαθῶν [γένεσις]), nicht aber das Schlechte (ἡ κακῶν γένεσις) im Menschen zeugen. Diese Auslegung erklärt die pluralische Verbform in Gen 1,26: ποιήσωμεν ἄνθρωπον κατ᾽ εἰκόνα ἡμετέραν – eine Stelle, die wegen ihrer möglichen polytheistischen Lesart für das Judentum dieser Zeit höchste Brisanz besaß.[12]

Diesen von Gott geschaffenen allerreinsten Geist (νοῦς καθαρώτατος), die gestaltlose, unvermischte Vernunft (ὁ ἀειδὴς καὶ ἄκρατος λογισμός), bezeichnet Philo nun als den wahren (ὁ πρὸς ἀλήθειαν ἄνθρωπος), den vorzüglichen, also den eigentlichen Menschen (ὁ κατ᾽ ἐξοχὴν ἄνθρωπος), der in Gen 1,27 deshalb auch mit dem Ar-

---

Philo als Mystiker deuten und ihm ekstatische Erlebnisse zuschreiben (z.B. *Leisegang* 1967, 144, *Goodenough* 1969, mit Einschränkungen *Jonas* 1966, 99-111, *Winston* 1985, 54f, *Nickelsburg* 2004, 59f), relativieren andere diese Deutung und weisen darauf hin, dass es sich dabei einfach um die metaphorische Beschreibung intellektueller Erkenntnis handeln könnte (vgl. z.B. *Hegermann* 1961, 18.21f.43, *Cohen* 2004, 186). *Heininger* 2004, 202-204, plädiert zwar für außergewöhnliche Erfahrungen Philos, hält die genauere Verortung dieser Phänomene aber aufgrund der philonischen Sprache für schwierig. Eine intensive und differenzierte Auseinandersetzung mit dem Thema Soteriologie und Mystik bei Philo bietet *Noack* 2000. Er unterscheidet verschiedene Konzepte von Gottesbewusstsein bei Philo, die je nach Schriftgattung differierten. Für die Expositio Legis stellt er die Vernünftigkeit des Gottesbewusstseins heraus (ebd. 40-103.216-221), in den Quaestiones (vgl. ebd. 147-154.221-226) rechnet er mit einem ekstatischen Gottesbewusstsein, im Allegorischen Kommentar (ebd. 204-215.226-243) mit einem nichtekstatischen Bewusstseinsdualismus. Noacks Unterteilung der soteriologischen Muster nach Gattungen trifft sich mit den Ergebnissen dieser Arbeit nur insofern, als dass die meisten Belege für die menschliche Geistigkeit als Gottebenbildlichkeit in der Expositio Legis, die meisten Belege für die Vorstellung des gottebenbildlichen Menschen im Menschen im Allegorischen Kommentar gefunden werden. Allerdings gilt diese Gleichung nicht in allen Fällen. Vgl. auch die diesbezügl. Kritik in den Rezensionen von *Borgen* 2002 und *Sellin* 2001.

[12] Vgl. *Jervell* 1960, 21.58.

tikel gekennzeichnet werde: ἐποίησεν ὁ θεὸς τὸν ἄνθρωπον. Ihm gegenüber steht der nur so genannte, mit der sinnlichen Wahrnehmung vermischte Mensch (ὁ λεγόμενος καὶ κεκράμενος μετ' αἰσθήσεως [ἄνθρωπος]), der aus vernünftiger und unvernünftiger Natur zusammengesetzt ist (ὁ ἐξ ἀλόγου καὶ λογικῆς συνυφανθεὶς φύσεως [ἄνθρωπος]).

Die Bedeutung von εἰκών kann daher beschrieben werden als 'das rein geistige Prinzip, das die oberste Dimension der Seele darstellt und den wahren Menschen im irdischen Menschen ausmacht'[13]. Es ist nach Philo das göttliche Ebenbild im Menschen.[14]

Auch in virt. 205 bezieht Philo die in Gen 1,26f ausgesagte Ebenbildlichkeit des ersten Menschen auf den ἡγεμόνα νοῦν ἐν ψυχῇ. Zuvor führt er allerdings in Anlehnung an Gen 2,7 den göttlichen Ursprung der Seele (ψυχή) an, die er als einen Teil der göttlichen Kraft (ἡ ἰδία δύναμις)[15] betrachtet, die dem sterblichen Körper (θνητὴ φύσις) gemäß seiner Aufnahmekapazität[16] eingehaucht (ἐμπνεύειν) wurde.

Die in opif. 69 und fug. 68 funktional bestimmte Ebenbildlichkeit wird hier also durch eine eher „substantielle" oder „organische" Ebenbildlichkeit ergänzt.[17]

---

[13] Vgl. dazu auch opif. 72-75, wo dasselbe Problem behandelt wird.

[14] Diese Auffassung steht in engem Zusammenhang mit einem vorhergehenden Zitat (fug. 63) Philos aus Platos Theaetet (176B), in dem es um das Ideal der ὁμοίωσις θεῷ geht, das durch die Flucht aus dem sterblichen Körper (θνητὴ φύσις) erreicht wird. *Tobin* 1983, 18, verweist weiterhin auf dasselbe Zitat in einem Fragment des alexandrinischen Mittelplatonikers Eudorus (1. Jh.v.Chr.): Vgl. Stobaeus, Anthologium 2.7.3f.2 (Ecl.Eth II.49.8-12). Dieser Textbefund könnte darauf hinweisen, dass der Gottebenbildlichkeitsbegriff bei Philo auch aus dieser (mittel)platonischen Vorstellung der Angleichung an Gott gespeist wird. Vgl. zu diesem Ideal auch *Dillon* 1977, 9.145, *Völker* 1938, 332f.

[15] Beachte die Ähnlichkeit zu SapSal 2,23. Das spricht dafür, dass dort nicht nur Gen 1,26f, sondern auch Gen 2,7 im Blick ist.

[16] Vgl. zum Motiv des genau in den Körper „eingepassten" Pneumas auch TestNaph 2.2.

[17] Vgl. dazu *Eltester* 1958, 46: „Vergleicht man Virt 205 mit Op Mund 69 [...], so wird deutlich, daß in Op Mund 69 der Emanationsgedanke fehlt; die Terminologie überschreitet nicht den Rahmen der handwerklichen Sphäre, wenn die Entstehung des Nous als der Eikon Gottes beschrieben wird. Die Eikon ist als ‚handwerkliches Abbild' (τέχνη εἰκών), schwerlich als ‚natürliches Abbild' (φύσει εἰκών) aufgefaßt." In virt. 205 findet er dagegen bereits eine Vereinigung von Bild- und Emanationsgedanken. Vgl. ebd. 44f. Diese Überschneidung geschieht nach *Tobin* 1983, 31, vor dem Hintergrund der sich überlappenden platonischen bzw. stoischen Exegesen von Gen 1,26f und Gen 2,7. *Eltester* gibt neben der atomistischen Wahrnehmungstheorie (ebd. 105) und dem „platonisch-stoischen Eklektizismus" (ebd. 106) auch etwas unspezifisch die „fremden Religionen" (ebd. 106f) des Hellenismus als Ursache für die „Auffassung des Abbildes als Ausfluß" (ebd.106) an.

Anders als in opif. 69 liegt der Schwerpunkt dieses Textes nicht in der geistigen Durchdringung der Welt, der Parallelität von menschlichem Nous und göttlichem Nous, sondern im klugen, und das heißt: tugendhaften (ἀρεταί), Verhalten des Menschen. Nur durch entsprechendes Handeln gelingt es Adam, seine Ebenbildlichkeit unbefleckt zu bewahren (ἀκηλίδωτον τὴν εἰκόνα φυλάξαι). Die Rolle des Nous (νοῦς) besteht darin, zwischen Gut (ἀγαθόν, καλόν, ἀληθές) und Böse (κακόν, αἰσχρόν, ψευδές) zu unterscheiden und zu wählen. Entscheidet er sich richtig, winken ihm statt eines peinvollen, sterblichen Lebens (θνητός [βίος]; ἐπίπονος καὶ κακοδαίμονος ζωή) Glückseligkeit (μακαριότης, εὐδαιμονία) und Unsterblichkeit (ἀθάνατος βίος)[18]: Seine Gottebenbildlichkeit ist verwirklicht und zu ihrer Erfüllung gekommen.

Mit εἰκών meint Philo hier demnach 'die menschliche Vernunft als von Gott stammende Kraft der Seele, die den Menschen zu Glück und Glückseligkeit bzw. einem unsterblichen Leben befähigt, indem sie ihm die Möglichkeit zur Wahl zwischen Gut und Böse schenkt'. Wie in opif. 69 liegt es in der Hand des Menschen, was er aus seiner Gabe macht und ob es ihm gelingt, seine Ebenbildlichkeit zu bewahren.

In spec. III. 207 ist die Gottebenbildlichkeit des Menschen nicht auf den göttlichen Nous, sondern auf den göttlichen Logos bezogen. Der Ausdruck εἰκων bedeutet hier 'die menschliche Seele (ψυχή) bzw. den göttlichen Intellekt (νοῦς)[19], der die menschliche Entsprechung zum göttlichen Logos darstellt'.

Zusammenfassend bezeichnet das Wort εἰκών in diesen Belegen 'die menschliche Vernunft (νοῦς, λογισμός) bzw. die unsterbliche menschliche Seele (ψυχή) als menschliche Entsprechung zum göttlichen, das All lenkenden Geist (λόγος, νους)[20], die den Menschen zum intellektuellen, moralischen und spirituellen Denken und Handeln befähigt'[21]. Die Gott

---

[18] Vgl. dazu SapSal 2,23. Allerdings wird dieses unsterbliche Leben hier nicht näher ausgeführt.

[19] Beide Wörter sind hier synonym: Der Nous ist also nicht als Teil der Seele aufgefasst.

[20] Die Frage, ob es sich bei dem Modell für den menschlichen Geist um den göttlichen Nous oder den göttlichen Logos handelt, ist hier nicht relevant. Es geht allein um die Beschreibung der menschlichen Ebenbildlichkeit.

[21] Vgl. denselben Gedanken – allerdings ohne das Wort εἰκών in der hier interessierenden Bedeutung – in her. 231. Som. I. 74 ist ein Beleg aus dem Allegorischen Kommentar, der die Gottebenbildlichkeit ebenfalls auf den Menschen bzw. auf seine Seele (ψυχή) bezieht. Allerdings wird hier die Gottebenbildlichkeit der menschlichen Seele als eine nur scheinbare (δόξῃ) bezeichnet, d.h. die Aussagen werden von vornherein nur als uneigentlich betrachtet. In opif. 25.146 wird die Gottebenbildlichkeit des Menschen nicht explizit geistig bestimmt, obwohl der Inhalt auf eine geistige Entsprechung schließen lässt (vgl. auch *Runia* 2001, 150), denn εἰκών meint dort die 'einem Siegelabdruck gleichende irdisch-materielle Nachahmung (sowohl des Menschen als auch des Kosmos) der

gemäße Anwendung dieser Gabe macht den Menschen erst zum wahren Menschen (ἄνθρωπος), dem Ebenbild Gottes.[22] Die Gottebenbildlichkeit ist hier also anthropologisch und ethisch fundiert.

1.2. Das menschliche Geisteslicht als Gottes Ebenbild

Auch das mit εἰκών indirekt bedeutungsverwandte Wort φῶς kann sich auf die Verstandeskraft des Menschen beziehen und mit dem Wort νοῦς in ein semantisches Verwandtschaftsverhältnis treten. Philo allegorisiert in *post.* 57 den Namen On und entwickelt daraus eine Theorie über die Funktionsweise des Nous:

Der Nous strahle sein ihm eigenes Licht aus (ὁ νοῦς τὸ οἰκεῖον φῶς ἀποστέλλων), um so wie die Sonne das Dunkel zu erhellen und alles an den Tag zu bringen (πάντα καὶ τὰ σώματα καὶ τὰ πράγματα τηλαυγῶς παρασκευάζει καταλαμβάνεσθαι). Die Wörter νοῦς, φῶς und ἥλιος sind als bedeutungsverwandt anzusehen, und φῶς bezeichnet daher an dieser Stelle den 'hellen, sonnengleichen Strahl der Vernunft, mit dessen Hilfe der Mensch seine Umgebung erkennen kann'.

Der Ausdruck φῶς wird von Philo auch mit einem anderen Wort für die menschliche Vernunft, mit dem Ausdruck λογισμός, sowie mit der Weisheit (σοφία) in Verbindung gebracht. In *virt.* 188, in einiger Nähe also zu dem oben besprochenen *virt.* 205, beschreibt Philo die menschliche Vernunft als Tempel (νεώς) Gottes im Menschen.

Der Verstand (λογισμός) ist der beste Teil des Menschen, der allein das Gute wie ein Götterbild (ἀγαλματαφορεῖν)[23] in sich trägt. Er wird gleichgesetzt mit der Weisheit (σοφία), die den Menschen lehrt, nicht allein den äußerlichen Glanz der Dinge (ἄργυρος, χρυσός, τιμαί, ἀρχαί, σώματος εὐεξία μετ᾽ εὐμορφίας), also den äußerlichen Aspekt der „Königin Tugend" (βασιλὶς ἀρετή), wertzuschätzen, sondern sich dem Eigentlichen im Leben, eben der weisheitlichen Vernunft, zu widmen und so den inneren Glanz, die 'Strahlen der Vernunft und Weisheit', das αὐγοειδέστατον φῶς, als wahres Lebensziel zu erkennen.[24]

---

geistigen Ideenwelt bzw. des die Ideen in sich enthaltenden göttlich-geistigen Logos'. (Zur Kritik an Cohns Textwiedergabe vgl. *Runia* 2001, 150.) Vgl. auch die Bedeutung von εἰκών in *Mos* II. 65: 'der Mensch als sichtbarer Repräsentant der unsichtbaren, ewigen göttlichen Kraft'.

[22] Darauf kommt es bei Philo an: Gottebenbildlich ist in seinem Konzept nicht der menschliche Nous an sich, sondern der in Bezug auf Gott gebrauchte Nous, den man letztlich mit dem pneumatischen Nous gleichsetzen kann.

[23] Vgl. denselben Ausdruck in *opif.* 69. Im Unterschied dazu ist hier die Vernunft, nicht der Körper, „Götterbildträger".

[24] So auch *spec.* I. 288, wo φῶς 'ewiger, unvergänglicher Schein der Weisheit und der Erkenntnis in der Seele des Weisen' bedeutet. Vgl. auch *Deus* 3: 'Strahl des menschlichen Geistes, der die Dunkelheit des Fleisches in Zaum hält'. Eine Gegenüberstellung von

Das Licht der Seele ist die Erkenntnis (φῶς δὲ ψυχῆς ἡλιοειδέστατον ἐπιστήμη), und daher ist es die Pflicht des Menschen, diese seine intellektuelle Begabung nicht ruhen zu lassen, sondern sie stetig zu betätigen (τὸ μὲν οὖν φῶς ἔχειν κατὰ διάνοιαν ἀγαθόν, τὸ δὲ ἀναπαυόμενον καὶ ἠρεμοῦν καὶ ἀκίνητον οὐ τέλειον ἀγαθόν) und seine Gedanken durch die Weisheit erleuchten zu lassen (ἡ διάνοια σοφίᾳ περιλάμπεται). Diese 'Strahlen der Erkenntnis und Weisheit' sind in congr. 45.47.48 also anthropologische Anlage und ethische Verpflichtung des Menschen.

Als Licht der Seele (φῶς ψυχῆς) gilt deswegen in LA III.167 auch der 'Unterricht' bzw. die 'Bildung'[25] (παιδεία, τὰ προπαιδεύματα, τὰ ἐγκύκλια, φιλοσοφία), die allerdings nicht zum Schlechten (νύξ, σκότος, ἀχλύς, ζόφος, πάθη, κακία), sondern zum Guten, d.h. im Sinne der Tugend (ἀρετή, τὸ καλόν) bzw. um ihrer selbst willen gebraucht werden soll.

Philo betrachtet dieses seelische Licht (φῶς ψυχικός) als 'menschliche Anteilhabe an der Erkenntnis des göttlichen Logos' (LA III.171), der die Welt durchdringt (τί ἂν εἴη λαμπρότερον ἢ τηλαυγέστερον θείου λόγου, οὗ κατὰ μετουσίαν καὶ τὰ ἄλλα τὴν ἀχλὺν καὶ τὸν ζόφον ἀπελαύνει φωτὸς κοινωνῆσαι ψυχικοῦ γλιχόμενα). Wie in den oben analysierten εἰκών-Belegen stehen sich menschliche und göttliche Vernunft gegenüber, partizipiert die menschliche an der göttlichen Vernunft. Zweckfreie Welterkenntnis ist für Philo daher immer auch Gotteserkenntnis.

Auch in LA III.230 bedeutet φῶς – in einer Allegorisierung des Namens Arnon – das geistige (ἐνθυμήματα) Licht des νοῦς, das jeden Gegenstand der Denkkraft (λογισμός) beleuchtet, so dass der Ausdruck φῶς als bedeutungsverwandt mit νοῦς, λογισμός und ἐνθυμήματα gelten kann und das 'menschliche Denken, den menschlichen Gedanken, die menschliche Vernunft' bezeichnet.[26]

---

falschem äußeren Glanz und dem Licht der wahren Erkenntnis findet sich in prov. II.19, einer Schrift, die nur fragmentarisch auf griechisch erhalten ist. Das von Colson edierte Stück prov. II.19 enthält das Wort φῶς, ebenfalls verwandt mit λογισμός, in der Bedeutung 'Strahl der wahren Erkenntnis, im Gegensatz zum falschen äußeren Schein', die sich mit der Bedeutung in virt. 188 trifft. Aufgrund der textkritischen Probleme stellt dieser Beleg aber nur einen zusätzlichen Hinweis dar.

[25] Vgl. *Heinemann* in *Cohn; Heinemann; Adler* 1962, Bd. 3, 138 Anm. 2: „d.h. Unterricht in der Weisheitslehre; παιδεία steht hier für ἐπιστήμη oder σοφία." Er verweist auf spec. I. 288.

[26] Eher skeptisch wird die Kraft des menschlichen Verstandes bzw. das Licht (φῶς) oder der Fackelschein (φέγγος) der menschlichen Bildung (παιδεία) in ebr. 168 beurteilt: Der menschlichen Wissbegierde ist es nicht möglich, mit dem Licht des Verstandes die Dunkelheit (σκότος) des Seins zu durchdringen und zu seiner Erkenntnis (ἰδεῖν,

Zusammenfassend besitzt der Ausdruck φῶς in diesen Belegen die Bedeutung 'Erkenntnis des menschlichen Verstandes, der im Sinne der weisheitlichen Vernunft – d.h. auch unter moralischen Maßgaben – gebraucht wird'. Die menschliche Vernunft ist unter diesen Bedingungen ein Abbild oder Teil der göttlichen Vernunft. Der Mensch, der seine geistigen Fähigkeiten in diesem Sinne – als Teil der göttlichen Wirklichkeit auf Erden – versteht und anwendet, ist ein Ebenbild Gottes.

1.3. Die menschliche Weisheit als Gottes Ebenbild

Die Analyse von virt. 188, congr. 47.48 und spec. I.288 machte bereits deutlich, dass das menschliche Verstandeslicht (φῶς, νοῦς, λογισμός, σοφία, ἐπιστήμη, παιδεία, ἀρετή κτλ.) mit der Weisheit (σοφία), dem 'Licht der tugendhaften Vernunft' (virt. 188)[27], dem 'geistigen Licht der Erkenntnis in der Seele' (congr. 45.47.48) bzw. der 'Erkenntnis des unkörperlichen und geistigen göttlichen Prinzips' (spec. I.288) gekoppelt ist, die dem Menschen die rechte, d.h. Gott gemäße Orientierung in seiner Umwelt schenkt.[28] Diese menschliche Weisheit ist mit der göttlichen Weisheit zugleich verbunden und von ihr geschieden – ihr Verhältnis gleicht dem von Bild und Abbild, wie Philo in zwei Schriften des Allegorischen Kommentars deutlich macht:[29] In her. 126-127 dient ihm die in Gen 15,9 erfolgende Aufforderung zur Opferung von Tauben (τρυγών) bzw. Turteltauben (περιστερά) dazu, die menschliche von der göttlichen Weisheit (ἡ θεία καὶ ἡ ἀνθρωπίνη σοφία) zu sondern und ihre jeweiligen Eigenschaften zu verdeutlichen.

Die menschliche Weisheit, um die es in diesem Kapitel gehen soll, wird als εἶδος im Gegensatz zum γένος, also der göttlichen Weisheit, bezeich-

---

ὄψις) zu gelangen. Sie verfällt dem Schein und kann die Wahrheit nicht erkennen (στοχασμὸν πρὸ ἀληθείας κτώμενος). 'Die aufdeckende, erhellende Funktion der Bildung, der Strahl der menschlichen Erkenntnis' (vgl. auch ebr. 157), wird deswegen hier als mangelhaft bewertet.

[27] Vgl. auch virt. 79.

[28] Vgl. auch die Bedeutung 'menschliche Erkenntnis, menschliches Weltwissen' in migr. 218 und plant. 80 bzw. 'Gelehrsamkeit' in prob. I.94 sowie 'Erkenntnis, rechte Einsicht und Verstehen' in spec. III.6.

[29] Eigentlich handelt es sich für Philo auch bei der menschlichen Weisheit um eine von Gott stammende Weisheit. Die Zuordnung zur menschlichen Gottebenbildlichkeit wurde hier entsprechend der Bedeutungsverwandtschaften getroffen. Vielleicht könnte man die menschliche Weisheit als göttliche Weisheit in Bezug auf den Menschen definieren, wohingegen die göttliche Weisheit eine umfassendere Größe darstellt. Fasst man die menschliche Weisheit in diesem Sinne, dann wäre *Mack* 1974, 115, zu widersprechen, wenn er sagt, dass die „irdisch-menschliche Weisheit" bei Philo nur eine geringe Rolle spiele. Die Zahl der unter dieser Kategorie gefassten Belege ist in dieser Arbeit – auch wenn es immer uneindeutige Zuordnungen gibt – sehr hoch (56 Belege).

net: Die göttliche Weisheit nimmt also die Rolle der Gattung bzw. der Idee
ein, während die menschliche Weisheit sich auf die jeweilige Ausprägung
bezieht. Dazu passt die Differenzierung in ἀρχέτυπον und μίμημα. Bei
der menschlichen Weisheit handelt es sich um das menschliche Wissen
(ἀνθρωπίνη [ἐπιστήμη]), das dem göttlichen Wissen (θεία ἐπιστήμη)
gegenübergestellt ist. Es geht also um die jeweilige menschliche Ausprägung eines als allgemein-göttlich vorausgesetzten, umfassenden Weltwis-
sens. Die menschliche σοφία ist hier also 'die menschliche Erkenntnis als
Abbild der göttlichen Erkenntnis'.[30]
    Ähnliche Differenzierungen finden sich in LA I.43, wo die ἐπίγειος
σοφία ebenfalls das Abbild (μίμημα, ἀπεικόνισμα) der himmlischen
Weisheit (μετάρσιος καὶ οὐράνιος σοφία) darstellt. Sie wird gleichgesetzt mit der irdischen Tugend (ἐπίγειος ἀρετή), die im Paradiesgar-
ten (ἡ τοῦ παραδείσου φυτουργία) zum Wohle der Menschheit, als
Schutz gegen die Krankheiten der Seele (ἐπίκουρον καὶ ἀρωγὸν τῶν
ψυχῆς νόσων ἀρετὴν ἐπίγειον ἐρρίζου), gedeiht. Das Wort σοφία
bezieht sich also an dieser Stelle auf die Bedeutung 'irdische Tugend, die
die Seele vor dem Übel schützt und Zugang zu ihrem himmlisch-göttlichen
Urbild gewährt'. Ziel des menschlichen Bemühens muss es demnach sein,
die menschliche Weisheit zur Perfektion zu bringen, um auf diese Weise
Anteil an der göttlichen Weisheit zu erlangen. Aus diesem Grund spielt die
Figur des vollkommenen Weisen für Philo eine große Rolle.
    In Mos I. 76 erklärt Philo die verschiedenen Möglichkeiten, die Weis-
heit (σοφία) bzw. die bedeutungsverwandte Tugend (ἀρετή) zu erlangen.
Er nimmt hierfür das Beispiel der drei „Männer der Tugend" (ἄνδρες
ἀρετῆς), Abraham, Isaak und Jakob, zu Hilfe. Sie stellen für Philo verschiedene „Weisheitsmuster" dar und kommen als mögliche Vorbilder auf
dem menschlichen „Weisheitsweg" auch an vielen anderen Stellen zur
Sprache: Abraham ist der Prototyp der erlernten Weisheit, Isaak steht für
die intuitive Weisheit und Jakob stellt die praktizierte Weisheit dar. Es
handelt sich also bei der hier beschriebenen menschlichen Weisheit um die
'Tugend als menschliches Ziel, das auf verschiedene Art und Weise (durch
Lernen bzw. Lehre, durch Intuition und Übung) erreicht werden kann'.[31]
    Jedem Menschen steht es jederzeit offen, die lasterhafte Zerstreuung der
Seele (διασπορὰ ψυχική) hinter sich zu lassen und sich wieder der Tu-

---

[30] Vgl. dazu auch her. 129 sowie die Doppelbedeutung in her. 182.
[31] Zur Gewichtung dieser „exemplars of perfection" vgl. *Dey* 1975, 68: „The basic of
the distinction among the exemplars of perfection is paideutic – between those who are
progressing to perfection through teaching and practice and those who are perfect by
nature from the beginning and need neither teaching nor practice. It is closely related to
the pattern of thought which associates perfection with the exclusive and direct relationship with God compared to that which is indirect and mediated."

gend (ἀρετή) und Weisheit (σοφία) zuzuwenden – so praem. 115. Auf diese Weise kann er seine Seele reinigen (καθαιρεῖν) und wieder zu einer 'tugendhaften, Gott wohlgefälligen Lebensweise' gelangen.

Auch in Abr. 224 macht Philo deutlich, dass irdische Güter für den Weisen kein Maßstab sein dürfen: Die Gemeinschaft mit der Weisheit (σοφία) bzw. Tugend (ἀρετή) schließt eine Liaison mit den Äußerlichkeiten der Welt (ὁ τὰς ἐκτὸς ὕλας τεθαυμακὼς τρόπος) und den Leidenschaften (πάθη, νοσήματα) der Seele aus, denn es ist unmöglich, mit beiden zusammenzuleben.[32] Vielmehr konzentriert sich die Seele allein auf die Sophia als 'tugendhafter Lebenspartnerin des Weisen'[33].

Ähnlich charakterisiert auch Abr. 271 die beiden Alternativen: Die beiden Menschengruppen, die hier gegenübergestellt werden, haben zwei unterschiedliche Lebensmaximen: Die einen haben den Körper (σῶμα) zum Leitprinzip ihres Lebenswandels erhoben und verzichten auf tiefere geistige Einsichten (μαθήματα), v.a. aber auf das sittliche Gute (καλοκἀγαθία), das mit der σοφία gleichgesetzt werden kann. Diese wiederum ist sowohl durch Verstand (φρόνησις) als auch durch Gottvertrauen (ἡ πρὸς θεὸν πίστις) charakterisiert und meint also an dieser Stelle 'das Gott gemäße geistige Leben zwischen Sittlichkeit, Verstand und Glaube', eine Daseinshaltung, die man als rational orientierten Glauben mit ethischer Ausrichtung beschreiben könnte.[34]

---

[32] Vgl. cont. 19: Philo berichtet hier über die Gruppe der Therapeuten, die sich aus den Städten zurückziehen und eine 'Gott gemäße, dem Nachdenken über Gott verpflichtete Lebenseinstellung fernab vom Trubel der Welt' pflegen. Vgl. auch spec. II.44.45.47, wo das gleiche Phänomen beschrieben und die Sophia mit Hilfe der Bedeutungsverwandten ἀρετή, καλοκἀγαθία, φρόνησις, τὸ καλόν, τὸ ἀγαθόν als 'das sittlich Gute, die Tugend' charakterisiert und der ἡδονή und ἐπιθυμία entgegengesetzt wird. Ähnlich auch spec. II.147.

[33] Die Frage der Zuordnung dieser Bedeutung zur menschlichen Weisheit ist sicher nicht eindeutig. Sie wurde hier u.a. deswegen so vorgenommen, weil es im Kontext um die weisheitliche Gesinnung im Menschen und um die Figur Abrahams als Ideal des vollkommenen Weisen geht. Vgl. zu dieser Bedeutung auch spec. I.269, wo die Weisheit die 'die Seele reinigende Tugend der Gottes- und Welterkenntnis' bezeichnet.

[34] Vgl. auch Abr. 220, Mos I.4 und virt. 4.8. Zu dem oben analysierten Beleg vgl. auch Abr. 164, wo die Sophia zusammen mit der Philosophia genannt wird und das 'Fragen und Suchen nach der Ursache des Seins, die Philosophie' bezeichnet. Die menschliche Weisheit ist hier eine glaubend-forschende Grundhaltung, die – ausgehend von den sinnlichen Phänomenen – auf deren Schöpfer schließt: σοφία καὶ φιλοσοφία τὴν ἀρχὴν ἀπ᾽ οὐδενὸς εἴληφεν ἑτέρου τῶν ἐν ἡμῖν ἢ τῆς ἡγεμονίδος τῶν αἰσθήσεων ὁράσεως. Diese Grundhaltung wird in Abr. 256-258 mit dem menschlichen λογισμός in Verbindung gebracht, dem natürlichen Gegner der Leidenschaften, der den Weisen in diesem Fall über die Natur der Seele, d.h. ihre Trennung vom Körper nach dessen Tod, aufklärt und ihn dazu veranlasst, vernünftig, also maßvoll zu trauern und sich nicht durch seine Gefühle hinreißen zu lassen. Der Ausdruck σοφία bedeutet daher an dieser Stelle die 'Vernunft bzw. Erkenntnis über die Natur des Todes und der Seele'.

Diese Lebenseinstellung ist auf die Beschäftigung mit der Weisheit, mithin auf die Bildung der Seele, ausgerichtet. In spec. II.29 ist die Weisheit daher auch die durch Erziehung (παιδεία) und Lehren (δόγματα) vermittelte 'Tugendbildung'[35].

Die Seele erhält diese Bildung aber nur durch die Verbindung mit der ihr übergeordneten Weisheit (σοφία), die mit dem Vater (πατήρ) oder Mann (ἀνήρ) der Jungfrau bzw. Ehefrau verglichen wird. Es handelt sich dabei um den ὀρθὸς λόγος oder den ἀστεῖος λόγος ὁ κατ᾽ ἀρετήν bzw. die φρόνησις als 'die Welt strukturierendes geistiges und gutes, d.h. tugendhaftes Prinzip der Vernunft'[36]. Als solche geriert die Weisheit in der Seele die Gedanken, Tugenden und entsprechenden Handlungen (τὸν ἀρετῶν σπόρον εἰς τὴν ψυχὴν καταβάλλεσθαι; ἀγαθὰς καὶ πράξεις καλὰς καὶ σπουδαίας γεννᾶν; ἔννοιαι ἀρισταί). Das Heil der Seele liegt in dieser Verbindung mit der Weisheit, ohne die sie der durch Leidenschaften (ἡδοναί, ἐπιθυμίαι, λυπαί, φόβοι, πάθη) erzeugten Schuld (ὑπαίτιος ζωή) und Sünde (ἁμαρτήματα) schutzlos ausgesetzt ist.

An diesem Beleg wird deutlich, dass der Erwerb und Besitz von Weisheit wesentlich von der Orientierung und dem Verhalten des Menschen abhängig ist. Bemüht er sich um ein tugendhaftes und gelehrsames Leben und strebt nach Weisheit, so wird sie ihm auch Schritt für Schritt gewährt und er bekommt – so σοφία in gig. 15 – 'das wahrhaft Gute, die reine Erkenntnis Gottes, die nur demjenigen zuteil wird, der allem Körperlichen und allen irdischen Werten entsagt und so das unkörperliche und daher unvergängliche Leben bei Gott erhält'.

Solch weisheitsliebende Menschen entwickeln einen besonderen pädagogischen Eifer, um auch andere an ihrem Wissen (ἐπιστήμη) und seelischen Reichtum (ὁ ψυχικὸς πλοῦτος) durch besonderen Unterricht (δόγματα καὶ θεωρήματα) teilhaben zu lassen, bis sich die Früchte dieser Lehren (καρπὸς καλοκαγαθίας) zu erkennen geben. Die Bedeutungsverwandtschaft mit ἐπιστήμη und καλοκαγαθία rückt die Semantik von σοφία hier in die Nähe der 'moralischen Einsicht und Erkenntnis'.

Ein wichtiges Merkmal der menschlichen Weisheit ist das tugendhafte Handeln, also das fromme Leben. Die Sophia als 'Denken, Reden und

---

[35] Vgl. auch spec. IV.107, wo σοφία gleichbedeutend mit 'Lehre' ist, sowie congr. 127 und Mos II.33, wo die Weisheit als 'Tugendwissen' und 'Bildung, Klugheit, Gelehrtheit' eine Rolle spielt.

[36] Es stellt sich die Frage, ob hier die göttliche Weisheit gemeint ist. Dafür spricht, dass sie das der Seele übergeordnete Prinzip darstellt. Andererseits spricht v.a. die Bedeutungsverwandte φρόνησις dagegen. Ich denke, es handelt sich hier um das den Kosmos regierende Vernunftprinzip, das in anderen Fällen zwar mit dem göttlichen Logos bzw. der göttlichen Sophia gleichgesetzt werden kann, hier aber als davon unabhängige Größe betrachtet wird.

Handeln umfassende Einsicht in Gottes Willen, die sich in Glückseligkeit äußert', beschreibt praem. 81: Glückseligkeit (εὐδαιμονία) besteht demnach in der Gottesverehrung (θεραπεία θεοῦ) und der Einsicht (φρόνησις), dass dazu eine dementsprechenden Lebensführung (ἀνθρωπίνου βίου διοίκησις) gehört. Mit anderen Worten: Weisheit äußert sich in Frömmigkeit (ὁσιότης) – so auch in praem. 104: ὁ ἀληθινὸς πλοῦτος ἐν οὐρανῷ διὰ σοφίας καὶ ὁσιότητος ἀσκηθείς.[37]

Diese praktische Weisheit kann auch mit dem Gesetz gleichgestellt werden, wie z.B. in spec. I.204, wo σοφία neben νόμοι zu stehen kommt: Ein weiser Mann ist nach diesem Beleg ein gesetzestreuer Mann, und insofern handelt es sich bei der Weisheit um 'das Gesetz als Beurteilungsinstanz des sittlich-tugendhaften Lebens', das der Mensch bei entsprechendem Willen auch einhalten kann.

Diese spezifisch jüdische Auffassung der menschlichen Weisheit findet sich auch in praem. 122. Der Ausdruck σοφία meint hier die heiligen Worte und Lehren (λόγοι ἱεροὶ καὶ δόγματα), also die Tora, sowie die damit gleichgesetzte wohltuende Macht Gottes (ἡ εὐεργέτις τοῦ θεοῦ δύναμις). Derjenige, der sich den Lehren der Weisheit mit ganzer Kraft widmet (ἐνσχολάζειν τοῖς σοφίας θεωρήμασι) und den Lastern (ἡδοναί, ἐπιθυμίαι, κακία, τὰ κακά) absagt, dessen Gedanken werden zum Palast bzw. der Wohnung Gottes (ᾧ τὸν θεὸν "ἐμπεριπατεῖν" οἷα βασιλείῳ, βασίλειον καὶ οἶκος θεοῦ σοφοῦ διάνοια).[38] Der Ausdruck σοφία meint hier also die 'in den heiligen Lehren der Schrift wirkende, wohltuende Macht Gottes, durch die der menschliche Geist, der sich mit ihnen beschäftigt, zum Haus Gottes wird'.

In spec. I.173.175 ist σοφία gleichgesetzt mit der 'Tugend' (ἀρετή), die hier v.a. in Form der menschlichen Enthaltsamkeit (ἐγκράτεια, εὐτελεία, εὐκολία, ὀλιγοδεΐα), aber auch als Richterin über das tugendhafte Verhalten (σοφία δικάζουσα) auftritt – ein 'Maßstab tugendhaften Verhaltens'.

Hingewiesen werden muss schließlich noch auf den Zusammenhang zwischen dem Besitz der Weisheit und der Zugehörigkeit zum Volk Israel, die in migr. 58 thematisiert wird. Die menschliche σοφία bezeichnet hier die 'Gotteserkenntnis, mit der sich eine besondere Gottesnähe und Liebe Gottes verbindet'. Diejenigen, die Gott erkennen und somit Weisheit besit-

---

[37] Σοφία bedeutet hier die 'Erkenntnis Gottes und seines Willens sowie entsprechendes frommes Handeln'. Interessant ist, dass sich in diesem Beleg der geistige Besitz der Weisheit mit materiellem Besitz überschneidet.

[38] Vgl. auch Mos II.58, wo die Sophia als 'Weg zur Vollkommenheit der Seele' beschrieben ist, sowie spec. I.50: Moses Sehnsucht nach Weisheit; post. 174: die Weisheit des Mose als Steigerung der Weisheit Seths und Noahs.

zen, sind Teil des weisen Volkes, des sehenden Volkes Israel, das auf eine
besondere Nähe und Liebe Gottes zählen kann.

Überblickt man nun die Bedeutungsverwandten von σοφία, so ergibt
sich folgendes Bild: Der Ausdruck σοφία geht mit ἀρετή, φρόνησις,
λογισμός, ἐπιστήμη, φῶς, καλοκαγαθία, ὁσιότης, τὸ καλόν, τὸ
ἀγαθόν, παιδεία, εὐδαιμονία, νόμοι, πίστις Bedeutungsverwandtschaften ein. Wie ohne weiteres ersichtlich wird, handelt es sich hierbei
um Wörter, die einserseits das Phänomen der Erkenntnis bezeichnen und
andererseits dem Bereich der religiösen Moral entnommen sind. Außerdem
finden sich Ausdrücke, die auf Lehre und Bildung verweisen.

Die durch das Wort σοφία bezeichnete menschliche Weisheit lässt sich
demnach bestimmen als eine 'auf Gottes Erkenntnis ausgerichtete moralische Vernunft'[39]. Sie ist also gleichzeitig durch eine bestimmte Lebensform
und ein bestimmtes Wissen gekennzeichnet: Entscheidend sind die Ausrichtung des Lebens auf Erkenntnis und die dieser Erkenntnis entsprechende Lebensführung. Im vollkommenen Weisen gibt es schließlich keine Differenz mehr zwischen Weg und Ziel: Er ist die Verkörperung der auf den
Menschen ausgerichteten göttlichen Weisheit. Die menschliche Weisheit
ist somit ein Wissen, das den vollkommenen Menschen im Sinne Gottes
und seiner göttlichen Weisheit zum Ziel hat. In diesem Sinne ist der weise
Mensch auch der gottebenbildliche Mensch.

1.4. Das wahre Leben als Gottes Ebenbild

Die oben bestimmte Bedeutung von σοφία macht bereits deutlich, dass
sich der gottebenbildliche Mensch durch eine bestimmte Lebensweise auszeichnet, die er selbst wählen und aufgrund derer er seine Gottebenbildlichkeit erhalten und ausprägen kann. Dieses Leben (ζωή) wird in opif.
153-156 beschrieben, wo es um den Menschen im Garten Eden, dem
Standort des Lebensbaumes, geht:

Die Nebeneinanderstellung von ζωή und ἀφθαρσία am Ende von §153
lässt auf eine Bedeutungsverwandtschaft der beiden Ausdrücke schließen:
Das Leben ohne Krankheiten (ζωὴ ἄνοσος) ist gleichzusetzen mit der
Unvergänglichkeit. Die Pflanzen des göttlichen Gartens (παράδεισον)
verwirklichen ihre Gaben – sie sind im Gegensatz zu den irdischen Pflanzen beseelt und vernunftbegabt (ἔμψυχα καὶ λογικὰ φυτά) – und tragen daher Tugend, Verstand und Geistesschärfe (ἀρεταί, ἀδιάφθορος
σύνεσις καὶ ἀγχίνοια) als Früchte. Diese „vernunftbegabten Pflanzen"
sind eine Allegorie für die menschliche Seele bzw. für deren führenden
Teil (τὸ τῆς ψυχῆς ἡγεμονικόν), also die Vernunft, die als herausra-

---

[39] Vgl. zu dieser Bedeutung noch die folgenden, hier nicht besprochenen Belege: som.
I.80, praem. 8, som. I.205.208.211, conf. 159, cont. 35.68, spec. II.3, Jos. 106, congr. 9.

gendste „Pflanze" den Baum des Lebens (δένδρον τῆς ζωῆς) bzw. die Tugend (ἀρετή) der Gottesfurcht (θεοσέβεια) besitzt. Die Gottesfurcht wiederum ist die Voraussetzung für die bereits oben erwähnte Unsterblichkeit (ἀφθαρσία) der Seele (hier: ἀθανατίζεσθαι).

Durch die „mittlere Vernunft" (φρόνησις ἡ μέση) hat der Mensch nun die Möglichkeit, zwischen Gut und Böse zu unterschieden und sein Leben entsprechend einzurichten: Entscheidet er sich für das Böse (πανουργία), d.h. das Sterbliche, lebt er auch ein unglückliches und sterbliches Leben (θνητὸς καὶ κακοδαίμων βίος), das eigentlich nicht verdient, überhaupt Leben genannt zu werden: ὁ ἐφήμερος καὶ θνητὸς οὐ βίον ἀλλὰ χρόνος κακοδαιμονίας μεστός. Wendet er sich dagegen der Frömmigkeit (εὐσέβεια, ὁσιότης) zu, bleibt er im Paradies, erlangt die vollkommene Tugend (ἡ ἀρετῆς παντέλεια) und damit das ewige Leben (ἀθάνατος ζωή, ἀθάνατος καὶ εὐδαίμων [Anm. S.L.: βίος]). Der Ausdruck ζωή bezeichnet also die 'fundamentale willentliche Ausrichtung und Orientierung des Menschen bzw. seiner Vernunft, die durch tugendhafte Frömmigkeit und Gottesfurcht geprägt und daher unsterblich und unvergänglich ist'. Sie steht der Orientierung an den sündigen und sterblichen Dingen entgegen.[40]

Eine weitere Beschreibung des frommen Lebens gibt Philo in spec. I.31, wo er ausgehend von Dtn 4,4 (οἱ προσκείμενοι τῷ ὄντι θεῷ ζῶσι πάντες) das allein selige und unsterbliche Leben (ὁ τρισμακάριος καὶ τρισευδαίμων βίος, ἀθάνατος ἥδε ἡ ζωὴ καὶ μακραίων) folgendermaßen paraphrasiert: προσκεῖσθαι τῷ ὄντι θεῷ bzw. ἀγαπητικῶς ἔχεσθαι τῆς θεραπείας τοῦ πρεσβυτάτου πάντων αἰτίου. Gemeint ist hier also das 'allein Gott verpflichtete, Gott liebende Dasein, das nicht an die irdischen Gegebenheiten gebunden und daher unsterblich ist'.[41]

In gig. 14 bezeichnet ζωή etwas Ähnliches, nämlich die 'weisheitliche Existenz, die sich nach dem wahrhaft Guten, d.h. nach Gott, ausrichtet'. Ein solches Leben ist ein 'nach dem Sein fragendes und suchendes Dasein' – so ζωή in fug. 78.

Ähnlich aufschlussreich ist auch Philos Erklärung von Dtn 30,15 (ἰδοὺ δέδωκα πρὸ προσώπου σου τὴν ζωὴν καὶ τὸν θάνατον, τὸ ἀγαθὸν καὶ τὸ κακόν) in fug. 58: Leben (ζωή) und Tod (θάνατος) sind in diesem Text ethische, keine physischen Kategorien. Gleichbedeu-

---

[40] Vgl. zu dieser Bedeutung auch opif. 172: 'das selige Dasein einer von Frömmigkeit und Gottesfurcht geprägten Existenz'.

[41] Vgl. dazu ganz ähnlich spec. I.345, wo mit ζωή die 'Gott gemäße, Gott wohlgefällige, mit Gott in Kontakt stehende und daher ewige Existenz bzw. Daseinsweise' gemeint ist; weiterhin det. 48: 'vollkommen tugendhafte menschliche Existenz, die sich gegen die Gedanken des Unvernünftigen, d.h. Gottlosen, zur Wehr setzt' sowie post. 12: 'menschliche Existenz in einer von Gottesliebe und Gottesfurcht geprägten intakten Gottesbeziehung'. Vgl. auch spec. I.227, praem. 35.123, Mos II. 138.

tend mit dem Leben ist das Gute und Tugendhafte (τὸ ἀγαθὸν καὶ ἡ
ἀρετή ἐστιν ἡ ζωή), das Schlechte steht für den Tod (τὸ δὲ κακὸν
καὶ ἡ κακία ὁ θάνατος).

Das unsterbliche Leben paraphrasiert Philo folgendermaßen: ὅρος
ἀθανάτου βίου κάλλιστος οὗτος, ἔρωτι καὶ φιλίᾳ θεοῦ ἀσάρκῳ
καὶ ἀσωμάτῳ κατεσχῆσθαι. Die Vorstellung von wahrem Leben und
wahrem Tod sind damit von der Körperlichkeit getrennt bzw. werden diesbezüglich sogar auf den Kopf gestellt: Der physische Tod kann u.U. das
wahre Leben bedeuten, das physische Leben hingegen den eigentlichen
Tod.

Dies wird am Beispiel der Priester Nadab und Abihu – für Philo offensichtlich Prototypen für die von ihm gegebene Definition – demonstriert,
deren Schicksal die Unvergänglichkeit (ἀφθαρσία) der Frommen und Gerechten vor Augen stellt: Ihr körperlicher Tod, das „dem sterblichen Leben
Absterben", eröffnet ihnen die Möglichkeit, von der sterblichen, gewordenen Welt in die unsterbliche, ungewordene hinüberzuwechseln und hier
unvergängliches Leben (ἄφθαρτος βίος) zu erfahren. In dieser anderen
Welt vollendet sich das Leben in Gott (ἡ ἐν θεῷ ζωή), und bei Gott haben Gottlosigkeit und Schlechtigkeit (κακόν, κακία, ἀσέβεια) keinen
Platz, sie sind bedeutungslos, d.h. im eigentlichen Sinne tot, auch wenn sie
auf der Erde triumphieren mögen.

Wahres Leben bedeutet für Philo also eine 'durch Gottesliebe geprägte,
Gott gemäße, tugendhafte, geistige, unvergängliche menschliche Existenz,
für die die irdischen Dinge und damit auch der körperliche Tod keine Rolle
spielt'[42]. Wer so lebt, lebt ein weises und gerechtes Leben und bewahrt
seine Gottebenbildlichkeit.[43]

Worauf es ankommt, ist nicht die Quantität der Lebensjahre, sondern
die Qualität des Lebenswandels – so her. 290.292: Philo spielt das tugendhafte Leben (βιῶναι μετ᾽ ἀρετῆς) gegen das Leben der Faulen (τῶν
φαύλων βίος) aus; dem kurzen Licht (βραχύτερον φῶς) stellt er die
ewige Finsternis (σκότος αἰώνιος) entgegen. Kurz: Er propagiert das
wahre Leben als 'tugendhafte, lichtartige Geistexistenz, die im Gegensatz

---

[42] Bedeutungsverwandt sind τὸ ἀγαθόν, ἀρετή, ἀφθαρσία. Paraphrasen sind:
ἀγαπᾶν κύριον τὸν θεόν, ἀθάνατος βίος, ἄφθαρτος βίος, ἔρωτι καὶ φιλίᾳ
θεοῦ ἀσάρκῳ καὶ ἀσωμάτῳ κατεσχῆσθαι, ἀπὸ τοῦ γενομένου πρὸς τὸ
ἀγένητον μετανιστάμενοι. Vgl. dazu auch LA III.107: 'die tugendhafte Existenz im
Gegensatz zum seelischen Tod, der körperlichen Lust und Leidenschaft'.

[43] Die starken Parallelen zum Ebenbildlichkeitskonzept der SapSal sind offensichtlich.
Vgl. zu diesem Konzept auch die sehr ähnlichen Bedeutungen in Deus 50, mut. 213,
plant. 36-37, migr. 21, post. 45.68.69. Ein konkretes Beispiel für dieses „wahre" Leben
sind die Therapeuten, die sich nach einem „seligen" Leben inmitten der Welt sehnen und
versuchen, dieses durch ihre *vita contemplativa* zu verwirklichen: Vgl. cont. 13.

zum unmoralischen Dasein ewig währt, da sie nicht vom Körper, sondern von der Gottesbeziehung abhängig ist'.

Eine solche Umsetzung des wahren Lebens ist nach congr. 87 in jedem Falle ein gesetzestreues Leben. Dieses Leben nach den Geboten Gottes grenzt sich von der Umwelt ab, die sich durch ihre gottlosen Sitten (τὰ τῶν ἀθέων ἐπιτηδεύματα) den Leidenschaften und Schlechtigkeiten (πάθος, κακία), also dem Tod (θάνατος), verschrieben hat. Wahres, gottebenbildliches Leben ist daher für Philo ein 'gesetzestreues Dasein, das sich den Leidenschaften und Schlechtigkeiten verschließt'.

Zusammenfassend kann man sagen: Wahres Leben (ζωή) ist eine 'durch Gottesliebe und Gottesfurcht geprägte, gesetzestreue und tugendhaftgeistige Existenz, für die die irdischen Dinge, d.h. die körperlichen Leidenschaften und Schlechtigkeiten, und damit auch der körperliche Tod keine Rolle spielen und die deswegen unvergänglich ist'. Diese Vorstellung von Leben und Tod, von Vergänglichkeit und Unsterblichkeit, trifft sich mit dem oben analysierten Lebensbegriff der SapSal und kann wie dort auch als gottebenbildliches Leben bezeichnet werden.

1.5. Zusammenfassung

Die menschliche Gottebenbildlichkeit gründet sich bei Philo auf eine von Gott geschenkte anthropologische Größe, nämlich die Ausstattung des Menschen mit einer dem göttlichen Logos bzw. Nous entsprechenden geistigen Kraft, die es ihm ermöglicht, intellektuell und moralisch zu urteilen und zu handeln.[44] Das Licht dieses weisheitlichen, d.h. nach sittlichen Kategorien operierenden Verstandes durchdringt die menschliche Umwelt und ermöglicht dem Menschen, nach dem Willen Gottes zu leben, weil er die Weisheit Gottes erkennen kann.

Ein solch frommes und gottesfürchtiges Leben, das die Welt des Körperlichen und Materiellen so weit als möglich negiert,[45] ist – als Leben „in

---

[44] Vgl. auch *Dillon* 1977, 167: „Philo operates [...] with the concept of the Logos as the agent of God in the world, this Logos both being immanent in each one of us and pervading the cosmos as a whole. It is the presence of God's Logos in us that produces the sense of conscience, that makes us capable of right and wrong action [...]." – Die positive Beurteilung der Vernunft auf dieser Ebene des philonischen Eikon-Konzeptes lässt sich mit dem soteriologischen Profil der *Expositio Legis* korrelieren, das *Noack* 2000, 216-221, herausarbeitet. Demnach ist die Erlösung des Menschen in dieser Schriftengattung mit der menschlichen Rationalität verbunden. Allerdings stammen die hier verwendeten Belege, die den Begriff bezeugen, nicht alle aus der *Expositio Legis*, so dass *Noacks* These hier nicht in vollem Umfang bestätigt werden kann. Immerhin fehlen Belege aus den Quaestiones gänzlich, und es kann von einer gewissen Häufigkeit der *Expositio-Legis*-Belege gesprochen werden.

[45] Der Körper bzw. die materielle Schöpfung ist bei Philo nicht – wie z.B. in der Gnosis – an sich schlecht. So etwa *Jonas* 1966, 120, dagegen *Hegermann* 1961, 23. Erst

Gott" – unvergänglich und unsterblich. Auf den Begriff gebracht handelt
es sich hierbei um 'die Ausrichtung des menschlichen Denkens und Handelns auf die Erkenntnis Gottes', um 'menschliche Weisheit'. In der Verwirklichung dieser Idealvorstellung korrespondiert der Mensch mit seinem
Vorbild, dem göttlichen Logos bzw. der Sophia, die ihm die Gotteserkenntnis ermöglicht: Auf diese Weise verwirklicht er seine Gottebenbildlichkeit.

Eine solche Anthropologie besitzt eine im Grunde positive Ausrichtung,
denn sie traut dem Menschen zu, aufgrund dieser „göttlichen" Ausstattung
ein Gott gemäßes Leben führen zu können – auch wenn diese Fähigkeit
durch seine körperliche und materielle Konstitution gefährdet ist. Den hier
erarbeiteten Ebenbildlichkeitsbegriff Philos möchte ich daher als anthropologisch und ethisch fundiert bezeichnen: Er setzt auf die Verwirklichung
der geistigen Ebenbildlichkeit des Menschen durch ein entsprechendes
Denken und Handeln, wobei dieses Denken und Handeln letztlich die Ent-
weltlichung[46] des Weisen zum Ziel hat. In diesem Sinne besitzt die Bedeutung des Wortes εἰκών eine deontische bzw. präskriptive Dimension, die
von den Rezipienten verlangt, einem bestimmten Ideal, dem Ideal des Weisen, zu entsprechen.

2. Gottes Ebenbild in der Welt: der kosmologisch-anagogische Bildbegriff

Der zweite hier vorgestellte Bildbegriff Philos bezieht sich auf die Gottebenbildlichkeit als eine den menschlichen Geist übersteigende Größe, die
man als Ausdrucks- und Wirkungsform Gottes in der Welt, sein kosmisches Immanenzprinzip, bezeichnen kann. Dieses göttliche Vorbild des
menschlichen Geistes firmiert unter dem Namen λόγος, σοφία oder
πνεῦμα,[47] in unserem Zusammenhang sind auch die Bezeichnungen φῶς

---

wenn der Mensch sich dem Materiell-Körperlichen zu und dadurch von Gott abwendet,
sieht Philo eine Gefahr. Vgl. *Völker* 1938, 77: „Das σῶμα bildet also nur ein versuchli-
ches Element, es ist nicht sündig an sich, und nicht die Verbindung mit ihm macht sündig, sondern das bereitwillige Eingehen auf die Triebe." Vgl. auch *Sellin* 1986,
197f.205.208.292f, der Philo u.a. durch dieses Kriterium von der Gnosis bzw. vom Gnostizismus abgrenzt.

[46] Vgl. *Sellin* 1986, 155: „Askese ist nach Philo jedoch nur für die noch nicht Vollkommenen bestimmt, die sich mühsam aus der Welt lösen müssen; die Vollkommenen
benötigen sie nicht mehr, denn sie sind über die Welt erhaben."

[47] Nach *Mack* 1973, 141-154, übernimmt der Logos die Funktionen der nahen Weisheit, d.h. des anagogischen Prinzips auf Erden. Die Weisheit sei demgegenüber eine rein
transzendente Größe und als Ziel des menschlichen Heilsweges unter Führung des Logos
anzusehen. In der vorliegenden Untersuchung konnte eine solche Unterscheidung in der

und ζωή relevant, wobei der letztere Ausdruck mit εἰκών nur indirekt verwandt ist. Auf eine Beschreibung der Wortbedeutung von πνεῦμα wird in diesem Teil verzichtet, da die besondere Bedeutungsverschiebung, die sich durch die semantische Beziehung von εἰκών und πνεῦμα ergibt, die Grundlage des dritten Bildbegriffs darstellt.

2.1. Der göttliche Logos als Bild Gottes und Vorbild des Menschen

Die Figur des Logos dient bei Philo dazu, die göttliche Immanenz zu beschreiben. Alles, was das göttliche Wirken in der Welt betrifft, kann man zusammengefasst als göttlichen Logos bezeichnen.[48] Der Logos ist „[...] the face of God turned toward creation"[49].

Eine der wichtigsten Charakteristika der Logosfigur ist ihre Verknüpfung mit dem Wort εἰκών:[50] In opif. 25 bezeichnet Philo den Logos als

---

Funktion nicht beobachtet werden, wobei allerdings einzuräumen ist, dass die Logos-Belege nicht vollständig und nicht auf diese Fragestellung hin untersucht wurden. Was aber die Bedeutung der menschlichen Weisheit anbelangt, so ist auffällig, dass sie in dieser Arbeit völlig anders ausfällt als bei *Mack*, für den die menschliche Weisheit bei Philo so gut wie keine Rolle spielt (vgl. ebd. 115). Vgl. dagegen *Sellin* 1986, 150.152, der den Logos mit der aktiven (aber nur zweitrangigen) Gotteserkenntnis des Nous (und der Kosmologie) verbindet, die Sophia dagegen mit der passiven (aber obersten) Gotteserkenntnis des Pneumatikers. Das würde auf der Wortebene eine verstärkte Bedeutungsverwandtschaft von σοφία und πνεῦμα, nicht aber von σοφία und λόγος implizieren. Auch wenn diese Frage für das Wort λόγος hier nicht untersucht wurde, so ist dieser These zumindest einschränkend entgegenzuhalten, dass σοφία sowohl als Bedeutungsverwandte von λόγος (vgl. z.B. migr. 28) als auch von πνεῦμα (vgl. z.B. gig. 23.29) auftaucht, und auch πνεῦμα mit λόγος Bedeutungsverwandtschaften eingeht (vgl. z.B. plant. 18.24). *Tobin* 1983, 63f, macht auf die Gemeinsamkeiten zwischen stoischem Logosbegriff und der jüdischer Weisheit aufmerksam. Aufgrund dieser Ähnlichkeit könnte der Logos in die jüdische Exegese eingedrungen sein. Dagegen *Wedderburn* 1973, 321f, der die Weisheit als eine Eigenschaft des Logos betrachtet. Diese Interpretation vernachlässigt aber die weitgehende Selbständigkeit der σοφία- von den λόγος-Belegen, die keine solche Unterordnung unter den Logos rechtfertigen.

[48] Vgl. z.B. *Jervell* 1960, 53f.

[49] *Winston* 1985, 50.

[50] Vgl. *Tobin* 1983, 64: „The term used most often to describe the figure of the *Logos* is that of ‚image' (εἰκών)." *Tobin* ebd. erklärt sich die Verbindung von εἰκών und λόγος folgendermaßen: Die bei Plato fehlende Mittlerfigur im Reich der Ideen wurde im Mittelplatonismus mit dem Logosbegriff verbunden. Für die Bestimmung der Beziehung zwischen Logos und absoluter Transzendenz einerseits, irdischer Welt andererseits, bot sich für die alexandrinischen Exegeten der Terminus εἰκών aus Gen 1,26f an (vgl. ebd. 64). Auf diese Weise verschob sich dann die Bedeutung des Terminus von 'Abbild' (Plato) zu 'Urbild', wie schon *Willms* 1935 (z.B. 116) beobachtet. Ausgehend von dieser Bestimmung des Logos als Urbild des *kosmos aisthetos* erklärten die Exegeten nun die Beziehung zwischen Logos und Mensch durch Betonung der Präposition κατά aus Gen 1,26f, die ein *tertium comparationis* zwischen Gott und Mensch verlange (vgl. z.B. her. 230-231). Der Logos kommt also ins Spiel bei der Übertragung platonischer Kosmologie

göttliches Abbild (θεία εἰκών), indem er das eigentlich auf den Menschen bezogene biblische κατ' εἰκόνα derart interpretiert, dass zwischen Gott und Mensch eine Zwischeninstanz etabliert werden kann, die als eigentliches Ebenbild Gottes fungiert. Der Mensch dagegen wurde *gemäß* (κατά) einem Bild geschaffen, so dass er nicht mehr als direkte Eikon, sondern als abgeleitete εἰκὼν εἰκόνος, als Abbild des Urbildes, verstanden wird.[51]

Außerdem weitet Philo durch ein *argumentum a minori ad maius*[52] diese abgeleitete Ebenbildlichkeit des Menschen auf den ganzen wahrnehmbaren Kosmos (αἰσθητὸς κόσμος) aus, der auf diese Weise ebenfalls in einer Abbildbeziehung zum Logos steht. Die ursprünglich nur auf den Menschen bezogene direkte Gottebenbildlichkeit wird auf diese Weise also erstens zu einer kosmologischen Größe im Bereich der Ideenwelt und daher zweitens zu einer abgeleiteten Größe im Bereich der irdischen Welt. Der geistige Kosmos wird als „archetypisches Siegel" in den Logos Gottes integriert:[53] ἡ ἀρχέτυπος σφραγίς, ὅν φαμεν νοητὸν εἶναι κόσμον, αὐτὸς ἂν εἴη τὸ παράδειγμα, ἀρχέτυπος ἰδέα τῶν ἰδεῶν ὁ θεοῦ λόγος.[54]

Mensch und sinnlich-wahrnehmbarer Kosmos (αἰσθητὸς κόσμος) sind daher „nur mehr" εἰκὼν εἰκόνος, d.h. εἰκών bezeichnet hier zum einen die 'einem Siegelabdruck gleichenden irdisch-materiellen Nachahmungen der geistigen Ideenwelt bzw. des die Ideen in sich enthaltenden göttlich-geistigen Logos'[55]. Zum anderen bezieht sich der Ausdruck εἰκών auf den 'göttlichen Logos als das rein geistige, göttliche Prinzip, das in sich die paradigmatischen Ideen enthält, nach denen die irdisch-materielle Welt erschaffen ist'[56]. Philo schließt an dieser Stelle zwar den sinnlichen Teil des Kosmos in die Ebenbildlichkeitsrelation ein; doch abgesehen davon, dass es sich bei dem Beleg um eine diesbezügliche Ausnahme han-

---

auf die biblische Schöpfungserzählung und wird von da aus mit der Menschenschöpfung in Gen 1,26f verbunden.

[51] Vgl. her. 231.

[52] Vgl. *Runia* 2001, 150.

[53] Vgl. *Runia* 2001, 150f.

[54] Zur Änderung der Textgestalt gegenüber Cohn vgl. *Runia* 2001, 150.

[55] Diese Belegbedeutung gehört natürlich unter die oben, 71-76, besprochene Bedeutungsebene, wird aber wegen ihres Zusammenhangs mit der Ebenbildlichkeit des Logos hier aufgeführt. Ähnlich opif. 146.

[56] Vgl. dazu auch som. II.45: 'der göttliche Logos als prägende Idee der ganzen Welt'. Als εἰκών des Logos wird in opif. 31 das Licht (φῶς) bezeichnet, das damit ebenfalls eine – wenn auch vom Logos abgeleitete – Erscheinungsform Gottes in der Welt darstellt. Der Beleg wird im Rahmen der semantischen Analyse zu φῶς besprochen.

delt,[57] besteht die Bedeutung der sinnlich wahrnehmbaren Schöpfung für ihn nur in ihrer Verweisfunktion auf das geistige Urbild.

Die vermittelte Ebenbildlichkeit des Menschen erwähnt Philo auch in spec. I.81 im Zusammenhang mit der körperlichen Unversehrtheit des Hohepriesters: Als allgemein bekannt (φασι) gilt Philo hier die Ebenbildlichkeit der unsterblichen Seele (ψυχὴ ἀθάνατος).[58] Diese Ebenbildlichkeit bezieht er nun aber nicht direkt auf das Seiende (τὸ ὄν), sondern auf das eigentliche Ebenbild Gottes, den Logos (λόγος ἐστὶν εἰκὼν θεοῦ), der auch als kosmischer Schöpfungsmittler fungiert (δι' οὗ σύμπας ὁ κόσμος ἐδημιουργεῖτο). Das Wort εἰκών bezeichnet hier also 'den göttlichen Logos als Modell der unsterblichen menschlichen Seele'.[59]

Die in opif. 25 und spec. I.81 bereits implizit enthaltene exegetische Begründung für die Interpretation der menschlichen Gottebenbildlichkeit als Logosebenbildlichkeit liefert der genaue Wortlaut von Gen 1,27, auf den Philo in her. 231-236 – einer allegorischen Auslegung von Gen 15,10 – auch explizit eingeht. Der Mensch ist demzufolge gemäß (κατά) Gottes Bild (ἀπεικόνισμα), dem himmlischen (οὐρανος) Logos, geschaffen. Somit ist das indirekte Ebenbild Gottes auch nicht der ganze Mensch, sondern nur die menschliche Vernunft (νοῦς) bzw. die menschliche Seele (ψυχή) als Nachahmung oder Abdruck (μίμημα, ἐκμαγεῖον) des göttlichen Vorbildes (ἀρχέτυπον, παράδειγμα). Die Ebenbildlichkeit ist also in diesem Fall eine funktional begriffene, d.h. sie besteht in der gleichen geistigen Funktion, die Logos und Nous in ihrem Bereich ausüben. Der geistige Teil des Menschen (τὸ λογικόν [Anm. S.L.: μέρος]) als von Gott aus gesehen dritte „Prägung" (τύπος) ist für Philo der eigentliche Mensch im Menschen (πρὸς ἀλήθειαν ἄνθρωπος), d.h. im oben erörterten Sinne: der wahrhaft gottebenbildliche Mensch.

Im folgenden Abschnitt (her. 234-236) führt Philo die Gegenüberstellung von menschlichem νοῦς bzw. λογισμός und göttlichem λόγος weiter und verwendet dabei dieselben Motive (die Taube bzw. Turteltaube aus Gen 15,9) wie in her. 126-129 und LA I.43, wo es um die Unterscheidung von göttlicher und menschlicher Sophia geht: Wie dort die göttliche und menschliche Sophia, entsprechen sich hier das Urbild des göttlichen Logos

---

[57] Sonst lässt Philo nur den geistigen Teil des Menschen als Ebenbild des Logos (bzw. Gottes) gelten. Vgl. neben den hier besprochenen Belegen *Jervell* 1960, 58 Anm. 123, *Eltester* 1958, 51f.

[58] Vgl. SapSal 2,23, allerdings mit den unten erwähnten Einschränkungen auf die Gerechten unter den Menschen.

[59] In spec. III.83 bezieht εἰκών nicht direkt auf den Logos, sondern auf 'die modellhafte geistige Idee des Menschen bzw. des geistigen Teiles des Menschen': [Anm. S.L.: ἄνθρωπος] παγκάλης εἰκόνος ἐκμαγεῖον ἀρχετύπου λογικῆς ἰδέας παραδείγματι τυπωθέν. Vgl. auch mut. 223, wo εἰκών die 'göttliche Allseele als Urbild des menschlichen Denkvermögens' bezeichnet.

und das Abbild des menschlichen Nous bzw. Logismos. Ihre Ebenbildlichkeit bezieht sich – in allegorischer Auslegung von Gen 15,10 – auf ihre
Unteilbarkeit (ἄτμητοι μὲν οὖν αἱ δύο φύσεις), die aber selbst alles
Wahrgenommene zerteilen (ἄτμητοι δὲ οὖσαι μυρία ἄλλα
τέμνουσιν), also erkennen kann.

Das Wort εἰκών bezeichnet hier also 'den göttlichen Logos als „Prägung" oder „Abdruck" Gottes sowie Archetyp bzw. Modell des menschlichen Geistes, welcher daher mit dem Logos in einer direkten, mit Gott in
einer indirekten funktionalen Ähnlichkeitsbeziehung steht, die sich auf die
Erkenntnis bezieht'.

In der Bedeutung 'der Logos als Vorbild und Schöpfer des menschlichen
Denkvermögens' kann εἰκών von Philo sogar mit einem zweiten Gott
(δεύτερος θεός) gleichgesetzt werden – so in QG II. 62, wo Philo sich
mit der Frage auseinandersetzt, warum Mose über Gott in Gen 9,6 wie über
einen anderen Gott spricht. Die Ebenbildlichkeit des „Sekundärgottes"
Logos dient nach Philo dazu, die sinnliche und sterbliche Welt zu schaffen,
die mit Gottes Wesen unvereinbar ist – ein ähnliches Motiv also, das auch
in fug. 68 zur Erklärung des Plurals in Gen 1,26 verwendet wurde. Im Gegensatz zu fug. 68 wird damit aber nicht das Böse in der Schöpfung erklärt, sondern der Logos prägt den geistigen Abdruck in der menschlichen
Seele, weil Gott sogar diese geistige Natur übersteigt: Ἔδει γὰρ τὸν
λογικὸν ἐν ἀνθρώπου ψυχῇ τύπον ὑπὸ θείου λόγου χα-
ραχθῆναι, ἐπειδὴ ὁ πρὸ τοῦ λόγου θεὸς κρείσσων ἐστὶν ἢ
πᾶσα λογικὴ φύσις.

Diese Ähnlichkeitsbeziehung zwischen göttlichem Logos und menschlichem Geist ermöglicht dem Menschen auch die Erkenntnis Gottes. Um
diese Schlussfolgerung geht es in LA III.95-99, wo – ausgehend von einer
Allegorie des Namens Bezaleel – der Logos als Schattenbild (σκία,
ἀτεικόνισμα, εἰκών) Gottes beschrieben wird. Dieser Schatten Gottes
ist Werkzeug (ὄργανον) und Vorbild (ἀρχέτυπον, παράδειγμα, ἰδέα)
für die Schöpfung. Wenn der Schatten aber Vorbild für die Schöpfung und
insbesondere für den Menschen ist, dann kann der Mensch, als Geschöpf
des Logos, aus der Schöpfung auch auf das Schattenbild, also den Logos,
zurückschließen – und damit indirekt auf den Ursprung des Schattens, also
auf Gott (διὰ τῶν ἔργων τὸν τεχνίτην κατανοοῦντες; vgl. LA
III.99).

Der Ausdruck εἰκών bezieht sich in diesem Zusammenhang also auf
den 'Logos als schöpferischen Schattenwurf Gottes, der als geistiges Vorbild und Muster der geschaffenen Dinge incl. des Menschen fungiert, so

dass der Mensch durch Beobachtung der Schöpfung auf den Logos und damit auf Gott zurückschließen kann.[60]

Interessant ist in diesem Kontext aber, dass diese „natürliche" Gotteserkenntnis in LA III.100f durch eine höhere Form übertroffen wird, die nur den vollendeteren und reineren Geistern, und d.h. nach der obigen Interpretation, den vollkommenen Weisen, zukommt.[61] Prototyp dieses Gott schauenden Weisen ist auf der Grundlage von Ex 33,13 Mose, der Gott um eine direkte Offenbarung bittet, aufgrund derer er sowohl von Gott als auch von dessen Logos einen deutlichen Eindruck (ἔμφασις ἐναργής) empfängt.[62]

Eine ähnliche Auffassung findet sich in fug. 101 im Zusammenhang mit der allegorischen Deutung der Lade: Gottes εἰκών, der 'unsichtbare, Gott am nächsten stehende Logos, der als oberster der göttlichen Wirkkräfte das All lenkt', besitzt im weiteren Kontext die Funktion einer 'Zufluchtsstätte des Weisen, der zu Gott gelangen will'. Derjenige, der es schafft, in diesem Logos aufzugehen, erhält 'ewiges Leben' (ζωὴ ἀίδιος) in und bei Gott.

Diese soteriologische Bedeutung des göttlichen Logos als Leben schenkende Zufluchtsstätte steigert sich noch, wenn Philo den Logos – wie in conf. 147f – in personalen Kategorien beschreibt:[63] Zunächst erscheint der

---

[60] Vgl. ganz ähnlich som. II.45: 'Der göttliche Logos als prägende Idee der ganzen Welt'. Die Entsprechung von Logos und Nous als Voraussetzung der Gotteserkenntnis beschreibt auch det. 87.

[61] Vgl. zu dieser Zweiteilung der Gotteserkenntnis auch *Eltester* 1958, 37, *Jonas* 1966, 70-74, sowie *Willms* 1935, 110f. *Jonas* ebd. beschreibt diese Zweiteilung der Gotteserkenntnis allerdings im Rahmen seines Deutungsmodells der Gnosis.

[62] Eine Parallele zu 2Kor 3,18 stellt in diesem Kontext die Verwendung der Spiegelmetapher (vgl. auch decal. 105) dar, die bereits in SapSal 7,26 begegnete. Mose will Gottes Gestalt nicht indirekt als Spiegelbild (κατοπτρίζεσθαι) in der Schöpfung erkennen, d.h. von der Schöpfung auf den göttlichen Logos und damit auf Gott schließen, sondern er will Gottes Spiegelbild in Gott selbst schauen. Dabei ist zu beachten, dass das Spiegelbild als vermittelnde Instanz erhalten bleibt, es also nicht um eine unmittelbare Schau Gottes selbst gehen kann. Da auf Erden nicht mehr als der auf die Schöpfung bezogene Gott erkannt werden kann, ist davon auszugehen, dass das Spiegelbild Gottes mit eben diesem auf die Schöpfung bezogenen Gott gleichgesetzt werden muss. Dieser aber ist nichts anderes als der göttliche Logos. Das bedeutet: Auf der höchsten Stufe der Eingliederung in den göttlichen Logos überblickt der Mensch den Logos als Spiegelbild Gottes. Streng genommen gibt es also keine unmittelbare Gotteserkenntnis, sondern nur eine vollkommene Logoserkenntnis. Dass der Mensch sich damit auf derselben Erkenntnisstufe wie der Logos befindet, bedeutet aber noch nicht, dass er dessen Mittlerfunktion einnimmt bzw. mit ihm identisch wird. Gegen *Sellin* 1986 (vgl. besonders 156-165) und ders. 2004.

[63] In einem anderen Kontext stehen die oben, 14, bereits angesprochenen Belege aus som. I.232.240.241, wo εἰκών die 'uneigentliche, gestalthafte Erscheinungsweise Gottes bzw. seines Logos, z.B. in Form von Engeln, Menschen oder Licht, in der menschlichen, noch körperorientierten Seele' bezeichnet. Die Sichtbarkeit Gottes bzw. seine Logos be-

Logos hier als „Erstgeborener" (πρωτόγονος), um dann als Erzengel (ἄγγελος πρεσβύτατος bzw. ἀρχάγγελος) bezeichnet und auf diese Weise personifiziert zu werden. Außerdem ist dieser Engel, genau wie die Sophia in LA I.43, vielnamig. Wie sie kann er ἀρχή heißen und so mit der Erschaffung der Welt in Verbindung gebracht werden; aber er ist auch ὄνομα θεοῦ und ermöglicht den Menschen als Name und Anrede einen Zugang zu Gott.[64]

In einer weitergehenden Personifizierung wird der Logos schließlich zum κατ᾽ εἰκόνα ἄνθρωπος, zum eigentlich ebenbildlichen Mensch also, und schließlich zu Israel bzw. dem Schauenden (ὁ ὁρῶν), wie Philo den Namen erklärt. Dieser heiligste, älteste Logos (λόγος ἱερώτατος bzw. πρεσβύτατος) ist damit eine Art idealer kosmischer Kollektivgestalt, an der die jüdischen Gläubigen partizipieren. Gleichzeitig bewirkt die Kosmisierung, dass die Figur universale Geltung erhält und damit für alle Menschen bedeutsam wird. Ihre besondere Gottesnähe als ältestes, engelhaft-geistiges Geschöpf, das direkte Gotteserkenntnis besitzt und vermittelt, macht sie zum Vorbild für die Menschen in der Welt und zu einem kosmisch verankerten Prototyp des idealen Menschen. Wer sich mit dem Logos identifiziert, wird daher zum Sohn Israels (υἱοὶ Ἰσραήλ) – man könnte auch sagen: zu Jakob, der noch nicht Israel heißt. Die in der Schrift beschriebenen Patriarchen und Mose erhalten durch diese Kosmisierung des Israelbegriffs eine besondere Bedeutung: Sie bezeichnen die verschiedenen Stufen des Menschen auf dem Weg zu Gott.[65]

Hat sich der Mensch seinem Idealbild, dem göttlichen Logos, vollkommen angeglichen, ist er selbst υἱός oder παῖς θεοῦ bzw. Israel. Das bedeutet, dass er wie der Logos in einer unmittelbaren Gottesbeziehung steht, die als „Sohnschaft" beschrieben werden kann.

Das Wort εἰκών bezeichnet hier also den 'göttlichen Logos als kosmische Identifikationsfigur des vollkommenen, weisen Menschen'. Der gottebenbildliche Logos ist daher mehr als nur eine archetypische kosmische

---

inhaltet hier die Zweitrangigkeit der Erkenntnis. Diese Bedeutung ist singulär und wird deswegen nur am Rande erwähnt. Die Belege genügen nicht, um daraus eine hinter εἰκών stehene Epiphanietradition zu rekonstruieren. Vgl. aber *Kim* 1984, 220-223.

[64] Diese Gleichheit der Attribute weist darauf hin, dass der Logos hier in Anlehnung an die Gestalt der Sophia personifiziert wird. Vgl. dazu *Mack* 1973, 141-154.188f, allerdings mit der Einschränkug, dass der Logos nur die Attribute der nahen Weisheit übernehme. Vgl. zur Parallelität der Attribute auch *Eltester* 1958, 39, sowie *Hegermann* 1961, 76.

[65] Vgl. *Mack* 1972, 32: „The substitution of the logos for wisdom makes possible a new understanding of Israel as cosmic being by providing the mythological pattern of cosmic destiny with which Israel's story and the stories of all hero-representatives of Israel may be allegorized. This basic pattern of cosmic mythology informs then Philo's allegory of the heroes." Vgl. auch ders. 1973, 188-195.

Größe – er besitzt daneben auch anagogische[66] und soteriologische[67] Qualitäten.

Noch stärker wird die Vater-Sohn-Beziehung zwischen Gott und Logos-Anthropos in conf. 60-63 betont: Ausgangspunkt ist hier die Erklärung der Bezeichnung „Aufgang" (ἀνατολή) in mehreren Anläufen. Zunächst erläutert Philo, dass es sich bei diesem Aufgang um den Aufstieg der Seele (ἡ κατὰ τὴν ψυχὴν ἀνατολή) handelt, der im besten Fall durch das Aufbrechen der Tugenden (ἀρεταί) geleistet wird. Diese göttlichen Tugenden lässt Gott im Garten Eden „aufgehen", der gegen Sonnen-Aufgang gepflanzt wurde – eine Wortassoziation, um die Bezeichnung Aufgang zu interpretieren.

Diese Bedeutung des Wortes „Aufgang", also die göttlichen Tugenden als Mittel des Aufstiegs der Seele, werden von Philo nun in Beziehung gesetzt zu Sach 6,12, wo von einem Mann namens „Aufgang" die Rede ist – also einem Mensch, der diesen Aufstieg der tugendhaften Seele repräsentiert. Diese Figur des Anthropos ist nun keinesfalls ein körperlicher, d.h. geschichtlich existenter, göttlicher Tugendmensch, sondern eine unkörperliche Figur (ἄνθρωπος ἀσώματος), nämlich der Erstgeborene (πρωτόγονος), der in conf. 147.148 mit dem Logos identifiziert wird.[68] Ausgehend von dieser Gleichsetzung kann man auch an dieser Stelle den Logos und die kosmische Idealfigur des Weisen miteinander verbinden.

Dieser Logos-Weise steht als πρεσβύτατος υἱός mit Gott in einem Vater-Sohn-Verhältnis und formt nach dem Vorbild der geistigen Welt den Kosmos. Gottes εἰκών, 'der unkörperliche, erstgeborene Sohn Gottes als kosmisches Modell des vollkommenen Weisen', vermittelt zwischen geistiger und irdisch-materieller Welt, indem er als kosmische Identifikationsfigur für den irdischen Menschen zur Verfügung steht. Auch hier kann man also von einer anagogischen und soteriologischen Funktion des Logos sprechen.[69]

---

[66] Vgl. auch *Tobin* 1983, 141, der die Verbindung von Logos, Sophia und Anthropos so kommentiert: „The integration of these three figures fits in well with Philo's overall concern for man's striving after virtue, a striving that results in wisdom and immortality. In such an interpretation, figures such as the heavenly man and the *Logos* are not primarily archetypal, but anagogic, that is, they are primarily the guiding divine power by which the human mind is enabled to ascend toward God."

[67] So auch *Willms* 1935, 72.

[68] *Leisegang* 1967, 78 Anm. 5, betrachtet conf. 63.146 zusammen mit opif. 136 und virt. 205 als Beschreibungen des Stammvaters Adam. Diese Identifikation sehe ich hier nicht. Vgl. auch *Hegermann* 1961, 84, und *Scroggs* 1966, 119, der sich gegen eine mit Adam als dem Protoplasten verbundene mythische Anthropos-Spekulation im Hintergrund der philonischen Anthroposaussagen wendet.

[69] *Wedderburn* 1973, 317f, macht auf die messianische Bedeutung des Textes in der Auslegung durch den Targum Jonathan aufmerksam und vermutet hinter ἀνατολή einen messianischen Titel. Philo könnte also auf eine messianische Auslegung des Textes rea-

Zusammengefasst bezeichnet der Ausdruck εἰκών in diesen Texten 'die z.T. personalisiert dargestellte geistige Wirk- und Erscheinungsform Gottes in der Welt, die mit dem geistigen Teil im Menschen korrespondiert und diesen zu Gott führen kann'.

Betrachtet man die semantischen Relationen des Wortes εἰκών auf dieser Bedeutungsebene, so ist der Bezug zu der bereits besprochenen Bedeutung von εἰκών als menschlicher Gottebenbildlichkeit sehr gut erkennbar. Während die geistigen Bezugsgrößen von Eikon in der ersten Bedeutung in einer Relation der Abbildlichkeit standen, sind sie hier als Vorbilder definiert: Der Mensch als Bild Gottes ist die Antwort auf Gottes Bild in der Welt. Menschlicher Geist und göttlicher Geist korrespondieren miteinander. Wird der göttliche Geist personifiziert, stellt er den vollkommenen ebenbildlichen Menschen dar.[70]

Dieser – so die obige Analyse – wird dann zur Identifikationsfigur des vollkommenen Weisen, so dass der Weise in seinem kosmischen Ebenbild „aufgehen" kann. Logos-Anthropos und vollkommener Weiser sind dann aber nicht völlig identisch, sondern bezeichnen dasselbe aus zwei verschiedenen Perspektiven: Der Logos-Anthropos ist der gottebenbildliche Mensch aus göttlicher Sicht; der vollkommene Weise ist die Vorstellung eines gottebenbildlichen Menschen aus menschlicher Sicht. Der Logos-Anthropos ist transzendenter, kosmischer und soteriologischer, der Weise irdisch-idealer Natur.[71]

Ein solcher Idealmensch ist – neben den Patriarchen – der Gesetzgeber Mose, der sich durch eine unmittelbare Gottesbeziehung auszeichnet, die keiner Vermittlung durch den Logos mehr bedarf (vgl. LA III.95ff). Die deontische Bedeutungsdimension von εἰκών liegt also in der impliziten

---

gieren, indem er ihn zum kosmischen Vorbild des Weisen macht und mit der Logosfigur verbindet.

[70] Vgl. dazu auch die Interpretation *Wedderburns* 1973, 323. Er geht zwar von einer Doppelbedeutung des Wortes λόγος an dieser Stelle aus, kommt aber zu demselben Ergebnis: „[...] here he has apparently slid from one level to another, perhaps illegitimately, since the transcendent Logos as God's firstborn, a concept more at home in a cosmological context, is not the same as the immanent logos within man." S.E. verbietet es sich aber, diese philonische Ungenauigkeit dazu zu verwenden, den immanenten Logos, d.h. die menschliche Vernunft, als kosmische Größe zu sehen und mit dem Logos zu identifizieren. So aber *Sellin* 1982 und 1986, 156-165, sowie ders. 2004. Ich sehe den menschlichen Logos hier nicht als kosmische Größe, sondern als möglichen Teilhaber an einer kosmischen Größe. Ich glaube auch nicht, dass wir es an diesen Stellen mit einer Ungenauigkeit Philos zu tun haben, sondern dass Philo diese Gleichsetzung im Rahmen seines εἰκών-Konzeptes bewusst vornimmt.

[71] Insofern ist *Sellin* 2004, 170 bzw. 1986, 156-165, der die Identität von Logos und vollkommenem Weisen vertritt, einerseits zuzustimmen, andererseits zu widersprechen. Zur Diskussion um *Sellins* Gleichsetzung von vollkommenem Weisen und Logos vgl. auch *Zeller* 2004 bzw. unten, 132-135.

Aufforderung an die Rezipienten, selbst Ebenbild des gottebenbildlichen Logos, auf diese Weise zu einem Teil von ihm und damit Gottes Kind zu werden.

2.2. Das göttliche Licht der Erkenntnis als Bild Gottes und Vorbild des menschlichen Lichtes der Erkenntnis

2.2.1. Das göttliche Licht als Urbild des irdischen Lichtes

Ebenso wie der Logos für die geistige Wirksamkeit Gottes in der Welt steht, so besitzt auch das Licht (φῶς) in opif. 29-35 als kosmische Größe die Aufgabe, die Erkenntnis Gottes in der Welt zu gewährleisten. Als geistiger, reiner Strahl (τὸ νοητὸν φῶς; ἡ ἀμιγὴς καὶ καθαρὰ αὐγή) ist dieser Allglanz (παναύγεια) bei der Erschaffung der geistigen Welt das Abbild des göttlichen Logos (θείου λόγου εἰκών), das als Urbild des Lichts auch die Lichtquellen der sinnlichen Welt (νοητὸν ἡλίου παράδειγμα; ὑπερουράνιος ἀστήρ; πηγὴ τῶν αἰσθητῶν ἀστέρων) versorgt und somit die sinnliche Erkenntnis, für die das Licht eine notwendige Voraussetzung ist, sichert.

Der Ausdruck φῶς besitzt hier also die Bedeutung 'rein geistiger Allglanz als Abbild der göttlichen Vernunft und Vorbild der sichtbaren Gestirne'[72]. Er ist daher zusammen mit dem Logos eine geistige Erscheinungsform Gottes in der Welt.

2.2.2. Das göttliche Licht als Ausdruck göttlicher Präsenz

Der in opif. 69-71 beschriebene menschliche Nous, der sich auf die Reise durch den sinnlichen und den geistigen Kosmos begibt, steht schließlich – auf oberster Stufe – geblendet vor dem 'göttlichen Glanz als Ausdruck der göttlichen Präsenz'[73] – so die Bedeutung von φῶς in opif. 71.[74]

In dieser Bedeutung ist das Licht keine von Gott unabhängige Kraft, sondern – wie in fug. 136 – 'Gott selbst, der die Welt durchstrahlt und der allein sie erkennt und versteht' (ὃς λαμπροτάτῳ φωτί, ἑαυτῷ, τὰ ὅλα αὐγάζει).

Gottes geistiges Auge, sein Licht der Erkenntnis, umfasst nach Cher. 97 die ganze Welt, die sinnliche und die geistige: Gott ist allwissend, kein Mensch kann seine Sünden vor ihm verstecken, denn seine geistigen Licht-

---

[72] Vgl. dazu auch opif. 55.

[73] Vgl. dazu auch Deus 78: 'der reine Glanz und die Helligkeit, die Gott umgeben und vom Sterblichen nicht wahrgenommen werden können'.

[74] Vgl. opif. 71: γλιχομένου δ' ἰδεῖν, ἀθρόου φωτὸς ἄκρατοι καὶ ἀμιγεῖς αὐγαὶ χειμάρρου τρόπον ἐκχέονται, ὡς ταῖς μαρμαρυγαῖς τὸ τῆς διανοίας ὄμμα σκοτοδινιᾶν.

strahlen (ἀκτίνες νοηταί) sind das Urbild des irdischen Lichtes (ἀρχέτυπος αὐγή), das alles an den Tag bringt. Der Ausdruck φῶς bezieht sich hier also auf die 'geistigen Strahlen der göttlichen Erkenntnis, die auch das für menschliche Augen nicht wahrnehmbare geistige Wesen durchschaut'.

Teilhabe an dieser göttlichen Wirklichkeit geschieht nach praem. 46 durch das Eintauchen in 'Gottes Helligkeit und Strahlkraft' (ὁ θεὸς ἑαυτοῦ φέγγος ὤν), so dass die eigene Erkenntnis Teil der göttlichen wird: ἀλήθειαν μετίασιν οἱ τὸν θεὸν θεῷ φαντασιωθέντες, φωτὶ φῶς. Die menschliche Vernunft muss hier vor Gottes Gegenwart kapitulieren, da sie diese nicht fassen kann.[75]

2.2.3. Das göttliche Licht als göttliche Offenbarung

Das Phänomen der vor dem Licht Gottes ausgeschalteten menschlichen Vernunft begegnet auch in som. I.72-76: Die Seele (ψυχή) ist wie die Sonne (ἥλιος) nur scheinbares (δόξα) Ebenbild (εἰκών) Gottes auf Erden. Vielmehr gilt: Wenn Gottes Licht (τὸ τοῦ ἀοράτου καὶ μεγίστου θεοῦ περιφεγγέστατον καὶ περιαυγέστατον φῶς) kommt, dann geht das menschliche, sinnliche (Verstandes)Licht unter (τὰ δεύτερα λόγων δύεται φέγγη).

Das geistig-göttliche Licht als Urbild jedes sinnlichen Lichtes (παντὸς ἑτέρου φωτὸς ἀρχέτυπον) setzt Philo hier gleich mit Gott (ὁ θεὸς φῶς ἐστι) bzw. mit seinem Logos (τὸ μὲν γὰρ παράδειγμα ὁ πληρέστατος ἦν αὐτοῦ λόγος), denn als Ausdruck der göttlichen Erkenntnis stimmt das göttliche Licht mit der gebündelten Vernunft Gottes, seinem Logos, überein.

Das göttliche Licht ist also Ausdruck des göttlichen Logos, der wiederum die für die Schöpfung relevante geistige Wirkkraft Gottes ist. Diese Gleichung wird interessanterweise durch eine Kombination von Ps 26,1 LXX (-"κύριος γὰρ φωτισμός μου καὶ σωτήρ μου") und Gen 1,3 ("εἶπε ὁ θεός· γενέσθω φῶς") belegt: Ein soteriologisch orientierter Schriftvers (PS 26,1 LXX) wird also erkenntnis- und offenbarungstheoretisch verstanden und mit einem kosmologischen Zitat (Gen 1,3) verbunden.

---

[75] Die Belegstelle diente *Goodenough* als Titel für seine bekannte Monographie „By light, light", in der er Philo als Mystiker deutet. Die Ausschaltung des menschlichen Nous an diesen beiden Stellen bedeutet nicht – ebenso wenig wie in her. 264 –, dass Philo seiner Vorstellung von der Gottebenbildlichkeit des menschlichen Nous hier untreu wird. Er will vielmehr sagen, dass der menschliche Nous dem Einbruch der viel umfassenderen göttlichen Gewalt in der Offenbarung nicht gewachsen ist. Das spricht nicht gegen die Idee einer fortschreitenden Erkenntnis des Logos durch den menschlichen Nous. Es handelt sich hier einfach um eine andere, unmittelbarere Form der Offenbarung, die ohnehin nur derjenige erfährt, der Gott mit Hilfe seines Intellekts zu suchen beginnt.

Beide Funktionen vereinen sich im Ur-Licht des Logos: Er ist das göttliche Erkenntnisprinzip auf Erden von Anbeginn der Schöpfung und nur durch ihn – nicht durch das sinnliche Licht und die daraus resultierende Erkenntnis – kann Gott wahrhaft erkannt werden. Die oben in opif. 31 dargestellte rein kosmologische Bedeutung von φῶς als Paradigma des sinnlichen Lichtes wird durch diese Kombination „soteriologisch verschoben" und bezeichnet 'den göttlichen Logos als Strahl der Erleuchtung'[76].

Es überrascht insofern nicht, dass sich diese erkenntnistheoretisch fundierte Bedeutung von φῶς in migr. 39f auch mit ἐπιστήμη und σοφία verbindet und sich daher auf die 'göttliche Weisheit, den göttlichen Strahl der Erkenntnis'[77] bezieht, mit dessen Hilfe der Weise Gottes Willen erkennt. Bemerkenswert an dieser Stelle ist die Auffassung, dass die Weisheit nicht nur ein Werkzeug des göttlichen Lichtes darstellt, sondern selbst als Licht fungiert (σοφία δὲ οὐ μόνον φωτὸς τρόπον ὄργανον τοῦ ὁρᾶν ἐστιν, ἀλλὰ καὶ αὐτὴν ὁρᾷ). Weisheit und Licht sind beide sowohl Weg als auch Ziel.[78]

Ein für 2Kor 3,18 relevanter Beleg ist auch cont. 78, wo φῶς in Nachbarschaft zur Spiegelmetapher begegnet. Dort bezeichnet φῶς die 'Erkenntnis des Unsichtbaren hinter den sichtbaren Dingen', wie sie von den Therapeuten durch die Methode der Allegorie angestrebt wird: Die geistige Erleuchtung des hinter dem Literalsinn stehenden „nackten Gedankens" macht das Unsichtbare sichtbar (γυμνὰ δὲ εἰς φῶς προαγαγοῦσα τὰ ἐνθύμια τοῖς δυναμένοις ἐκ μικρᾶς ὑπομνήσεως τὰ ἀφανῆ διὰ τῶν φανερῶν θεωρεῖν) – genau wie der Spiegel (ὥσπερ διὰ κατόπτρου κατιδοῦσα), der das für den Menschen Unsichtbare zur Erscheinung bringt.[79]

---

[76] Vgl. die ähnlichen Bedeutungen in som. I.113.117, fug. 110, det. 118, LA III.171, ebr. 208 (allerdings mit textkritischen Schwierigkeiten). Interessanterweise findet sich die Wortkombination φωτισμός, φῶς und εἰκών in eben dieser offenbarungstheoretischen Bedeutung auch bei Paulus wieder (2Kor 4,4-6) – allerdings ohne Zitation von Ps 26,1. Vielleicht kann man hier einen Hinweis darauf sehen, dass Gen 1,3 bereits traditionell mit offenbarungstheologischen Vorstellungen in Zusammenhang gebracht wurde. Die Selbstverständlichkeit, mit der Philo – und auch Paulus – in diesem Zusammenhang Gen 1,3 zitieren, könnte ein Indiz dafür sein.

[77] Vgl. auch prob. 5 und spec. III.6, wo die Bedeutung von φῶς mit 'Glanz der Weisheit' bzw. 'heller Strahl der Weisheit' angegeben werden kann.

[78] Auch die in migr. 35 durch die Bezeichnung φῶς beschriebene 'seelisch-geistige, göttliche Erkenntnis des Seienden im Zustand der Verzückung' und die wenig später in migr. 47 thematisierte 'göttliche Quelle der Vernunft, geistiger Strahl der Tugend' gehören in den Bereich der göttlichen Offenbarung. Vgl. auch spec. IV.52, wo die Bedeutung 'Helligkeit der Wahrheit' von der Dunkelheit der Falschprophetie abgegrenzt wird.

[79] In beiden Belegstellen, die das Motiv des Spiegels enthalten, geht es also darum, das hinter der sichtbaren Welt liegende göttliche Prinzip zu erfassen.

2.2.4. Das göttliche Licht als Ursprung der Tugend

Teil der göttlichen Lichtsphäre sind nach conf. 61 auch die himmlischen Tugenden, die Gott aus seinem unkörperlichen Licht sprießen lässt (ἃς [Anm. S.L.: οὐράνιας ἀρετάς] ἐξ ἀσωμάτου τοῦ παρ' ἑαυτῷ φωτὸς ἀσβέστους εἰσαεὶ γενησομένας ὁ φυτουργὸς ἀνέτειλεν). Das Licht in der Bedeutung 'unkörperliche und unverlöschliche Helligkeit Gottes, aus der die himmlischen Tugenden bestehen', wird zum Aufenthaltsort der Weisen und damit ebenfalls zu einer Mittlerinstanz zwischen Mensch und Gott. Der Ausdruck φῶς ist hier bedeutungsverwandt mit dem personifizierten Logos aus conf. 63 (vgl. oben): Beide besitzen anagogisch-soteriologische Funktion; sie sollen den menschlichen Geist zu Gott führen, und der menschliche Nous ist in dem Augenblick an seinem Ziel angekommen, in dem er im Logos-Licht aufgeht. Folgerichtig kann in LA I.17.18 auch nur derjenige, der seinen Geist gemäß diesem 'Glanz der Tugend, der vollkommenen göttlich-geistigen Kraft' bewegt, Gott erkennen.[80]

2.2.5. Zusammenfassung

Zusammenfassend kann man die kosmologischen, offenbarungstheologischen und anagogischen Bedeutungen von φῶς umschreiben als 'die geistige Welt schaffende, sie umfassende und durchdringende geistige Strahlkraft Gottes, sein Logos, seine Sophia, sein Pneuma[81], an der er die Weisen in der Offenbarung teilhaben lässt'. Diese geistig-göttliche Erkenntnis ist das Urbild der menschlichen Erkenntnis, die demjenigen geschenkt wird, der sich um die Wahrnehmung Gottes in der Schöpfung bemüht. Menschliches und göttliches Verstandeslicht, menschliche und göttliche Erkenntnis entsprechen sich also.

2.3. Die göttliche Weisheit als Abbild Gottes und Vorbild der menschlichen Weisheit

Ähnlich wie der göttliche Logos das Urbild des menschlichen Nous darstellt, bildet die göttliche Weisheit das Äquivalent zur irdischen Weisheit. Zwischen Gott und den menschlichen Geist tritt also die göttliche Weisheit als Vermittlungsgröße.

2.3.1. Die (männliche) Weiblichkeit der Weisheit

Die Weiblichkeit der Sophia macht es möglich, traditionell feminine Charakteristika auf Gott zu übertragen. Wie der Logos personifiziert als ältes-

---

[80] Vgl. auch Abr. 119: 'Geistige Strahlen Gottes, mit der er die Seele des Weisen umleuchtet'. Vgl. auch som. II.74.

[81] Vgl. zu dieser Bedeutungsverwandtschaft die Belege unten, 108-135.

ter Sohn Gottes (πρεσβύτατος υἱός, vgl. conf. 63) bezeichnet wird, so die Sophia in fug. 50-52 als seine Tochter und ewige, unbefleckte Jungfrau (θυγάτηρ θεοῦ; γνησία θυγάτηρ καὶ ἀειπάρθενος, ἀψαύστου καὶ ἀμιάντου φύσεως ἐπιλαχοῦσα), die trotz ihres weiblichen Namens eigentlich männlicher und väterlicher Natur ist (ὄνομα θῆλυ σοφίας ἐστίν, ἄρρεν δὲ ἡ φύσις; τὴν θυγατέρα τοῦ θεοῦ σοφίαν ἄρρενά τε καὶ πατέρα εἶναι). Gleichzeitig kombiniert Philo diese Eigenschaften mit einer Raummetapher, und so ist die Tochter Gottes – möglicherweise in Anlehnung an prov. I.9,1 – auch Haus Gottes (τὸν σοφίας οἶκον εὔδιον καὶ γαληνὸν λιμένα εὑρεῖν; ἐκ τοῦ σοφίας οἴκου κοινωνὸν εὑρεῖν). Der Ausdruck σοφία bezeichnet hier also 'Gottes männliche Tochter als Raum göttlicher Präsenz'.

Daneben beschreibt Philo sie aber auch als 'tugendhafte Mutter des Alls' (LA II.49: ἡ μήτηρ τῶν συμπάντων), als 'Mutter der wahrhaft Lebenden' (her. 53: οἱ ζῶντες ὄντως μητέρα ἔχουσι σοφίαν) bzw. des Weisen (conf. 49: ἡ μητήρ καὶ τιθήνης [Anm. S.L.: σοφοῦ]).[82]

2.3.2. Die göttliche Weisheit als Raum und Weg[83]

In LA I.43 ist die göttliche Weisheit mit dem Garten Eden gleichgesetzt und also als ein Raum Gottes vorgestellt, in dem die menschlichen Tugenden als Pflanzen gedeihen.[84] Sie wird als Anfang, Bild und Schau Gottes beschrieben (ἀρχὴν καὶ εἰκόνα καὶ ὅρασιν θεοῦ κέκληκε), die das Urbild der menschlichen Sophia darstellt (ταύτης δ᾿ ὡς ἂν ἀρχετύπου μίμημα τὴν ἐπίγειον σοφίαν νυνὶ παρίστησι διὰ τῆς τοῦ παραδείσου φυτουργίας). Damit sind ihre Funktionen als kosmische Schöpfungs- (ἀρχή) und Offenbarungsmittlerin (εἰκών, ὅρασις) benannt. Der Mensch gelangt zu ihr durch die irdische Tugend, die sie räumlich umfasst. Die Bedeutung von σοφία ist daher zu beschreiben als 'weltschöpferische, Gotteserkenntnis schenkende himmlische Tugend, an der der irdisch-sterbliche Mensch durch ihr Abbild, die irdische Tugend, Anteil erhalten kann'[85].

Die göttliche Weisheit umfasst alle irdische Weisheit, sie ist der Raum Gottes, in dem sich aufhält, wer sich der irdischen Tugenden befleißigt. In agr. 65 bezeichnet σοφία daher die 'göttlich-himmlische Seinssphäre, die

---

[82] Vgl. zum Muttermotiv auch det. 52, ebr. 31.

[83] Vgl. dazu die Unterteilung der göttlichen Weisheit in *Mack* 1973, 117. Er unterscheidet drei Gruppen der göttlichen Weisheit: die Weisheit als Raum (Wegschema), die Weisheit als Frau (sexuelle Züge: Schema der Geburt und Synusie), die Weisheit als Quelle (Schema des Erleuchtungsstroms). Diese Einteilung trifft sich zum großen Teil mit den hier vorgetragenen Beobachtungen.

[84] Vgl. dazu auch LA I.63-65 und som. II.242.

[85] Die Prädikate der Sophia erscheinen in conf. 146 als Prädikate des Logos.

der irdisch-körperlichen gegenübersteht'. Sie ist der mentale Aufenthaltsort
des Weisen, der dort mit seinem Geist residiert und die körperlich-irdische
Welt nur vorübergehend bewohnt.

Die Sophia als göttlichen Raum beschreiben auch congr. 116, LA I.77,
migr. 28, LA III.46: In congr. 116 meint σοφία 'die geistige Wohnung
Gottes' (τὸ θεῖον ἐνδιαίτημα, βασίλειον τοῦ πανηγεμόνος καὶ
μόνου βασιλέως αὐτοκράτορος, νοητὸς οἶκος). In der Bedeutung
'von Gott geschaffene, unvergängliche Sphäre' beherbergt die Weisheit in
LA I.77 die allgemeine Einsicht (ἡ φρόνησις ἐκεῖ ἐστιν ἐν τῇ τοῦ
θεοῦ σοφίᾳ, ἡ καθόλου φρόνησις ἡ οἰκοῦσα τὴν τοῦ θεοῦ
σοφίαν καὶ τὸν οἶκον αὐτοῦ καλή), so dass jeder mit Vernunft Be-
gabte diesen Raum betreten kann.

In dieser Funktion kann σοφία in migr. 28 auch beschrieben werden als
'die göttliche Vernunft, der Logos, als ständiger Aufenthaltsort der Tu-
gendliebhaber'. In LA III.46 bezeichnet der Ausdruck den 'Raum der Gottesbegegnung, in dem der Weise sich aufhält'[86]. Durch die Gleichsetzung
mit der Stiftshütte[87] wird die Sophia hier zum Ort des Kontakts zwischen
Himmel und Erde. Um zu ihr zu gelangen, muss man die Last des Körpers
(οἱ σωματικοὶ ὄγκοι) und den Hochmut des Geistes (αἱ κατὰ νοῦν
οἰήσεις) hinter sich lassen. Der Weg zu Gott führt so über das eigene
Denken hinaus (ἐξελθοῦσα ἀπὸ σαυτῆς), und wenn auch das eigentliche Ziel der Gottesschau ungewiss bleibt, so genügt es doch schon, den
rechten Weg eingeschlagen zu haben.

In Deus 143.160 erscheint mit der hier bereits angeklungenen Wegme-
tapher[88] (τελεία ὁδὸς ἡ πρὸς θεὸν ἄγουσα; ἡ ὁδὸς βασιλική) ein
weiteres wichtiges Bild, das auf die Sophia angewandt wird, um den fort-
scheitenden Charakter der Gotteserkenntnis zu beschreiben: In der Bedeutung 'Weg zur Gotteserkenntnis, der der Fleischeslust entgegensteht', bezeichnet σοφία hier den 'Königsweg der Erkenntnis' (γνῶσίς,
ἐπιστήμη).[89]

2.3.3. Die Weisheit als Schöpfungsmittlerin

Wie der Logos, so fungiert auch die Sophia auf kosmologischer Ebene als
Schöpfungsmittlerin, worauf bereits das Prädikat ἀρχή in LA I.43 hin-
wies. So bedeutet σοφία in her. 199 'die göttliche Vernunft, die den Kosmos geschaffen hat', in virt. 62 bezieht sich der Ausdruck auf 'das Wissen,

---

[86] Vgl. auch LA III.2.3: 'Die göttliche Tugend als Zufluchtsstätte, als göttlicher Raum
bzw. göttliche Aufenthalts-Sphäre des Weisen.'
[87] Sie stellt in her. 112 das Abbild der Sophia dar: ἡ ἱερὰ σκηνὴ σοφίας
ἀπεικόνισμα καὶ μίμημα.
[88] Die Weisheit als Weg zählt auch *Mack* 1974, 117, zur Weisheit als Raum.
[89] Vgl. dazu auch plant. 97, post. 18.

die Erkenntnis Gottes, die bereits vor der Schöpfung des Kosmos existierte'.[90] Dabei darf nicht vergessen werden, dass es sich bei diesen Personalisierungen nicht um von Gott getrennte Kräfte handelt, sondern – ebenso wie beim Logos – um die für die Welt relevanten Aspekte seiner selbst, denn Gott selbst ist die Quelle der Weisheit (vgl. sacr. 64).

2.3.4. *Die göttliche Weisheit als Urgrund der menschlichen Weisheit*

Die 'göttliche Erkenntnis als Gattung und Archetyp der menschlichen Erkenntnis' ist das Thema von her. 126. Ausgehend von der Erwähnung der Tauben und Turteltauben in Gen 15,9 unterscheidet Philo zwischen göttlicher und menschlicher Weisheit bzw. Erkenntnis (ἐπιστήμη) wie zwischen Gattung (γένος) und Art (εἶδος), wobei die göttliche Sophia sich wegen der Einzigkeit Gottes durch Einsamkeit und Trennung, die menschliche Sophia dagegen durch ihre Gemeinschaft mit den Menschen auszeichnet.

Die Ähnlichkeit zwischen göttlicher und menschlicher Sophia besteht in ihrem Analogieverhältnis. Eine „substantielle" Einheit im Sinne einer Teil-Ganzes-Beziehung ist hier nicht gegeben. Diese Beschreibung der Weisheit kommt daher dem oben ausgeführten Verhältnis zwischen Logos und Nous in her. 234-236 sehr nahe. Dort wird auch dasselbe Bildmaterial verwendet.[91]

In vielen Belegen findet allerdings keine scharfe Trennung zwischen göttlicher und menschlicher Weisheit im Sinne des Bild-Abbild-Verhältnisses statt. So ist Gott in som. II.221 z.B. der Ursprung und die Quelle der Weisheit, die auf diese Weise mit ihm verbunden ist und zu ihm hin führt. Ebenso ist es in plant. 69, wo der Ausdruck σοφία sich auf 'das Wissen über den ganzen Kosmos und seinen Herrscher' bezieht.

In LA II. 80-87 beschreibt Philo die göttliche σοφία als 'göttliche Kraft und Teil des göttlichen Wesens, das Gott denen, die ihn lieben, zum Geschenk macht, um sie auf diese Weise an sich selbst teilhaben zu lassen'. In migr. 39.40.41 bedeutet die Bezeichnung 'das (transzendente) Wissen Gottes über die Welt, das hinter allem Geschaffenen stehende göttliche Prinzip, an dem die Menschen durch die von Gott geschenkte Erkenntnis teilhaben können'.

Die göttliche Sophia stellt somit die Brücke dar zwischen menschlicher und göttlicher Erkenntnis, in fug. 195-196 ist sie das die Einzelwissenschaften rahmende, umfassende Wissen ([Anm. S.L.: ἡ πηγή] ἐστιν ἡ θεία σοφία, ἐξ ἧς αἵ τε κατὰ μέρος ἐπιστῆμαι ποτίζονται καὶ

---

[90] Vgl. dazu auch fug. 109, die Sophia als Mutter des Logos.

[91] Insofern kann man die Aussage Sellins 1986, 160f, die Sophia gehöre weniger zum Logos- als vielmehr zum Pneumabegriff, nicht bestätigen.

ὅσαι ψυχαὶ φιλοθεάμονες ἔρωτι τοῦ ἀρίστου κατέσχηνται), das 'allumgreifende geistig-göttliche Prinzip hinter den Wissenschaften und den Gesetzen des Weltalls, mit dem die Seele des Weisen in Kontakt steht'[92].

Der Grad der Erkenntnis, der dem Gott Suchenden zuteil wird, kann differieren: In Deus 110 bezeichnet σοφία die 'qualitativ unterschiedliche göttliche Präsenz im Menschen, so dass dieser zu unterschiedlichen Graden der Gotteserkenntnis fähig ist': Während Mose die höchste Verkörperung der Weisheit darstellt, die sogar Gott selbst – oder besser: die Existenz göttlichen Seins – erkennt, ist Noah mit einer abgestuften Form dieser göttlichen Präsenz gesegnet, die ihm den Zugang zu den Gott untergeordneten Kräften gewährt. In Deus 4 schließlich ist Isaak in seiner Vollkommenheit das Bild der „automatischen", d.h. intuitiven, Weisheit: τῆς αὐτομαθοῦς σοφίας εἰκὼν ἐναργεστάτη.[93] Im Gegensatz zu Gott selbst ist 'Isaak als Personifikation der unmittelbaren Gotteserkenntnis' nach det. 30 auch für noch nicht vollkommene Seelen zu erkennen. Die Angehörigen der σοφία, der 'göttlichen Vernunft', bilden nach migr 125 das Volk der Gottesschau – Israel.

2.3.5. Die göttliche Weisheit als wahres Leben

Im Zusammenhang mit dem Wort ζωή bezieht sich der Ausdruck σοφία in LA III.52.54 auf 'die göttliche Tugend, die wahres Leben schenkt – eine göttliche Lebenssphäre', die diejenigen, die dieser Tugend nicht teilhaftig und daher „nackt" sind, in das Reich des Todes verweist. Die Weisen (z.B. Henoch, vgl. mut. 38), die sich im körperlichen Auflösungszustand befinden, besitzen im Gegensatz zu den vor Körperkraft strotzenden sterblichen Menschen (θνητὸς βίος) unsterbliches Leben (ἀθάνατος βίος). Das Wort σοφία bedeutet daher in mut. 36.37 'das unsterbliche, geistige, wahrhafte Leben, das für die noch Unvollkommenen unsichtbar ist, da es sich der sinnlichen Wahrnehmung entzieht'.

2.3.6. Zusammenfassung

Diese hier nur auszugsweise genannten Bedeutungsangaben machen deutlich, dass der Übergang von göttlicher und menschlicher Weisheit fließend ist, insofern die menschliche Weisheit bzw. der Weise Anteil an der göttlichen Weisheit hat und letzten Endes natürlich jede Weisheit – sofern es sich nicht um bloße Scheinweisheit handelt (vgl. z.B. fug. 82, Aet 46, det. 38) – auf der göttlichen Weisheit gründet.

---

[92] Vgl. auch opif. 5.45.70.158 sowie ebr. 88.
[93] Vgl. auch den Beleg in Deus 5.

Die hier vollzogene Trennung von göttlicher und menschlicher Weisheit kann daher auch nicht immer konsequent durchgeführt werden und richtet sich v.a. nach der Perspektive, von der aus über die Weisheit gesprochen wird.

Zusammenfassend gesagt, meint Philo mit dem Ausdruck σοφία auf kosmologischer, offenbarungstheologischer und anagogischer Ebene 'das unsichtbare, göttlich-geistige Schöpfungs- und Weltprinzip, den Urgrund und die Wahrheit hinter aller menschlichen Erkenntnis, an der der weise Mensch teilhat und daher wahres Leben erhält'[94].

2.4. Das göttliche Leben als Ziel des Menschen

Das göttliche Leben hat nichts gemein mit der biologischen, kreatürlichen Lebenskraft, sondern ist ein Pendant zur göttlichen σοφία oder dem göttlichen λόγος.

In fug. 197.198 durchströmt Gott als Quelle des Lebens (πηγὴ ζωῆς) den ganzen Kosmos (τὸν γὰρ σύμπαντα τοῦτον κόσμον ὤμβρησε) und ist Urheber und Grund des geistigen Lebens, d.h. der vernünftigen Seele (ὁ θεὸς ψυχῆς καὶ ζωῆς καὶ διαφερόντως λογικῆς ψυχῆς καὶ τῆς μετὰ φρονήσεως ζωῆς αἴτιος). Es handelt sich bei der Bedeutung von ζωή in diesem Fall also um eine geistige Größe, um 'Gott als Ursprung der schöpferischen, geistigen Kraft, die die Welt und den Menschen prägt, die ohne sie nur tote Materie wären'. Der Tod wird dementsprechend mit der geistlosen Materie (ὕλη νεκρόν) in Zusammenhang gebracht.[95]

Es verwundert daher auch nicht, dass die Anteilhabe an dieser göttlichen Lebenssphäre nach fug. 97 ebenfalls über geistig-moralische Kategorien vermittelt wird: Der göttliche Logos (λόγος θεῖος), die Quelle der Sophia (σοφίας πηγή), schenkt demjenigen, der sich ihm zuwendet, von seinem Wasser, das ewiges Leben statt Tod bewirkt: ἀρυσάμενος τοῦ νάματος ἀντὶ θανάτου ζωὴν ἀίδιον ἆθλον εὕρηται. Diese Weisheitsquelle wird mit der schöpferischen Kraft (ἡ ποιητικὴ δύναμις)

---

[94] Die Zahl der Belege ist außerordentlich hoch. Vgl. außer den genannten noch Deus 79, LA III.95.152, her. 98.100.101.298.314.315, sacr. 44.64.78.79, prob. 4, migr. 46.197, gig. 15, som. I.66, congr. 79.80, post. 122.136.137, Cher. 45.49, fug. 137.138. Es existiert auch eine Bedeutungsverwandtschaft mit πνεῦμα: vgl. dazu die Analyse zu gig. 23.27.29 bzw. unten, 111-113.

[95] Mit einer „biologischen" Lebensvorstellung hat diese Bedeutung nichts gemein – im Gegenteil: das biologische Leben (ζωή) ist bei Philo manchmal sogar negativ konnotiert Es bedeutet im Gegensatz zum pneumatischen Leben die 'im Blut materialisierte kreatürliche Energie, die körperlich-sinnliche, seelisch tote Existenzweise, die der unkörperlich-geistigen, unvergänglichen, Gott ähnlichen Ratio, dem eigentlichen Menschsein, entgegengesetzt wird'. Vgl. det. 84, her. 52.53.54.55.60. 63.65, mut. 209, QG IV.43, som. I.148.

gleichgesetzt, die Mose nach Philo auch mit dem Namen Gott (θεός) beti-
telt, da durch sie alles entstanden ist (δι' αὐτῆς ἐτέθη καὶ διεκοσμήθη
τὰ σύμπαντα). Wer die Welt demnach als Schöpfung Gottes wahrnimmt,
hat einen Teil Gottes erkannt und partizipiert dadurch an der göttlichen
ζωή, der 'schöpferischen Kraft Gottes, seiner Weisheit und seinem Logos,
mit Hilfe derer der Mensch Unsterblichkeit erlangen kann'.

Dieses wahre Leben stellt also eine Möglichkeit dar, die der Mensch er-
greifen kann, die er aber oft genug auch versäumt – so LA III.52f: Statt
sich Weisheit, Tugend und Glückseligkeit (σοφία, ἀρετή, εὐδαιμονία)
zuzuwenden, wählt er Bosheit, Unbildung, Vergänglichkeit und Unselig-
keit (κακία, ἀμαθία, τὰ φθορά, κακοδαιμονία) und damit den seelischen Tod (ὁ ψυχῆς θάνατος). Der Ausdruck ζωή bezeichnet hier also
die 'göttliche Weisheit, Tugend und Glückseligkeit als Angebot Gottes an
die Menschen, das von ihnen verwirklicht werden muss'. Die Anteilhabe
an diesem vollkommenen Guten (τὸ τέλειον ἀγαθόν) bedeutet Unsterblichkeit (ἀθανασία), und ζωή heißt daher in migr. 37 auch die 'menschliche Anteilhabe am vollkommenen Guten, das Unsterblichkeit mit sich
bringt[96]. In dieser Bedeutung gehört ζωή aber eigentlich schon wieder zur
oben dargestellten menschlichen Gottebenbildlichkeit.

Der Ausdruck ζωή bezeichnet nach diesen Belegen also 'die von Gott
ausgehende schöpferische Kraft von Logos und Weisheit, an denen der
Mensch Anteil gewinnen muss, um Unsterblichkeit zu erlangen'.

2.5. Zusammenfassung

Die in diesem Kapitel analysierten Bedeutungen bezeugen eine Vorstellung, nach der der Mensch durch seinen geistigen Teil mit einem ebenfalls
geistigen Bereich korrespondiert, der als 'Gottes geistiges Immanenzprinzip' bezeichnet werden kann.

Gottesbegegnung geschieht durch die Orientierung des Menschen an
diesem göttlich-geistigen Prinzip. Der vollkommene Weise weilt dauernd
in dieser Sphäre bzw. wird dauernd von ihr erfüllt und geht in ihr auf.[97]
Ausgehend von einer in der Anthropologie verankerten, ethisch orientierten Ebenbildlichkeit – der Ausstattung des Menschen mit Seele, Nous etc.
– geht es Philo also darum, diese als Entsprechung einer den Kosmos
durchwaltenden göttlichen Kraft darzustellen, der es sich anzunähern gilt:

---

[96] Vgl. auch Cher. 1: 'die göttliche Tugend als herrschaftliche Zufluchtsstätte des
menschlichen Geistes'.

[97] Vgl. *Noack* 2004, 223f: „Aus dieser Perspektive wird der ‚Durchschnittsmensch‘
zum gottfernen Toren, der sich und seine Seele vom Vergänglichen versklaven läßt, während der ‚Gottliebende‘ zum Philosophen und schließlich Weisen wird, der sich und seine
Seele vom Unvergänglichen prägen läßt. Entscheidend ist die Abwendung vom Vergänglichen und Endlichen und die Hinwendung zur Wirklichkeit, die Gott nahe ist.“

Wie Gott durch seine Kräfte und den Logos die gesamte Schöpfungswirklichkeit durchzieht, so will er auch die ganze Seele erfüllen. Die Seele gelangt zu Gott, wenn sie ihren Blick nach oben wendet und sich an den Kräften Gottes und am Logos orientiert. Die erleuchtete Seele entdeckt den Kosmos als Offenbarungsraum Gottes.[98]

Die in den oben beschriebenen Bedeutungen zum Ausdruck kommende Vorstellung von Gottebenbildlichkeit besitzt daher neben einer kosmologischen Bedeutung auch eine anagogische Ausrichtung: Gottes Bild in der Welt ist seine geistige Präsenz in der Schöpfung, und in diesem Bereich ist dem Menschen der Kontakt mit Gott möglich. Diese geistige Kraft Gottes führt den Menschen zu immer weitergehender Erkenntnis über ihr eigenes Wirken und damit über Gottes Wirken in der Welt: Die Sophia schaut sich selbst ([Anm. S.L.: σοφία] αὑτὴν ὁρᾷ, vgl. migr. 40). Vollkommenes Eingehen in die göttliche Weisheit bzw. den göttlichen Logos bedeutet daher unmittelbare Einsicht in Gottes Wirken.

Eine Identität beider „Ebenbilder Gottes" – des anthropologischen und des kosmologischen Bildes – ist nur partiell möglich: Befreit sich der Weise von allen Fesseln irdischer Materialität und orientiert sich in seiner ganzen Existenz am göttlich-geistigen Wirken in der Welt, kann er eine Stufe erreichen, auf der er zu einem Teil des göttlichen Logos, der Weisheit, des Lichtes und Lebens wird.

Hier liegt die soteriologische Bedeutung des Eikon-Begriffs, mit der sich seine deontische Bedeutung verbindet: Der Mensch trägt die Möglichkeit der Teilidentität mit dem göttlichen Ebenbild in sich selbst und muss sie entfalten, um unsterblich zu werden.[99]

---

[98] *Noack* 2004, 223. Er stellt hier das soteriologische Profil der Quaestiones vor und bringt es mit dem Phänomen der mystischen Ekstase in Verbindung. Auch hier gilt: Ich sehe Korrelationen im inhaltlichen Ergebnis, aber nur bedingt in Bezug auf die jeweiligen Gattungen.

[99] Vgl. dazu die Beschreibung der philonischen *unio mystica* in den Quaestiones durch *Noack* 2000, 224f: „Das prophetische Bewußtsein ist Ergebnis einer Transformation von der dualen materiellen Wirklichkeit hin zur monadischen Wirklichkeit Gottes. [...] Ergebnis ist, daß dieses reine Bewußtsein identisch mit der Wesensqualität der göttlichen Wirklichkeit geworden ist. [...] Ziel des Weges zum Himmel ist demnach die völlige Entsinnlichung des Bewußtseins bei gleichzeitiger Gotterfülltheit. Es ist gerechtfertigt, diesen Zustand als *unio mystica* zu bezeichnen. [...] Nicht Gott, sondern das Geschöpf ist Erkenntnisobjekt. Nur in der Gegenwart Gottes erhält der Mensch Anteil am Erkennen Gottes."

3. Der gottebenbildliche Mensch im Menschen:
Teilidentität von kosmischem und menschlichem Ebenbild

Der eben skizzierte Gedanke einer potentiellen Teilidentität von göttlichem und menschlichem Ebenbild ist bei Philo[100] auch protologisch verankert, weil in seiner Auslegung der Schöpfungsgeschichte anthropologischer und kosmologischer Ebenbildlichkeitsbegriff kombiniert werden. Dies geschieht durch eine Verschränkung der beiden Schlüsselwörter von Gen 1,26f und Gen 2,7, εἰκών und πνεῦμα. Die mit dem Ausdruck εἰκών verbundene Bild-Abbild-Beziehung wird durch die Verwandtschaft mit πνεῦμα mit einer Teil-Ganzes-Beziehung verknüpft.[101] Auf diese Weise wird der aus Gen 2,7 abgeleitete pneumatische Mensch zum gottebenbildlichen Menschen aus Gen 1,26f. Anders gesagt: Das kosmische Ebenbild Gottes ist nun im Menschen verankert, die Teilidentität von göttlichem Logos und menschlichem Nous anthropologisiert. Sie ist es aber nicht in dem Sinne, dass jeder Mensch bereits erlöst ist, sondern dass er die Möglichkeit der Erlösung, der Gotteserkenntnis, in sich trägt – die Gottebenbildlichkeit wird so zu einem soteriologischen Begriff.

---

[100] Nach *Tobin* 1983, 28, ist die Verknüpfung von Gen 1,27 und Gen 2,7 bereits traditionell, da die später zu besprechende Vorstellung einer doppelten Schöpfung (der zwei Anthropoi) bei Philo auf diese Verknüpfung rekurriert und einige dieser Interpretationen von Philo in Richtung einer platonischen Deutung verändert werden (z.B. mut. 223), während andere die stoische und die platonische Tradition gleichwertig enthalten (z.B. her. 56). Man beachte außerdem QG 1.8., wo Philo explizit auf die Vorstellungen anderer verweist, bei denen die Unterscheidung zwischen himmlischem und irdischem Anthropos implizit vorausgesetzt ist (vgl. *Tobin* 1983, 32f). Hinzuweisen ist außerdem auf die Gleichsetzung von εἰκών und πνεῦμα in PsPhoc 106 sowie auf die Möglichkeit einer Anspielung auf Gen 2,7 in SapSal 2,23. Allerdings ist der Wert dieser Hinweise von der Datierung der jeweiligen Schriften abhängig. Generell bedeutet die Kennzeichnung als „traditionell" nicht, dass es sich dabei um Philos eigene Meinung handelt, sondern nur, dass Philo hier nicht exegetisch „originell" ist.

[101] Diese Verknüpfung zweier Schlüsselbegriffe an sich unterschiedlicher philosophischer Traditionen (platonischer Dualismus vs. stoischer Monismus) erkennt bereits *Leisegang* 1967, 81-87, als den kritischen Punkt der philonischen Genesisexegese. Die Mischung von Bild-Abbild- und Teil-Ganzes- bzw. Emanationsrelation führt *Eltester* 1958, 54, auf platonischen und stoischen Einfluss zurück. Ebd. 106f vermutet er daneben auch ägyptische Traditionen (vgl. auch ebd. 110f). *Schaller* 1961, 89-91, der diese dynamische Komponente des εἰκών-Begriffs ebenfalls bemerkt, schließt auf einen gnostischen Hintergrund. Aufgrund der heute vorherrschenden Skepsis gegenüber einer vorchristlichen Gnosis ist dies unwahrscheinlich. Einen m.E. überzeugenden Vorschlag macht *Tobin* 1983, indem er die Verknüpfung von Eikon- und Pneumarelation als Kreuzung platonisierender und stoisierender Auslegung deutet. Vgl. z.B. ebd. 21.31.

Die Kombination von πνεῦμα und εἰκών ist aber noch auf einer anderen Ebene bedeutsam: Die durch das Wort πνεῦμα erreichte „Verinnerlichung" der Ebenbildlichkeit ermöglicht es Philo, seine „Allegorie der Seele" auf die entsprechenden Schriftstellen anzuwenden. Er interpretiert die Erzählung der Menschenschöpfung in Gen 1,27 und Gen 2,7 daher nicht mehr allein als Berichte über die „Außenwelt", sondern sieht in den Schriftbelegen auch Hinweise auf Vorgänge im Innern des Menschen.[102]

Dieses philonische Verständnis des Textes und seiner Interpretation ist auch die Grundlage für seine Deutung der beiden Anthropoi aus Gen 1,27 und Gen 2,7 als zweier verschiedener Intellekte (νοῦς), dem irdischen und dem ebenbildlichen Nous, die beide im irdischen Menschen vorhanden sind und von denen der eine, der gottebenbildliche, durch ein tugendhaftes Leben zur Entfaltung gelangen soll.[103]

3.1. Das πνεῦμα als göttliches Ebenbild und Vorbild des Menschen

Die eben skizzierte Entwicklung schafft die Voraussetzung, den gottebenbildlichen Menschen mit dem gottebenbildlichen Logos in eine Teil-Ganzes-Relation zu setzen: Der gottebenbildliche Logos ist dann die vollkommene Version des pneumatischen Menschen: Die bereits konzidierte Nähe zwischen der Figur des vollkommenen Weisen (resp. Jakob-Israel) und des personifizierten, gottebenbildlichen Logos (Israel) wird auf diese Weise auch systematisch fundiert – ohne dass damit etwas anderes gemeint ist als die oben festgestellte Möglichkeit einer Teilidentität.

3.1.1. πνεῦμα als Teil Gottes in der Welt und im Menschen

3.1.1.1. πνεῦμα als göttlich-geistige Lebenskraft

In einer bisher noch nicht berücksichtigten Auslegungstradition von Gen 2,7 wird die menschliche Seele mit dem göttlichen Pneuma in Zusammenhang gebracht. Voraussetzung für diese Exegese ist die Kombination von stoischer und biblischer Pneumavorstellung, die in der Idee einer 'unsicht-

---

[102] Vgl. *Tobin* 1983, 34.

[103] *Tobin* 1983, 32-35, betrachtet nur diese letzte Stufe der allegorischen Interpretation als „authentisch" philonisch. Alle anderen Interpretationen seien Tradition. Seiner Argumentation ist insofern zuzustimmen, als dass Philo nur in dieser Schicht seine besondere Hermeneutik der Seelenallegorie explizit macht. Allerdings bin ich der Auffassung, dass Philo auch die anderen Textpassagen, in denen Eikon- und Pneumarelation bereits kombiniert waren, im Sinne der Seelenallegorie verstehen konnte, ohne dies speziell kenntlich zu machen. Kritik an der Zuschreibung nur dieser letzten Stufe als „original" philonisch übt auch *Sellin* 1986, 104 Anm. 89.152 Anm. 203 und v.a. 170 Anm. 226.

baren göttlichen Lebenskraft' (QG II.28) bzw. einer 'Leben in sich tragen-
den Kraft Gottes' (opif. 30) mündet.[104]

Dieses Pneuma kann in LA III.161 – in stoischer Tradition[105] – auch
stofflich-material aufgefasst werden: Philo begreift die Seele (ψυχή) hier
als ein luftartiges Gebilde (αἰθέριος φύσις), das er als Fragment
(ἀπόσπασμα) des göttlichen Lebenspneumas (πνεῦμα ζωῆς)[106] bezeichnet, welches Gott dem Menschen bei der Schöpfung eingeblasen hat
(ἐνφύειν). Diese 'himmlische, luftartig vorgestellte geistige Substanz als
der Teil der Gottheit im Menschen, der die Grundlage aller Erkenntnis und
damit allen Lebens darstellt', kontrastiert Philo mit dem erdhaften Körper
(σῶμα, γῆ), dessen Nahrung die irdischen Lüste (ἡδοναὶ γήιναι) sind.
Bedeutungsverwandt mit πνεῦμα ist der Ausdruck ζωή, der hier das 'göttliche Fragment himmlischer, luftartiger Substanz als Grundlage der
menschlichen Seele'[107] bezeichnet.

In spec. IV.123 wird das Pneuma dann auch ganz explizit zur substan-
tiellen Basis der menschlichen Seele: Aufhänger für die Diskussion über
die Substanz der Seele ist die alttestamentliche Auffassung, nach der das
Blut (αἷμα) als Träger des Lebens fungiert. Für Philo ist eine derart physische Seelenvorstellung nicht denkbar, und so teilt er die Seele auf in einen
sinnlichen und einen vernünftigen Bereich (ψυχὴ ἡ αἰσθητική, ψυχὴ
ἡ νοερὰ καὶ λογική, νοῦς), denen er je zwei Substanzen zuordnet: der
einen das Blut, der anderen das göttliche Pneuma (πνεῦμα θεῖον) bzw.
den göttlichen Lebensatem (πνοὴ ζωῆς), den er als Ausstrahlung des seligen und dreimal seligen Wesens (τῆς μακαρίας καὶ τρισμακαρίας
φύσεως ἀπαύγασμα) beschreibt. Das Wort πνεῦμα bezeichnet also den
'himmlischen Hauch bzw. die göttliche Ausstrahlung als substantielle
Grundlage des menschlichen Geistes, der ihm bei der Erschaffung von

---

[104] Vgl. dazu die korrespondierende Bedeutung von ζωή an dieser Stelle: 'göttliches,
Energie tragendes Pneuma' (opif. 30). Auch *Leisegang* 1967, 25, beschreibt das philonische Pneuma an dieser Stelle als „Lebenskraft" – ein Konzept, das er in der Stoa verortet
sieht und das mit der eigentlichen atl. Bedeutung s.E. nichts mehr zu tun hat.

[105] Vgl. die bei *Tobin* 1983, 79-81, aufgelisteten Belege in Diogenes Laertius Vit
7.138.139.142-143.156-157, die die Abhängigkeit von stoischer Auslegung demonstrieren sollen: vgl. *Tobin* 1983, 81: „The concept that the human mind is a divine spirit
(πνεῦμα θεῖον), a spirit that is part of the aether, a divine fragment (ἀπόσπασμα
θεῖον) is perfectly acceptable within a Stoic worldview." Diese stoischen Interpretationen gehören nach *Tobin* ebd. zur alexandrinischen Tradition, die Philo im (mittel)platonischen Sinne reinterpretiert, z.B. in her. 281-283 und spec. I. 423.

[106] Diese Stelle macht deutlich, dass Philo πνεῦμα und πνοή als Synonyme begreift.

[107] Vgl. auch die in som. I.34 ausgedrückte Vorstellung von ζωή als 'göttlich-geistige
Wirkkraft, die dem Menschen geschenkt ist und durch die er am Göttlichen Anteil haben
kann'.

Gott mitgegeben wurde[108]. Wie in LA III.161 ist auch hier das Wort ζωή mit πνεῦμα bedeutungsverwandt.[109]

Das πνεῦμα als der 'Tugend liebende, himmelsgleiche Teil im Menschen, der unsterblich ist und durch den dieser am Göttlichen Anteil gewinnt', ermöglicht es nach QG I.51 dem Menschen, sich der Tugend zuzuwenden, damit unsterblich und ein Teil des Himmels zu werden: Εἰ μὲν γὰρ ἀρετῆς, ἥτις ἀπαθανατίζει, ἐραστὴς ἐγένετο, πάντως ἂν ἔλαχε κλῆρον τὸν οὐράνιον. Orientiert er sich aber an der Lust (ἡδονή), erleidet er den seelischen Tod (ψυχικὸς θάνατος) und wird wieder zur Erde (τῇ γῇ προσενεμήθη).

3.1.1.2. Das πνεῦμα als weisheitlicher Geist der Offenbarung

Die ethische Ausrichtung des Ebenbildbegriffs wird durch die Bedeutungsverwandtschaft von πνεῦμα und σοφία unterstrichen. Traditionsgeschichtlich ist diese Verwendung von πνεῦμα im Rahmen der prophetischen Inspiration zu erklären und vom kosmischen Pneuma zu unterscheiden. Bei Philo (wie in der SapSal) verbinden sich jedoch beide Vorstellungen, weil es beide Male um das Immanenzprinzip Gottes und die menschlichen Anteilhabe daran geht.[110]

In gig. 19-31 gibt Philo Einblick in seine Vorstellung vom πνεῦμα als Odem Gottes, der zeitweise im Menschen wohnt, aber nach Gen 6,3 aufgrund der Fleischlichkeit (σάρξ) des Menschen nicht ewig in ihm verbleiben kann. An dieser Stelle zeigt sich also eine charakteristische Vermischung vom Pneuma als göttlicher Lebenskraft im Menschen, also einer

---

[108] Vgl. dazu auch QG II.59: πνεῦμα heißt hier die 'Substanz und antreibende Kraft des geistigen Teils der dreigeteilten menschlichen Seele' (Paraph.: λογική τε καὶ νοερά [Anm. S.L.: ψυχή], τὸ [μέρος] λογικόν, πνοὴ ζωῆς). Das Pneuma benötigt allerdings die Substanz der sinnlichen Seele, das Blut, zum Transport.

[109] Es verweist auf die 'durch das luftartige Pneuma vermittelte göttliche Ausstrahlung und Kraft, die die Grundlage der geistig-göttlichen Existenz des Menschen darstellt'.

[110] *Leisegang* 1967, 76, stellt richtig die beiden Traditionsströme bei Philo fest. So auch *Bieder* 1959a, 372f: „In Philo stoßen in der Zeitenwende zwei Welten aufeinander: in der einen bewegt sich der durch Gott beschenkte Mensch in und mit seiner Vernunft Gott entgegen, in der anderen wird der durch Gott inspirierte Mensch in eine dem vernünftigen Menschen nicht zugängliche Welt ‚empor'gehoben. Einen systematischen Ausgleich zwischen beiden Welten hat Philo nicht versucht: neben dem kosmischen πνεῦμα steht das prophetische πνεῦμα. In den ‚Weisen' berühren sich die Welten der kosmischen Erleuchtung und der göttlichen Prophetie." Dagegen verneint *Brandenburger* 1968, 143, in Abgrenzung zu *Leisegang* die Vorstellung prophetischer Inspiration im Hintergrund. Das Pneuma sei nur im Sinne einer kosmischen Macht im Gegenüber zur Sarx zu verstehen. Dagegen spricht aber die exegetisierte Bibelstelle Num 11,7, in der es um pneumatische Inspiration geht. Freilich verknüpft Philo diese Bedeutung mit der kosmischen Dimension, so dass der Charakter der Einmaligkeit verloren geht und die Pneumabegabung anthropologisiert wird.

anthropologischen Konstante (nach Gen 2,7), und dem Pneuma als Medium göttlicher Offenbarung.[111]

Zwar durchdringt das göttliche Pneuma die meisten Menschen eine Zeit lang und gibt ihnen die Vorstellungen des Guten ein (ἔννοια τοῦ ἀρίστου, ἡ τοῦ καλοῦ φαντασία), doch ist der Mensch nicht fähig, den göttlichen Geist in sich zu halten und die Vorstellung des Guten zu erfassen (συλλαβεῖν). Insofern stellt Gen 2,7 die protologische Grundlage für die pneumatische Offenbarung dar, doch hängt deren Realisierung vom menschlichen Denken und Handeln ab.

In Abgrenzung zu einem materialistischen Pneumabegriff, der unter Pneuma allein die Luft verstehen will (gig. 22), erläutert Philo zunächst die Vorstellung vom Pneuma als reiner Erkenntnis (ἡ ἀκήρατος ἐπιστήμη), an der jeder Weise nach Gebühr Teil hat (ἧς πᾶς ὁ σοφὸς εἰκότως μετέχει). Dadurch ist das göttliche Pneuma gleichgesetzt mit der göttlichen Weisheit (σοφία) im Weisen, oder besser gesagt: Das göttliche Pneuma und die göttliche Weisheit sind im Menschen menschliches Pneuma und menschliche Weisheit, denn sie sind Einsicht (σύνησις) und Erkenntnis (ἐπιστήμη). Damit, so Philo, sei das Wesen des göttlichen Pneumas ausreichend beschrieben (τὸ τί ἐστι πνεῦμα θεῖον ὁρικῶς διὰ τῶν λεχθέντων ὑπογράφεσθαι).[112]

Als Beispiel für einen vollkommenen Weisen, der an diesem göttlichen Pneuma teilhat, nennt Philo Mose. Sein Geist geht (nach Num 11,17) auf die siebzig Ältesten über (ἐπιφοιτᾶν), um sie vor anderen hervorzuheben und zu vervollkommnen (τοῦ διενεγκεῖν ἑτέρων καὶ βελτιωθῆναι χάριν), denn wahre Älteste (πρεσβύτεροι πρὸς ἀλήθειαν) müssen an diesem allweisen Pneuma teilhaben (μεταλαβεῖν τοῦ πανσόφου πνεύματος). Dieses göttliche Pneuma ist die unteilbare, sich nicht verringernde Erkenntnis (ἐπιστήμη), die sogar durch Verteilung nicht weniger wird, sondern sich weiter vervollkommnet (τελειότης). Anders der „natürliche", „menschliche" Geist des Mose (τὸ ἴδιον αὐτοῦ Μωυσέως πνεῦμα), der durch Teilung zerrissen und geschwächt worden wäre (μειοῦσθαι).

---

[111] Vgl. dagegen *Leisegang* 1967, 76, der beide Bedeutungen als voneinander unabhängig auffasst: „So stellt sich denn auch für Philon die psychologische Seite seines Pneumabegriffs als ein Zweifaches dar. Es ist ihm das πνεῦμα θεοῦ einmal die stetig dem Menschen innewohnende, von Gott dem ersten Menschen eingehauchte Lebenskraft, und es ist ihm andererseits eine überirdisch von Gott aus plötzlich in die Menschenseele einströmende Kraft im Sinne des ἅγιον πνεῦμα der Bibel." Nach meiner Auffassung lassen sich beide Bedeutungen für Philo aber nicht trennen.

[112] Die σοφία ist dadurch ebenfalls definiert als 'das von Gott im Pneuma geschenkte Offenbarungswissen, das der fleischlichen Natur des Menschen entgegengesetzt ist' (gig. 23.27.29).

Philo unterscheidet also zwischen dem göttlichen und dem menschlichen Pneuma des vollkommenen Weisen graduell, aber nicht „substantiell": Das göttliche Pneuma ist eine den Weisen übersteigende, aber keine substantiell verschiedene Größe. Es ist ähnlich wie in SapSal 7,23ff weise, göttlich, unteilbar, untrennbar, fein, alles erfüllend und trotz Verteilung nicht schwächer an Einsicht, Erkenntnis und Weisheit.[113]

Hauptursache für das kurze Verweilen des göttlichen Geistes ist das Wesen des Fleisches (ἡ σαρκῶν φύσις), das der Unwissenheit und Unkenntnis (ἀγνοία καὶ ἀμαθία) zugrunde liegt.[114] Während die nicht fleischlichen und unkörperlichen Seelen nach der göttlichen Schau streben (ψυχαὶ μὲν γὰρ ἄσαρκοι καὶ ἀσώματοι ἐν τῷ τοῦ παντὸς θεάτρῳ διημερεύουσαι θεαμάτων καὶ ἀκουσμάτων θείων), werden die von der Fleischeslast beschwerten zur Erde hinabgezogen (τὸν σαρκῶν φόρτον ἀχθοφοροῦσι, βαρυνόμεναι καὶ πιεζόμεναι ἄνω μὲν βλέπειν εἰς τὰς οὐρανίους περιόδους ἀδυνατοῦσι, κάτω δὲ ἑλκυσθεῖσαι τὸν αὐχένα βιαίως δίκην τετραπόδων γῇ προσερρίζωνται)[115].

Diese Paraphrasierung macht deutlich: Das göttliche πνεῦμα ist an dieser Stelle für Philo gleichzusetzen mit der 'göttlichen Erkenntnis und Weisheit, die dem Menschen die Vorstellungen vom Guten und Göttlichen eingibt, der aber die fleischliche Natur des Menschen entgegensteht, so dass sie oft nur zeitweilig anwesend ist'[116]. Im vollkommenen Weisen Mose, der dem körperlich-sinnlichen Leben entsagt, wirkt der göttliche Geist aber für immer und weist ihm den rechten Weg.

Die zeitweilige Geistbegabung des Menschen kann in her. 265 auch im Rahmen antiker Prophetie und Mantik beschrieben werden: Das Erlöschen des menschlichen Geisteslichtes ist hier die Bedingung für das Erstrahlen des göttlichen:[117] Der menschliche Nous muss sich bei der Ankunft des

---

[113] πνεῦμά ἐστι τὸ σοφόν, τὸ θεῖον, τὸ ἄτμητον, τὸ ἀδιαίρετον, τὸ ἀστεῖον, τὸ πάντῃ δι' ὅλων ἐκπεπληρωμένον· ὅπερ ὠφελοῦν οὐ βλάπτεται οὐδὲ μεταδοθὲν ἑτέροις οὐδ' αὖ προστεθὲν ἐλαττοῦται τὴν σύνεσιν καὶ ἐπιστήμην καὶ σοφίαν.

[114] Für *Brandenburger* 1968, 142-148, ist dieser Text ein Hauptbeleg für seine These der dualistischen Weisheit bei Philo, die sich von dem platonischen Gegensatz Seele – Körper unterscheide (vgl. v.a. ebd. 147f). Dabei begreife Philo die Sarx als aktive, dem Pneuma entgegenstehende Macht. Dagegen ist einzuwenden, dass die menschliche Sarx hier keine kosmischen Dimensionen besitzt, sondern eine anthropologische Größe darstellt, der sich der Mensch in verhängnisvoller Weise zuwenden kann. Zur Kritik an *Brandenburgers* Einschätzung der Sarx vgl. *Sellin* 1986, 131 mit Anm. 148.

[115] Vgl. dazu SapSal 9,15.

[116] Vgl. dazu auch gig. 47.53.55, Deus 2, fug. 186 und som. II.252.

[117] Hier stellt sich die Frage, ob die Entgegensetzung von Nous und Pneuma nur der Tradition der Mantik geschuldet ist oder ob Philo den menschlichen Nous als Gegensatz zum Pneuma negativ beurteilt. So *Brandenburger* 1968, 132f, im Rahmen seiner These

göttlichen Pneumas, des göttlichen Lichtes (φῶς τὸ θεῖον), „außer Haus begeben" (ἐξοικίζεται), also den menschlichen Körper verlassen, bei dessen Rückzug aber wieder „in das Haus einziehen" (εἰσοικίζεται). Das Wort πνεῦμα meint hier also die 'als göttliches Licht vorgestellte göttliche Wirkkraft, die den menschlichen Geist und das menschliche Denken zeitweise ausschalten kann, um im Menschen zu wohnen und ihn so in Ekstase zu versetzen'.[118]

Das πνεῦμα als 'göttliche Präsenz' ist auch in decal. 175 die entscheidende Voraussetzung für die Weissagung.[119] Nach Mos I.175 überkommt Mose, den vollkommenen Weisen, regelmäßig der prophetische Geist (καταπνευσθεὶς ὑπὸ τοῦ εἰωθότος ἐπιφοιτᾶν αὐτῷ πνεύματος). Der Ausdruck πνεῦμα bezieht sich hier auf 'göttliche Eingebung und göttliches Offenbarungswissen' (Mos I.175).[120]

Interessant ist in diesem Zusammenhang virt. 217, wo das πνεῦμα in Abraham als eine 'den Menschen zum Göttlichen hin verwandelnde göttliche Kraft' wirkt: Wenn der göttliche Geist Abraham überkommt (ἐπιθειάζειν), verwandelt (μεταβάλλειν) sich nicht nur seine Seele (ψυχή), sondern auch sein Körper (σῶμα): Sein Anblick ist von besonderer Schönheit (κάλλος ἐξαίρετον), denn Blick, Farbe, Größe, Haltung, Bewegungen, Stimme erscheinen in einer neuen Qualität. Doch nicht nur das: Auch seine Überzeugungskraft gewinnt, so dass seine Zuhörer besser verstehen. Philo kann die Pneumabeseelung also gelegentlich auch mit

---

einer dualistischen Weisheit. Blickt man aber auf den ersten Teil der vorliegenden Untersuchung zurück, so ist festzustellen, dass Philo den Nous dort positiv bewertet, wenn er sich auf die Suche nach Gott begibt. Es ist daher nicht davon auszugehen, dass er an dieser Stelle eine völlige Umdeutung vornimmt und den Nous an sich negativ beurteilt. *Noack* 2000, 212 Anm. 657, kritisiert an *Brandenburgers* Arbeit, dass dieser sich zu stark auf den Gegensatz Fleisch vs. Geist konzentriere und daher die Pointe des „Bewusstseinsdualismus" übersehe. Er selbst deutet die Stelle ebd. im Rahmen seines Konzeptes einer nichtekstatischen Mystik, indem er den Nous nicht als geschöpfliches Bewusstsein, sondern als gottloses Bewusstsein begreift, das durch das „wahre Bewusstsein" (ebd.) ersetzt werde. Nicht der Nous an sich, sondern nur der allein auf sich selbst vertrauende Nous ist dann Gegenstand der Kritik. Das stimmt mit Philos Vorstellung vom pneumatischen vs. nichtpneumatischen Nous in LA I.31.33.42.53.90.92.94 überein.

[118] Umgekehrt bezeichnet φῶς in diesem Kontext 'das Aufscheinen des göttlichen Pneuma während der Ekstase' (ἔκστασις, κατοκωχή, μανία). Sowohl Wortwahl als auch Thema erinnern an die paulinische Vergleichsstelle in 2Kor 3-5. Zum einen geht es in 4,4-6 um den Unverstand der menschlichen Vernunft, die durch Gott erleuchtet werden muss; zum anderen spricht Paulus in 5,6 von seinem Heimisch- bzw. Fremdsein (ἐνδημεῖν, ἐκδημεῖν) im Körper (σῶμα).

[119] Vgl. Mos I.277, wo die 'göttliche Eingebung, die Präsenz Gottes im Menschen im Gegensatz zur erlernten, magischen Mantik' steht.

[120] Auch Joseph besitzt in den Augen des Pharao 'göttliche Eingebung, Kontakt zum Göttlichen, göttliches Wissen' (Jos. 116), das in ihm außergewöhnliche Fähigkeiten bewirkt. Vgl. auch spec. IV.49 und Mos II. 265.

somatischen Kategorien verbinden – allerdings bleiben diese Belege die Ausnahme und sind selbstverständlich nur für die Patriarchen bzw. Mose reserviert.[121]

Die hier angeführten Texte machen deutlich, dass Philo den alttestamentlichen Pneumabegriff intellektualisiert und ihn auf diese Weise zu einer weiteren Mittlerinstanz neben Sophia und Logos macht.[122] Das göttliche Pneuma entspricht in diesem Sinne der göttlichen Sophia und dem göttlichen Logos. Demgegenüber ist es schwierig, neben dem menschlichen Nous oder Logos und der menschlichen Weisheit das menschliche Pneuma zu bestimmen.[123] Die Unterscheidung fiel bereits im Falle der Weisheit schwer, weil auch dort nur perspektivische Unterscheidungen möglich waren. Ermöglicht wurde die Bestimmung aber durch die Bild-Abbild-Beziehung, in der irdische und himmlische Weisheit für Philo stehen können. Das Pneuma geht demgegenüber keine Bild-Abbild-Beziehungen, sondern Teil-Ganzes-Beziehungen ein. Das Pneuma im Menschen ist also – von Ausnahmen abgesehen – als ein Teil des göttlichen Pneuma und damit als Offenbarungsgröße zu verstehen.

In einen Gegensatz zur menschlichen Geistigkeit tritt es nur dann, wenn der Mensch sich von Gott abwendet und sein Heil in sich selbst sucht. Nicht Nous und Pneuma an sich stehen also in einem dualistischen Gegensatz, sondern gottloser, irdisch-fleischlicher Nous und göttliches Pneuma.[124]

---

[121] Vgl. zu diesem Beleg die Deutung in *Noack* 2000, 77-88.217. Für ihn ist diese Schilderung aus der Expositio Leg*is* Beleg für eine *„synergistische, rationalistische Inspirations- und Ekstasedarstellung"*, die die Vorstellung einer Kontinuität des Subjekts in dieser Gattung (Missionsschriften) zeige und sich von Jonas' dualistischen Kategorisierungen unterscheide. Dies betrifft auch *Brandenburgers* Postulat eines durchgehend dualistischen Weisheitskonzeptes, das dem Irdischen nichts Positives mehr abverlangen kann. Vgl. v.a. ders. 1968, 223-228. Die Ergebnisse dieser Arbeit zeigen aber, dass es nicht um die Abwertung des Irdischen an sich, sondern um die Abwertung einer falschen Haltung geht, die das menschliche Vermögen für autonom hält.

[122] Das signalisiert auch opif. 30, wo πνεῦμα neben dem mit λόγος verwandten φῶς als 'Leben in sich tragende Kraft Gottes' einen Ehrenplatz erhält.

[123] Obwohl es einige Belege gibt, die auf eine Art anthropologische Bedeutung hinweisen, sind sie doch nicht eindeutig zu bestimmten und wurden daher im ersten Teil nicht diskutiert. Entscheidend für den εἰκών-Begriff ist lediglich die Verschiebung, die sich durch die Verbindung von εἰκών und πνεῦμα im hier diskutierten Sinne ergibt.

[124] Gegen *Brandenburger* 1968, v.a. 132-136. Seine Interpretation ist darauf ausgerichtet, Paulus vor dem Hintergrund einer dualistischen Weisheit mit einem negativen ψυχή/ ψυχικός-Begriff zu erklären. Zwar kann ψυχή/ ψυχικός bei Philo negativ gemeint sein, aber dies ist nur dann der Fall, wenn sich der geistige Teil des Menschen von Gott abwendet. *Noack* 2000, 226-243, bezeichnet das als gottloses Bewusstsein und erkennt den Dualismus von gottlosem und wahrem Bewusstsein als den eigentlichen Dualismus des Allegorischen Kommentars.

So bleibt die Realisierung der Beziehung zwischen göttlichem und menschlichem Pneuma bei Philo – genauso wie im Falle der menschlichen und göttlichen Weisheit, dem menschlichen Nous und dem göttlichen Logos – abhängig vom menschlichen Verhalten. In dem Moment, wo der Mensch sich in Richtung der Welt und des Fleisches orientiert, verschwindet sein Kontakt zum göttlichen Pneuma. Im Augenblick der Erkenntnis oder der Offenbarung jedoch ist es im Menschen präsent.

3.1.2. Das πνεῦμα als Bild Gottes in der Welt und im Menschen

Die Teil-Ganzes-Relation zwischen göttlichem und menschlichem Pneuma, die in Gen 2,7 Mensch und Gott quasi substantiell verbindet, kommt mit der primär nicht substantiell gedachten Bild-Abbild-Relation aus Gen 1,26f in Kontakt und bewirkt so eine „Substantialisierung" der Ebenbildlichkeitsrelation.[125]

Das Pneuma wird auf diese Weise zur εἰκών Gottes, das dem Menschen durch Gott eingegeben ist: So verweist der Ausdruck εἰκών in spec. I.171 auf 'das göttlich-geistige Pneuma Gottes als Muster für das im Menschen wirkende göttlich-geistige Pneuma': τὸ λογικὸν πνεῦμα ἐμορφώθη πρὸς ἀρχέτυπον ἰδέαν εἰκόνος θείας. Die Bezeichnung πνεῦμα wiederum bedeutet in diesem Kontext 'das leitende geistige Prinzip im Menschen, das nach dem Vorbild des göttlichen Urbildes, des leitenden göttlichen Prinzips[126], geschaffen wurde'.

Ein wichtiger Beleg, der diese gegenseitige Beeinflussung illustriert, ist plant. 18-20. Hier kann man deutlich die Vermischung von Bild- und Pneumarelation beobachten. Die stoische Theorie einer „natürlichen"

---

[125] Vgl. dazu *Jervell* 1960, 59f, unter Absehung seiner religionsgeschichtlichen Prämissen: „Gut gnostisch verknüpft Philo Gen 1,27 und 2,7. Die Gottebenbildlichkeit des Menschen ist nicht ein unzulängliches Abbild, sondern besteht im pneuma theion, der als ein Ausfluß göttlicher Pneumasubstanz verstanden ist. [...] Daß der Mensch gottebenbildlich ist, heißt also, daß Gott ihm pneuma theion geschenkt hat. [...] Der Nous ist eine Partikel, ist ein Stück himmlischer Substanz. [...] Die Gottebenbildlichkeit der Seele ist nicht nur ein Teil der göttlichen, himmlischen Seele, sondern die himmlische Substanz selbst, die sich ausdehnt. [...] Nicht nur ist der Logos als Eikon göttlich, sondern auch die innere Gottebenbildlichkeit des Menschen ist aus göttlicher Substanz, selbst ein Teil des himmlischen Seins. Nun läßt es sich auch erklären, warum sowohl der Logos als auch der Nous im Menschen Anthropos heißen: Sie sind letzten Endes identisch." *Jervell* unterschätzt aber m.E. die bei Philo gewahrte Transzendenz der Ebenbildlichkeit als einer Möglichkeit, die vom Menschen realisiert werden muss. Es geht nicht um die Göttlichkeit des Nous, sondern um die Möglichkeit des Nous, zu Gottes Ebenbild zu werden. Erst dann ist er mit dem pneumatischen Nous identisch. *Jervells* Interpretation ist geprägt von seiner traditionsgeschichtlichen These, die den soteriologischen εἰκών-Begriff als gnostisch erachtet.

[126] Vgl. das Synonym τὸ ἡγεμονικόν.

Äther-Seele wird von Philo abgelehnt, um stattdessen die göttliche Herkunft der geistigen Seelengestalt (λογικῆς ψυχῆς τὸ εἶδος) zu propagieren:[127] Er nimmt zu diesem Zweck zunächst die stoische Vorstellung auf, verwendet aber statt αἰθήρ das Wort πνεῦμα, um so an Gen 2,7 anzuknüpfen.

Die Pneumarelation zwischen Mensch und Gott, die eigentlich im obigen Sinne als Teil-Ganzes-Beziehung ausgedrückt werden müsste, kreuzt Philo nun mit der Metapher der durch ein Siegel geprägten Münze (νόμισμα σημειωθὲν καὶ τυπωθὲν σφραγῖδι θεοῦ),[128] die er in opif. 25 und som. II.45 auch mit dem Logos in Zusammenhang bringt. Es überrascht daher nicht, dass Philo den gerade aufgenommenen Pneuma-Begriff nun fallen lässt, um stattdessen vom göttlichen Logos (θεῖος λόγος) als dem Prägebild (χαρακτήρ) der Seele zu sprechen. Als Schriftbeleg folgt dann wieder Gen 2,7 – der Atem Gottes (πνοὴ ζωῆς) ist hier offensichtlich mit dem πνεῦμα Gottes gleichzusetzen.

Interessant ist die nun folgende Erklärung für die Kreuzung von Bild-Abbild und pneumatischer Teil-Ganzes-Relation: πρὸς τὸν ἐκπέμποντα τὸν δεχόμενον ἀπεικονίσθαι. Entsprechend dem Aussendenden wurde der Empfangende nachgebildet. „Aussenden" und „empfangen" beziehen sich auf die Teil-Ganzes-Relation: Der Mensch erhält einen Teil des göttlichen Pneuma. Bei dem Terminus ἀπεικονίσθαι jedoch steht das Modelldenken im Hintergrund. Beide Relationen werden hier explizit miteinander verbunden, und es folgt als Beleg der Ebenbildlichkeitsrelation Gen 1,27, wobei anschließend als Vorbild (ἀρχέτυπον) nicht mehr das Pneuma, sondern wieder der Logos genannt wird.

Beachtet man die Zielrichtung des Textes, der die Göttlichkeit der Seele beweisen will, so fällt auf, dass dafür zunächst die Pneumarelation im Anschluss an Gen 2,7 in Anspruch genommen wird, denn nach dieser Vorstellung besitzt der Mensch einen göttlichen Teil in sich. Diese – für Philo vielleicht zu starke – „Vergöttlichung" des Menschen wird jedoch sogleich durch die Bildrelation abgeschwächt, die weniger substantielle Assoziationen hervorruft.[129] An die Stelle des göttlichen Pneuma tritt dann wieder der

---

[127] Vgl. *Tobin* 1983, 91-93.

[128] Es handelt sich hier um einen platonisch beeinflussten Motivzusammenhang, wie entsprechende Belege bei Plato (Tim. 50c) und Plut. (Is et Os 54) verdeutlichen. Vgl. dazu *Eltester* 1958, 103 bzw. 60f.

[129] Ähnlich argumentiert Philo in mut. 223 und virt. 205, wobei beide Belege aufgrund ihrer Bedeutungsverwandtschaften zum anthropologisch-ethischen Ebenbildlichkeitsbegriff gehören, traditionsgeschichtlich aber vermutlich auf einer Kombination von Gen 1,27 und Gen 2,7 fußen. Vgl. *Tobin* 1983, 31.

Logos (ὁ ἀρχέτυπος τοῦ αἰτίου λόγος) in der Bedeutung 'Siegel des vernünftigen Teils der menschlichen Seele'[130].

Letzten Endes besitzt die Auffassung der Ebenbildlichkeit auch hier wieder eine anagogische Zielrichtung, denn πνεῦμα bezeichnet im weiteren Kontext – in Kombination mit dem bedeutungsverwandten Ausdruck σοφία – den 'göttlichen Logos als Teil der menschlichen Vernunft und Voraussetzung für den Erwerb von Weisheit und Erkenntnis, die dem Menschen den Aufstieg zu Gott ermöglichen' (plant. 18.24).[131] Das wahre Leben (ζωή) ist daher in diesem Kontext der 'göttliche Pneuma-Logos als vernünftige Anlage im Menschen, der die Voraussetzung für seine Gottebenbildlichkeit darstellt' (plant. 19).

3.2. Der pneumatische Mensch im Menschen als Ebenbild Gottes

Das Problem einer göttlichen Seele im Menschen, das sich durch die stoische Interpretation von Gen 2,7 stellt, löst Philo, indem er die Gottebenbildlichkeit als eine dem Menschen inhärente Möglichkeit auffasst, die von ihm verwirklicht werden muss. Ein erster Schritt auf diesem Weg ist die Idee vom Seelenpneuma als eigentlichem Menschen im Menschen.

Ein schönes Beispiel für diesen philonischen Gedankengang von der pneumatischen Seele zum pneumatischen Menschen ist det. 82-90, wo Philo das Wesen der Seele in Auseinandersetzung mit Gen 4,10, Lev 17,11, Gen 1,27 und 2,7 beschreibt. Allerdings steht hier die logische Schlussfolgerung aus der skizzierten Entwicklung, der pneumatische Mensch, an ers-

---

[130] Vgl. zur Verschränkung von Pneuma- und Eikon-Relation auch opif. 146, wo εἰκών 'den ganzen Mensch als geschöpfliche, sichtbare, irdische, durch göttlichen Geist geprägte Entsprechung Gottes' bezeichnet. Zwar ist nur der geistige Teil des Menschen (κατὰ μὲν τὴν διάνοιαν) mit dem göttlichen Logos (λόγος θεῖος) verwandt, aber im Bereich des Irdischen ist der Mensch die einzig mögliche Form der göttlichen Entsprechung, indem er einerseits in einer „Abdruck"-, „Fragment"- und „Ausstrahlbeziehung" zur seligen Natur steht (τῆς μακαρίας φύσεως ἐκμαγεῖον ἢ ἀπόσπασμα ἢ ἀπαύγασμα γεγονώς), andererseits in Anlehnung an den Makrokosmos aus den kosmischen Elementen zusammengesetzt ist und so zum irdischen Geschöpf wird. Als Ebenbild Gottes in der Schöpfung muss der Mensch einerseits die Elemente der Schöpfung in sich haben (im Körper), andererseits über den Geist göttlichen Bezug besitzen – er ist daher die einzig mögliche Form göttlicher Entsprechung und Repräsentation auf Erden. Philo denkt also nicht nur negativ über den Menschen als Mischwesen. Vgl. dazu auch die Bedeutung von πνεῦμα in opif. 135.144: 'Teil oder Kraft des göttlichen Wesens, göttliche Niederlassung, die den geistigen, unsterblichen Teil des Menschen (Seele, Denkkraft) und seine potentielle, durch die Tugend zu verwirklichende Gottähnlichkeit ausmacht'.

[131] Vgl. zur Identifizierung von πνεῦμα, σοφία und ἐπιστήμη auch *Leisegang* 1967, 66f, sowie *Sterling* 1995, 375: „The inbreathing of the θεῖον πνεῦμα is thus the anthropological basis for the reception of σοφία."

ter Stelle, während die Voraussetzung, die pneumatische Teil-Ganzes-Relation, nachgeliefert wird.

Philo beginnt mit der Zweiteilung des Menschen in ein „Lebewesen" (τὸ ζῷόν) und den Teil, den er ἄνθρωπος nennt. Jedem dieser beiden Teile im Menschen ist eine ihm gemäße Kraft (δύναμις) zugeteilt: dem unvernünftigen Lebewesen die Lebenskraft (ζωτικὴ [Anm. S.L.: δύναμις]), dem vernünftigen Wesen die Vernunft (λογικὴ [Anm. S.L.: δύναμις]), die ihren Ursprung in Gott hat, der Quelle des ältesten Logos (ὁ θεός, ἡ τοῦ πρεσβυτάτου λόγου πηγή). Offensichtlich sind also menschliche Vernunft und Gott über den Logos in einer Teil-Ganzes-Relation verbunden:[132] Die aus dem Logos fließende vernünftige göttliche Kraft (θεία δύναμις, φύσις λογική) hat als Substanz (οὐσία) das Pneuma, das zu dieser Kraft gleichzeitig in einer Bild-Abbild-Relation (τύπος τινὰ καὶ χαρακτήρ) steht. Philo bezeichnet diese göttliche Kraft daher auch als εἰκών, dessen Vorbild (ἀρχέτυπον) Gott selbst darstellt. Abbild (μίμημα καὶ ἀπεικόνισμα) dieses Mittlermodells ist der Mensch bzw. der mit dem νοῦς und λόγος gleichgesetzte ἄνθρωπος. Dieser Anthropos steht für die pneumatische Seele (ἀνθρώπου δὲ ψυχὴν πνεῦμα ὀνομάζει), das gottgestaltige Gebilde, mit dessen Hilfe der Mensch denkt (τὸ θεοειδὲς ἐκεῖνο δημιούργημα, ᾧ λογιζόμεθα).

Das Resultat der Verschränkung von Eikon- und Pneumarelation ist also die Vorstellung von Gottes εἰκών als 'göttlich-geistiger Kraft des Logos, die im Menschen als göttliches Pneuma abdruckhaft abgebildet wird'. Dieses gottebenbildliche Pneuma macht zusammen mit der im Blut substantialisierten körperlichen Lebenskraft die menschliche Seele aus.[133]

---

[132] Vgl. dazu auch *Runia* 1988, 68f, der die Überschneidung der Relationen nicht nur auf die biblischen Belegstellen bezieht, sondern bereits im Mittelplatonismus beheimatet sieht: „In fact, Philo's Mosaic anthropology is primarily Platonist, and in contemporary Platonism the same lack of clarity is found with regard to the question whether man's rational part is related to the divine in a model/copy or a part/whole relation. [...] The reason for the lack of clarity [Anm. S.L.: bei Philo und Plutarch] is to be located in the two interpretative problems posed by the creation amount in the *Timaeus* of Plato, that is the relation between the demiurge and the world-soul and the significance of the fact that the ‚soul-mixture' of both the world-soul and man's soul is prepared in the same crater." Philo zeige in seiner Auslegung allerdings eine Vorliebe für die Modell-Kopie-Relation, die er in Gen 1,26f wiederfinde. Diese Art der Relation eigne sich besser zum Ausdruck der Transzendenz Gottes.

[133] Sehr aufschlussreich für das Verfahren der älteren Begriffsgeschichte ist Eltesters Resümee zur Stelle: „Dieser Wechsel von νοῦς und πνεῦμα, die im Zusammenhang beide den denkenden Teil des Menschen, den ‚Menschen' im eigentlichen Sinne im Gegensatz zum ‚Lebewesen' im Menschen darstellen, zeigt das für Philo charakteristische Fehlen einer festen Terminologie" (*Eltester* 1958, 48). Begriffsgeschichte ist hier Ideengeschichte und basiert auf der Vorstellung von systematisch konstruierten philosophi-

Das kosmische Ebenbild Gottes, sein pneumatischer Logos, ist auf diese Weise zum gottebenbildlichen Anthropos als einem Teil des Menschen geworden. Die bisher auf eine Mittlerfigur außerhalb des Menschen projizierte direkte Ebenbildlichkeit wird auf diese Weise in den Menschen verlagert – als eine ihm mit der Schöpfung gegebene Möglichkeit.

Allein dieser pneumatische Mensch im Menschen ist fähig, eine Vorstellung von Gott zu empfangen. Diese Möglichkeit besitzt er durch das πνεῦμα, den 'Ausfluss bzw. Abdruck der göttlichen Vernunft in der menschlichen Geistseele, dem wahren, eigentlichen Menschen'. Der gottebenbildliche Anthropos bildet auf diese Weise den Gegenpart zum biologischen, animalischen Lebewesen im Menschen.[134]

Erst jetzt – nachdem er die Frage nach den Seelensubstanzen geklärt hat – bringt Philo Gen 2,7 ins Spiel und verbindet εἰκών mit dem menschlichen Nous (ὁ ἀνθρώπινος νοῦς) als Abdruck (τύπος) und Fragment der göttlichen Seele (εὐδαίμονος ψυχῆς ἀπόσπασμα). Der Ausdruck εἰκών bezeichnet daher in diesem Zusammenhang 'den menschlichen Nous als unsichtbaren Abdruck und Fragment der göttlichen Weltseele, die im menschlichen Körper „wohnt" und den Menschen zur Aufnahme göttlicher, unsterblicher Gedanken befähigt' (det. 87). Der pneumatische Mensch im Menschen ist bei Philo also kein Selbstzweck, sondern ermöglicht ihm die Gotteserkenntnis. Er ist damit die Voraussetzung für die Verwirklichung der Gottebenbildlichkeit in einem gottgemäßen Leben: „Philo thus understands the inbreathed divine image to be the human possibility of experiencing the divine."[135]

Der Gegenpart zum pneumatischen Menschen ist der animalische Mensch, der mit dem sterblichen Fleisch und dem Körper in Verbindung gebracht wird (vgl. ἡ ζωτικὴ [Anm. S.L.: δύναμις], ἡ σαρκῶν φύσις, σαρκὸς ψυχή, τὸ σῶμα, θνητὴ φύσις). Auch hier geht es aber nicht um eine Abwertung des Körpers an sich, sondern um eine Abwertung desjenigen Menschen, der sich am Körper orientiert.

---

schen Systemen. Den Terminus „Begriff" setzt *Eltester* mit dem sprachlichen Ausdruck gleich. Implizit setzt er voraus, dass ein bestimmter sprachlicher Ausdruck einem systematischen Begriff entspricht, der nur eine Stelle im philosophischen oder theologischen System belegen kann. Genau dies ist bei Philo nicht der Fall. Er kann viele verschiedene Ausdrücke gebrauchen, um auf ein und dasselbe Phänomen hinzuweisen – daher die immer wiederkehrenden Klagen über das Fehlen einer systematischen Begrifflichkeit.

[134] Diese Vorstellung ist interessanterweise mit dem Ausdruck ζωή verbunden, der hier die 'im Blut materialisierte kreatürliche Energie' bedeutet und dem πνεῦμα entgegengesetzt wird. Kurz vor der hier besprochenen Stelle, in det. 80, wird die Bezeichnung ζωή noch in der Bedeutung 'mit göttlicher Energie beseeltes Pneuma als geistige Kraft' gebraucht. Diese kontrastierenden Bedeutungen von ζωή zeigen beispielhaft Philos Idee vom wahren, spirituellen Leben im Gegensatz zum „nur" biologischen Leben.

[135] *Sterling* 1995, 375.

Diese Zielrichtung findet sich auch in her. 55-57: Wie in det. 83 geht Philo in Auseinandersetzung mit Lev 17,11, Gen 2,7 und Gen 1,27 zunächst wieder auf die Vorstellung der zweigeteilten Seele und ihrer Substanzen ein: Der oberste und eigentliche Teil der Seele (τὸ ἡγεμονικὸν αὐτῆς μέρος), die Seele der Seele (ψυχὴ ψυχῆς) oder der νοῦς, besteht aus göttlichem Pneuma (πνεῦμα θεῖον). Sie ist nach dem Bild des Schöpfers geformt: κατὰ τὴν εἰκόνα τοῦ ποιητοῦ λόγος ἔχει τυπωθῆναι – es zeigt sich also aufs neue eine Vermischung von Bild- und Pneumarelation. Dieser pneumatischen Seele wird die auf Blut (αἷμα) basierende Seele gegenübergestellt.

Den beiden Substanzen weist Philo nun zwei verschiedene Arten von Menschen (διττὸν εἶδος ἀνθρώπων) zu: Die einen leben durch das göttliche Pneuma, die Vernunft (τὸ μὲν θείῳ πνεύματι λογισμῷ βιούντων); die anderen orientieren sich an der Lust des Fleisches (τὸ δὲ αἵματι καὶ σαρκὸς ἡδονῇ ζώντων). Diese sind Erdgebilde, jene die Gottes Ebenbild, also dem Pneuma bzw. der Sophia,[136] ähnlichen „Abdrücke" (θείας εἰκόνος ἐμφερὲς ἐκμαγεῖον).

Wie man sieht, ist die Gottebenbildlichkeit auch hier keine vom Verhalten des Menschen unabhängige anthropologische Größe. Philo beschreibt an dieser Stelle vielmehr die protologisch-anthropologische Grundlage seiner Soteriologie. Die beiden Substanzen stehen für zwei verschiedene Lebensweisen: Entweder verwirklicht der Mensch seine Gottebenbildlichkeit durch ein gottgemäßes Leben oder er verliert sich an die fleischlichen Lüste.[137] Der Ausdruck εἰκών bedeutet also in diesem Kontext 'das pneumatisch-geistige Lebensprinzip als Grundlage des wahren und eigentlichen Menschen im Sinne Gottes'.

Mit dieser Bedeutung korreliert die Semantik von πνεῦμα, das im weiteren Kontext, in dem es um die Frage des weisheitlichen Lebens (σοφία, αρετή) geht, beschrieben werden kann als 'Gottes ebenbildliche Weisheit,

---

[136] Der Bezug zur Sophia steht im weiteren Kontext. Vgl. dazu auch *Sandelin* 1976, 30f.42-44, der diese Bedeutungsverwandtschaft sehr stark macht und daraus traditionsgeschichtliche Schlüsse zieht: Philo kenne eine Auslegung, die die Einhauchung des Pneuma in Gen 2,7 auf die Sophia zurückführe, deren Ebenbild der Weise sei. Dementsprechend gebe es zwei Stufen der Ebenbildlichkeit: Eine „normale" Ebenbildlichkeit des Nous und eine höhere Ebenbildlichkeit, die durch die pneumatische Inspiration erreicht werde. Dieser Interpretation ist insofern zuzustimmen, als dass εἰκών bei Philo sowohl in der Bild-Abbild- als auch in der Pneumarelation vorkommt. Dagegen ist aber einzuwenden, dass beide Relationen im Prinzip dasselbe meinen, nämlich ein auf Gott ausgerichtetes Leben des Menschen, das protologisch und anthropologisch fundiert ist. Die unterschiedlichen Stufen der Gotteserkenntnis sind keine verschiedenen Ebenbildlichkeiten, sondern die vollkommene Gotteserkenntnis ist die vollkommene Erfüllung der Ebenbildlichkeit.

[137] Vgl. dazu auch *Jervell* 1960, 62f.

die wahre göttliche Lebenskraft, die der menschlichen Seele eingegeben wird, so dass das menschliche Denkvermögen als Abbild des göttlichen an diesem Anteil haben kann'.

Die pneumatische Gottebenbildlichkeit ist demnach keine anthropologisch feststehende Größe, sondern bildet nur die anthropologische Voraussetzung für die Verwirklichung des wahren Lebens (ζωή), d.h. einer 'pneumatisch-weisheitlichen Existenz als Gottes Ebenbild, die sich dem Körperlich-Materiellen verweigert'. Das Gegenteil eines solchen Lebens ist das nur kreatürliche Leben, also das Wort ζωή in der Bedeutung 'seelisch tote Existenz, die allein für das Sinnliche lebt und deren Substanz das Blut darstellt'. Der Mensch steht zwischen diesen beiden Lebensweisen und ist gehalten, nur die geistige, die gottebenbildliche, zu verwirklichen.

3.2.1. Der gottebenbildliche Idealmensch als protologisches Idealbild des pneumatischen Menschen im Menschen[138]

In opif. 134f[139] erscheint der pneumatische Mensch im Menschen ebenso wie der seinen ebenbildlichen Nous gebrauchende Mensch aus opif. 69 als protologische Idealfigur.[140] Ausgangspunkt der Überlegungen ist die Doppelung der Schöpfungsberichte in Gen 1,26f und Gen 2,7. Da Philo die Schöpfung des Menschen im Rahmen seiner Auslegung von Gen 1,26f in opif. 69-71 bereits beschrieben hat, muss er nun erklären, inwiefern sich die Erschaffung des Menschen in Gen 2,7 davon unterscheidet. Er löst das Problem, indem er Gen 1,26f als protologische Fundierung des idealen Menschen deutet, zu dem sich der in Gen 2,7 erschaffene Mensch entwickeln soll, wenn er seiner gottebenbildlichen Bestimmung entsprechen will.

Den Bericht aus Gen 2,7 bezieht Philo auf den sinnlich wahrnehmbaren und sterblichen Menschen: ὁ μὲν γὰρ διαπλασθεὶς αἰσθητὸς ἤδη μετέχων ποιότητος, ἐκ σώματος καὶ ψυχῆς συνεστώς, ἀνὴρ ἢ γυνή, φύσει θνητός. Der Mensch aus Gen 1,26f stellt dagegen den Idealmenschen dar,[141] der jeglicher irdischer Qualitäten entbehrt: ὁ δὲ κατὰ

---

[138] Zu den folgenden Ausführungen vgl. auch die Darstellung in *Sellin* 1986, 101-114. Differenzen ergeben sich in der Frage, ob der vollkommene Weise mit dem gottebenbildlichen Anthropos bzw. mit dem Logos-Anthropos identifiziert und als soteriologisches Mittlerwesen betrachtet werden kann. Zu dieser Kontroverse vgl. v.a. *Zeller* 2004 und *Sellin* 2004.

[139] Vgl. zu dem Text *Runia* 2001, 321-324.

[140] Im Folgenden verschiebt sich der Fokus meiner Fragestellung: Ebenso wie im philonischen Text geht es hier nicht so sehr um die Bedeutung des Wortes εἰκών, sondern um die Figur des gottebenbildlichen Menschen, der der oben dargestellten Ikonizität entspricht.

[141] *Runia* 2001, 322f, diskutiert die Frage, inwiefern es sich bei dem gottebenbildlichen Menschen um die Idee des Menschen handelt. Gegen eine solche Gleichung wendet

τὴν εἰκόνα ἰδέα τις ἢ γένος ἢ σφραγίς, νοητός, ἀσώματος, οὔτ᾽ ἄρρεν οὔτε θῆλυ, ἄφθαρτος φύσει.

Weil der sinnlich wahrnehmbare Mensch aber aus irdischer Materie und göttlichem Pneuma zusammengesetzt ist (τοῦ δ᾽ αἰσθητοῦ καὶ ἐπὶ μέρους ἀνθρώπου τὴν κατασκευὴν σύνθετον εἶναί φησιν ἔκ τε γεώδους οὐσίας καὶ πνεύματος θείου), ergibt sich die Möglichkeit, beide Anthropoi miteinander in Beziehung zu setzen: Durch seine Beseelung mit göttlichem Pneuma aus dem „glückseligen und blühenden Wesen" (πνεῦμα θεῖον ἀπὸ τῆς μακαρίας καὶ εὐδαίμονος φύσεως ἐκείνης), auch als eine Niederlassung (ἀποικία) Gottes im Menschen vorgestellt, besitzt der sinnlich-wahrnehmbare Mensch die Möglichkeit, seinem gottebenbildlichen Ideal zu entsprechen.[142]

Daher ist er auch zweigeteilt in einen sichtbaren und unsichtbaren Teil, der eine sterblicher, d.h. körperlicher Natur (θνητός ἐστι κατὰ τὴν ὁρατὴν μερίδα; θνητὸς μὲν κατὰ τὸ σῶμα), der andere – durch seine Vernunft – mit Unsterblichkeit (κατὰ τὴν ἀόρατον [Anm. S.L.: μερίδα] ἀθανατίζηται; κατὰ τὴν διάνοιαν ἀθάνατος) versehen.

Der Mensch aus Gen 1,26f ist demnach die protologische Grundlage eben dieses vernünftigen, unsterblichen Teiles im irdischen Menschen; er ist es als eine Art Idealvorstellung „außerhalb" des Menschen, die aber „im" Menschen angelegt ist.[143] Im Nachhinein wird er damit auch zum protologischen Idealbild des Menschen aus opif. 69-71, der seinen gottebenbildlichen Nous gebraucht, um Gott zu erkennen.

Der gottebenbildliche Mensch aus Gen 1,26f ist in opif. 134 also der geistige, unvergängliche und unsterbliche Idealmensch, der dem sinnlichwahrnehmbaren, körperlich-vergänglichen Menschen als protologisches Vorabbild seiner Bestimmung gegenübersteht.

Es geht Philo also um die Korrespondenz von Idealmensch und pneumatischem Menschen, dessen wahres Leben (ζωή) demnach die 'dem göttli-

---

er ein, dass die Schöpfung der Ideen nach opif. 16-35 eigentlich am ersten Tag stattfinde, während die Erschaffung des gottebenbildlichen Menschen auf den sechsten Tag datiert wird. Weiterhin bestehe ein Widerspruch zu opif. 25, wo Logos bzw. geistiger Kosmos die Idee des sinnlichen Kosmos mitsamt des Menschen darstellten. Außerdem bemerkt er, dass Philo hier von einer „Art Idee" (ἰδέα τις) spreche und außerdem die paradigmatische Rolle des Idee-Menschen vernachlässige. Er schlägt stattdessen vor, den gottebenbildlichen Menschen als „ideal person" zu interpretieren, „i.e. an idealization of human nature in terms of the intellect" (ebd. 323). Diesem Vorschlag schließe ich mich hier an.

[142] Der Ausdruck πνεῦμα bedeutet demnach die 'göttliche Niederlassung, die den geistigen, unsterblichen Teil des Menschen und seine potentielle, durch die Tugend zu verwirklichende Gottähnlichkeit ausmacht'.

[143] Für *Runia* 1988, 69, ist der ideale Anthropos aus opif. 134 nicht mit dem himmlischen Anthropos aus LA I.32 identisch. Man kann beide Größen zwar durch ihre unterschiedliche Kontextualisierung in den beiden Schriftengruppen unterscheiden, funktional sind sie m.E. aber identisch.

chen Pneuma gemäße unsterbliche Existenz des Menschen' darstellt. Der dem generischen Idealmensch entsprechende irdische Mensch kann daher auch gleichgesetzt werden mit dem im ersten Teil besprochenen Ideal des vollkommenen Weisen, dessen Nous sich auf die Suche nach Gott begibt (vgl. opif. 69-71).[144] Soteriologisch relevant ist daher nur der Nous bzw. das Pneuma, nicht aber der Körper des Menschen.

3.2.2. *Der gottebenbildliche Idealmensch als protologische und anthropologische Fundierung des pneumatischen Menschen*[145]

In LA I.31.33 geht Philo ebenfalls auf das Problem der doppelt berichteten Menschenschöpfung ein und verknüpft beide Erzählungen miteinander. Zunächst spricht er – wie in opif. 134 – von den zwei Menschenarten, dem himmlischen und dem irdischen Menschen; dann aber führt er seine Interpretation einen Schritt weiter und deutet den irdischen Menschen aus Gen 2,7 als den irdischen Nous, der vor seiner „Einführung" in den irdischen Menschen erst noch mit göttlichem Pneuma beseelt werden muss:
Das wichtigste Merkmal des gottebenbildlichen himmlischen Menschen ist hier – wie auch in opif. 134 – seine Nichtteilhabe an der Vergänglichkeit (φθαρτῆς καὶ συνόλως γεώδους οὐσίας ἀμέτοχος). Demgegenüber besteht der irdische Mensch aus den Insignien der Sterblichkeit – Materie und Staub (ὕλη, χοῦς). Dieser irdische Mensch ist ein Gebilde (πλάσμα), kein „Erzeugnis" (γέννημα) des Schöpfers.
Diesen Gegensatz zwischen irdischem und himmlischem Menschen bestimmt Philo nun nicht wie in opif. 134 als Gegenüber von irdischem Menschen und Idealmensch, sondern er hebt ihn auf eine andere Ebene, indem er ihn „internalisiert": Der irdische Mensch ist nun nicht mehr der ganze Mensch, sondern nur mehr der Nous, der in den Körper eingeführt werden soll, aber noch nicht eingeführt worden ist (νοῦς εἰσκρινόμενος σώματι, οὔπω δ᾽ εἰσκεκριμένως).[146]
Dieser Nous ist irdisch und vergänglich (νοῦς οὗτος γεώδης ἐστὶ τῷ ὄντι καὶ φθαρτός), wenn Gott ihm nicht die Kraft des wahren Lebens (δύναμιν ἀληθινῆς ζωῆς) – also sein Pneuma (πνεῦμα) – ein-

---

[144] Vgl. *Leisegang* 1967, 78, der diese ethische Komponente in Philos Anthropos-Konzept bemerkt. Vgl. auch *Leisegangs* zusammenfassende Darstellung der Bedeutung des „wahren Menschen" bei Philo ebd. 78, Anm. 5.

[145] Zu den folgenden Ausführungen vgl. die Darstellung in *Sellin* 1986, 101-114, die meinen Ergebnissen im Wesentlichen entspricht. Differenzen ergeben sich in der Frage, ob der vollkommene Weise mit dem gottebenbildlichen Anthropos bzw. mit dem Logos-Anthropos identifiziert und als soteriologisches Mittlerwesen betrachtet werden kann. Zu dieser Kontroverse vgl. v.a. *Zeller* 2004 und *Sellin* 2004.

[146] Ob man hier allerdings die protologische Fundierung der erlösenden Nacktheit des Nous erkennen darf, wie *Sellin* 1986, 133, annimmt, muss Spekulation bleiben.

bläst (ἐμπνεύειν).[147] Durch dieses Pneuma wird der vorher gebildete (πλάττεται) Nous erst gezeugt (γίνεται), und zwar als geistige und wahrhaft lebende Seele ([Anm. S.L.: εἰς ψυχήν] νοερὰν καὶ ζῶσαν ὄντως). Diese pneumatische Seele ist die Voraussetzung für die 'dem göttlichen Pneuma entsprechende gottebenbildliche Existenz' – so die Bedeutung von ζωή in diesem Abschnitt.

Für Philo ergibt sich nun die Schwierigkeit, diese Identifikation von gottebenbildlichem Anthropos und gottebenbildlichem, Gottes Idee vom Menschen entsprechenden Nous aus Gen 1,27 (ὁ κατὰ τὴν ἰδέαν γεγονὼς καὶ τὴν εἰκόνα ἑαυτοῦ [Anm. S.L.: scil.: νοῦς][148]) mit der nur in Gen 2,7 berichteten Pneumabeseelung in Verbindung zu bringen. Warum, so fragt er sich, ist nicht der gottebenbildliche Anthropos aus Gen 1,27 mit göttlichem Pneuma beschenkt, sondern nur der erdhafte Nous (ὁ γηγενὴς καὶ φιλοσώματος νοῦς) aus Gen 2,7?

Es muss also ein Unterschied bestehen zwischen dem pneumabeseelten Nous aus Gen 2,7 und dem himmlischen Nous als dem der göttlichen Idee vom Menschen entsprechenden Nous[149]. Anders gesagt: Philo unterscheidet zwischen dem noch nicht mit Pneuma beseelten erdhaften Nous, dem mit Pneuma beseelten erdhaften Nous und dem gottebenbildlichen Nous und versucht wenig später, in LA I.42, die Relation zwischen pneumatischem und gottebenbildlichem Nous genauer zu bestimmen:

An dieser Stelle wird der genaue Wortlaut von Gen 2,7 wieder bedeutsam. Wo er vorher unbeachtet πνεῦμα mit πνοή gleichsetzt, unterscheidet Philo nun wieder: Allerdings geht es nicht um eine Verschiedenheit der

---

[147] *Sellin* 1986, 104 Anm. 90, bemerkt einen Übersetzungsfehler *Heinemanns*: Dieser gibt die Stelle als Irrealis wieder; es handelt sich aber um einen Potentialis (mit einem Indikativ Präsens im Haupt- und einem Optativ Aorist im Nebensatz). Das bedeutet: Das Einblasen des Pneumas ist eine Möglichkeit, nicht etwas Gegebenes. Auf Grundlage dieser Beobachtung kritisiert *Sellin* ebd. Anm. 89 zu Recht *Tobin* 1983, 108ff, weil dieser LA I.31f. nicht mit der „originär" philonischen Seelenallegorie in Zusammenhang bringt und die Stelle der Tradition zurechnet. Das Verständnis als Allegorie der Seele auf der Grundlage der beiden „Nous" ist m.E. eindeutig. *Sandelin* 1976, 35f, vermutet, dass Philo hier Traditionen verarbeitet, die von der Schöpfung nur des Pneumatikers sprechen. Das ist nicht explizit gesagt und kann daher nur Spekulation bleiben.

[148] Die Parallelität der Konstruktion verlangt, das Wort νοῦς an dieser Stelle zu ergänzen. Vgl. auch *Jervell* 1960, 58.

[149] *Eltester* 1958, 41, diskutiert hier die Möglichkeit einer Identifikation mit dem ebenbildlichen Logos-Anthropos aus conf. 63.147f. Er verneint diese Möglichkeit, da der himmlische Mensch ja *nach* dem Bilde Gottes, d.h. für *Eltester*, nach dem Logos geschaffen und daher von ihm verschieden sei. Das stimmt dann, wenn man unter Identität eine vollkommene Identität versteht. Der himmlische Mensch kann aber sehr wohl Anteil am Logos-Anthropos gewinnen. Es ist daher keineswegs so, „daß die philonischen Aussagen über den Anthropos nicht klar sind" (*Eltester* 1958 ebd.), auch wenn sie sich – zugegeben – reichlich kompliziert ausnehmen.

Substanz – denn beide Male steht im Hintergrund die Vorstellung vom πνεῦμα als der 'wahres Leben, Tugend und das schlechthin Gute schenkenden Kraft Gottes, an der der menschliche Nous teilhat' (LA I.33.34.37) –, sondern um die Differenz in der Stärke: Das πνεῦμα ist stark, energisch und kraftvoll (ἰσχὺς καὶ εὐτονία καὶ δύναμις), die πνοή nur ein Hauch (αὖρα), wie ein stilles und sanftes „Aufdampfen" (ἀναθυμίασις).

Der oben erwähnte, nach Gottes Ebenbild und Idee gezeugte Nous besitzt Pneuma, denn sein Denken (λογισμός) hat Stärke. Der erdhafte Nous dagegen erhält nur einen leichten Hauch (πνοή) dieses Pneumas. Pneumatischer und gottebenbildlicher Nous differieren also in der Intensität des Pneumas.

Der gottebenbildliche Nous ist demnach der nach dem göttlichen Ideal[150] vom Menschen gewordene, am göttlichen Pneuma teilhabende Nous und wird auf diese Weise dem irdisch-pneumatischen Nous entgegengesetzt, in dem nur ein Hauch dieses kraftvollen Pneumas lebt. Der gottebenbildliche, pneumatische Nous stellt also eine Steigerung des irdischen, mit göttlichem Hauch beseelten Nous dar. Dementsprechend kommt es auch zu einer leichten Bedeutungsverschiebung von πνεῦμα, dessen Bedeutung nun umschrieben werden kann als die 'wahres Leben, Tugend und das schlechthin Gute schenkende Kraft Gottes, an der nur der gottebenbildliche himmlische Nous teilhat'[151] (LA I.42). Diese komplizierte gedankliche

---

[150] Das Wort εἰκών ist mit ἰδέα bedeutungsverwandt. Es stellt sich also die Frage, ob es sich hier um die platonische Idee im eigentlichen Sinne, also um die Idee Mensch, handelt, oder ob – wie *Runia* für opif. 134 vermutet – *Idee* uneigentlich in der Bedeutung von 'Ideal' gebraucht wird. Da bis auf opif. 134 Belege für die Vorstellung einer Idee „Mensch" bei Philo fehlen, ist es wohl besser, vom Ideal-Mensch zu sprechen, der weniger protologische, als vielmehr soteriologische Bedeutung besitzt.

[151] Als Beispiel für eine wenig empathische Interpretation vgl. *Leisegang* 1967, 87: „Das πνεῦμα, das jeder unbefangene Leser hinter dem Wort πνοή ζωῆς finden und als die Lebenskraft überhaupt verstehen muß, ist damit seines natürlichen und ursprünglichen Sinnes beraubt und ihm die Bedeutung des νοῦς durch das Gewaltmittel der Allegorie untergeschoben worden, ja das πνεῦμα ist in seiner Wertschätzung sogar noch über den νοῦς gestiegen, da Gott ja dem ersten Menschen nicht einen beliebigen Geist einhaucht, sondern zu dem bereits vorhandenen Menschengeiste noch eine göttliche Kraft, einen noch geistigeren Geist durch seinen Odem hinzufügt." *Leisegang*, ebd. 87-102, kann sich die philonische Neuinterpretation des Pneumabegriffes in diesem Sinne nur durch die „religiösen Spekulationen der Griechen" (ebd. 100, vgl. auch ebd. 231) erklären, die Philo hier verarbeite. Die Vorstellung der pneumatischen Menschen gehört s.E. ebenfalls in „eine dem allgemeinen Volksglauben angehörende Vorstellung" (109). Nach Leisegang betreibt der Mystiker Philo gezielte Eisegese, um in seiner hellenistischen Umwelt erfolgreicher für seinen Glauben werben zu können (vgl. exemplarisch 68f). Er beurteilt ihn daher auch als Eklektiker (59) im negativen Sinne, d.h. als Exeget, der dem Volksglauben angehörige Vorstellungen durch biblische und philosophische Zitate untermauern will (vgl. z.B. 109.112). Für *Leisegang* ist die Entwicklung vom vorsokrati-

Konstruktion ist letztlich nichts anderes als die protologische Fundierung der Unterscheidung zwischen dem „normalen" und dem vollkommenen „pneumatischen" Menschen.

Ausgehend von dieser Konstellation stellt sich nun die Frage, wie es dem irdisch-pneumatischen Nous gelingen kann, zum gottebenbildlichen Nous zu werden. Ein Hinweis darauf könnte sein, dass Philo im folgenden Abschnitt LA I.43 – in einer Interpretation von Gen 2,8 (LXX) – über die Weisheit als εἰκὼν θεοῦ handelt und die irdische der göttlichen Weisheit gegenüberstellt. Das Verhältnis von gottebenbildlich-himmlischem und irdisch-pneumatischem Nous ist also nicht zuletzt bestimmt durch das Verhältnis von göttlicher und menschlicher Weisheit. Derjenige, der sich in der Weisheit übt, kann zu einem Teil von ihr und damit zu Gottes Ebenbild, zu einem vollkommenen Weisen, werden.[152]

Der gottebenbildliche, vollkommen pneumatische Nous ist also das Idealbild des gottebenbildlichen Weisen[153] und besitzt daher soteriologische Bedeutung;[154] der pneumatische irdische Nous ist der Mensch auf dem Weg zum vollkommenen gottebenbildlichen Nous.[155] Ohne das Pneuma aber ist der Nous vergänglich, und der Mensch, der an diesem Pneuma nicht teilhat, sondern sich am Soma orientiert, verspielt seine Gotttebenbildlichkeit und damit seine Erlösung.[156]

---

schen Materialismus bis zur „Mystik" späterer Zeiten eine Dekadenzgeschichte, in der Philo eine wichtige Rolle spielt.

[152] Das bedeutet nicht, dass man mit *Sandelin* 1976, 37, von einer zweiten Einhauchung des Pneuma durch die Sophia ausgehen muss. Dafür gibt es im Text keinerlei Anhaltspunkte.

[153] Vgl. *Brandenburger* 1968, 149f Anm. 2, *Sellin* 1986, 107.

[154] Vgl. *Sellin* 1986, 107 und 109: „Die reine Verwirklichung des himmlischen Menschen ist der ‚Vollkommene', der bildlich seinen Körper verläßt, ‚in nüchterner Trunkenheit' sich dem wahren Sein hingibt, dessen Nous sich also im Himmel aufhält." Es kann auch der vom Pneuma Inspirierte sein, dessen Nous ausgeschaltet ist, so dass er nur vom Pneuma erfüllt ist. Vgl. ebd. 134: „Insofern der Prophet Modell der Erlösten und Vollkommenen ist, kann man nun sagen, daß Vollkommenheit in der Ausschaltung des Menschlichen überhaupt besteht. Der Erlöste ist nicht mehr Leib und Seele, σῶμα und νοῦς, sondern Pneuma. Ja, er ist kein Mensch mehr, sondern ein höheres Wesen." Letzteres ist m.E. zu bezweifeln. Der Mensch bleibt Mensch, auch wenn er geistig im Pneuma oder Logos aufgeht.

[155] Nach *Brandenburger* 1968, 151, ist die Denkfigur des irdischen Nous ein Beleg für weisheitliche Tradition im Hintergrund, denn nur so sei die Vorstellung eines negativ vorgestellten irdischen Nous im Vergleich zur platonisch-griechischen Tradition zu erklären.

[156] Weil hier nicht nur der Körper, sondern auch der Nous negativ bewertet werde, spricht *Sellin* 1986, 130.154, von einem ganzheitlichen Menschenbild Philos, das dem paulinischen nahe komme. Im Unterschied zu Paulus besitzt das Soma bei Philo aber keine soteriologische Relevanz.

Aufschlussreich für diese Interpretation ist auch LA I.53.54: Philo behandelt hier das Problem, welchen der beiden Menschentypen Gott in den Garten Eden – hier Symbol der Weisheit – setzt. Seine Antwort geriert sich wieder aus der Unterscheidung zwischen dem gebildeten und dem geschaffenen Menschen: Beide „Anthropoi" befinden sich im Garten, aber nur der gottebenbildliche, nach der göttlichen Idee geschaffene Mensch (ὁ κατὰ τὴν εἰκόνα καὶ τὴν ἰδέαν γεγονώς) erhält auch die Rolle des „Gärtners", des Pflanzers, Bearbeiters und Bewahrers der Tugenden. Das bedeutet für Philo: Er erinnert sich ihrer und setzt sie in die Tat um, während der „gebildete" Mensch ([Anm. S.L.: ὁ ἄνθρωπος] πεπλασμένος) zwar in die Lehren der Tugend eingeführt wird, aber sofort die Flucht vor ihnen ergreift. Aus diesem Grund – also wegen der Einstellung zur Tugend – nimmt Gott den geschaffenen Menschen in das Paradies auf, während er den anderen, gebildeten, von dort vertreibt.

Der geschaffene (ὃν ἐποίησε), gottebenbildliche Mensch aus Gen 1,27 wird nun als der mit geistigen Gaben beschenkte identifiziert: Er besitzt eine schnelle Auffassungsgabe (εὐθιξία) – nur so gelangt er zur Tugend; er ist mit Ausdauer (ἐπιμονή) gesegnet – d.h. er übt diese Tugenden auch aus; und er bewahrt die Lehren der Tugenden im Gedächtnis (μνήμη). Der „gebildete" Nous (ὁ πλαστός [Anm. S.L.: νοῦς])[157] dagegen ist allein mit einer schnellen Auffassungsgabe ausgestattet: Er gelangt also ins Paradies, kann aber nicht dauerhaft dort verweilen.

Der gottebenbildliche Mensch ist an dieser Stelle mit weisheitlichen Kategorien verknüpft, er ist der Gottes Vorstellung entsprechende tugendliebende Idealmensch, der dem „gebildeten" Menschen bzw. Nous, der die Tugenden verschmäht, gegenübergestellt wird. Es wird deutlich, dass es sich bei diesen beiden Menschen- oder Geisttypen um den „Menschen, wie er ist" und den „Menschen, wie er sein soll", handelt.[158] Leben (ζωή) bedeutet in diesem Kontext also 'die Verwirklichung der wahrhaften Tugend, des vollkommenen Guten, das im Menschen abdruckhaft angelegt ist' (LA I.59.60.61). Den göttlichen Hauch zum Pneuma werden zu lassen – das ist die Aufgabe des Menschen, die er durch die Umsetzung der Tugenden erreichen kann.[159]

Der Typus des gottebenbildlichen „Vollkommenen" wird auch in LA I.90-95 behandelt: Nachdem Philo in LA I.88-90 die bereits bekannte Aus-

---

[157] Auch hier scheint also noch der Bezug auf den Nous nachzuwirken.

[158] Vgl. auch *Sellin* 1986, 109.

[159] Vgl. *Völker* 1938, 334, der den Zusammenhang von Gottebenbildlichkeit und Tugendforderung beschreibt. Vgl. dazu auch *Willms* 1935, 66: „Der Eindruck ist schon jetzt stark, daß Kosmo- und Anthropogonie [...] in der Hauptsache Vorwände zur Aufrollung einer Axiologie des Geistes und des moralisch-religiösen Lebens sind." Von „Vorwänden" würde ich allerdings nicht sprechen. Vielmehr handelt es sich um die anthropologische und kosmische Fundierung der Tugendvorstellung.

legung von den beiden Anthropoi als zweier verschiedener Nous wieder aufgenommen hat, behandelt er nun unter dieser Voraussetzung das Gebot aus Gen 2,16f: Zunächst geht es ihm um die Frage, zu welchem der beiden „Anthropoi" Gott spricht. Den hier erstmals genannten Adam identifiziert er aufgrund seines Namens mit dem gebildeten Menschen (ὁ πλαστὸς ἄνθρωπος) bzw. mit dem vergänglichen, erdhaften Nous (ὁ γήϊνος καὶ φθαρτὸς νοῦς). Dieser, der in Gen 2,20 allen Lebewesen Namen gibt, konnte sich selbst nicht benennen, weil der menschliche Nous unfähig ist, sich selbst und seine Herkunft zu erkennen. Und wer das Wesen seiner Seele (τῆς ἰδίας ψυχῆς τὴν οὐσίαν) nicht erkennt – so Philo – der kann auch Gott, der als Weltseele (τῶν ὅλων ψυχή) vorgestellt ist (κατὰ ἔννοιαν), nicht aus eigener Kraft erkennen.

Dieser erdhafte Nous muss aus diesem Grund auch ermahnt werden, denn ohne Lehre mangelt es ihm an Einsicht. Der gottebenbildliche Nous dagegen besitzt die Tugend „automatisch" (αὐτομαθῶς), d.h. ohne äußeres Zutun wie z.B. durch Vorschriften (προτροπή). Dieser gottebenbildliche Mensch ist also der Gottes Vorstellung entsprechende himmlische Idealmensch als Vorabbild des vollkommenen, tugendhaften Weisen, der der Weisheit intuitiv angehört.[160] Der irdisch-vergängliche Nous aber benötigt Vorschriften und Ermahnungen, um sich dem Ideal des gottebenbildlichen Nous anzunähern (vgl. LA I.93f).[161]

Da es gemäß Gottes Bestimmung in Gen 2,18 für den Menschen nicht gut ist, alleine zu sein, sehnt sich der gottebenbildliche Menschentyp (τὸ κατὰ τὴν εἰκόνα γεγονός [Anm. S.L.: γένος]) nach LA II.4 immer nach seinem Urbild (εἰκὼν ἀρχέτυπος), also der eigentlichen εἰκὼν θεοῦ, dessen Abbild (μίμημα) er ist. Es liegt nahe, diese εἰκὼν θεοῦ mit dem göttlichen Logos zu identifizieren, da auch der Idealmensch aus opif. 134 als ἄνθρωπος κατὰ τὴν εἰκόνα und nicht als εἰκών selbst angesprochen wurde. Das würde weiterhin mit den Aussagen aus opif. 25, spec. I.81, QG II.62, LA III.96f, conf. 63.148 übereinstimmen, wo der Logos als εἰκὼν θεοῦ bezeichnet wird. Der gottebenbildliche Mensch ist daher an dieser Stelle der als Nachahmung des göttlichen Logos geschaffene und sich nach ihm sehnende Menschentyp, die eigentliche εἰκὼν θεοῦ dagegen der 'göttliche Logos als Archetyp des vollkommenen Idealmenschen'. Diese Bedeutung entspricht wiederum εἰκών in conf. 63.146-148.

---

[160] Beispiel für einen solchen Menschen ist Isaak, die εἰκών der „automatischen", also einer Art intuitiven, „natürlichen" Weisheit (τῆς αὐτομαθοῦς σοφίας εἰκών, vgl. Deus 4).

[161] Philo unterscheidet hier zwischen dem schlechten (φαῦλος), dem geschickten (κατορθωμάτος) bzw. eifrigen (σπουδαῖος) und dem mittleren (μέσος) Nous, der weder das eine noch das andere ist.

Philo würde also an dieser Stelle eigentlich drei (statt sonst zwei) „Bild-stufen" unterscheiden: den Logos als Bild Gottes; den himmlischen Men-schen als Bild des Logos; den irdisch-pneumatischen Menschen als Bild des himmlischen Menschen. Diese Unterteilung ist aber wohl nicht dogma-tisch zu verstehen, sondern soll darauf hinweisen, dass das Ideal des gott-ebenbildlichen Menschen durch die Orientierung auf den Logos zu errei-chen ist. In conf. 146-148 fallen dann auch beide Größen, der Logos als Eikon und der himmlische Mensch also gottebenbildlicher Mensch, zu-sammen.

Die Verbindung von gottebenbildlichem Menschen und pneumatischer Seele wird auch in plant. 44 angedeutet: Zunächst stellt Philo fest, dass nicht der nach dem Bilde Gottes geprägte Mensch (ὁ κατὰ τὴν εἰκόνα τυπωθείς ἄνθρωπος), also offensichtlich der Mensch nach Gen 1,27, in das Paradies (παράδεισος) gesetzt wird, sondern der gebildete (ὁ πεπλασμένος [Anm. S.L.: ἄνθρωπος]) – also der Mensch nach Gen 2,7.

Der gottebenbildliche Mensch ist der durch πνεῦμα[162] geprägte Mensch (ὁ μὲν γὰρ τῷ κατὰ τὴν εἰκόνα θεοῦ χαραχθεὶς πνεύματι), und ihn setzt Philo gleich mit dem Baum, der das unsterbliche Leben trägt (τὸ τὴν ἀθάνατον ζωὴν καρποφοροῦν δένδρον), d.h. mit dem Baum des Lebens (τὸ ξύλον τῆς ζωῆς) inmitten des Paradieses (ἐν μέσῳ τοῦ παραδείσου).[163]

Schließlich sind beide, also der gottebenbildliche Mensch und der Le-bensbaum, unvergänglich und daher des zentralen, führenden Teiles wür-dig (ἄμφω γὰρ ἄφθαρτα καὶ μοίρας τῆς μεσαιτάτης καὶ ἡγεμονικωτάτης ἠξίωται). Auf die Bedeutung dieser Aussagen kommt Philo später zu sprechen.

Der gebildete (πεπλασμένος) Mensch ist dagegen gleichzusetzen mit dem vielgemischten und erdhaften Körper (τοῦ πολυμιγοῦς καὶ γεωδεστέρου σώματος), der der nicht „gebildeten" und einfachen Natur nicht teilhaftig ist (ἀπλάστου καὶ ἁπλῆς φύσεως ἀμέτοχος), denn den Vorhof und das Haus des Herrn kann nur der Geübte bewohnen (ἧς ὁ ἀσκητὴς ἐπίσταται τὸν οἶκον καὶ τὰς αὐλὰς [τοῦ κυρίου] οἰκεῖν μόνος). Der „gebildete" Mensch aber besitzt eine mannigfaltige und aus vielerlei zusammengesetzte und gebildete Ausstattung (πο-λυτρόπῳ δὲ καὶ ἐκ παντοίων συνῃρημένῃ καὶ πεπλασμένῃ διαθέσει χρώμενος).

---

[162] Das Wort bezeichnet die 'den menschlichen Geist prägende, unsterbliches Leben schenkende göttliche Kraft'.

[163] Der Ausdruck ζωή bezieht sich also auf die 'unsterbliche, gottebenbildliche, pneumatische Existenz des Menschen'. Dazu passt auch der weitere Kontext, in dem ζωή wie in plant. 36-37 die 'unsterbliche Existenz in vollkommener Glückseligkeit, zu der die menschliche Vernunft durch die Tugend geführt wird' bezeichnet.

In das Paradies pflanzt Gott nun den mittleren Nous (ὁ μέσος νοῦς). Dieser wird durch verschiedene Kräfte immer in entgegengesetzte Richtungen gezogen und ist dazu bestimmt, zwischen diesen zu unterscheiden (ὁλκοῖς πρὸς τἀναντία κεχρημένος δυνάμεσιν ἐπὶ τὴν διάκρισίν τε αὐτῶν ἀνακληθείς). Das heißt: Der Mensch soll die in ihm ringenden, nach „oben" und „unten" ziehenden Seelenkräfte erkennen, sie unterscheiden und dann das Richtige und Beste wählen. Nur im Falle der richtigen Wahl winken ihm Unsterblichkeit und Ruhm (ἀθανασία καὶ εὐκλεία) als Belohnung. Wählt er das Schlechte, wird er durch einen schimpflichen Tod (ψεκτὸς θάνατος) bestraft. Mit Blick auf den mit dem Lebensbaum gleichgesetzten Menschen könnte man sagen, dass der mittlere Nous sich bemühen soll, zum gottebenbildlichen Menschen und damit unsterblich zu werden.

3.2.3. Der gottebenbildliche Idealmensch als soteriologisches Vorabbild des Menschen

Vergleicht man nun die Bedeutung des gottebenbildlichen Idealmenschen in opif. 134 mit dem himmlischen Idealmenschen in LA I.31ff und plant. 44, so kann man zumindest funktional von einer Identität beider Figuren ausgehen. Ein Unterschied besteht v.a. durch ihre Kontextualisierung: In opif. 134 geht es allein um die protologische Fundierung des menschlichen Idealbildes, das im Kontext der platonischen Ideenlehre zu verorten ist. In den Belegen aus dem Allegorischen Kommentar steht die Allegorie der Seele im Vordergrund, mit deren Hilfe Philo die Aussagen der Schrift als Hinweise auf anthropologische Sachverhalte interpretiert.

Insofern diese anthropologischen Interpretationen auch Hinweise auf die eigentliche Bestimmung des Menschen und damit seine Erlösung liefern, besitzen sie soteriologische Bedeutung. Allerdings kommt dem himmlischen Anthropos an sich keine vermittelnde Kraft zu, wohl aber dem göttlichen Pneuma, das dem Menschen überhaupt erst die Möglichkeit zur Verwirklichung seiner Gottebenbildlichkeit gibt. Während Philo also im Allegorischen Kommentar über diesen Weg vom irdisch-pneumatischen zum gottebenbildlichen Nous bzw. Anthropos handelt, deutet er diese Vorstellung in opif. 134 nur dadurch an, dass der gottebenbildliche Idealmensch die protologische Bestimmung des irdischen Menschen darstellt.

Fasst man die Einzelbedeutungen zusammen, dann bezeichnet die Figur des gottebenbildlichen Menschen den Idealmenschen als protologisches und soteriologisches Vorabbild des vollkommenen Weisen. Das ethische Idealbild des vollkommenen Weisen ist also auf diese Weise anthropolo-

gisch und protologisch fundiert.[164] Die Soteriologie ist damit in der Anthropologie und Protologie – und interessanterweise nicht in der Eschatologie, wie z.B. in SapSal – begründet.[165] Dieser Ebenbildlichkeitsbegriff ist
durch seine Bedeutungsverwandtschaft mit πνεῦμα[166] und ζωή[167] gekennzeichnet[168] – und nicht zuletzt deshalb ist er mit dem in SapSal entwickel-
ten Ebenbildlichkeitsbegriff verwandt: Auch dort geht es darum, die in der
Schöpfung angelegte potentielle Gottebenbildlichkeit durch ein an der
Weisheit und Gerechtigkeit Gottes orientiertes Leben zu verwirklichen, um
das wahre Leben, die unvergängliche Existenz bei Gott, zu erlangen.

3.2.4. Die Beziehung zwischen gottebenbildlichem Idealmensch und gottebenbildlichem Logos-Anthropos

Vergleicht man die Figur des gottebenbildlichen (himmlischen) Idealmen-
schen mit den philonischen Aussagen über den gottebenbildlichen Logos-
Anthropos in conf. 63.146-148, stellt sich die Frage nach ihrer Beziehung.
Ist es möglich, beide Größen miteinander zu identifizieren oder handelt es

---

[164] Vgl. dazu *Jervell* 1960, 60f: „Eine Lehre von dem Urmenschen oder dem ersten
Menschen führt Philo hier nicht vor; sondern die Gottebenbildlichkeit dient ihm nur dazu, die Möglichkeit der Gotteserkenntnis klarzulegen. Das wiederum heißt, daß die Gottebenbildlichkeit gut gnostisch eine soteriologische Bedeutung hat. [...] Die von Gott
stammende Ebenbildlichkeit dient dazu, daß der Mensch befähigt wird, den pneumatischen Weg, den ‚Königsweg' zu wandern". Jervells Deutung dieses pneumatischen Weges ist ebd. 62 allerdings deutlich von seiner gnostischen Philodeutung geprägt: „Der
pneumatische Weg oder der Königsweg ist also [...] ein mystisch-intellektualistischer
Erkenntnisakt, der sich in mystischem Schauen und in der Ekstase vollzieht. Somit heißt,
den pneumatischen Weg zu gehen, das Pneuma als himmlischen Teil in uns zu betrachten." Dagegen ist einzuwenden, dass die Erlösung des Menschen keineswegs schon in der
Erkenntnis des Pneuma als dem himmlischem Teil in sich liegt, sondern dass sie sich erst
in der Umsetzung dieser Anlage vollzieht. Diese ethische Komponente des philonischen
Ebenbildlichkeitskonzepts erkennt zwar auch *Jervell* ebd. 63f, aber sie steht nicht neben
der „gnostischen" Vorstellung, sondern sie ist notwendige Folge der anthropologischen
und soteriologischen Fundierung der Gottebenbildlichkeit.
[165] Vgl. *Sellin* 1986, 113: „Wie Adam (der irdische Nous) πνοή (substantiell =
πνεῦμα θεοῦ) erhielt und dadurch potentiell zu einem wahren lebendigen Wesen wurde,
so kann der irdische Mensch durch das Pneuma unsterblich werden. Als *Schöpfungsaus-
sage* ist dies *potentiell* gemeint, als *soteriologische* Aussage *aktuell*."
[166] In der Bedeutung: 'Leben schaffende, kosmische Wirkkraft Gottes, die der menschlichen Seele bei der Schöpfung eingegeben wird und ihm die Verwirklichung seiner
Gottebenbildlichkeit ermöglicht'.
[167] In der Bedeutung: 'Die durch das Pneuma gegebene Möglichkeit zur Verwirklichung der Gottebenbildlichkeit'.
[168] Eine Bedeutungsverwandtschaft mit σοφία besteht im weiteren Kontext in her.
56.57, v.a. durch die Bedeutungsverwandtschaft von πνεῦμα und σοφία. Eine Bedeutungsverwandtschaft mit λόγος liegt nur in plant. 19.20 vor.

sich um voneinander unterschiedene Denkfiguren?[169] Damit verbunden ist
die Frage, ob die vollkommene Entsprechung des Idealmenschen, also der
vollkommene Weise, zum Logos bzw. zu einem Teil des Logos werden
kann.[170]

Besonders aufschlussreich ist hier die Beobachtung, dass der Logos in
conf. 146-148 einerseits wie der himmlische Anthropos als κατ᾽ εἰκόνα
ἄνθρωπος, andererseits aber auch als θεοῦ εἰκών bezeichnet wird. Seine
kosmische Mittlerfunktion als θεοῦ εἰκών ist also an dieser Stelle mit
seiner kosmischen Vorbildfunktion als κατ᾽ εἰκόνα ἄνθρωπος identisch.[171] Nicht umsonst geht es im Kontext darum, als Mensch zum Sohn

---

[169] Für eine Gleichsetzung von Logos und himmlischem Anthropos vgl. *Willms* 1935,
107-112, *Eltester* 1958, 39-41, *Scroggs* 1966, 116, *Tobin* 1983, 111.141. Gegen eine
Gleichsetzung von Idee-Mensch und Logos votiert *Jervell* 1960, 65, da der Idee-Mensch
im Gegensatz zum Logos keine Mittlerfunktion besitze. Vgl. auch ders. 1980, 494, *Schaller* 1961, 92, *Sandelin* 1976, 45.66 Anm. 191. Dagegen *Sellin* 1986, 103 Anm. 87: Demnach interpretiert *Jervell* die doppelte Menschenschöpfung in LA fälschlicherweise aus
der Perspektive von opif., also platonisch. Vgl. auch 113 Anm. 108. Einen weiteren
Grund für die strikte Trennung *Jervells* zwischen platonischem Idee-Mensch und Logos-
Figur sieht *Sellin* ebd. 173 zu Recht in dessen traditionsgeschichtlicher Prämisse: „Jervells traditionsgeschichtliche Differenzierung von Philos Idee-Menschen und gnostischem Logos-Wesen hat sowohl das Verständnis für Philos Denkweise verbaut, als auch
die Lösung des exegetischen Problems für 1Kor 15,45f. verhindert. Für Philo sind Idee
und Dynamis gerade nicht zu trennen." *Sellin* macht dagegen die soteriologische Funktion der Anthroposfigur stark, geht aber insofern zu weit, als er nicht nur den Logos vollständig mit dem himmlischen Menschen identifiziert, sondern auch Logos-Anthropos und
irdisch-vollkommenen Menschen gleichsetzt.

[170] Für eine Gleichsetzung optiert neben *Willms* 1935, 107-112, *Eltester* 1958, 57, und
Mack 1972, 33 (Mose als Verkörperung des Logos) sowie 1973, 187, in jüngster Zeit
Sellin 1986, z.B. 173: „Der Mensch auf seiner höchsten Stufe wird nicht nur etwas zeitlos
Seiendes (daher ontologische Begründung), sondern zugleich Heilsgestalt, durch die Gott
sein Heilswirken vermittelt (wie die ganze Schöpfung ja wirkende Güte Gottes ist)." Die
Kontroverse zur Frage ist abgebildet in den Beiträgen *Sellins* und *Zellers* in *Deines; Nie-
buhr* 2004. Die Frage besitzt Auswirkungen auf die Rekonstruktion der korinthischen
Christologie, die *Sellin* 1986, 173f mit Hilfe der philonischen Anthropos-Figur versucht:
„Christus ist als der Weise schlechthin zum Führer der Seinen, zu einem Logos geworden. Als einer, der das Irdisch-Vergängliche überwand, ist er die Idee des Menschen, der
wahre, seiende ,Mensch' geworden – und damit zugleich Heilbringer für die übrigen
Menschen. Kurz: die philonische Verbindung von pneumatischem Anthropos und Logos
steht hier im Hintergrund."

[171] Besonders in der älteren Exegese brachte man diese Identifikation von Logos und
Anthropos mit der Gnosis in Verbindung, vgl. *Jervell* 1960, 57f, *Eltester* 1958, 39f.120,
Willms 1935, 80f. Diese traditionsgeschichtliche Ableitung aus einem gnostischen
Anthropos-Mythos ist seit *Colpe* 1961 und *Schenke* 1962 obsolet, und die heute vorherr-
schende Skepsis gegenüber einem vorchristlichen Gnostizismus spricht ebenfalls dagegen, eine diesbzgl. Abhängigkeit Philos zu vermuten. Es ist daher viel wahrscheinlicher,
eine exegetische Entwicklung anzunehmen, bei der die Bezeichnung des Logos als
εἰκών θεοῦ mit der Vorstellung vom gottebenbildlichen Idealmenschen überblendet

des Logos, also zum Sohn Israels, bzw. wie der Logos zum Sohn Gottes zu werden. Der Logos kann also mit dem himmlischen Menschen identifiziert werden. Das bedeutet aber nicht, dass umgekehrt hinter dem himmlischen Menschen in allen Kontexten die Logosfigur steht und der himmlische Mensch also die Funktion des Logos übernimmt. Berücksichtigt man, dass nach opif. 25 der Logos alle Ideen enthält, könnte man sich vorstellen, dass der himmlische Mensch eigentlich einen Teilbereich des Logos, aber keine davon unabhängige aktive Größe darstellt. Durch die starke Personalisierung der Logosfigur in conf. 63.146-148 würde dann dieser Teilbereich mit dem Ganzen (*pars pro toto*) gleichgesetzt, also die Eigenschaften des himmlischen Menschen auf den Logos, aber nicht umgekehrt die Eigenschaften des Logos auf den himmlischen Menschen übertragen.

Gelingt es einem Menschen, dem himmlischen Idealmenschen zu entsprechen und zu einem Sohn Gottes bzw. vollkommenen Weisen zu werden, ist er insofern mit diesem identisch, als er dessen irdische Realisierung darstellt und wie der Logos in einer direkten Gottesbeziehung steht[172]. Geht man nun weiterhin davon aus, dass der himmlische Anthropos einen Teilbereich des Logos darstellt, dann kann man den vollkommenen Weisen als teilidentisches irdisches Gegenstück zum Logos auffassen. Der Weise geht also im Logos auf, aber trotzdem bleibt der Logos die umfassendere Größe, denn er ist eine kosmische Figur. Der vollkommene Weise aber wird nicht zum kosmischen Menschen, sondern bleibt Mensch, wenn auch vollkommener Mensch. Vielleicht könnte man mit Noack formulieren: „Der Inspirierte erfährt sich als kosmos- und logosförmig."[173] Diese Erfahrung des Menschen bedeutet aber nicht, dass er selbst zur kosmischen Figur und damit zu einer Art Mittlerwesen wird. Er bleibt Entsprechung.[174]

---

wurde. So z.B. *Tobin* 1983, 25.141. Vielleicht hat auch die Identifizierung des Logos mit Israel hierbei eine Rolle gespielt, denn auf diese Weise konnte Philo die kosmische Funktion des Logos mit der kollektiven und ideal-individuellen Größe verbinden. Vgl. *Mack* 1973, 188-191, ders. 1972, 32.

[172] Vgl. *Willms* 1935, 109: „Wer des Mittlers nicht mehr bedarf, steht im gleichen Range wie er." Das bedeutet aber nicht, dass er mit diesem identisch ist.

[173] *Noack* 2000, 229.

[174] Insofern stimme ich mit *Zeller* 2004, 159, gegen *Sellin* 2004, 1982, 1986 (z.B. 142), überein: „Bekanntlich heißt er [Anm. S.L.: der Logos] so [Am. S.L.: ἄνθρωπος θεοῦ] als das göttliche Ebenbild und das geistige Prinzip im Menschen, das wie bei Plato den ‚wahren Menschen' ausmacht. Es ist der Mensch, wie Gott sich ihn vorstellt, nicht der Mensch, der sich Gott zueignet. Während der Typ des ‚Menschen Gottes' sozusagen in einer existentiell aufsteigenden Linie zu stehen kommt, hat der Logos als ‚Mensch Gottes' seinen Platz zunächst in der vom Urbild zum Abbild führenden Bewegung der Konstitution des menschlichen Geistes. Er meldet sich im konkreten Menschen v.a. als Gewissen (ἔλεγχος). [...] Deshalb verschmilzt aber der konkrete Mensch niemals mit diesem ἄνθρωπος θεοῦ. Dieser steht ihm als überführende Instanz gegenüber."

Die soteriologische Funktion der Anthroposfigur besteht dann darin,
dass sie die Vorabbildung der Erlösung des Menschen darstellt. Der protologisch fundierte gottebenbildliche Anthropos ist die Bestimmung des
Menschen, die es zu erreichen gilt. Er ist kein aktiver Mittler.

3.2.5. Die Verwandlung des irdischen Menschen zum gottebenbildlichen Menschen durch Identifikation mit Israel

Die Vorstellung vom gottebenbildlichen Logos, der die Idee des gottebenbildlichen Menschen enthält, kann man auch auf das Schriftverständnis
Philos übertragen: Im ἱερὸς λόγος, der Schrift, sind demnach die gottebenbildlichen Idealmenschen, z.B. in den Patriarchen oder Mose, bereits
vorgezeichnet.[175] Das grundlegende Muster der philonischen Soteriologie
liegt daher nach Mack in einer Kombination des statischen Urbild-Abbild-
Schemas mit dem dynamischen Wegschema. Auf diese Weise entsteht eine
Bewegung, die die Rezipienten vom Abbild zum Urbild führen und sie auf
diese Weise verwandeln soll:

„The paradigm is static. If it is grasped as a whole, one can understand his own place
within the total scheme of things. It is also dynamic. If it is followed, one can find his
place on the way, drawn on perhaps toward the *telos* of full realization of his in-
heritance."[176]

Die Verwandlung des Menschen zum Ebenbild Gottes geschieht also nicht
zuletzt durch die Erkenntnis der „[...] correspondance of Israel's story with
one's own life [...]"[177]. Wer also bereit ist, in Israels Geschichte den Weg
der Erlösung zu sehen und sich auf den Weg macht, dem Israel-Logos zu
folgen, der wird zum Sohn Israels und und damit zum Kind Gottes.[178]

---

[175] Vgl. *Mack* 1973, 193: „So wird die Schrift zum Orakel, zum ἱερὸς λόγος, dessen
Geheimnisse eben die richtigen Lehren über die Väter, über die geistigen Dinge, über das
wahre Wesen Israels sind. So zeigt sich, dass die Gemeinde Philos auf dem Wege der
Weisheit unter der Leitung des Logos wandelt."

[176] *Mack* 1972, 40f. Er arbeitet diese Schema in seinem Aufsatz heraus.

[177] *Mack* 1972, 34f. Vgl. auch *Noack* 2000, 234f: „Für Philo ist die Tora das eigentliche Mysterium, die Offenbarungsschrift, durch deren rechte Lektüre die Vollkommenheit
und das wahre Bewußtsein erreicht werden kann." Es gehe Philo um das „*soteriologische
Lesen der Tora selbst*" (ebd. 234). *Kaiser* 1974, 212, deutet die Schriftauslegung bei
Philo nach dem Muster der Mysterien, zu denen nur Eingeweihte Zugang haben.

[178] Der Israel-Begriff ist daher universalistisch gefasst. Vgl. *Mack* 1973, 188: „Anders
als in der Apokalyptik, in der Israel auf eine innerste Gruppe konzentriert und von der
Welt bis zu den letzten Tagen abgegrenzt wird, wird in der Weisheitstradition das Volk
des Gesetzes eben gemäß der Breite und der kosmischen Gültigkeit des Gesetzes
(=Weisheit) spiritualisiert und kosmisiert verstanden." *Hegermann* 1961, 86, vermutet
daher eine missionarische Absicht bei Philo: „In Wirklichkeit will er [Philo] heidnische
Zuhörer dazu gewinnen, sich Israels Gottessohnschaft oder wenigstens der nachgeordne-

4. Fazit: Alexandrinische Eikon-Theologie

Der gemeinsame Herkunftsort der beiden untersuchten Textkorpora lädt dazu ein, nach einer darin zum Ausdruck kommenden alexandrinischen εἰκών-Theologie zu fragen: Beiden Konzepten gemeinsam ist die Vorstellung, dass die Gottebenbildlichkeit sowohl den Menschen als auch das göttliche Immanenzprinzip, sei es Weisheit, Pneuma oder Logos, betrifft. Die Verwirklichung der menschlichen Gottebenbildlichkeit besteht in der Entsprechung von Mensch und göttlich-geistigem Immanenzprinzip.[179]

SapSal zeichnet den gottebenbildlichen Menschen daher einerseits als leidenden Gerechten, dessen Partizipation an der Gerechtigkeit sich durch seine Unvergänglichkeit erweist; andererseits ist der gottebenbildliche Mensch der Weise nach dem Vorbild Salomos, der mit Hilfe der göttlichen Sophia bzw. dem Pneuma seine Aufgabe, Gottes Willen auf Erden zu entsprechen, erfüllen kann.

Die Teilhabe am göttlichen Immanenzprinzip geschieht nur über den geistigen Teil des Menschen. Aus diesem Grund bezieht sich auch die Gottebenbildlichkeit nur auf diesen geistigen Teil, der Körper spielt hierbei keine Rolle.[180]

Auch bei Philo bezieht sich die Gottebenbildlichkeit auf den weisen Menschen. Dieser Mensch gebraucht seinen nach dem Bilde des Logos geschaffenen Intellekt dazu, Gott zu suchen. Durch diesen Gott gemäßen Gebrauch seiner geistigen Kräfte partizipiert er am Logos bzw. der Weisheit, also Gottes unmittelbarem Ebenbild. Diese Partizipation bedeutet gleichzeitig die Verwirklichung seiner schöpfungsgemäßen pneumatischen Begabung mit dem Ziel, dem gottebenbildlichen himmlischen Idealmenschen zu entsprechen. Kommt es zu einer Identität von himmlischem Idealmensch und irdisch-pneumatischem Menschen, hat der Mensch seine

---

ten Logossohnschaft anzuschließen, d.h. sich zum biblischen Monotheismus und zu der an ihn geknüpften Verheißung zu bekehren."

[179] Diese Feststellung läuft konträr zu *Tobins* Einschätzung der Traditionsgeschichte: „However, the specific exegetical traditions about the creation of man which we are dealing with have practically no parallels with the Wisdom of Solomon and certainly no close parallels" (*Tobin* 1983, 86). Ich sehe dagegen starke Parallelen.

[180] Das gilt auch für die Bedeutung von εἰκών bei Pseudo-Phocylides (vgl. PsPhoc 106), dem Verfasser eines weisheitlichen Spruchgedichtes, als dessen wahrscheinlichster Entstehungsort vielen Exegeten Alexandria gilt. (Vgl. für die Einleitungsfragen *van der Horst* 1978, v.a. 81-83, ders. 1985, 567f, *Collins* 1998, 158, *Walter* 1983, 182-193, *Derron* 1986, v.a. 65f, *Wandrey* 2003, *Wilson* 2005, 3-63, u.a. 12f.144f). Der Ausdruck εἰκών ist hier bedeutungsverwandt mit ψυχή und πνεῦμα (vgl. *Wilson* 2005, 146) und referiert auf 'die menschliche Seele als von Gott geschenktes, unsterbliches Pneuma, das nach dem Tod wieder zu Gott zurückkehrt'. Das mit εἰκών verbundene Konzept der Gottebenbildlichkeit ist hier also universal angelegt und zumindest nicht explizit – wie in SapSal und Philo – allein auf die Gerechten und Weisen bezogen.

Gottebenbildlichkeit verwirklicht und ist zu einem Teil des göttlichen Immanenzprinzips geworden.

Es versteht sich von selbst, dass die Gottebenbildlichkeit sich auch hier auf den geistigen Teil des Menschen bezieht und der Körper soteriologisch irrelevant ist: Nicht von ungefähr fungieren Wörter, die den Bereich des Körperlich-Irdischen, des Sinnlich-Wahrnehmbaren, bezeichnen, bei Philo oft als Antonyme zu εἰκών.[181]

Man ist versucht, hinter dieser Verneinung des Körperlichen in den alexandrinischen Texten eine Reaktion auf die Situation der Diaspora zu sehen, die sich durch diese Verinnerlichung aus der somatischen, der sichtbaren und öffentlichen Umwelt, zurückzieht, um das Wirken des Gottes Israels einerseits universalisieren zu können und es andererseits vom Wohl des „äußerlichen" Somas unabhängig zu machen (so v.a. SapSal). Weiterhin ist zu vermuten, dass eine solch spiritualisierte Art der Frömmigkeit für eine philosophisch gebildete Umwelt weniger anstößig wirkte, als dies vielleicht bei einer stark „körperbetonten" und damit auch sichtbaren Religiosität der Fall ist.

Ein wesentlicher Unterschied zwischen der Gottebenbildlichkeit in SapSal und Philo besteht in der transzendent-eschatologischen Ausrichtung v.a. des ersten Teils der SapSal. So erweist sich die Gottebenbildlichkeit erst nach dem Tod des Menschen, wenn seine Seele bei Gott weilt und er am Endgericht teilnehmen darf, in dem sich die Gerechtigkeit Gottes erweist. Demgegenüber ist die Gottebenbildlichkeit bei Philo zeitlos angelegt.

Dieser Unterschied hängt damit zusammen, dass sich der erste Teil der SapSal auf die Gerechtigkeit Gottes konzentriert, die erst im Eschaton ihre Erfüllung findet. Dagegen stellen Logos, Sophia oder Pneuma zeitlose kosmische Prinzipien dar. Diese Differenz macht einmal mehr deutlich, dass die verschiedenen Ebenbildlichkeitsvorstellungen mit unterschiedlichen Vorstellungen über das göttliche Wirkprinzip auf Erden zusammenhängen.

Diese Beobachtung wird sich auch für Paulus als relevant erweisen: Bei ihm lässt sich das Schema der Entsprechung und Partizipation von Mensch und göttlichem Ebenbild ebenfalls entdecken, aber im Unterschied zur alexandrinischen Eikon-Theologie spielt hier auch das Soma eine Rolle, insofern der christusebenbildliche Mensch eine somatische Größe darstellt.

---

[181] Zum philonischen Soma-Konzept vgl. *Sellin* 1986, 130-135.

Teil II

Das paulinische εἰκών-Konzept: Somatische Identität[1]

Obwohl Paulus den Ausdruck εἰκών ebenso wie die alexandrinischen Texte in enger semantischer Relation zu Wörtern wie πνεῦμα, ἀφθαρσία, ἀθανασία, φωτισμός, ζωή etc. gebraucht, stellt sich das paulinische εἰκών-Konzept im Vergleich doch recht unterschiedlich dar. Das zeigt sich v.a. an der Bedeutungsverwandtschaft von εἰκών und σῶμα, die dafür sorgt, dass die Bildlichkeit des Menschen bzw. Christi bei Paulus eine somatische Komponente erhält.

Zudem leitet Paulus die Christusebenbildlichkeit des Menschen – anders als z.B. Philo im Falle der Logosebenbildlichkeit – nie eindeutig aus Gen 1,26f ab: Vielmehr lässt der Bezug auf die prototypische Figur Christi auch einen Rekurs auf Gen 5,1.3, und damit auf Adam, möglich erscheinen. Anders als der philonische Logos oder die Weisheit ist Christus für Paulus also kein personalisiertes, kosmologisches Prinzip, sondern er ist der gekreuzigte und auferstandene „Stammvater" einer neuen Menschheit.

---

[1] Auch für diesen Teil müssen methodische Einschränkungen gemacht werden: So ist es hier nicht möglich, alle Bedeutungen aller Bedeutungsverwandten zu analysieren, d.h. auch solche Bedeutungen von Bedeutungsverwandten einzubringen, die nicht im unmittelbaren Kontext von εἰκών auftauchen. Das paulinische εἰκών-Konzept könnte also vermutlich noch um einige Bedeutungen erweitert werden, doch scheint mir ein solch exhaustives Vorgehen an dieser Stelle nicht notwendig.

Kapitel 1

Somatische Identität der ersten Schöpfung

Das Wort εἰκών wird von Paulus sowohl im Zusammenhang der Gott- oder Christusebenbildlichkeit (so in Röm 8,29, 1Kor 11,7; 15,49, 2Kor 3,18; 4,4) wie auch der Adamebenbildlichkeit des Menschen (1Kor 15,49) verwendet. Bereits diese Beobachtung lässt vermuten, dass εἰκών nicht in jedem Fall an eine positiv oder negativ konnotierte Bedeutung gebunden ist, sondern eine Zusammengehörigkeit zweier Größen zum Ausdruck bringt, ohne diese zu werten. Die Charakterisierung dieser Zusammengehörigkeit geschieht erst durch die Bestimmung des Objektes der Ikonizität, also durch die (meist im Genitiv stehenden) positiv oder negativ besetzten Attribute.

Zunächst soll es hier um die Bildhaftigkeit der dem Tode verfallenen ersten Schöpfung und damit v.a. um die Adamebenbildlichkeit des Menschen (vgl. 1Kor 15,49) gehen. Diese Zugehörigkeit zu Adam bedeutet für den Menschen, dass er an Adams Schicksal, d.h. an seiner Schwachheit, Sünde, Vergänglichkeit und schließlich an seinem (physischen) Tod, partizipiert. Der menschliche Körper fungiert als Medium dieser Zugehörigkeit zu Adam und wird daher in allen seinen Eigenschaften und Handlungen zur Ausdrucksfläche der adamitischen Ikonizität.

Etwas anders verhält es sich, wenn εἰκών sich auf das Aussehen eines Götzenbildes bezieht. Hier ist also nicht direkt das menschliche Soma mit im Spiel, sondern zunächst das Medium des materiellen Bildes. Dieses kann jedoch in einen verhängnisvollen Identitätszusammenhang mit dem menschlichen Soma treten, wenn die Menschen sich dem materiellen Bildkörper zuwenden und ihn an Gottes Stelle verehren. In diesem Fall wird das menschliche Soma zum Ausdrucksmedium einer widergöttlichen Beziehung, indem es sich zu allerlei widergöttlichen Handlungen hinreißen lässt. Diese hier bereits thetisch angeklungenen Beobachtungen sollen im Folgenden zur Darstellung kommen.

1. Somatische Identität von Mensch und Adam: 1Kor 15,49

Die Adamebenbildlichkeit des Menschen kommt in 1Kor 15,49 zur Sprache, wo sie der Christusebenbildlichkeit entgegengesetzt wird. Durch seine Ikonizität steht der Mensch in demselben Schicksalszusammenhang wie Adam: Sein Soma wird zum Medium der adamitischen Existenz, die durch Vergänglichkeit und Schwachheit geprägt ist.[1]

1.1. Makrokontext: Die Stellung von Kapitel 15 in 1Kor

Die Einordnung von Kapitel 15 als abgeschlossene Einheit mit dem Thema „Auferstehung" ist klar erkennbar. Der Textabschnitt erhält durch seine Position am Ende des ersten Korintherbriefes eine herausgehobene Stellung, die ihn gleichzeitig in Korrespondenz zum Anfang des Schreibens stellt. Während Paulus dort seine theologia crucis in Umkehrung des korinthischen Enthusiasmus zum Ausdruck bringt (vgl. 1Kor 1-4), geht es in Kapitel 15 um die zukünftige Verherrlichung des Menschen in der Auferstehung. Ebenso ausführlich und grundsätzlich, wie Paulus am Anfang das Kreuz hervorhebt, so betont er am Ende – gegen die Leugnung der Korinther (vgl. 1Kor 15,12) – die Auferstehung der Toten als eine Folge der Auferstehung Christi. Zwischen diesen beiden „Grundsatzreden" kommen die Anweisungen des Apostels zu allerlei Problemen und Vorfällen in der Gemeinde zu stehen (1Kor 5-14).

Man sieht also in der Makrostruktur des Briefes bereits einen Ausdruck der Theologie des Apostels, die in der Spannung zwischen gegenwärtiger, irdischer Kreuzesexistenz und der Gewissheit auf ein zukünftiges, himmlisches Leben in Herrlichkeit zu verorten ist. In diesem Kontext kommt auch die paulinische Bildtheologie zu stehen.

1.2. Mikrokontext: Gliederung und Argumentationsstruktur in 1Kor 15

Das Kapitel gliedert sich in zwei Teile, die durch das Thema der Christusebenbildlichkeit zusammengehalten werden: Aus der Auferstehung Christi folgt für Paulus zunächst grundsätzlich die Auferstehung der Christen; weiterhin impliziert die Körperlichkeit der Auferstehung Christi auch die Körperlichkeit der Auferstehung an sich.

---

[1] Vgl. dazu *Jervell* 1960, 266f. Gegen *Jervell* heißt das aber nicht, dass die Gottebenbildlichkeit durch den Sündenfall Adams verloren geht und also der Mensch in der Nachfolge Adams selbige nicht mehr besitzt. Vielmehr besitzt er sie wie Adam, verfehlt sie aber genauso wie Adam auch immer wieder. Gegen einen Verlust der Gottebenbildlichkeit votieren auch auch *Schrage* 2001, 311, *Larsson* 1962, 187, *Schwanz* 1974, 272 mit Anm. 72.276f, *Eltester* 1958, 163.

1.2.1.   1Kor 15,1-34: Die Leugnung der Totenauferstehung ist gleichzusetzen mit der Leugnung der Auferstehung Christi

In 1Kor 15,1-34 bringt Paulus die korinthische Leugnung der Totenauferstehung mit dem Bekenntnis zum auferstandenen Christus in Zusammenhang, das er als Teil des allgemein anerkannten Evangeliums ausweist (15,1-11).[2] Die über dem gesamten Abschnitt stehende These lautet: Es gibt eine Auferstehung der Toten, weil Christus auferstanden ist.[3]

Das paulinische Hauptargument gegen die Leugnung der Auferstehung ist der Nachweis der Inkonsistenz auf Seiten der Korinther: Wenn sie nicht an die Auferstehung glauben, dann müssen sie auch die Auferstehung Christi und damit ihr eigenes Heil in Frage stellen (vgl. 15,12-19). Wenn sie aber an der Auferstehung Christi festhalten, dann impliziert dies auch ihre eigene Auferstehung.[4]

Ein wichtiges Element der paulinischen Argumentation ist in diesem Zusammenhang die Adam-Christus-Typologie in 15,21-28, in der Paulus auf die prototypische Funktion der beiden Stammväter abzielt, die auch in 15,48f relevant wird: Wenn durch einen Menschen, Adam, der Tod kam, dann kommt auch durch einen Menschen, Christus, die Auferstehung. Adam und Christus prägen also die ihnen nachfolgende Menschheit, entweder durch Tod[5] oder durch Leben bzw. Auferstehung.

---

[2] Zur paulinischen Argumentationsstrategie vgl. *Asher* 2000, zu 1Kor 15,1-34 ebd. 59-63. Paulus nimmt also an, dass die Korinther die Auferstehung Christi nicht in Frage stellen. „Damit ist eine gemeinsame Basis der Argumentation vorhanden. Also: a) In Korinth wird keine doketische Christologie vertreten. b) Paulus will nicht beweisen, daß Christus auferstanden ist." So *Conzelmann* 1981, 33.304f. Vgl. dagegen *Wolff* 2000, 354.402.423, *Schrage* 2001, 15 mit Anm. 12, *Lang* 1986, 208, die davon ausgehen, dass die Korinther auch für Christus keine körperliche Auferstehung annahmen, sondern ebenfalls nur ein Weiterleben seines Pneumas. Aus diesem Grund betone Paulus den Tod Christi bereits im Traditionsstück. Auch *Martin* 1995, 122f, vermutet, dass die Korinther die körperliche Auferstehung Christi in Frage stellten und dass Paulus sie falsch verstehe, wenn er ihre Leugnung der Auferstehung mit der Leugnung der Auferstehung Christi verbinde. Die Funktion von 15,1-11 scheint mir aber gerade ein Appell an das gemeinsame Bekenntnis, nicht ein Argument bzgl. der Körperlichkeit der Auferstehung zu sein (vgl. *Weiß* 1910, 345, *Merklein/ Gielen* 2005, 257).

[3] Vgl. ähnlich *Janssen* 2005, 87.

[4] Die Auferstehung ist in V.23 deutlich auf die Christen (οἱ τοῦ Χριστοῦ) beschränkt. Vgl. *Lampe* 2002, 109, *Barrett* 1985, 108f, *Barrett* 1992, 352, *Conzelmann* 1981, 303.322.329, *Wolff* 2000, 385. Dagegen *Lindemann* 1997, 155-161, *Merklein/ Gielen* 2005, 313.315.317-322.368.

[5] Warum der Tod mit Adam in die Welt kam, sagt Paulus hier – anders als in Röm 5,12-21 – zumindest nicht explizit (vgl. *Lindemann* 1997, 158). Allerdings könnte die Sünde als selbstverständlicher Grund des Todes mitgedacht sein, worauf z.B. V.17 hinweist, wo auf die Sünden vernichtende Funktion des Todes Christi angespielt wird. Ein diesbezüglicher Zusammenhang wird angenommen von *Conzelmann* 1981, 327, *Sandelin* 1976, 21f, *Barrett* 1992, 351f, *Scroggs* 1966, 72f.

Durch seine Wortwahl macht Paulus deutlich, dass das eigentliche Leben erst mit der Auferstehung beginnt und nicht etwa mit der pneumatischen Christusgemeinschaft auf Erden gleichzusetzen ist.[6] Anscheinend geht er davon aus, dass die Korinther der Auferstehung deshalb keine Bedeutung beimessen, weil sie die pneumatischen Gaben als soteriologisch ausreichend betrachten.[7]

In 15,29 greift Paulus wieder zum Nachweis der korinthischen Inkonsistenz, diesmal aber einer Inkonsistenz des Verhaltens.[8] Die von einigen Korinthern praktizierte Vikariatstaufe, also eine Taufe von Lebenden an Stelle von Toten,[9] sei nur dann sinnvoll, wenn die Toten, für die sich die Gläubigen taufen lassen, auch auferstehen.[10]

---

[6] Man beachte die Antithese von θάνατος und ἀνάστασις νεκρῶν statt zu erwartendem ζωή (vgl. *Conzelmann* 1981, 327f). Offensichtlich ist ζωή für Paulus zu wenig konkret. Dieses Wort könnte auch ohne Rücksicht auf das Soma allein auf die pneumatische Seele der Gläubigen bezogen werden, worauf z.B. die enge semantische Verbindung von πνεῦμα und ζωή in den analysierten alexandrinischen Texten hinweist. Mit der Wortfolge ἀνάστασις νεκρῶν meint Paulus also speziell die Auferstehung der Toten (vgl. *Martin* 1995, 107f.122f). Ebenso fällt die Gegenüberstellung von ἀποθνήσκειν und ζωοποιεῖσθαι auf, wo bei strenger antithetischer Parallelität eigentlich ζῆν stehen müsste. Paulus legt den Akzent auf den Akt der Neuschöpfung statt auf das Ergebnis derselben. Auch sind nicht beide Formen im Präsens formuliert, sondern dem Präsens von ἀποθνήσκειν steht das Futur von ζωοποιεῖσθαι gegenüber (vgl. *Barrett* 1985, 107f.110). Die Neuschöpfung wird also ganz deutlich als futurisch ausgewiesen, während das Sterben den Zustand der Gegenwart beschreibt (vgl. auch 1Kor 15,49). Dazu passt auch die folgende Klarstellung des Paulus (V.23), in der er explizit auf die Reihenfolge der Auferstehung zu sprechen kommt. Erst Christus, dann seine Anhänger bei seiner Wiederkehr. Das impliziert zum einen, dass Christi Auferstehung aus der Auferstehung der Gläubigen folgt, zum anderen, dass diese Auferstehung der Gläubigen zeitlich versetzt stattfindet. Vgl. dagegen *Janssen* 2005, 90-92, die ein temporales Verständnis im Sinne einer zeitlichen Aufeinanderfolge negiert, weil es sich um einen apokalyptischen Text handle, dessen Funktion es sei, die Gegenwart aus eschatologischer Perspektive zu schildern. Ein solcher Schluss von einer angenommenen Gattung auf den Einzeltext ist aber grundsätzlich problematisch und muss immer vom Kontext her gerechtfertigt sein: Eine Erklärung für die Zeitangabe ἐν τῇ παρουσίᾳ αὐτοῦ in V. 23 bietet *Janssen* aber ebensowenig wie für εἶτα in V.24, die vielen anderen temporalen Konjunktionen sowie die auffälligen Futurformen.

[7] Die Stelle gilt als Argument für eine bei den Korinthern kursierende präsentische Auferstehungsvorstellung. Vgl. *Conzelmann* 1981, 329, *Wolff* 2000, 382, *Merklein/ Gielen* 2005, 315-320. Im oben dargestellten Sinne (und unter Aufnahme der Kritik *Wedderburns* 1987) kann man für die Korinther vielleicht eine Betonung der präsentischen Eschatologie bei einer gleichzeitigen Vernachlässigung des Körpers annehmen: Beidem wirkt Paulus hier entgegen.

[8] Vgl. *Asher* 2000, 61f.

[9] Vermutlich ließen sich Mitglieder der christlichen Gemeinde für verstorbene heidnische Angehörige taufen. So laut *Merklein/ Gielen* 2005, 331, der aktuelle Konsens.

[10] Nach *Wolff* 2000, 397, ist diese Argumentation dann am überzeugendsten, „wenn Paulus sich auf eine (auch) von den Auferstehungsbestreitern geübte Sitte" beziehe. Es

In einem nun auf das eigene Verhalten bezogenen Argument macht Paulus schließlich in 15,30-32 deutlich, dass das Leiden und die Gefahren, die er selbst für das Evangelium vom Auferstandenen auf sich nimmt, sinnlos werden, wenn sie sich nicht mit der Hoffnung auf Auferstehung verbinden. Wenn es keine Auferstehung gibt, ist der Kampf für die Gerechtigkeit Gottes in Christus vergebens und auch ethische Forderungen nicht von Belang, so dass man mit Jes 22,13 (LXX) ausrufen könnte: Φάγωμεν καὶ πίωμεν, αὔριον γὰρ ἀποθνῄσκομεν. Wie SapSal 2,5 verknüpft Paulus dieses Prophetenwort mit der Leidens- und Auferstehungsthematik, so dass Leugnung der Auferstehung und ethische Zügellosigkeit in Zusammenhang gebracht werden.

Diesen Konnex zwischen Auferstehungsleugnung und moralischer Laxheit unterstreicht Paulus noch einmal in 15,33f, wenn er eine explizite Warnung (μὴ πλανᾶσθε) mit einem Sprichwort[11] verbindet: Φθείρουσιν ἤθη χρηστὰ ὁμιλίαι κακαί. Die Gruppe, die die Auferstehung leugnet, wird also mit den ausschweifenden Sitten in Zusammenhang gebracht und als verderblicher Umgang gebrandmarkt.

Die Topik der paulinischen Argumentation, die gerade im Vergleich mit SapSal 2,5 deutlich wird, könnte darauf hinweisen, dass Paulus hier „argumentative Versatzstücke" aus dem jüdischen Auferstehungsdiskurs benutzt.[12] Daher sollte davon abgesehen werden, seine Vorwürfe an dieser Stelle ohne weiteres auf das „wirkliche" Verhalten der korinthischen Leugner zu übertragen.[13]

---

ist jedoch auch möglich, dass Paulus hier von den Auferstehungsleugnern (τινες!) absieht und nur diejenigen im Blick hat, die für ihre Argumente empfänglich sein könnten. Ihnen hielte er dann vor Augen, dass die Stellvertretungstaufe genau dann sinnlos wird, wenn sie sich auf die Leugner einlassen. Paulus setzt also anscheinend voraus, dass die Taufe die Auferstehung impliziert. Er scheint nicht zu bedenken, dass die Korinther die Taufe ganz anders verstehen könnten, z.B. als rein pneumatische Gemeinschaft (vgl. *Wolff* 2000, 397) auch der bereits Gestorbenen mit Christus, die keinerlei Auferstehung beinhaltet. Wenn dies für die Korinther der Fall gewesen sein sollte, dann wäre das paulinische Argument an dieser Stelle verfehlt.

[11] Vgl. Menander, Fragmenta 187.

[12] Zu weiteren Parallelen aus dem paganen (Cic.: Tusculum I.32f, Plato: Symp 208d) und jüdischen (2Makk 7) Bereich vgl. *Barth* 1992, 193-195.

[13] Gegen *Martin* 1995, 275f Anm. 79, der vermutet, Paulus könne hier die pagane Philosophie, evtl. epikuräischer Richtung, im Auge haben. Vgl. zur Stelle auch *Merklein/Gielen* 2005, 340f, die die Gruppe der Auferstehungsleugner mit Apollos und einer alexandrinischen Theologie im Stile Philos in Verbindung bringen. Die Leugner rühmten sich einer ekstatischen Nüchternheit, auf die Paulus sich hier korrigierend beziehe (vgl. ἐκνήψατε δικαίως). Der Schluss von der paulinischen Aufforderung zur Nüchternheit (der wohl am besten als Aufforderung zur rechten Vernunft zu verstehen ist) auf das philonische Konzept einer ekstatischen Nüchternheit erscheint mir allerdings spekulativ und jedenfalls ohne Anhalt im Text, in dem von Ekstase nicht die Rede ist.

1.2.2. 15,35-58: Die Körperlichkeit der Auferstehung ist Folge der körperlichen Auferstehung Christi

Obwohl der Abschnitt 15,1-34 einen abgeschlossenen Eindruck macht,[14] geht Paulus im Folgenden noch einmal auf die Frage nach dem „Wie" der Auferstehung, insbesondere auf deren „Körperlichkeit", ein. Das Thema Auferstehung wird also in spezifizierter Form neu behandelt.[15]

Diese Spezifikation beruht auf der paulinischen Annahme, dass die korinthischen Schwierigkeiten mit der Auferstehung auf einem bestimmten Problem basieren bzw. die Gemeinde hinsichtlich einer möglichen Schwierigkeit informiert werden soll. Paulus selbst glaubt, dass dieses Problem die Körperlichkeit der Auferstehung betrifft. Er schickt sich daher an, diese Frage zu erörtern. Insofern argumentiert er nicht mehr explizit gegen die Leugner, sondern spricht mögliche Verstehensprobleme an, die sowohl die Leugner als auch die ganze Gemeinde betreffen könnten.[16]

Es handelt sich bei der Frage nach dem „Wie" also um keinen konkreten Einwand wie in V.12, sondern um von Paulus antizipierte Fragen, die potentielle Leugner[17] oder aber für die Leugnung anfällige Gemeindeglieder s.E. beschäftigen könnten.[18] Wie in 15,32f ist es daher gut möglich, dass sich die nachfolgende Rede über die Auferstehung auf eine gewisse Topik stützt, die im zeitgenössischen Judentum im Zusammenhang mit dem Thema Auferstehung gebräuchlich war.[19] In dieser Diskussion könnte die Körperlichkeit der Auferstehung eine wichtige Rolle gespielt haben.[20] Dar-

---

[14] So *Burchard* 1984, 240.

[15] Daher wird diskutiert, ob Paulus nun eine andere Rezipientengruppe bzw. ein anderes Thema vor Augen habe (vgl. z.B. *Robertson/ Plummer* 1986, 365, *Barrett* 1985, 120f) oder aber immer noch gegen die Leugner aus 15,12 argumentiere. Letzteres könnte bedeuten, dass die Leugner auch Probleme mit der Körperlichkeit der Auferstehung hätten. Von da aus ist es nur ein kleiner Schritt zu der Annahme, dass die Körperlichkeit der Auferstehung den Grund der korinthischen Leugnung darstelle: Vgl. z.B. *Klauck* 1992, 117, *Lietzmann* 1949, 83, *Martin* 1995, 125, *Schrage* 2001, 270f, *Lampe* 2002.

[16] Der Text sollte also nicht von vornherein als polemisch eingestuft werden. Gegen *Janssen* 2005, 100-103.

[17] Evtl. der in V.30-32 angesprochene Personenkreis. Dafür spräche die fiktive Beschimpfung in V.35 mit ἄφρων, die dem Vorwurf der ἀγνωσία aus V.34 entspricht. Paulus stellt sich also evtl. vor, dass einer aus der in V.30-32 charakterisierten Gruppe ihm nun die Frage nach der Körperlichkeit stellt.

[18] Vgl. dazu *Asher* 2000, 64-66, der betont, dass es sich hier um ein paulinisches Konstrukt handele, von dem aus nicht ohne weiteres auf eine Gruppe von Auferstehungsleugnern geschlossen werden dürfe.

[19] Vgl. neben der im Zusammenhang mit V.30-32 besprochenen Parallele aus SapSal 2,5f die rabbinische Diskussion in BerR 14.3.5 sowie die unten, 152 Anm. 38, diskutierten rabbinischen Samengleichnisse (Belege in *Billerbeck* 1926, 475).

[20] Ein von Paulus antizipiertes Problem könnte dann die Frage betreffen, wie der irdische Körper Zutritt zu himmlischen Sphären gewinnen kann. Sowohl *Martin* 1995, 104-

aus ließe sich schließen, dass die Frage der Körperlichkeit u.U. kein korinthisches Spezifikum darstellt, sondern auch anderswo diskutiert wurde,
und dass Paulus sie deswegen hier einführt.

Zur Frage der Identität der Auferstehungsleugner in Korinth[21] lässt sich
also nach diesem kurzen Überblick Folgendes festhalten: Paulus selbst

---

136, als auch *Asher* 2000, 81-88.117-145 u.ö., diskutieren diese Möglichkeit. Wie im
ersten Teil dargelegt, sind ähnliche Vorstellungen – wenn auch z.t. weniger kosmologisch orientiert – auch für Philo, SapSal und PsPhoc belegt.

[21] Auf eine ausführlichere Diskussion der Forschungsmeinungen wird verzichtet. Vgl.
dazu z.B. *Spörlein* 1971, 4-19, *Barth* 1992, *Wolff* 2000, 421-426, *Schrage* 2001, 111-119.
Hier nur ein Abriss der Positionen (in Anlehnung an *Verburg* 1996, 280-286, *Back* 2002,
162-164):

a) Die Korinther vertreten eine „ultrakonservative" Eschatologie: Nur die bei der Parusie noch Lebenden hätten Anteil am Heil. Vgl. z.B. *Schweitzer* 1930, 93f, *Spörlein*
1971, 190-198, *Verburg* 1996, 285f (*Conzelmann* 1982, 320, votiert für ein paulinisches
Missverständnis dieser Position). Probleme: 1) Die Vikariatstaufe in 1Kor 15,29 lässt auf
eine Jenseitshoffnung der Korinther schließen. 2) Warum rekurriert Paulus selbst in
15,35 auf die Leiblichkeit? 3) Warum betont Paulus die Zukünftigkeit der Auferstehung?

b) Die Korinther glauben an eine unkörperliche, präsentische Auferstehung, evtl.
durch die Pneumabeseelung bei der Taufe. Vgl. z.B. *Schniewind* 1987a, *Bultmann* 1984,
172, *Wendland* 1968, 139f, *Güttgemanns* 1966, 63f.67-72 (alle unter der Prämisse einer
im Hintergrund stehenden Gnosis in Korinth), *Kümmel* in *Lietzmann* 1949, 192f, *Becker*
1976, 55-65.74f, *Barrett* 1992, 347f, *Lindemann* 2000, 338f. – In leichter Abwandlung
überschneidet sich diese Position bei *Lampe* 2002, *Schrage* 2001, 113-119, *Wolff* 2000,
422-424, *Klauck* 1992, 112, *Lang* 1986, 208.218f mit c). – Probleme: 1) In 1Kor 15,12
geht Paulus selbstverständlich von einer Leugnung der Auferstehung, nicht von einer
Leugnung der *Zukünftigkeit* der Auferstehung aus. Daher wird oft ein paulinisches Missverständnis dieser Position angenommen (vgl. z.B. *Bultmann* 1984, 172). Diese Annahme
ist methodisch problematisch, da man hier einen hermeneutischen Vorsprung vor Paulus
beansprucht. 2) Die Vorstellung einer bereits geschehenen Auferstehung findet sich explizit nur in 2Tim 2,18, einem nachpaulinischen Text. Die Stelle kann daher nicht zur
Rekonstruktion korinthischer Vorstellungen benutzt werden. Vgl. *Wedderburn* 1987,
230-232.

c) Die Korinther akzeptieren die Leiblichkeit der Auferstehung nicht. Vgl. z.B. *Heinrici* 1896, 440f, *Lietzmann* 1949, 79, *Bachmann* 1910, 434f Anm. 3, *Robertson/ Plummer*, 1986, 329, *Martin* 1995, 105-108, *Hultgren* 2003, 355, *Weiß* 1910, 344. – Probleme:
1) Warum rekurriert Paulus erst ab 15,35 auf diese Ablehnung, während er vorher grundsätzlich argumentiert? 2) Warum geht Paulus nicht darauf ein, warum das Heil somatisch
sein muss? – Eine Variante dieser Position geht davon aus, dass sich die korinthischen
Probleme mit der Leiblichkeit vor einem weisheitlich-dualistischen Hintergrund abspielen. Die Korinther sind demnach – evtl. durch den „alexandrinischen" Missionar Apollos
– von entsprechenden jüdisch-hellenistischen bzw. alexandrinischen Positionen beeinflusst, wie sie u.a. in Philos Schriften deutlich werden. Demnach wird nur ein Weiterleben des Pneumas, nicht aber des Körpers angenommen. Hier trifft sich Position c) mit der
Modifikation von Position b), vertreten z.B. durch *Pearson* 1976, 15-26, *Sellin* 1986, u.a.
290-294, ders. 2004, *Horsley* 1999, 33-38.197-220, *Merklein/ Gielen* 2005, z.B.
347.352f.362-370. Vgl. auch *Wolff* 2000, 424.

muss nicht unbedingt über die Gruppe der Leugner informiert sein. Daher
argumentiert er im ersten Teil von Kap. 15 grundsätzlich, im zweiten Teil
geht er auf ein mögliches Verstehenshindernis, die Körperlichkeit, ein. Aus
paulinischer Sicht stellen also eine evtl. stark ausgeprägte präsentische
Eschatologie und eine damit einhergehende soteriologische Abwertung des
Körpers die Hauptgründe für eine Ablehnung der Auferstehung dar. Man
darf selbstverständlich davon ausgehen, dass Paulus seine Gemeinde kennt
und deren Verstehensbarrieren richtig antizipiert. Zugleich muss aber davor gewarnt werden, jede paulinische Aussage in umgekehrter Form auf
die Gegner zu applizieren.

1.2.2.1. 15,35-49.50: Die Polarität der Körper[22]

In drei Anläufen erklärt Paulus, wie sich die Korinther den Unterschied
zwischen dem irdischen und dem Auferstehungskörper vorstellen können.
In allen drei Argumentationen spielen Schöpfungsvorstellungen eine große
Rolle, was darauf hinweist, dass die erste Schöpfung die Grundlage für
Analogieschlüsse auf die letzte Schöpfung bildet.[23] Diese Analogieschlüsse
sind allerdings durch ihre Antithetik gekennzeichnet, so dass die letzte
Schöpfung in einem Gegensatzverhältnis zur ersten Schöpfung steht.

---

[22] Die Überschrift wähle ich in Anlehnung an *Asher* 2000. Er vertritt ebd. 81-88.117-
145 u.ö. die These, das Problem der Korinther mit der Auferstehung bestehe in der Polarität ihrer kosmischen Vorstellungen, nach denen ein irdischer Körper nicht in den himmlischen Bereich eingehen könne. Nach *Asher* ebd., 63f, geht Paulus zunächst auf dieses
Problem ein (V.39-49), um es dann einer Lösung zuzuführen (V.50-57). Diese Lösung
bestehe aus der Verwandlung der Körper, die eben diese Spannung aufhebe. Asher widerspricht damit der sonst oft vertretenen These, dass es Paulus in V.50-54 hauptsächlich
um die Unterscheidung zwischen den bei der Parusie noch Lebenden und den bereits
Gestorbenen gehe, V.50-57 also eigentlich nicht mehr mit dem grundsätzlichen Erweis
der Körperlichkeit befasst sei. Zwar spielt die Antithetik der paulinischen Argumentation
V.39-49 eine wichtige Rolle, es geht aber m.E. zu weit, diese Polarität auf die korinthischen Vorstellungen zurückzuführen. Es spricht vielmehr nichts dagegen, sie Paulus
selbst zuzuschreiben. Diese These vertritt *Brandenburger* 1968, z.B. 43f.51f. Er geht
allerdings davon aus, dass die paulinische Antithese von irdischer und himmlischer
Seinsweise hier dualistisch zu verstehen sei. Sarx und Psyche würden von Paulus an sich
negativ bewertet, ohne dass die Negativität der Schöpfung, wie z.B. in apokalyptischen
Texten, auf die Sündenthematik zurückgeführt werde (vgl. ebd. 85): „Es liegt an dieser
Stelle (anders als in Röm 5 12ff) eine ontologische, substanzhafte Betrachtungsweise
vor" (ebd.). Zwar ist die Bedeutung der Sünde hier nicht hervorgehoben, doch spielt sie
im Hintergrund eine Rolle (vgl. 15,17.56). Gegen eine negative, dualistische Bewertung
der Schöpfung durch Paulus ist also Einspruch zu erheben. Eine genauere Untersuchung
macht deutlich, dass Paulus die Schöpfung nicht an sich negativ beurteilt, sondern lediglich im Vergleich mit der eschatologischen Schöpfung abwertet. Paulus denkt also nicht
streng dualistisch, sondern graduell. So besitzen für ihn auch die irdischen Körper Doxa,
vgl. 1Kor 15,39.
[23] Vgl. *Merklein/ Gielen* 2005, 358, *Müller* 1985, 243f.

Paulus argumentiert zunächst anhand eines Pflanzen-Beispiels aus dem Alltag und durch Verweis auf die unterschiedlichen Körper der irdischen Schöpfung (V.36-38.39-44: beides im Sinne des rhetorischen *exemplum*), dann mit Hilfe einer Schriftauslegung (V.45-49), die auf die Schöpfung des ersten Menschen und seiner Nachfolger rekurriert und diese dem letzten Menschen und seinen Anhängern gegenüberstellt.[24]

1.2.2.1.1. *V.35-38: Das Samengleichnis als Illustration des dem Tode folgenden neuschöpferischen Handelns Gottes*

Paulus greift in V.35 im Stil der Diatribe einen möglichen Einwand der Korinther auf: „Aber es wird vielleicht[25] einer sagen: Wie werden die Toten auferweckt? Mit welchem Körper kommen[26] sie?"[27] Die zweite Frage ist als Spezifikation der ersten Frage zu verstehen, nicht etwa als eine davon unterschiedene.[28]

Paulus beantwortet den fiktiven Einwand zunächst mit einer fiktiven Publikumsbeschimpfung (V.36):[29] ἄφρων σύ![30] Es ist gut möglich, dass

---

[24] Zur Gliederung vgl. z.B. *Back* 2002, 169. *Burchard* 1984, 252, zieht das μυστήριον aus V.51f dazu: „Argumentationsgrundlage sind Erfahrungen der gegenwärtigen Schöpfung und die christologisch gelesene Schöpfungsgeschichte des Alten Testaments, am Schluß das μυστήριον." Ich betrachte V.51-58 ebenfalls als zum Thema von V.35 gehörig, möchte aber mit der Verwandlung der Körper ab V.50ff einen neuen Abschnitt beginnen.

[25] Das Futur besitzt hier potentiale Bedeutung: Vgl. *BDR* 1990 §349.1, *Janssen* 2005, 94, *Schrage* 2001, 277f.

[26] Zur futurischen Bedeutung des Präsens vgl. *Schrage* 2001, 280. Es ist offensichtlich und muss in der Übersetzung nicht besonders betont werden.

[27] Gegen *Merklein/ Gielen* 2005, 348, bin ich nicht der Ansicht, dass es sich bei der Doppelfrage um ein Zeugma mit semantischem „Fehler" (vgl. dazu *Göttert* 1998, 56) handle, weil das Subjekt ergänzt werden müsse und nicht zum Prädikat passe, da Tote normalerweise nicht „kommen" könnten. Hier handelt es sich vielmehr um zwei vollständige Sätze. Es fehlt kein Satzteil, denn das Subjekt in der zweiten Frage steckt im Prädikat. Eine gezielte Anspielung auf korinthische Vorstellungen ist aus dieser angeblichen rhetorischen Figur daher ebenfalls nicht zu rekonstruieren.

[28] So die überwiegende Meinung der Exegeten gegen *Jeremias* 1966a, 304f. Vgl. z.B. *Conzelmann* 1981, 343, *Müller* 1985, 179f, *Burchard* 1984, 241 Anm. 29, *Sellin* 1986, 72f, *Klauck* 1992, 117, *Wolff* 2000, 402, *Schrage* 2001, 269.278.279, *Janssen* 2005, 94, *Merklein/Gielen* 2005, 347.

[29] Die Beschimpfung könnte im Rahmen der Rhetorik als *Apostrophe* interpretiert werden. Vgl. *Göttert* 1998, 59. Eine tatsächliche Beschimpfung impliziert eine Tatsächlichkeit des korinthischen Einwandes und ist außerdem kontraproduktiv, wenn es darum geht, zu überzeugen. Die Beschimpfung einer fiktiven Person erlaubt es den Zuhörern dagegen, sich indirekt bei ihren Zweifeln ertappt und angesprochen, nicht aber öffentlich bloßgestellt zu fühlen. Sie können so ein mögliches Urteil des Paulus über sie antizipieren, ihre Meinung dementsprechend ausrichten und evtl. sogar mit Paulus in seiner Wertung übereinstimmen.

Paulus dabei an die in V.33f angesprochene Gruppe denkt, denn die Torheit des Fragenden weist auf diejenigen zurück, die keine Kenntnis von Gott (ἀγνωσία) bzw. Gottes neuschöpferischem Handeln haben (V.34).[31]

Die Torheit besteht darin, dass der Fragesteller nicht erkennt, was doch offensichtlich ist, wie Paulus anhand eines *exemplums* deutlich macht.[32] Ein Samenkorn, so Paulus, wird nicht lebendig gemacht (ζωοποιεῖται)[33], wenn es nicht vorher stirbt. Paulus geht also davon aus, dass das Samenkorn in der Erde verwest und dann als neue Pflanze wieder an die Oberfläche kommt. Er bezieht sich damit auf eine in der Antike weit verbreitete Vorstellung, auf die gerne mit dem Schlagwort *Stirb und werde* rekurriert

---

[30] An dieser Stelle ist strittig, ob das Personalpronomen σύ im Vokativ steht und sich also auf ἄφρων bezieht (vgl. *BDR* 1990 §147.1: so *Verburg* 1996, 60f, *Janssen* 2005, 107, *Merklein/ Gielen* 2005, 347) oder ob es sich um ein betontes Pronomen im Nominativ handelt (vgl. *BDR* 1990 §475.1b: so *Conzelmann* 1981, 344 Anm. 10, *Robertson/ Plummer* 1986, 369, *Wolff* 1996, 196 (anders ders. 2000, 401), *Lindemann* 2000, 356, *Schrage* 2001, 278), das dem Relativum vorangestellt ist. Übersetzt wird also entweder: „Tor du! Was du säst ..." oder: „Tor! Was *du* säst ....". Grammatisch ist beides möglich. Ich entscheide mich für die Übersetzung im Vokativ wegen der Parallelität zu V.37 (vgl. *Farina* 1971, 30f, *Verburg* 1996, 60f, anscheinend auch *Wolff* 2000, 401) und weil ich die starke Betonung des Personalpronomens im Relativsatz als nicht genügend motiviert betrachte. Eine betonte Gegenüberstellung zwischen dem angesprochenen σύ und ὁ δὲ θεός (V.38) hat einen ganzen, nicht unbeträchtlich langen Vers zwischen sich. Überdies sehe ich zwischen den beiden Subjekten keinen Gegensatz in ihrem Handeln (also etwa: was *du* säst, stirbt; was Gott sät, lebt o.ä.).

[31] Das Wort bezieht sich in der weisheitlichen Diskussion speziell auf eine Unkenntnis göttlichen Handelns. Vgl. *Janssen* 2005, 104f, *Merklein/Gielen* 2005, 349. Deshalb könnte es auch auf V.34 (ἀγνωσία θεοῦ) rekurrieren: Nach *Zeller* 1992, 445, gehört ἀγνωσία zu den Synonymen von ἄφρων. Das wäre ein Hinweis darauf, dass Paulus die Leugner oder die außergemeindlichen Einflüsse, auf die er die Leugnung zurückführt, mit dem Problem der Körperlichkeit in Verbindung bringt. Vgl. *Janssen* 2005, 108. Man beachte auch in 2Kor 11,19 denselben Ausdruck zur Kennzeichnung der paulinischen Gegner.

[32] In der Rhetorik dient das *exemplum* innerhalb der *argumentatio* dazu, den Sachverhalt darzustellen, indem von dem im *exemplum* dargelegten Einzelfall Analogieschlüsse gezogen werden. Vgl. *Ueding/ Steinbrink* 1994, 267f. Da es sich hierbei um ein Lehrbeispiel handelt, ist das Präsens nicht verwunderlich und jedenfalls nicht im Sinne Janssens als Hinweis auf eine präsentische Auferstehungsvorstellung zu interpretieren. Vgl. *Janssen* 2005, 115. *Burchard* 1984, 252f, stellt nach Analyse des ganzen Textabschnittes fest, es handele sich nicht um ein Gleichnis, sondern um „eine echte Parallele". Das heißt: Die Analogie ist „realistisch" gemeint. „Paulus stellt in v.36-41 als Naturerfahrung fest, daß in der Schöpfung alle Geschöpfe werden, indem der Same stirbt und Gott ihm seinen arteigenen Leib gibt" (ebd. 253).

[33] Die passivische Formulierung scheint bewusst gewählt, um auf den göttlichen Ursprung alles Lebens aufmerksam zu machen (*Passivum divinum*). Außerdem ist hiermit ein wichtiger Konnex zu V.23 und 45 gegeben. Dieser macht bereits deutlich, dass das Beispiel übertragen werden soll.

wird.[34] Die Torheit des Fragenden bezieht sich demnach zunächst auf die mangelnde Einsicht in den notwendigen Bruch, den der physische Tod zwischen Aussaat und Wachstum bewirkt.[35] Der physische Tod des Körpers wird auf diese Weise zur Bedingung seiner Neuschöpfung.[36]

Mit der Notwendigkeit des Todes steht weiterhin in Zusammenhang, dass das Samenkorn noch nicht den Körper (σῶμα) der späteren Pflanze besitzt. In Bezug auf die Torheit des Fragesteller heißt das: Er sollte nicht vorschnell von Aussehen und Beschaffenheit des Samenkorns auf die spätere Pflanze zurückschließen, denn das Soma der Pflanze (resp. der Auferstehungskörper) ist im Gegensatz zum Soma des Samenkorns (resp. des irdischen Körpers) „bekleidet", also von anderem Aussehen. Das Samenkorn ist daher nur ein „nacktes Korn" (γυμνὸς κόκκος) im Gegensatz zu dem „Körper, der werden wird" (τὸ σῶμα τὸ γενησόμενον, V.37).

---

[34] Vgl. *Conzelmann* 1981, 344, *Lindemann* 2000, 356, *Klauck* 1992, 117f, *Wolff* 2000, 403, 196, *Janssen* 2005, 118. *Lampe* 2002, 107, verweist auf den Demeterkult als möglichen Verstehenshintergrund. Paulus ersetze allerdings dessen zyklisches Zeitverständnis durch sein lineares.

[35] Vgl. aber *Merklein/ Gielen* 2005, 350: „Konkret versteht Paulus den *Tod* als *Akt totaler Vernichtung* des Samenkorns." Für *Conzelmann* 1981, 344f, und *Lindemann* 2000, 356f, ist der Tod als Voraussetzung der Auferstehung hier *das* zentrale Thema. Wichtig ist aber die Dialektik von Tod und Neuschöpfung, nicht so sehr die einseitige Betonung des Todes, der nicht mehr Raum einnimmt als die im Anschluss beschriebene Neuschöpfung, die, wenn man Gen 1,11 im Hintergrund mitliest, erst die eigentliche Schöpfung darstellt. *Wolff* 2000, 403, sieht den Vers als Polemik gegen ein präsentisches Auferstehungsverständnis der Korinther. Das Argument wird aber auch so verständlich.

[36] Gegen *Janssen* 2005, 117-138, die den Tod des Samenkorns als Hinweis auf den Tod des alten Adam in der Taufe (vgl. Röm 6,6) deutet, um vor diesem Hintergrund für 1Kor 15 eine präsentische Auferstehungvorstellung zu propagieren (vgl. ebd. 105f). Der Kontext lässt keine „mythologische" Deutung im Sinne des Tauftodes zu, da die Taufe hier keine Rolle spielt. Der von *Janssen* ebd. 136, angeführte Verweis auf die Vikariatstaufe in V.29 steht in einem anderen Zusammenhang und ist durch den Neueinsatz in V.35 bei den Hörern bereits ausgeblendet. Die für die Taufe so wichtige Sündenthematik kommt nur am Rande zum Tragen. Der von *Janssen* konstatierte Widerspruch zwischen einer biologischen Deutung des Todes und der Verwandlung der Körper in 15,51-57 ist nur dann nicht aufzulösen, wenn man – wie *Janssen* – diese „apokalyptische" Passage präsentisch deutet. Ansonsten bleibt die Notwendigkeit des physischen Todes auch in 15,51-57 bestehen, denn der alte Körper wird in der Verwandlung durch die Überkleidung vernichtet (vgl. 15,53-55). Gerade weil Paulus in V.35-49 vom physischen Tod spricht, muss er überhaupt das Verwandlungskonzept in 15,52 einführen. Paulus antwortet hier sehr konkret auf die ebenfalls konkret gemeinte Frage nach der Beschaffenheit des Auferstehungssomas, und er hat keinen Anlass, diese Frage durch die Hintertür mit der in der Taufe gemachten Körpererfahrung in Zusammenhang zu bringen, ohne dies explizit zu sagen. Wollte er ausgerechnet den Korinther erklären, dass sie vom gegenwärtig pneumaerfüllten Körper auf das Auferstehungssoma schließen sollten, hätte er dies auch einfacher – z.B. durch einen Rekurs auf pneumatische Erfahrungen – darstellen können.

Zusammengefasst: Wer einfach davon ausgeht, dass der Körper der Auferstandenen mit dem irdischen Körper gleichzusetzen ist, denkt naiv: Er vergisst, dass der Tod die Zersetzung des Körpers mit sich bringt und der neue Körper als eine neue Schöpfung zu verstehen ist, die andere Qualitäten besitzt als die vorherige. Samenkorn und Pflanze stehen in einem paradoxen Verhältnis von Kontinuität und Diskontinuität:[37] Einerseits sind ihre Körper ganz verschieden anzusehen, andererseits ist der Körper der Pflanze nichts anderes als das bekleidete Samenkorn, also das Samenkorn, das seine schöpfungsgemäße Bestimmung gefunden hat. Aus dieser Perspektive ist das Motiv der Nacktheit des Samenkorns zu interpretieren:[38]

---

[37] Um die Frage von Kontinuität vs. Diskontinuität in 1Kor 15 gibt es eine breite Diskussion. Für Vertreter einer radikalen Diskontinuität ist die notwendige Kontinuität zwischen diesseitigem und jenseitigem Mensch allein im Handeln oder auch im Erinnern Gottes zu suchen. Vgl. *Farina* 1971, 46, *Müller* 1985, 244-249, *Lindemann* 2000, 357, *Merklein/ Gielen* 2005, 353.361. Das ist z.T. gegen *Bultmanns* Auffassung von einer Kontinuität des Somas (als ontologischer Struktur) gerichtet. Vgl. *Bultmann* 1984, 199f. Beide Positionen beinhalten wichtige Komponenten: Die Betonung des göttlichen Handelns stellt sicher, dass der Mensch seine Identität von Gott und nicht aus sich selbst erhält. Andererseits besteht das göttliche Schöpfungs- und Neuschöpfungshandeln offensichtlich aus der Gabe des zum Menschen „passenden" Soma, das dem Geschöpf seine Identität verleiht. Nach der hier vorgetragenen Interpretation ist das Auferstehungssoma die Vollendung des irdischen Somas, d.h. die Kontinuität besteht in der Vollendung der ersten Schöpfung, was freilich eine fundamentale Verwandlung beinhaltet. *Schrage* 2001, 284, spricht diesbezüglich vermittelnd von einer „Dialektik von *nova creatura* und *renovatio*, von Neuschöpfung und Identität". Nach *Back* 2002, 177f, liegt die Identität der Gläubigen vor und nach der Auferstehung in ihrer (bereits vor der Auferstehung wirksamen) Christusebenbildlichkeit. Das stimmt insofern, als dass Sterben und Neuschöpfung Christi in der Auferstehung das prototypische Vorbild für die Christen darstellen: Auch dieser Vorgang besteht aber aus Gottes Handeln am Soma Christi, in dem die Schöpfung des Menschen zu ihrer Bestimmung kommt. Gegen *Gundry* 1976, 175, der den menschlichen Geist („human spirit") als diejenige Größe betrachtet, die „bears the consciousness of continuing personality and thus provides a link between the old body and the new". In 1Kor 15 spielt das menschliche Pneuma keine Rolle. Daneben spricht *Gundry* sich ebd. 175f auch für eine Kontinuität der Physis aus. Dagegen spricht aber, dass der angezogene Körper der Pflanze nicht mehr die Merkmale des nackten Korns besitzt. Vgl. dazu *Lampe* 2002, 107f: „For Paul, the postresurrection body will transcend the earthly body in the same way that a beautiful, intricate plant transcends the plain seed of grain from which it grows. There is an enormous leap in quality from the bare seed to the fully-grown plant. Analogously, there will be a huge leap in quality from the earthly person to the postresurrection person [...].“

[38] Einen wichtigen Hinweis zum Verständnis des Motivs gibt ein in verschiedenen rabbinischen Texten tradiertes Samengleichnis (vgl. die Belege in *Billerbeck* 1926, 475, sowie die Vorstellung und Analyse der Belege in *Farina* 1971, 52-66; zu den Unterschieden vgl. *Schrage* 2001, 280-285). In den Texten geht es darum, dass die Toten bei der Auferstehung reich bekleidet auferstehen werden: Wenn schon das Samenkorn, das nackt begraben wird, wieder in reichhaltigem Gewand erscheint, um wieviel mehr dann die Gerechten. Auf den ersten Blick springt natürlich der Unterschied zu Paulus ins Au-

Es bezeichnet das noch unvollendete irdische Soma im Gegensatz zu seiner vollkommenen eschatologischen Gestalt.[39]

Ein dritter Punkt, den Paulus dem Toren mit auf den Weg gibt, ist der Zusammenhang von Auferstehungssoma und göttlichem Schöpfungshandeln. Denn Gott ist es,[40] der jedem Samen den ihm zukommenden Körper gibt (V.38). Der Übergang, die Verwandlung vom Soma des Samenkorns zum neuen, der Pflanze eigenen Soma (ἴδιον σῶμα) ist also von Gott seit dem Ursprung der Schöpfung bestimmt (καθὼς ἠθέλεσεν)[41]. Übertragen auf das Pflanzengleichnis heißt das, „daß der Leib, als der gestorbene

---

ge. Im vorliegenden Kontext geht es ja nicht um die Frage der Bekleidung, sondern um die Frage nach dem Soma. Es ist aber davon auszugehen, dass Gewand- und Körperme-taphorik im gesamten Abschnitt eng zusammenhängen. Das wird v.a. in 15,53f deutlich, wo die endzeitliche Verwandlung des Somas mit Hilfe der Gewandmetaphorik beschrie-ben wird (vgl. dazu unten, 176-179). Es könnte also sein, dass auch die rabbinischen Gleichnisse auf Vorformen zurückgehen, die gar nicht die Frage der Bekleidung, sondern die Frage der Körperlichkeit diskutierten (vgl. *Stemberger* 1973, 262f). Paulus wäre ein Zeuge für diese Tradition. Die Auferstehung stellte man sich dann als Überkleidung des Körpers vor, was anhand des nackten Samenkorns vs. der bekleideten Pflanze veran-schaulicht würde. Nicht im Blick des Paulus ist dann aber die Vorstellung einer von ih-rem Körper befreiten „nackten" Seele, wie dies z.B. *Lietzmann* 1949, 84 (in Anlehnung an seine Interpretation von 2Kor 5,1ff) annimmt. Zumindest wäre der Vergleich zwischen einem Samenkorn und der Seele wenig treffend; und man begräbt schließlich keine See-len, sondern Körper. Die Analogie will hier nicht passen, denn die Pointe liegt in der *Unterschiedlichkeit* der Körper, nicht in Körperlosigkeit vs. Körperhaftigkeit (vgl. *Bulembat* 1997, 74f). Auch auf eine vorschnelle Deutung des Textes als Spitze gegen platonisierende bzw. weisheitlich-dualistische Vorstellungen der Auferstehungsleugner (so *Merklein/ Gielen* 2005, 352, *Wolff* 2000, 404, *Sellin* 1986, 213, *Sandelin* 1976, 131) sollte also verzichtet werden (vgl. auch *Schrage* 2001, 287, der solche Überlegungen für „unsicher" hält). Sie wäre mehr als subtil.

[39] Vgl. *Burchard* 1984, 239: „[...] verglichen mit der Pflanze hat das Korn nichts an [...]." Ähnlich *Schrage* 2001, 286, der die Nacktheit auf „das Sein ohne den künftigen *neuen* Auferstehungsleib" bezieht, „d.h. γυμνός ist Prädikat des gegenwärtigen irdischen σῶμα diesseits des Sterbens und Auferstehens"; vgl. auch *Merklein/ Gielen* 2005, 351, *Wolff* 2000, 404.

[40] Das antithetische δέ betont Gott als den Urheber des Vorgangs im Gegensatz zum säenden Menschen. Vgl. z.B. *Janssen* 2005, 98-117, *Schrage* 2001, 287f, *Asher* 2000, 79f. Sie sehen hier (und nicht so sehr im Tod des Samens) den Fokus des Arguments und beziehen daher auch die Beschimpfung auf die Tatsache, dass die (neu)schöpferische Kraft Gottes übersehen wird. Ich denke nicht, dass sich eine solche Gewichtung in der Argumentation ausmachen lässt. Das Gleichnis bezieht seine Logik aus dem Zusammen-spiel von Tod und Neuschöpfung. Mit *Burchard* 1984, 239, ist aber zu betonen, dass die Neuschöpfung in der Auferstehung eigentlich erst wahre Schöpfung bedeutet, d.h. erst die wahre Intention Gottes mit den Menschen zum Ausdruck bringt.

[41] Der Aorist ist sehr auffällig und könnte den Vers als eine Anspielung auf die erste Schöpfung, genauer auf Gen 1,11, ausweisen. Vgl. *Wolff* 2000, 404. Es handelte sich dann um eine eschatologische Lektüre der Schöpfungsgeschichte. Vielleicht sollte auch der in V.39 folgende Verweis auf Gen 1,26 unter diesem Aspekt betrachtet werden.

Christen auferweckt werden, der von Gott bei der Schöpfung für sie bestimmte und ihnen eigentümliche Leib ist [...]"[42].

Mit diesem Hinweis auf die erste Schöpfung leitet Paulus bereits zum nächsten Argument über, das die Verschiedenheit der Schöpfungssomata (im Anschluss an Gen 1,26) in den Blick nimmt.

1.2.2.1.2. V.39-41: Die schöpfungstheologische Argumentation

In V.39 wendet sich Paulus vom Samenkorn ab[43] und weitet den Blick vom Körper des Samens und der Pflanze auf die gesamte Schöpfung aus, um zunächst, in Weiterführung von V.38, deutlich zu machen, dass Gott jeder Art von Lebewesen das ihm entsprechende Soma, d.h. in diesem Kontext: eine ihm eigene Sarx, zugeteilt hat: Menschen[44], Haustiere, Vögel und Fische – sie alle besitzen eine je andere Sarx, also eine jeweils andere arteigene körperliche Gestalt.[45] Es handelt sich also um eine für den Menschen von außen sichtbare Differenz.

Dieser „horizontalen" Verschiedenheit der Körper auf Erden stellt Paulus nun die himmlischen Körper gegenüber, die er ebenfalls horizontal –

---

[42] *Burchard* 1984, 239. Er betont, dass es sich dabei um das artspezifische, nicht um das individuelle Soma handele.

[43] Die Motivik taucht gleichwohl an verschiedenen Stellen wieder auf.

[44] Für *Farina* 1971, 79-81, liegt der Zielpunkt der Argumentation in der Verschiedenheit der menschlichen von der tierischen Sarx (vor dem Hintergrund von Gen 7). Die Korinther könnten daher nicht von der Verweslichkeit der tierischen Sarx auf die menschliche Sarx schließen. Wenn Paulus aber den Tod des Körpers als Voraussetzung der Auferstehung betrachtet, dann kann es hier nicht darum gehen, für den menschlichen Körper eine Ausnahme zu machen. Eben in der Tatsache ihrer Sterblichkeit gleicht sich die irdische Sarx jedweder Gattung. Die Verschiedenheit der Sarx als Skopos betonen *Wolff* 2000, 404, *Schrage* 2001, 288-290, sowie *Lietzmann* 1949, 84, der allerdings aufgrund seiner Form-Substanz-Unterscheidung an die Verschiedenheit der „Substanzen" denkt.

[45] *Janssen* 2005, 151, versucht, einer „biologischen" Deutung der Stelle aus dem Weg zu gehen, indem sie den Bezug von V.39 auf V.38b verneint und stattdessen nur V.38a hervorhebt. Es gehe nicht um die Biologie, sondern um die Vielfalt göttlichen Schöpfungshandelns. Einer möglichen „biologischen" Fragestellung widerspreche auch der Bezug auf Gen 1,26 (sowie anderer jüdischer Schöpfungstexte), in denen es nicht um Biologie, sondern um die Geschichtlichkeit der Schöpfung gehe. Vgl. ebd. 153-170. Natürlich liegt der Fokus in Gen 1,26 nicht auf der Beschreibung der Biologie, sondern es geht um die Schöpfung als belebten Raum. Unabhängig davon, was der Verfasser von Gen damit zum Ausdruck bringen wollte, ist es aber sehr nahe liegend, den Lebensraum der Geschöpfe mit ihrer Beschaffenheit zu korrelieren, was *auch* eine biologische Aussage darstellt. Vgl. *Martin* 1995, 125, der die Kongruenz von Stoff und kosmischem Bereich betont. Zwar ist die Frage der Stofflichkeit für Paulus hier m.E. zweitrangig, aber die körperliche Zugehörigkeit der Körper zu den einzelnen Räumen spielt in jedem Fall eine Rolle und kann nicht einfach durch das Stichwort „geschichtlich" ausgeblendet werden.

nun aber anhand ihrer unterschiedlichen Doxa – differenziert.[46] Auf diese Weise ist wieder eine Verbindung zum Samengleichnis gegeben, wo sich Samen- und Pflanzenkörper gegenüberstanden.[47] Daraus folgt: Irdische und himmlische Körper sind einander wie Samenkorn und Pflanze antithetisch zugeordnet. Diese Antithetik wird im Folgenden zum entscheidenden Werkzeug der paulinischen Argumentation.

Allerdings stellt Paulus die irdischen und himmlischen Körper nicht einfach konträr gegenüber, sondern er macht ihre Unterschiedenheit an einem Vergleichspunkt fest: der Unterschiedlichkeit ihrer Doxa.[48] Irdische Körper besitzen eine andere Doxa als himmlische,[49] wobei die himmlische Doxa auch zur Differenzierung der Himmelskörper geeignet ist, während die Differenzierung der irdischen Körper anhand ihrer Sarx geschieht. Das aber bedeutet: Beide besitzen Doxa und haben daher eine Gemeinsamkeit; ihr Unterschied muss also gradueller, nicht dichotomischer Natur sein:[50] Er liegt in der Verschiedenheit der Doxa.

---

[46] Im Unterschied zu den irdischen Körpern spricht Paulus hier nicht mehr von σάρξ, sondern von σώματα. Die Himmelskörper können also nicht mit Sarx in Verbindung gebracht werden.

[47] Allerdings ist ein Bezug zum Samengleichnis nicht ohne Verschiebungen möglich, denn Paulus entwickelt ja die Verschiedenheit der irdischen Sarx als Folgerung aus der Verschiedenheit des Pflanzensomas, nicht aus der des Samenkorns, das ja eigentlich für das diesseitige Soma stehen müsste.

[48] In V.39-41 folgt Paulus also einem ABA-Muster, indem er zwei horizontal angelegte Klassifizierungen einander gegenüberstellt und ihre Unterscheidung auf „vertikaler" Ebene anzeigt. So *Asher* 2000, 103; ähnlich *Merklein/ Gielen* 2005, 354f.

[49] Das wird von all denjenigen übersehen, die δόξα als „Lichtsubstanz" bezeichnen und damit als Gegenbegriff zu σάρξ im Sinne einer „Fleischsubstanz" definieren, wobei das σώμα „nur" die „Gestalt" oder „Form" bezeichne. Vgl. z.B. *Lietzmann* 1949, 84. Zur Kritik dieser idealistischen Auffassung vgl. u.a. *Gundry* 1976, 160-162. Dagegen auch *Lindemann* 2000, 358: Es gehe nicht um die Verschiedenheit der Substanzen, sondern des Anblicks. Ähnlich *Burchard* 1984, 238f, der σάρξ und δόξα mit der jeweiligen Eigentümlichkeit der Körper in Verbindung bringt, die sich auf Erden anhand ihrer körperlichen Gestalt, im Himmel anhand ihrer je unterschiedlichen „Ausstrahlung" festmachen lässt. Das ist auch einzuwenden gegen *Martin* 1995, 117-119, der die Rede von den himmlischen Körpern ebenfalls mit der Frage der Stofflichkeit verbindet.

[50] Das ist einzuwenden gegen *Ashers* starke Betonung der Polarität der Körper, die auch in 15,39-41 bereits Ansätze zu einem dichotomischen Unterscheidungsmuster erkennt. Vgl. *Asher* 2000, 99-106. *Asher* hat auf dieser Basis Schwierigkeiten, die sowohl von den irdischen wie auch von den himmlischen Körpern ausgesagte Doxa einzuordnen. Obwohl er die Bedeutung von δόξα mit „the radiance of all the created bodies in the cosmos" angibt, bemerkt er ebd. 105 Anm. 38: „Nevertheless, the two types of *doxa* in v.40b are clearly opposites. So, the *doxa* of the terrestrial bodies in v.40b is not identical with the *doxa* of v.41." Wie diese irdische Doxa beschrieben werden könnte, bleibt offen.

1.2.2.1.3.   *V.42-44: Rückkehr zur Sachebene – die Antithese von psychischem und pneumatischem Soma*

In V.42 wendet sich Paulus explizit der Sachebene zu und greift die Frage aus V.35 nach dem „Wie" der Auferstehung wieder auf: *So* ist auch die Auferstehung der Toten. Zur Diskussion steht der Bezug von οὕτως: Besitzt es anaphorische oder kataphorische Funktion? Die Tatsache, dass zwischen der Frage nach dem „Wie" (πῶς) und der Antwort mit „so" (οὕτως) das Samengleichnis und die Schilderung der Schöpfungssomata im Himmel und auf Erden stehen, lässt vermuten, dass Paulus sich auf dieses Zwischenstück bezieht.[51] In jedem Fall stünden die beiden Vergleiche funktionslos im Raum, wenn Paulus sie nicht als Beispiele für die Auferstehung gebrauchte, der er sich nun explizit zuwendet. Paulus zeigt also an, dass sich die beiden Vergleiche auf die Auferstehung beziehen, sie werden aber erst jetzt explizit von ihm aufgelöst. Insofern kann man die nachfolgenden antithetischen Reihen auch als Erläuterung des οὕτως ansehen: Sie spezifizieren die Anwendung.

In Wiederaufnahme des Samengleichnisses erläutert Paulus: „Es wird gesät in Vergänglichkeit, es wird auferweckt in Unvergänglichkeit" (V.42). Im Vergleich zum ursprünglichen Gleichnis hat sich nun eine Verschiebung ergeben, denn von der Unvergänglichkeit des Pflanzenkörpers[52] war dort nicht die Rede. Die Charakterisierung des Auferstehungskörpers als unvergänglich speist sich vielmehr aus seiner Gegensätzlichkeit zum irdischen Körper. Dieser antithetische Bezug von irdischem und himmlischem Körper wird im Folgenden zum entscheidenden argumentativen Werk-

---

[51] So *Asher* 2000, 106, der auf diese Funktion von οὕτως καί im gesamten *Corpus Paulinum* verweist (vgl. 1Kor 2,11; 12,12; 14,6; Röm 6,11). Vgl. auch *Schrage* 2001, 294.

[52] *Janssen* 2005, 187f, betont die lokale Bedeutung der Präposition ἐν, um zu beweisen, dass Paulus hier nicht von der Beschaffenheit der Körper spreche, sondern von verschiedenen Herrschaftsbereichen, in denen die Körper stünden. Sie sieht hier eine Parallele zu Röm 6,11. Wenn man der Argumentation *Ashers* 2000 und *Martins* 1995 folgt, dann ergibt sich aber aus dem himmlischen Herrschaftsbereich ein dementsprechender Körper. Eine andere Frage ist, ob dieser himmlische Herrschaftsbereich bereits jetzt Auswirkungen auf die Körper zeitigt, so dass sie bereits in der Gegenwart als Auferstehungskörper verstanden werden können. Eben dies versucht *Janssen* ebd. 189 durch Anknüpfung an das Samengleichnis zu zeigen. Da sie das dort enthaltene Todesmotiv nicht auf den physischen Tod bezieht, kann sie auch V.42-44 mit der pneumatischen Leiblichkeit der Gegenwart verbinden. Diese Interpretation wird i.E. durch die präsentische Formulierung von V.42-44 gestützt. Diese drückt aber keineswegs die präsentische Bedeutung des Auferweckungshandelns für die Gegenwart aus, sondern überträgt die vorher beschriebenen *exempla* auf die Fragestellung. Das Präsens besitzt hier zeitlose Bedeutung (vgl. *BDR* 1990 §318.2).

zeug,[53] wiewohl Paulus das Wort σῶμα hier noch gar nicht benutzt: Die irdische „Saat" ist gekennzeichnet durch negative Charakteristika wie Vergänglichkeit, Ehrlosigkeit und Schwachheit. Die auferweckte „Pflanze" dagegen zeichnet sich durch Unvergänglichkeit, Pracht[54] und Kraft aus. Die Verben, die Paulus verwendet, spielen auf die unterschiedlichen Stadien von Same und Pflanze an, die Substantive dagegen auf die Verschiedenheit der irdischen und himmlischen Körper in der Schöpfung.[55]

Erst in V.44a bringt Paulus das Soma ausdrücklich ins Spiel und verbindet es mit den vorher beschriebenen irdischen und himmlischen Körpern. Den irdischen Körper bezeichnet er als σῶμα ψυχικόν, den Auferstehungskörper als σῶμα πνευματικόν. Bereits im Hinblick auf das nachfolgende Schriftzitat[56] wird die ψυχή also als das Charakteristikum des irdischen, das πνεῦμα als das besondere Kennzeichen des Auferstehungskörpers etabliert. Beide stehen sich gegenüber.

---

[53] Vgl. neben *Asher* 2000, 81-88.117-145 u.ö., *Merklein/ Gielen* 2005, 344f.358. Dabei dürfen aber die kontinuitätsstiftenden Elemente in V.36-41 nicht übersehen werden. Das gilt auch für *Conzelmanns* Diktum (ders. 1981, 346): „In den Antithesen erscheint die Intention des Paulus rein."

[54] Die Lichtmetaphorik, die das Wort δόξα in V.41 prägt, passt hier nicht. Außerdem ist mit ἀτιμία ein Antonym gegeben, das δόξα zunächst der Bedeutung 'Ehre' zuweist. Vgl. *Conzelmann* 1981, 346 (*Lindemann* 2000, 355.359, erkennt zwar die Opposition, übersetzt aber mit 'Herrlichkeit'). Was aber bedeutet die Ehre der auferweckten Körper in diesem Zusammenhang? Zu beachten sind daher weiterhin die bedeutungsverwandten Wörter ἀφθαρσία und δύναμις, die weniger auf von außen zugeschriebene Eigenschaften (wie im Falle von 'Ehre'), als vielmehr auf dem Körper selbst zueigene Qualitäten rekurrieren. Es geht also auch hier um den körperlich zum Ausdruck kommen *kabod* Gottes, also wie in V.40f um die 'somatische Ausstrahlung einer positiven Gottesbeziehung', die in der 'Pracht' (so z.B. *Wolff* 2000, 404) oder 'Schönheit' (so *Janssen* 2005, 178) der Körper zum Ausdruck kommt. Alle diejenigen, die eine streng dichotomische Interpretation des Abschnittes vertreten, müssen zwei verschiedene Bedeutungen für δόξα ansetzen. Vgl. z.B. *Merklein/ Gielen* 2005, 360: δόξα sei hier als 'Herrlichkeit' im Sinne der eschatologischen Existenz zu verstehen und von V.40f zu unterscheiden, wo es um die die 'Gestalt' mit der Konnotation 'Glanz' gehe. Ebenso *Schrage* 2001, 295f, der die Bedeutung 'Herrlichkeit' als eschatologisch und nicht auf diesseitige Körper anwendbar betrachtet. Das widerspricht aber dem Wortgebrauch an dieser Stelle, der keine Differenz zwischen gegenwärtiger und eschatologischer Existenz anzeigt. An der Bedeutung von δόξα zeigt sich also die ganze Problematik einer streng dichotomischen Interpretation.

[55] Vgl. *Asher* 2000, 106f. Paulus kombiniert hier die beiden vorher gegebenen *exempla*, um die explizite Anwendung auf die Soma-Frage vorzubereiten.

[56] So *Asher* 2000, 112. V.44b besitzt also schon Überleitungsfunktion.

1.2.2.1.4.   V. 44b-49: Eschatologische Lektüre von Gen 2, 7

1.2.2.1.4.1.   V.44b-46: Schluss vom „psychischen" Adam
auf den „pneumatischen" Christus

Paulus entwickelt nun die in V.44a etablierte Gegenüberstellung von σῶμα ψυχικόν und σῶμα πνευματικόν weiter:[57] „Wenn es ein psychisches Soma gibt, dann gibt es auch ein pneumatisches!"[58] Für Paulus ist die Existenz des psychischen Somas ein Beweis für das pneumatische Auferstehungssoma.[59] Dies ist nur dann einsichtig, wenn hier eine eschatologische Perspektive auf die Schöpfung vorausgesetzt wird. Diese eschatologische Perspektive beinhaltet – das hat der vorausgehende Text deutlich gemacht – einen grundlegend „antithetischen Blick" auf die „erste" Schöpfung: Um Aussagen über die endzeitliche Schöpfung zu machen, wird von der ersten Schöpfung antithetisch auf die kommende Schöpfung geschlossen. Für Paulus ist also selbstverständlich, dass die beiden Schöpfungen jeweils gegensätzliche Körper besitzen. So kommt es an dieser Stelle auch zu einer Gegenüberstellung von ψυχή und πνεῦμα, die beide im Ausgangstext (Gen 2,7) nicht gegensätzlich gebraucht sind. Das geschieht erst

---

[57] Die argumentative Funktion von V.44b ist Gegenstand exegetischer Diskussion. Einerseits legt die Wiederaufnahme der zentralen Stichwörter aus V.44a nahe, in V.44b eine Folgerung aus dem Vorhergehenden zu sehen, die auf der vorher etablierten Gegensätzlichkeit von irdischen und himmlischen Körpern basiert. Vgl. *Farina* 1971, 161, *Verburg* 1996, 193-195, *Wolff* 2000, 408, *Schrage* 2001, 301 (Bezug auf V.39 und V.45), *Merklein/ Gielen* 2005, 361 (wegen der vorher erwiesenen Vielfalt und Leiblichkeit der Schöpfung). Andererseits besitzt der Vers eine enge Beziehung zu V.45 und wird von dorther besser verständlich. Es handelte sich dann weniger um eine Folgerung, als vielmehr um die durch den Schriftbeweis belegte These des nächsten Abschnittes. So *Lietzmann* 1949, 84, *Burchard* 1984, 242f.245, *Sellin* 1986, 76f, *Lindemann* 2000, 360. Wie in V.50, so wird man auch hier nicht allzu streng trennen dürfen. Ich entscheide mich für die Angliederung an V.45, weil nicht nur V.44b von V.45 her verständlicher wird, sondern v.a., weil V.44b den hermeneutischen Schlüssel für V.45 liefert.
[58] Ich entscheide mich für die Wiedergabe von ἔστιν als Vollverb mit „es gibt". Eine andere Möglichkeit wäre, eine kopulative Funktion anzunehmen: „Wenn der Körper psychisch ist, dann ist er auch pneumatisch." So z.B. *Verburg* 1996, 71-76. Das Argument kann sich aber nicht auf eine als notwendig erachtete kausal-konditionale Beziehung zwischen psychischer und pneumatischer Prägung des Körpers beziehen. Also: Aus dem Psychischen folgt eben nicht das Pneumatische. Vielmehr folgt die Existenz der pneumatischen Körperlichkeit aus der vorher aufgestellten Antithetik der Körper.
[59] *Verburg* 1996, 194, bezeichnet die Argumentation als Enthymem. Die fehlende zweite Prämisse, die die Rezipienten implizit mitdächten, sei: Aus psychischen Somata schafft Gott pneumatische (wie im Falle Christi). So auch *Farina* 1971, 162-172, und *Klauck* 1992, 119. Dann aber hätte Paulus auch gleich auf die Ebenbildlichkeit rekurrieren können (vgl. V.47-49). Seine Argumentation ist hier aber schöpfungstheologisch.

durch die „eschatologische Brille" des Paulus. Ein Schriftbeweis soll diese thetische Schlussfolgerung nun weiter erhärten.[60]

Die „psychische" Verfasstheit des irdischen Körpers belegt Paulus mit Gen 2,7c (LXX): καὶ ἐγένετο ὁ ἄνθρωπος εἰς ψυχὴν ζῶσαν. Durch einige interpretierende Zusätze wird daraus: Ἐγένετο ὁ πρῶτος ἄνθρωπος Ἀδὰμ εἰς ψυχὴν ζῶσαν. Die Hinzufügung von πρῶτος eröffnet die Gegenüberstellung von erstem und letztem Menschen als einer zeitlichen, antitypischen Abfolge und führt dazu, dass die bisher lokale Antithetik in eine temporale überführt wird.[61] Die Ergänzung Ἀδὰμ bewirkt eine Individualisierung und ist notwendig, weil in der Folge Christus als zweiter Adam ins Spiel kommen soll (bereits 15,21f wurde er als solcher eingeführt).

Diese beiden Veränderungen bereiten die anschließende paulinische Schlussfolgerung vor, die Paulus aber weiterhin wie ein Zitat aussehen lässt.[62] Vom psychischen ersten Adam schließt er nun antithetisch auf den letzten Adam, dessen Pneuma lebendig macht. Paulus geht also von der irdischen Schöpfung aus, um ihr die eschatologische Neuschöpfung gegenüberzustellen.[63] Die lebendige Seele wird im Eschaton durch das lebendigmachende Pneuma ersetzt.

Eigentlich kommt das Wort πνεῦμα in Gen 2,7 nicht vor; stattdessen steht dort in V.2,7b πνοὴ ζωῆς. Aber die Ersetzung von πνοὴ ζωῆς durch πνεῦμα, d.h. die Synonymität beider Ausdrücke, ist – wie gezeigt wurde – in der jüdisch-hellenistischen Exegese gut belegt.[64] Paulus könnte sich also auf derartige Traditionen beziehen, ohne dass man daraus gleich auf eine bestimmte alexandrinische (oder gar gnostische) Position schließen muss, gegen die er argumentiere.[65]

---

[60] Dabei ist auffällig, dass das Wort σῶμα ab V.45 nicht mehr gebraucht wird. Zur Beschreibung dessen, was er mit σῶμα πνευματικόν meint, erscheinen Paulus wohl andere Ausdrücke dienlicher. Vgl. *Lindemann* 2000, 369.

[61] Vgl. zu diesem Thema *Asher* 2000, 110-116 u.ö.

[62] Das soll nicht bedeuten, dass Paulus hier mutwillig mit der Schrift umgeht. Vielmehr scheint ihm seine Folgerung eine fast selbstverständliche Konsequenz aus der in Gen 2,7 geschilderten Menschenschöpfung: Es ist s.E. also tatsächlich so, dass der letzte Adam in Gen 2,7c bezeugt ist.

[63] So *Wolff* noch 1996, 201: „Aus dem Schrift*wort* zieht Paulus den Schluss e contrario und stellt dadurch den Schrift*beweis* her." Dagegen geht er in ders. 2000, 409, im Anschluss an *Sellin* 1986 von einer alexandrinischen Gegenposition aus.

[64] Vgl. z.B. plant. 18-20 bzw. oben, 116f. Vgl. auch *Sterling* 1995, 358. Weiterhin weist *Sellin* 1986, 79-90, darauf hin, dass die alexandrinisch-jüdische Literatur auch das weisheitliche Motiv des πνεῦμα ζωοποιοῦν (als des lebendigmachenden Geistes der Weisheit) kennt.

[65] So v.a. *Sellin* 1986, 79-90. Vgl. dazu die Anmerkung *Burchards* 1984, 255 Anm. 81: „Tradition kann einerseits in den von Paulus bestrittenen Auffassungen der Korinther stecken, andererseits in dem, was er selber sagt. Das zweite wird manchmal vergessen."

Besonders in der älteren Literatur wird die paulinische Adam-Christus-Typologie oft auf einen gnostischen Urmenschmythos zurückgeführt (Reitzenstein[66]), gegen den Paulus hier angehe (Bultmann[67]). In dieser Tradition schreibt z.B. Jervell: „Die Kombination Anthropos – Pneuma – Eikon ist durchaus gnostisch und zeigt, daß Paulus hier auf einer jüdisch-gnostischen Auslegung von Gen 1,26f. und 2,7 fußt, – eine Auslegung, die er allerdings ganz selbständig verwertet und umdeutet."[68]

Die Existenz eines geschlossenen Urmenschmythos ist seit Schenkes und Colpes Untersuchungen[69] als Forschungsmythos abgetan. Die These eines paulinischen Rekurses auf (proto)gnostische Strömungen in Korinth[70] ist damit aber noch nicht widerlegt, denn die Aufnahme gnostischer Motive hängt nicht von einem geschlossenen Mythos ab. Dieser Interpretation steht aber die heute weitgehend übliche Skepsis gegenüber einer vorchristlichen Gnosis entgegen: Hatte man die philonischen Texte früher oft vor gnostischem Hintergrund interpretiert,[71] so werden die gnostischen Anthroposspekulationen nun oft als Ergebnis philonischer und paulinischer Vorstellungen, nicht als deren Voraussetzung betrachtet.[72] Damit bleibt aber die heute in der Forschung häufig vertretene Möglichkeit zu diskutieren, dass Paulus in 1Kor 15,45 auf eine philonische Genesisauslegung der Korinther eingeht, die u.U. durch den Alexandriner Apollos vermittelt wurde.[73]

Wie im ersten Teil aufgezeigt, arbeitet Philo in seiner Genesisexegese mit einer Unterscheidung der beiden Schöpfungserzählungen, wobei der Mensch aus Gen 1,26f die vollkommene Version des Menschen aus Gen 2,7 darstellt (sei es als kosmischer Idee-Mensch oder als ethische Idealvorstellung). Manche Exegeten gehen davon aus, dass er dem gottebenbildlichen Menschen dabei nicht nur eine ontologische, sondern auch eine temporale Priorität einräume, d.h. dass der Idee-Mensch bzw. der himmlische Mensch für Philo vor dem irdischen Menschen geschaffen sei.[74] Die Korinther (bzw. Apollos) identifizierten nun Christus mit dem ersten, himmlischen Menschen aus Gen 1,27, während der Adam aus Gen 2,7 den zweiten, irdischen Menschen repräsentiere. Das habe Auswirkungen auf ihre Soteriologie, denn ihr Ziel sei es demnach, sich dem pneumatischen Christus aus Gen 1,26f durch Betonung der pneumatischen Lebensweise anzunähern. Die eschatologische Dimension entfalle vor dem Primat der Ontologie. Paulus denke dagegen in eschatologischen Kategorien und versuche daher, die korinthisch-philonische Genesisin-

---

[66] Vgl. *Reitzenstein* 1956, 342-354. Er geht noch davon aus, dass Paulus selbst diese Tradition benutzt. (Vgl. ebd. 348: „Paulus ist Gnostiker.")

[67] Vgl. *Bultmann* 1984, 166-186, v.a.181.

[68] *Jervell* 1960, 268. Vgl. auch ebd. 260.

[69] Vgl. *Schenke* 1962, *Colpe* 1961.

[70] So z.B. *Güttgemanns* 1966, *Schmithals* 1969, *Jewett* 1971, *Schwanz* 1970 und 1974.

[71] Sehr deutlich bei *Jervell* 1960, 258. Vgl. auch *Conzelmann* 1981, 349-353.

[72] Vgl. z.B. *Schrage* 2001, 273f, *Sellin* 1986, 35, mit Verweis auf *Pearson* 1976.

[73] Das ist die Hauptthese *Sellins* 1986, ausgeführt v.a. 79-209 (vgl. besonders 171-175.209).290-294. Vgl. auch ders. 1982 und 2004. Ähnlich schon *Lietzmann* 1949, 84-86, *Pearson* 1976, v.a. 15-26. Ebenso *Sterling* 1995, ders. 2004, 41-43, *Horsley* 1999, 197-220, *Klauck* 1992, 119, *Wolff* 2000, 409, *Vollenweider* 2002a, 58, *Merklein/ Gielen* 2005, z.B. ebd. 345.362.365f. *Sandelin* 1976, 44-47.132, geht davon aus, dass sich Paulus mit einer alexandrinischen Weisheitstradition auseinandersetzt, die aber weniger auf dem Logos-, als vielmehr auf einem pneumatischen Sophia-Konzept basiert. Kritisch zum Rekurs auf Philo für die Rekonstruktion einer spiritualistisch-enthusiastischen Gegnerfront *Zeller* 2001.

[74] Vgl. z.B. *Merklein/ Gielen* 2005, 364.

terpretation umzudeuten, indem er deutlich mache, dass Christus nicht vor, sondern nach dem irdischen Adam zu stehen komme und das endgültige Heil also noch ausstehe. Diese Umdeutung werde v.a. in V.46 deutlich, der als Rekurs auf die korinthische Auslegung zu verstehen sei.

Gegen diese Intepretation spricht zunächst, dass sich Paulus in 1Kor 15,45 nicht explizit auf Gen 1,26f bezieht. Es wird also nicht unmittelbar offensichtlich, dass Paulus auf eine Kombination aus beiden Schriftstellen reagiert.[75] Wenn man 1Kor 15,49 als Hinweis auf Gen 1,26f wertet, dann bleibt immer noch zu zeigen, dass Paulus hier gegen eine Auslegung argumentiert, die die beiden Stellen auf zwei verschiedene „Schöpfungen" bezieht, also die eine mit einem Idealmenschen, die andere mit dem „Normalmenschen" in Verbindung bringt. Es sieht aber eher so aus, als ob Paulus beide Stellen, also Gen 2,7 und Gen 1,27 bzw. Gen 5,3, mit jeweils zwei Menschen (und ihren Nachfolgern) verbindet. Das würde eher für eine eschatologische Lektüre der gesamten Schöpfungsgeschichte sprechen, in der nicht verschiedene Stellen auf verschiedene „Zeiten" gedeutet, sondern jede Stelle „zweidimensional" gelesen wurde. (Das könnte im Übrigen auch für Gen 1,26 in 1Kor 15,39 gelten.)

Zweitens bezeichnet Philo mit dem Ausdruck ὁ πρῶτος ἄνθρωπος meistens Adam, nicht aber den Idee-Menschen oder den himmlisch-pneumatischen Menschen.[76] Außerdem kann man bei Philo keineswegs ein temporal gemeintes Vorher und Nachher von himmlischem und irdischem Menschen entdecken, was eine evtl. korrigierende Bemerkung in 1Kor 15,46 ja voraussetzte.[77] Auch eine ontologische Priorität ist mit den Be-

---

[75] Vgl. zu dieser Kritik *Scroggs* 1966, 87 Anm. 30.115-122, *Schaller* 2004, 148. *Sellin* 1986, 94, argumentiert dagegen: Wenn Paulus den ersten Menschen in Gen 2,7 finde, könne er Gen 1,27 für seine Argumentation nicht mehr verwenden (vermutlich deswegen, weil die Erschaffung desselben ja *vor* Gen 2,7 berichtet wird). Widerhall eines implizit bei Paulus mitschwingenden Rekurses auf Gen 1,26f sei aber der εἰκών-Beleg in 1Kor 15,49. Dieser muss aber m.E. nicht auf Gen 1,27 bezogen werden, sondern kann auch auf Gen 5,1.3 verweisen. Im Übrigen wäre es doch seltsam, wenn Paulus auf eine korinthische Vorstellung einginge, ohne auf die beiden entscheidenden Belegstellen zu verweisen. Hätte er nicht andere Möglichkeiten gehabt, den Menschen aus Gen 1,27 als den eschatologischen, den Menschen aus Gen 2,7 als den irdischen Anthropos darzustellen? Hier sieht es eher so aus, als spiele Gen 1,26f für ihn argumentativ keine Rolle.

[76] Vgl. *Schaller* 2004.

[77] Vgl. dazu *Scroggs* 1966, 122, *Wedderburn* 1973, *Hultgren* 2003, *Schaller* 2004, 149f. *Gielen* (*Merklein/ Gielen* 2005, 364) argumentiert gegen *Schaller* ebd., der feststellt, dass Philo den Idee-Menschen nie als ersten Menschen bezeichne, sondern (wie Paulus) mit dem ersten Menschen immer den „empirischen" Adam meine (vgl. z.B. opif. 136-139.140.142.145.148.151). Dagegen führt *Gielen* ebd. opif. 134 und LA II.4 an. Philo unterscheide in opif. 134 zwischen einem ersten und einem zweiten Menschen im Sinne einer zeitlichen Aufeinanderfolge, da er den *jetzt* (νῦν) gebildeten Menschen nach Gen 2,7 dem zuerst oder zuvor (πρότερον) erschaffenen aus Gen 1,27 gegenüberstelle. Abgesehen davon, dass es sich hier nicht um eine exakte Parallele handelt, muss beachtet werden, dass sich das Adverb auch auf die Textreihenfolge beziehen kann. Da in opif. 129f aber die Schöpfung der Ideen als der empirischen Schöpfung vorrangig dargestellt wird, könnte tatsächlich eine temporale Reihenfolge gemeint sein. Dabei muss jedoch beachtet werden, dass Philo die Schöpfung der Ideen unterschiedlich beurteilt. Er kann die Trennung zwischen der Schöpfung der himmlischen Ideenwelt und der irdischen empirischen Welt in Gen 2,4f ansetzen (so dass der Mensch aus Gen 1,26f zu den Ideen

zeichnungen erster und zweiter Mensch nicht verbunden,[78] auch wenn sie in der gedanklichen Konstruktion vorausgesetzt ist. Sie kommt selbstverständlich in den Bezeichnungen irdischer und himmlischer Mensch zum Ausdruck, aber diese Unterscheidung ist zunächst nicht kosmologisch, sondern ethisch angelegt und lässt sich erst in einem zweiten Schritt mit dem kosmischen Idee-Mensch verbinden, d.h. die Gleichung himmlischer Mensch gleich erster Mensch, irdischer Mensch gleich zweiter Mensch gilt nur bedingt.[79] Gegen einen gezielten Rekurs auf philonische Auslegungen spricht drittens, dass Paulus keinerlei Anspielungen dahingehend macht, dass die Korinther im Besitz einer andersartigen Auslegung seien.

Trotz dieser Argumente, die einer paulinischen Polemik gegen eine philonische Genesisinterpretation widersprechen,[80] ist es natürlich nicht auszuschließen und vielleicht sogar wahrscheinlich, dass ähnliche Vorstellungen in den damaligen jüdischen Gemeinden verbreitet waren. Der im Korintherbrief immer wieder durchscheinende pneumatische Enthusiasmus sowie die von Paulus angenommenen Probleme mit der Körperlichkeit der Auferstehung in 1Kor 15 erscheinen beispielsweise im Zusammenhang einer weisheitlich-pneumatologisch fundierten Christologie noch plausibler. Dazu würde auch das in dieser Arbeit vorgestellte alexandrinische εἰκών-Konzept gut passen. Als hermeneutische Voraussetzungen zur Interpretation von 1Kor 15,45f dürfen diese Konstruktionen aber nicht verwendet werden, weil dadurch die Gefahr einer Verzerrung der paulinischen Aussagen (und Traditionshintergründe) besteht.

Es ist also gut möglich, dass Paulus selbst Gen 2,7bc aus der eschatologischen Perspektive des Christusereignisses liest und die Verse in der Art eines „eschatological ,targum‘"[81] typologisch[82] ausdeutet: Adam und seine „lebende" Seele bilden dann den Prototyp der unerlösten Menschheit ab, dem Paulus nun (den auferstandenen) Christus als Antitypos entgegenstellt und mit dem eigentlich göttlichen bzw. weisheitlichen Attribut des lebendigmachenden πνεῦμα ζῳοποιοῦν ausstattet.[83]

---

gehört), oder aber in Gen 1,5 (vgl. opif. 29). Der ebenbildliche Mensch aus Gen 1,27 ist dann der empirische Mensch (vgl. opif. 25.69). All das weist darauf hin, dass die Reihenfolge der Anthropoi für Philo nicht von großer Bedeutung war. Vgl. *Hultgren* 2003, 345-348.

[78] Vgl. *Sellin* 1986, 94f.

[79] Vgl. *Hultgren* 2003, 349f.

[80] Gegen eine explizite Polemik vgl. auch *Larsson* 1962, 314, *Farina* 1971, 130-135. Das von *Farina* ebd. und noch von *Wolff* 1996, 202f (anders ders. 2000, 409f) vorgebrachte, auf *Jervell* 1960, 65, zurückgehende Argument, der philonische Anthropos sei keine soteriologische Größe, beruht allerdings auf einer Fehlinterpretation *Jervells* (der hier eine platonische von einer gnostischen Interpretation unterscheiden möchte), die *Sellin* 1986, 103 Anm. 87, 113 Anm. 108, widerlegt. Der weiterhin von beiden ebd. eingebrachte Einwand, eine Verbindung zwischen den Korinthern und Philo sei unwahrscheinlich, ist auch nicht schlagend. Eine Verbreitung zumindest von den alexandrinischen ähnlichen Gedanken ist durchaus vorstellbar, und die Figur des Apollos könnte sehr wohl als Brücke zwischen Alexandrien und Korinth gedient haben.

[81] *Pearson* 1976, 24.

[82] Vgl. *Lietzmann* 1949, 85.

[83] Vgl. *Back* 2002, 172. Gegen *Jervell* 1960, 258, und *Conzelmann* 1981, 348, die Antithese sei in Gen 2,7 „durch nichts angedeutet". Tatsächlich ist sie das nach heutigem

Die Lebenskraft der ersten Schöpfung wird für Paulus durch die lebendig machende Kraft der zweiten Schöpfung übertroffen, mit der Gott Christus auferweckt hat (vgl. Röm 1,4), und die wie in Christus, so auch im Gläubigen wirksam werden wird, um ihn von den Toten auferstehen zu lassen (vgl. 1 Kor 15,21f).

Auch wenn die hier diskutierte Auslegung von Gen 2,7 von Paulus selbst herrühren sollte, so ist es doch wahrscheinlich, dass er sich innerhalb einer exegetischen Tradition bewegt, die Gen 2,7 als Ausgangspunkt für Spekulationen über Schöpfung und Auferstehung des Menschen benutzt. So werden neben den besprochenen philonischen Exegesen auch einige rabbinische Parallelen als möglicher Traditionshintergrund diskutiert.[84]
Die interessanteste ist BerR 14.5, wo die Plene-Schreibung von וייצר in Gen 2,7 zum Anlass genommen wird, die Schöpfung Adams mit einem doppelten Bezug zu versehen: Sie verweise neben der ersten auch auf die letzte Schöpfung, die parallel dazu stattfinden werde. Der Streit zwischen den Schulen Shammais und Hillels, über den hier berichtet wird, geht darum, ob die physische Auferstehung in der gleichen Reihenfolge oder in umgekehrter Reihenfolge wie die Schöpfung verlaufen werde. Wie bei Paulus steht also die Frage nach dem „Wie" der Körper im Mittelpunkt.
Auch wenn die Datierung rabbinischer Traditionen grundsätzlich problematisch ist,[85] so könnte der Hinweis auf die Schulen Hillels und Shammais doch auf eine recht früh einsetzende Diskussion über die Art und Weise der körperlichen Auferstehung zurückzuführen sein,[86] an der auch Paulus teilnimmt. Überaus aufschlussreich ist jedenfalls die Beobachtung, dass die Rabbinen Gen 2,7 protologisch und eschatologisch interpretieren.
Ein weiterer Text aus BerR 14 könnte erklären, wie Paulus dazu kommt, die eschatologische Pneumabegabung der protologischen Seelengabe gegenüberzustellen. BerR 14.8 verknüpft Gen 2,7b, worauf Paulus in 1 Kor 15,45 offensichtlich implizit rekurriert, mit Ez 37,14, wo Gott die Gabe seines Leben schaffenden Pneumas in der Endzeit verheißt.[87] Während der durch die Seelenbegabung mit Atem versehene Mensch sterblich ist, gibt das Pneuma Unsterblichkeit. Eine ähnliche Tradition im Hintergrund von 1 Kor 15,45 wäre möglich.

Verständnis nicht. Die bisherige Interpretation von 1 Kor 15 hat aber deutlich gemacht, dass Paulus selbst antithetisch argumentiert und anhand dieses Verfahrens auch die Schrift deutet. So kann er ψυχή und πνεῦμα einander gegenüberstellen. Das erklärt auch, warum ψυχή im Vergleich zu πνεῦμα zwar minderwertiger, nicht aber „an sich" negativ gebraucht ist. Nimmt man, wie *Conzelmann* ebd Anm. 36, stattdessen im Hintergrund stehende gnostische Vorstellungen an, dann ist man genötigt, ψυχή und ψυχικόν negativ als Bestandteil eines „gnostischen Menschenbildes" zu interpretieren.
[84] Vgl. *Hultgren* 2003 (mit weiteren Parallelen wie BerR 8.1, MTeh Ps 139,5, wobei das Alter dieser Texte aber unsicher und die Schlüsse im Ganzen sehr spekulativ sind), *Scroggs* 1966 (insgesamt für die Untersuchung der paulinischen Adam-Christologie vor dem Hintergrund zwischentestamtarischer und rabbinischer Literatur; für BerR 14.5 vgl. ebd. 86f).
[85] Nach *Stemberger* 1992, 275, ist BerR in das 5. Jh. zu datieren.
[86] Vgl. *Scroggs* 1966, 86 Anm. 28.
[87] Vgl. *Farina* 1971, 116-126. Eine Verbindung von Gen 2,7 und Ez 37,14 im Hintergrund von 1 Kor 15,45 erwägen auch *Bulembat* 1997, 60-64, und *Schrage* 2001, 276f.

Nachdem Paulus nun dargelegt hat, dass aus dem psychischen Soma der ersten Schöpfung das pneumatische Soma der endzeitlichen Schöpfung folgt, geht er in V.46 noch einmal explizit auf die Reihenfolge der Schöpfungsgaben ein: „Aber nicht zuerst das Pneumatische (τὸ πνευματικόν)[88], sondern das Psychische (τὸ ψυχικόν), dann (ἔπειτα) das Pneumatische."

Wenn es weiterhin richtig ist, dass Paulus bei seiner Interpretation von Gen 2,7c den vorausgehenden Halbvers 2,7b voraussetzt, ihn aber als eschatologische Deutung an Gen 2,7c anhängt, dann könnte der eindrückliche Verweis auf die Reihenfolge von psychischer und pneumatischer Existenz zunächst einmal ein Hinweis auf sein spezifisches Schriftverständnis an dieser Stelle sein, also: Gen 2,7b ist eschatologisch, Gen 2,7c protologisch zu interpretieren.

Daraus folgt für die Hörer, dass auch das σῶμα πνευματικόν aus V.44 eine eschatologische Größe darstellt, nachdem Paulus in V.44b-45 noch keine expliziten Aussagen darüber gemacht hatte, wann die Leben schaffende Kraft des Geistes für die Anhänger Christi zu wirken beginnt.[89] Das aber bedeutet, dass der Mensch immer noch mit dem adamitischen Körper und seinen Unzulänglichkeiten leben und wie der Same aus V. 36f erst sterben muss, bevor er einen neuen, der neuen Schöpfung „adäquaten" Körper erhält.[90]

1.2.2.1.4.2.   V.47: Die Beschaffenheit der beiden Anthropoi gemäß ihrer kosmischen Zugehörigkeit

Paulus widmet sich nun der Beschaffenheit der beiden „Urmenschen", indem er sie durch ihre Herkunft[91] charakterisiert (vgl. 15,40-44): Der erste

---

[88] Diskutiert wird auch ein Bezug der Adjektive auf σῶμα in V.44 (so z.B. *Bachmann* 1910, 464, *Farina* 1971, 165-172, in Verknüpfung mit V.36f, *Spörlein* 1971, 106, *Pearson* 1976, 15). Allerdings steht dazwischen ein recht langer Vers, so dass dieser Bezug nicht selbstverständlich ist, auch wenn er vielleicht indirekt mitgemeint ist. *Burchard* 1983, 245f, versteht die Figuren als *abstracta pro concretis*, die die Differenz zwischen den Körpern betonten.

[89] Vgl. *Burchard* 1984, 245, *Asher* 2000, 114, *Lampe* 2002, 105. Das spricht gegen *Janssens* These einer präsentischen Auferstehungsvorstellung hinter 1Kor 15 (vgl. *Janssen* 2005). Sie bezieht (ebd. 214f) V.46 daher auch nur auf die beiden Anthropoi (d.h. auf V.45), nicht aber auf die Auferstehung der Korinther (d.h. V.44b).

[90] Zieht man diese Überlegungen in Betracht, dann kann an dieser Stelle darauf verzichtet werden, den Vers als eine gezielte Anspielung auf die korinthischen Auferstehungsleugner zu verstehen. So aber z.B. *Barrett* 1992, 374f, *Sellin* 1986, 179, *Jervell* 1960, 260.267, *Pearson* 1976, 24, *Merklein/ Gielen* 2005, 366, *Bulembat* 1997,67-70.

[91] Die Präposition ἐκ besitzt lokale Bedeutung. Die Argumentation zielt also an dieser Stelle auf die Zugehörigkeit zu bestimmten Sphären ab: Christus ist aus dem Himmel,

Mensch (πρῶτος ἄνθρωπος) ist – gemäß Gen 2,7a – aus der Erde (ἐκ γῆς), und das bedeutet: Er ist irdisch (χοϊκός), also aus Staub, Erde, Lehm bzw. σάρξ, wie die in V.39 aufgezählten Tierarten.[92] Wieder schließt Paulus auf den zweiten Menschen (δεύτερος ἄνθρωπος) als Antithese zum ersten:[93] Dieser ist aus dem Himmel (ἐξ οὐρανοῦ) – und also, so möchte man ergänzen, obwohl Paulus es (vielleicht bewusst) nicht ausdrücklich sagt – aus demselben himmlischen, pneumatischen Stoff wie die Himmelskörper aus V.41, die sich durch ihre unterschiedliche Doxa unterscheiden: Herkunftsort bzw. Zugehörigkeit und Beschaffenheit des Somas stehen also in Korrelation.[94]

1.2.2.1.4.3. V.48f: Der Zusammenhang zwischen den Anthropoi und ihren Nachfolgern

Paulus betont daher in V.48 den Zusammenhang zwischen den Somata der beiden Anthropoi und ihren jeweiligen Anhängern:[95] Wie der Irdische, so die Irdischen, wie der Himmlische, so die Himmlischen.[96]

In V.49 schließlich wechselt Paulus in die 1. Person Plural und wendet sich seinen Hörern auf diese Weise direkt zu, um die seit V.35 geführte Argumentation explizit auf sich selbst und die Korinther zu beziehen. Dieser Wechsel der grammatischen Person macht deutlich, dass die Phase der theoretischen Auseinandersetzung beendet ist und nun die „persönlichen" Konsequenzen geschildert werden:[97] „Und[98] ebenso wie[99] wir die Eikon

---

weil er seit seiner Auferstehung ein Teil dieser Sphäre ist. Für eine Anspielung auf die Damaskusvision, wie *Kim* 1984, 226, vermutet, sehe ich hier keinen Anhaltspunkt.

[92] Gegen *Jervell* 1960, 263f, der diese Charakterisierungen nicht mit Adams Körper in Verbindung bringen will.

[93] Vgl. *Asher* 2000, 115.

[94] Vgl. *Martin* 1995, 126, aber auch *Merklein/ Gielen* 2005, 367.

[95] Vgl. *Merklein/ Gielen* 2005, 368, *Schrage* 2001, 310f. Vgl. zur Stelle auch SapSal 7,1: Salomo sieht sich in der Nachfolge des aus Erde gewordenen (γηγενής) Adam.

[96] Vgl. *Asher* 2000, 115: „Thus, what Paul is saying is: if his readers accept the fact that the first man was of the earth and dusty and what naturally follows that all humans are from the earth and dusty, then they must also accept the fact that a second Adam who is from heaven exists and humans also acquire his characteristics. This point again follows from the principle he established in vv. 44b that the presence of one antithesis presupposes its counterpart."

[97] Das bedingt eine Verschiebung der Perspektive, denn Paulus und die Korinther gehören ja noch nicht zu den Toten aus V.35. V.49 leitet daher die Frage nach dem Schicksal des Körpers der bei der Parusie noch Lebenden ein. Vgl. *Bulembat* 1997, 71-74. Er schreibt dem Vers daher die Rolle einer *transitio* zu.

[98] *Kai consecutivum*, vgl. BDR 1990 §442.2.

[99] Die Konjunktion καθώς besitzt vergleichende Bedeutung, vgl. *Bauer* 1988, 794. *Janssen* 2005, 224.226, schließt deswegen auf eine präsentische Bedeutung beider Syntagmen. Das Wort καθώς betone „deutlich die Analogie dieser beiden Existenzen" (ebd.

des Irdischen getragen haben[100], so werden[101] wir auch die Eikon des Himmlischen tragen."

Der vom Kontext nicht unmittelbar motivierte Gebrauch des Wortes εἰκών[102] veranlasst viele Exegeten dazu, hier eine Anspielung auf Gen 1,26f zu sehen.[103] Für Gen 1,26f als Bezugspunkt kann man weiterhin das Zitat Gen 2,7 in V.45 sowie die schöpfungstheologische Argumentation in

---

226). Von der vergleichenden Bedeutung dieser Konjunktion, die in der Tat zwei Vorgänge in ein Analogieverhältnis setzt, kann man aber m.E. keinesfalls auf die Zeitlichkeit dieser Vorgänge schließen. Die besondere Pointe vieler Vergleiche liegt ja gerade darin, dass sie unbekannte Ereignisse der Zukunft in Analogie zu einem bereits bekannten Vorgang setzen, um ihn zu veranschaulichen.

[100] Ich plädiere daher für eine komplexive Bedeutung des Aoristes, die den Anfangs- und Endpunkt einer Handlung betont (vgl. *BDR* 1990 §332). Dieser Zeitstufe wird im Deutschen am ehesten durch eine Wiedergabe im Perfekt Rechnung getragen. Gegen *BDR* 1990 §333.1, die den Aorist perfektiv (bzw. konfektiv) und damit präsentisch interpretieren: Bei φορεῖν ist mir aber eine solche Deutung im Sinne von „wir trugen" = „wir tragen" nur schwer verständlich. Auch gegen eine ingressive Deutung (vgl. *Janssen* 2005, 224, *Müller* 1985, 226f Anm. 180, *Verburg* 1996, 216, *Barrett* 1985, 119) ist Einspruch zu erheben, denn eine besondere Betonung des Handlungsbeginns kann ich an dieser Stelle nicht erkennen. Außerdem legt die Bedeutung des Wortes φορεῖν im Vergleich zu φέρειν nach *Bauer* 1988, 1724, gerade die Dauer des Tragens nahe. Es geht also um die Darstellung der vollendeten Handlung des Tragens über einen langen Zeitraum. *Schrage* 2001, 312, plädiert für ein Verständnis des Aoristes aus der Perspektive der Auferstehung. *Merklein/ Gielen* 2005, 370, machen zusätzlich darauf aufmerksam, dass Paulus aus der präsentischen Pneumaerfahrung heraus die Adamebenbildlichkeit bereits als Vergangenheit betrachten kann, auch wenn diese Art der Ikonizität immer noch zum Erfahrungshorizont der Glaubenden gehört. Ähnlich *Back* 2002, 177.

[101] Die futurische Lesart φορέσομεν ist zwar gegenüber dem Konjunktiv Aorist äußerlich wesentlich schlechter bezeugt, die in dem Textabschnitt durchgehend futurische Erwartung der Auferstehung bzw. des Auferstehungssomas lässt das Futur hier aber wahrscheinlicher erscheinen. Neben der Bedeutungsnähe von εἰκών und σῶμα spricht gegen die präsentische Bedeutung auch die Betonung des physischen Todes als Notwendigkeit der Neuschöpfung in V.36. Die futurische Lesart wird von der überwiegenden Mehrzahl der Exegeten bevorzugt. Eine der wenigen Ausnahmen ist neben *Schneider* 2000, 20-23, *Janssen* 2005, 219-224, die mit dieser Entscheidung ihre These von der präsentischen Auferstehungserfahrung der Körper stützt. Vgl. außerdem *Scroggs* 1966, 89 Anm. 35.

[102] Vgl. dagegen 2Kor 3,18, wo das Motiv vom Spiegel in κατοπτρίζεσθαι das Spiegelbild, εἰκών, motiviert.

[103] So *Conzelmann* 1981, 353, *Verburg* 1996, 214-218, *Barrett* 1985, 119, *Janssen* 2005, 217f. *Farina* 1971, 192-196, bezieht außerdem Ps 8,6 (LXX) mit ein, weil hier auf die Gottebenbildlichkeit zusammen mit der δόξα angespielt sei. Εἰκών und δόξα seien Herrschaftsbegriffe, die sich mit einem nach außen sichtbaren Element verbänden. Allerdings existiert die Verbindung von εἰκών und δόξα nicht auf der Textoberfläche: Εἰκών kommt in dem Text nicht vor, auch wenn auf Gen 1,26f angespielt wird. Überdies finde ich in 1Kor 15,49 keinen Anhaltspunkt für eine Betonung der Herrschaftsfunktion, um die es in Ps 8,6 und auch in Gen 1,26f geht.

15,39 mit Motiven aus Gen 1 geltend machen. Paulus bewegt sich in seinem Denken offensichtlich vor dem Hintergrund des Schöpfungsberichtes und könnte daraus auch seine Erwähnung der Ikonizität folgern.

Abgesehen davon, dass das Syntagma εἰκόνα φορεῖν in Gen 1,26f keine Parallele besitzt, geht es dort nicht um die Adam- bzw. Christusebenbildlichkeit des Menschen, sondern um die Gottebenbildlichkeit Adams.[104] Diese steht in 1Kor 15 gar nicht zur Debatte, auch wenn sie vielleicht implizit mitgedacht sein mag.

Es ist daher zunächst näher liegend, in V.49 eine Anspielung auf die Adamebenbildlichkeit in Gen 5,3 (LXX) zu sehen.[105] Diese Adamebenbildlichkeit Seths ist allerdings durch Gen 5,1 verknüpft mit der Gottebenbildlichkeit Adams nach Gen 1,26f.[106] Durch die Zeugung überträgt sich die Gottebenbildlichkeit Adams auf alle nachfolgenden Generationen (vgl. Gen 5,1: γένεσις ἀνθρώπων), so dass die Adamebenbildlichkeit Seths auch seine Gottebenbildlichkeit impliziert. Wenn Paulus daher die Adamebenbildlichkeit des Menschen in 1Kor 15,49 anführt und bereits in 15,45-48 voraussetzt, dann steht er in einer auf Gen 5,1.3 beruhenden Tradition.

Da sich die gesamte Argumentation seit V.35 auf die Frage nach dem „Wie" der Auferstehungskörper bezieht und der Wechsel in die 1.Person Plural einen ersten Höhepunkt des Gedankengangs anzeigt, ist davon auszugehen, dass das Tragen der Eikon auf die Körperlichkeit vor und nach der Auferstehung in der Nachfolge der beiden Adam rekurriert. Die Frage der Körperlichkeit ist damit eine Frage der Zugehörigkeit zu den beiden Stammvätern, genauer: die Frage nach dem „Wie" des Auferstehungskörpers entscheidet sich an der Zugehörigkeit des Menschen zu Christus, der bereits Träger des Auferstehungssomas ist.

1.2.2.2. 15,50.51-58: Die Verwandlung der Körper

1.2.2.2.1. V.50: Resümierende Ausgangsthese

Der Vers hebt sich von den vorherigen durch die explizite Thematisierung des Sprechaktes in der Eröffnungsformel ab: τοῦτο δέ φημι, ὅτι. Bei kataphorischer Funktion des ὅτι greift Paulus das Vorhergehende resümierend auf und stellt es als Ausgangsthese über die nachfolgende Argumenta-

---

[104] Vgl. auch *Burchard* 1984, 252. Er betont, dass die Auferstehung bzw. endzeitliche Verwandlung streng genommen nicht als Neuschöpfung, sondern als „völlige Menschwerdung" betrachtet werden sollte. Die Schöpfung beziehe sich daher nur auf (den ersten) Adam, Christus sei dessen Vollendung. Daraus kann man nun ableiten, dass für die übrige Menschheit nicht so sehr Gen 1,26f, sondern eher Gen 5,1.3 konstitutiv ist.

[105] So schon *Kittel* 1935b, 395. Vgl. auch *Schrage* 2001, 311, *Back* 2002, 175 (mit Berufung auf *Jervell* 1960, 268).

[106] Vgl. *Schaller* 2004, 148 Anm. 26.

tion.[107] V.50 besitzt damit die Funktion eines Übergangsverses, der sowohl die Schlussthese des vorhergehenden Abschnittes als auch die Ausgangsthese des neuen darstellt:[108] „Das aber sage ich, Brüder: Fleisch und Blut kann das Reich Gottes nicht erben, auch die Vergänglichkeit erbt nicht die Unvergänglichkeit."[109]

Wenn also der irdische Körper mit der eschatologischen Existenz unvereinbar ist, dann muss Paulus im Folgenden auch erklären, wie seine These von seinen Zuhörern auf ihr eigenes Schicksal appliziert werden kann, denn wie Paulus erwarten sie, bei der Parusie noch zu leben.[110] Wie aber wird ihr irdischer Körper dann zum himmlischen?[111] Damit verschiebt sich der Skopos vom Schicksal der Toten, von dem Paulus in V.35 ausgegangen war, zum Schicksal der bei der Parusie noch Lebenden.

1.2.2.2.2. V.51-57: Der „Körperwechsel"

Mit ἰδού markiert Paulus den Beginn eines neuen Argumentes,[112] dessen Inhalt er als Mysterium (μυστήριον) bezeichnet. In prophetischer Ma-

---

[107] An dieser Funktion des ὅτι entscheidet sich auch die Funktion von τοῦτο. Für eine kataphorische Funktion von τοῦτο vgl. *BDR* 1990, §290.3 Anm. 5, *Jeremias* 1966a, 302, *Klauck* 1992, 120, *Merklein/ Gielen* 2005, 375, *Müller* 1985, 227, sowie die Parallele in 1Thess 4,15. Dafür spricht die Stiländerung im Vokabular (vgl. σὰρξ καὶ αἷμα, βασιλεία τοῦ θεοῦ, κληρονομεῖν), die bereits auf das nachfolgende Textstück verweist. V.50 fungierte dann als eine Art Überschrift. Gleichwohl ist aber wegen der Wiederaufnahme von bestimmten Stichwörtern bzw. Antithesen (vgl. z.B. φθορά, ἀφθαρσία) sowie der Markierung eines Neuanfangs durch ἰδού in V.51 deutlich, dass es sich nicht um einen völligen Neueinsatz handelt (vgl. *Conzelmann,* 1981, 357 mit Anm. 10, *Lindemann* 2000, 356.364, *Pearson* 1976, 15), sondern um die Wiederaufnahme von Ergebnissen aus der vorherigen Argumentation, die nun aber unter veränderter Perspektive weitergeführt werden.

[108] So auch *Wolff* 2000, 413f, *Schneider* 2000, 18-20, *Schrage* 2001, 362, *Janssen* 2005, 233, *Asher* 2000, 152.

[109] Es handelt sich um einen synonymen *Parallelismus membrorum.* Vgl. *Conzelmann* 1981, 357, *Sellin* 1986, 75, *Janssen* 2005, 232 Anm.18, *Schrage* 2001, 366. Für einen synthetischen Parallelismus plädieren *Jeremias* 1966a, 299, *Bulembat* 1997, 87-92: Paulus unterscheide hier zwischen den Toten und Lebenden: „Fleisch und Blut" stünde dabei für die Lebenden, „Vergänglichkeit" für die toten Körper. Φθορά charakterisiert aber, wie *Bulembat* ebd. selbst sieht, das σῶμα ψυχικόν. Dieses ist aber nicht auf die Toten, sondern auf den noch nicht auferstandenen Menschen bezogen. Der Parallelismus ist also synonym. (Gleiches gilt für V.53, den *Jeremias* ebd., 301, ebenfalls für synthetisch hält).

[110] Vgl. *Lindemann* 2000, 364, *Schrage* 2001, 369, sowie *Schlatter* 1969, 441.

[111] Vgl. *Burchard* 1984, 249.251: Er deutet den Vers ebd. 249 als „Problemanzeige" dessen, was aus V.49 folgt.

[112] Vgl. *Conzelmann* 1981, 358, *Janssen* 2005, 235.

nier[113] verkündet er seinen Hörern das endzeitliche Schicksal, das sie selbst
(incl. Paulus) erwarten wird: „Wir alle werden nicht entschlafen, wir alle
aber werden verwandelt werden" (V.51).[114] Paulus steht hier die Parusie
vor Augen und er versichert seinen Zuhörern, dass sie alle, die bei der Ankunft Christi noch leben werden, nicht vorher sterben müssen, um den
Auferstehungskörper zu erhalten. Während nämlich für die bei der Parusie
bereits Verstorbenen der Übergang von einem Körperstadium in das andere durch den Tod und die anschließende Auferweckung deutlich markiert
und fast als „natürlicher" Vorgang (vgl. den Tod und die Lebendigma-
chung des Samenkorns) anzusehen ist, stellt sich für die Hörer natürlich
die Frage, wie sie selbst zum Träger der εἰκών Christi werden, wenn sie
bei der Parusie noch im Körper Adams sind.[115] Schließlich standen die

---

[113] Vgl. *Burchard* 1984, 251 Anm. 67, der das μυστήριον als prophetische Auslegung
(des Herrenwortes aus 1Thess 4,16f?) interpretiert. Vgl. auch *Janssen* 2005, 239-245,
allerdings unter Absehung ihrer These einer präsentischen Bedeutung des Abschnittes.

[114] Die textkritischen Varianten zu dieser Stelle sind zahlreich, können aber aus späteren dogmatischen Erwägungen heraus verstanden werden: Es musste erklärt werden,
warum Paulus sich in seiner unmittelbaren Parusieerwartung geirrt hatte. *Janssen* 2005,
235-239, weist mit *Schneider* 2000, 99-128, zurecht darauf hin, dass der Satz nicht ohne
weiteres mit „nicht alle", sondern eigentlich mit „wir alle werden nicht ..." übersetzt
werden müsste, da die Verneinung im Griechischen normalerweise nicht hinter, sondern
vor dem zu verneinenden Satzteil stehe. Dieser ist hier das Prädikat, das also heißt: wir
werden nicht entschlafen; Subjekt ist: wir alle. Paulus geht also wie in 1Thess 4,15-17
davon aus, dass keiner mehr bis zur Parusie entschlafen wird. Ebenso analysieren
Merklein/ Gielen 2005, 381. *Gielen* übersetzt allerdings ebd. 371 trotzdem: „Wir werden
nicht alle entschlafen", verneint also das Subjekt und nicht das Prädikat. Auch *Burchards*
Lösungsversuch (ders. 1984, 250: „[...] alle sterben werden wir nicht [...]") läuft letztendlich auf die Verneinung von „alle" hinaus. So auch *Wolff* 2000, 414f, *Bulembat* 1997,
100. *BDR* 1990 §433.2 erklären die Voranstellung des πάντες durch den Parallelismus
(vgl. auch *Conzelmann* 1981, 355 Anm.1). *Schneider* 2000, 99-128, weist aber überzeu-
gend und detailliert nach, dass es im NT und in der Koine keine Nachstellung von Nega-
tionen gibt, und dass auch der Nachstellungsfall im klassischen Griechisch auf 1Kor
15,51 keine Anwendung finden kann. Aus diesem Grund ziehe ich die Verneinung des
Prädikats vor. Gegen *Schneider* 2000, 129-151, und mit *Janssen* 2005, 237 Anm. 12,
deute ich κοιμηθησόμεθα aber nicht transitiv und die Verbindung daher nicht als Lito-
tes.

[115] Die 1.P.Pl. verweist auf Paulus und seine Rezipienten, also die noch lebenden Korinther. Gegen *Conzelmann* 1981, 358, nach dem bei dem zweiten πάντες an alle Gläubigen, d.h. auch an die Toten, gedacht ist. Dagegen spricht der offensichtliche Parallelismus. Nur so ist der Satz auch mit 15,52 kompatibel, wo ἡμεῖς sogar betont und daher
von οἱ νεκροί abgesetzt ist. Vgl. auch *Bulembat* 1997, 105f. *Asher* 2000, 157-165, vertritt die These, dass der Akzent hier nicht auf der Unterscheidung zwischen Lebenden
und Toten liege, sondern auf der Verwandlung aller (d.h. auch der Toten), weil nur so die
Einheit der Argumentation von 15,35-57 gewahrt bleibe. Die Unterscheidung zwischen
Lebenden und Toten erklärt *Asher* ebd. als einen paulinischen Topos, den dieser seit der
Auseinandersetzung mit den Thessalonichern (vgl. 1Thess 4,13-18) fest in sein Denken

beiden Ausdrucksformen geschöpflicher Existenz bislang in Antithese zueinander.

Paulus löst diese Spannung, indem er die Überkleidung (ἀλλάσσεσθαι)[116] der εἰκών Adams durch die εἰκών Christi ankündigt. Das Überkleidetwerden impliziert für die noch Lebenden eine Art Tod (vgl. V.54d), der den Bruch zwischen alter und neuer Existenz markiert und sie mit den anderen, dann zur Unvergänglichkeit (ἄφθαρτοι) auferstandenen Toten auf eine Stufe stellt.[117]

---

integriert habe. *Asher* bemerkt m.E. richtig, dass das Thema der Verwandlung den Abschluss der Argumentation ab V.35 bildet und daher in den bisherigen Verlauf integriert werden muss. Alle sprachlichen Hinweise deuten aber darauf hin, dass Paulus hier zwischen der Gruppe der Lebenden und Toten unterscheidet (vgl. die erste Person Plural im Gegensatz zu οἱ νεκροί, V.51f) und dass er weiterhin den vorher festgestellten Gegensatz zwischen irdischem und himmlischen Körper für die Toten offenbar nicht als Problem betrachtet. Der Grund dafür ist, dass der physische Tod bereits den Bruch der beiden Existenzweisen markiert. Hingegen muss dieser Übergang für die bei der Parusie noch lebenden Körper erst noch geschaffen werden. Paulus muss also das Schicksal dieser Gruppe noch thematisieren, bevor er in V.53ff wieder allgemeine Aussagen treffen kann, die die Körper aller Gläubigen betreffen. Insofern behandelt V.50ff die sich aus der in V.50 angeführten These ergebende Modifikation des „eschatologischen Fahrplanes". Vgl. auch die Kritik an *Asher* bei *Back* 2002, 168f Anm. 31.

[116] Das Wort ἀλλάσσεσθαι bedeutet nach *Wolff* 2000, 415, „entsprechend dem darin enthaltenen ἄλλος, ‚anders machen'". Daher übersetzt *Janssen* 2005, 234 Anm. 1, mit 'verändern', was im Vergleich mit dem sonst oft verwendeten 'verwandeln' die Kontinuität zum irdischen Körper stärker betont bzw. stärker akzentuiert, „dass es sich wie in VV. 42-44 auch hier nicht zuerst um die ‚Verwandlung' der physischen Kondition des Menschen geht [sic!], sondern um kosmische, gesellschaftliche und gottesgeschichtliche Veränderungsprozesse" (ebd.). Auch *Bauer* 1988, 75, rechnet die Bedeutung 'verwandeln' zur Bedeutung 'verändern', die auch für Acta 6,14 und Gal 4,20 anzunehmen ist. Dagegen bedeutet ἀλλάσσειν in Röm 1,23 in Aufnahme von Ps 105,20 (LXX) 'vertauschen'. Die engste ntl. Parallele stellt m.E. aber Hebr 1,12 dar, wo das Wort mit Rekurs auf Jes 34,4 (LXX) im Sinne des Gewandwechsels aufgeführt wird: καὶ ὡσεὶ περιβόλαιον ἐλίξεις αὐτούς, ὡς ἱμάτιον καὶ ἀλλαγήσονται. Den „Körperwechsel" im Sinne des Gewandwechsels beschreibt explizit 15,53f, und auch in 15,49 ist auf diese Motivik angespielt. Es ist daher nahe liegend, die Gewandmetaphorik auch im Hintergrund von 15,51f anzunehmen, und zwar im Sinne einer Überkleidung, die den darunter liegenden Körper zunichte macht. Vgl. Lietzmann 1949, 86: „ἐνδύσασθαι, weil die Überlebenden den neuen pneumatischen Leib überziehen, wodurch der sarkische zerstört wird [...]." Das alles spricht gegen die Bedeutung 'verändern' und für ein 'Verwandeln', wie es auch in der Gewandmetaphorik von 2Kor 5,1-10 impliziert ist.

[117] *Back* 2002, 196, folgert für das paulinische Motiv der Verwandlung im Gegenüber zur Auferstehung daher: „Verwandlung und Auferstehung werden daher von Paulus nicht synonym verwendet [...], sondern sind zwei voneinander zu unterscheidende Konzeptionen: Die Toten brauchen nach paulinischer Sicht nicht ‚verwandelt' zu werden; sie erstehen unmittelbar zu der Unsterblichkeit und Unvergänglichkeit, in welche die Lebenden transformiert werden. Wenn Paulus einmal von ‚Auferweckung', ein anderes Mal von ‚Verwandlung' redet, ist dies nicht damit zu erklären, daß er sich hier [...] nach den je-

Diese Verwandlung geschieht in einem winzig kleinen, nicht weiter teilbaren Zeitraum (ἐν ἀτόμῳ), einem Augenblick (ἐν ῥιπῇ ὀφθαλμοῦ), der sich der gängigen Zeiterfahrung entzieht (V52).[118] Sie stellt eine im göttlichen Heilsplan vorgesehene Notwendigkeit dar, innerhalb derer das Vergängliche (τὸ φθαρτόν, τὸ θνητόν), d.h. der vergängliche, sterbliche menschliche Körper, von Unvergänglichkeit (ἀφθαρσία, ἀθανασία), also von einem neuen, unvergänglichen Auferstehungskörper,[119] überkleidet werden muss (ἐνδύσασθαι).[120] So kommt die erste Schöpfung in der zweiten Schöpfung zu ihrer somatischen Vollendung, indem der das irdische Soma beherrschende Tod vernichtet wird (V.53-55).

Die Frage nach dem Woher des tödlichen Stachels veranlasst Paulus zu einer kurzen Bemerkung über den Zusammenhang von Tod, Sünde und Gesetz (V.56). Diesen Gedanken, der im Römerbrief breiteren Raum einnimmt, führt er hier nicht weiter aus, sondern nimmt gleich die Überwindung dieses Todeszusammenhanges durch Christus in den Blick (V.57).

Mit Ermahnungen an die Standhaftigkeit der Gemeindeglieder schließt der Abschnitt (V.58). Dagegen setzt Paulus die Hoffnung: „Eure Anstrengung ist nicht eitel im Herrn".[121]

---

weiligen – eher jüdisch oder eher heidnisch geprägten – Rezipienten richtet. Stattdessen hat er im ersten Fall die Toten, im zweiten die bei der Parusie Lebenden im Blick."

[118] Vgl. *Janssen* 2005, 245. *Schrage* 2001, 372f, sieht dies als Beleg gegen eine graduelle Verwandlung.

[119] *Janssen* 2005, 252, verneint auch an dieser Stelle den physischen Aspekt, obwohl sie von der „,Überkleidung' konkreter Körper" spricht. Stattdessen sei hier von „Herrschafts-Sphären" die Rede. Natürlich geht es nicht nur um die Physis, aber zum menschlichen Soma gehört eben *auch* die Physis. *Verburg* 1996, 274, drängt wie *Janssen* die konkret körperliche Verwandlung in den Hintergrund und reduziert die Auferweckung auf die Veränderung der Gottesbeziehung. Gottesnähe besitzt der Getaufte aber auch schon vor der Auferstehung (vgl. Röm 8,31-37). Hier geht es um die somatische Realisierung derselben. Paulus korrigiert die keineswegs durch einen gänzlich unphysischen Somabegriff die materiale Körperauffassung der Korinther. So aber *Verburg* 1996, 285.

[120] Die in dem Ausdruck τὸ φθαρτὸν τοῦτο ἐνδύσασθαι ἀφθαρσίαν bzw. τὸ θνητὸν τοῦτο ἐνδύσασθαι ἀθανασίαν implizierte Gewandmetaphorik korreliert mit V.49. Vgl. *Asher* 2000, 156, *Schrage* 2001, 376. Es handelt sich – gegen *Jeremias* 1966, 300f – um einen synonymen *Parallelismus membrorum* und daher um Synonyma. Vgl. *Conzelmann* 1981, 360, *Wolff* 1969, 207, *Bulembat* 1997, 111-116, *Schrage* 2001, 366f.

[121] Diese Art der Paränese stimmt mit dem bereits beobachteten topischen Zusammenhang von Auferstehungsleugnung und ethisch-moralischer Laxheit überein (vgl. V.32f). Dies spräche dafür, dass sich Paulus an dieser Stelle in einen breit geführten jüdischen Diskurs über die Auferstehung einreiht, zu der auch SapSal einen Beitrag leistet.

1.3. Die semantischen Beziehungen von εἰκών in 1Kor 15,49

In V.49 verbinden sich mit dem Wort εἰκών zwei Genitivattribute: zum einen χοϊκοῦ, zum anderen ἐπουρανίου. Beide Attribute stehen zueinander in einem Gegensatzverhältnis. Das bedeutet, dass εἰκών eine weitgehend „neutrale" Bedeutung haben muss, die sich je nach Attribut in die Antithetik einreiht. Zunächst soll es um diese „neutrale" Bedeutung von εἰκών gehen, dann die mit den Genitiven verbundene Bedeutung in den Blick kommen.

1.3.1. εἰκών und σῶμα: Der Mensch als „Bildkörper"

Wie in der Kontextanalyse bereits angedeutet wurde, besteht ein enger semantischer Zusammenhang zwischen εἰκών und σῶμα. Dafür sprechen folgende Gründe: Da sich V.49 auf die in V.35 gestellte Frage nach dem Auferstehungssoma bezieht und gleichzeitig eine Weiterführung der Gegenüberstellung von σῶμα ἐπίγειον/ ψυχικόν und σῶμα ἐπουράνιον/ πνευματικόν in V.42.44 darstellt, lässt sich das Wort εἰκών in V.49 durch das Wort σῶμα sinngemäß ersetzen.[122]

Überdies besteht eine enge Verbundenheit von V.49 und V.50, wo die irdische Körperlichkeit (hier ausgedrückt mit σὰρξ καὶ αἷμα und φθορά) der himmlischen Körperlichkeit (βασιλεία τοῦ θεοῦ, ἀφθαρσία) entgegengesetzt wird. In diese Reihe gehört auch V.53, der ebenfalls deutlich die Gegenüberstellung der Körper im Blick hat (τὸ φθαρτόν, τὸ

---

[122] Bereits *Willms* 1935, 51, sieht – wenn auch zögerlich – die Bedeutungsverwandtschaft von εἰκών und σῶμα und übersetzt εἰκών daher mit 'Gestalt': „Will man εἰκών nicht geradezu als Synonym von σῶμα behandeln, so liegt doch im ‚psychischen' wie im ‚pneumatischen' Falle das Moment der Leiblichkeit durchaus darin." Dagegen explizit *Jervell* 1960, 268, der für ein Verständnis von εἰκών im Sinne von 'Wesen' plädiert, das allerdings auch den Körper präge. Dahinter steht wohl *Bultmanns* Auffassung, die Wörter μορφή, σχῆμα und εἰκών bedeuteten alle 'Wesen', vgl. *Bultmann* 1984, 194. *Sellin* 1986, 190f, interpretiert εἰκών zunächst vor jüdisch-alexandrinischem Hintergrund, um dann die paulinische Verwendung davon abzuheben: Das σῶμα, die Geschöpflichkeit, werde bei Paulus durch die εἰκών qualifiziert (vgl. ebd. mit Anm. 2). Die Qualifikation des Somas wird aber nicht durch εἰκών geleistet, sondern durch die Genitivattribute. Auch bei *Sellin* ist εἰκών daher, genauso wie σῶμα, eine „innere Größe", vgl. z.B. ebd. 193: „die Adam-εἰκών in unserem ‚Körper' (= Personsein)". Auch hier steht *Bultmanns* Soma-Konzept im Hintergrund und führt zu einer „Entkörperlichung" von εἰκών. Vgl. aber auch *Lietzmann* 1949, 86, der durch Parallelisierung mit Phil 3,21 die Synonymität von εἰκών und σῶμα ebenfalls nahelegt. Da er σῶμα aber im idealistischen Sinne als 'Form' bestimmt, hat das Auswirkungen auf die Interpretation von εἰκών. *Lindemann* 2000, 369, und *Asher* 2000, 116, bemerken die Bedeutungsverwandtschaft, gehen aber nicht näher darauf ein. Zur Sichtbarkeit und Körperlichkeit von εἰκών vgl. *Kim* 1984, 219.

θνητόν vs. ἀφθαρσία, ἀθανασία).[123] Alle drei Verse stehen außerdem in der Tradition der Gewandmetaphorik, was eine Verbindung zwischen εἰκών und σῶμα wahrscheinlich macht.[124]

Weiterhin ist bemerkenswert, dass der syntaktische Gebrauch beider Wörter sich ähnelt. Beide Ausdrücke werden erst durch weitere Attribute näher in ihrer Qualität bestimmt und können daher sowohl auf der einen wie auch auf der anderen Seite der antithetischen Gegenüberstellung zu stehen kommen. Es handelt sich also gewissermaßen um eine „neutrale" Eigenschaft menschlicher Existenz, die durch den Kontext qualifiziert wird.

Das heißt aber nicht, dass es sich bei σῶμα und εἰκών um rein „formale" Konstanten des menschlichen Seins handelt, die immer unterschiedlich „gefüllt" werden müssten, also etwa um eine Form, die an sich neutral ist und einem bestimmten Stoff oder einer Substanz anhaftet.[125] Vielmehr existieren σῶμα und εἰκών nur in ihrer jeweiligen Realisierung, nicht aber als Abstrakta. Die Art der Realisierung entscheidet sich durch die Relation, die in den jeweiligen Genitivattributen zum Ausdruck kommt. „Körper" und „Bild" sind also mediale Größen, in denen bestimmte Beziehungen anschaulich werden. Der Mensch ist daher nicht einfach nur Körper, sondern Bildkörper, weil sich in seinem Körper die Zugehörigkeit (zu Adam oder zu Christus) manifestiert. Der Ausdruck σῶμα bezeichnet also 'das Medium', in dem die Bildlichkeit des Menschen zum Ausdruck kommt.

---

[123] Vgl. dazu auch *Asher* 2000, 156, der auf die Korrelation von V.49 mit V.44b und V.53f verweist.

[124] Vgl. z.B. *Klauck* 1992, 120, *Merklein/ Gielen* 2005, 369, *Schlatter* 1969, 441. So schon *Reitzenstein* 1956, 350f.353f. Seine Interpretation vor dem Hintergrund der Gnosis führt aber dazu, dass εἰκών unkörperlich verstanden wird. Vgl. dazu *Conzelmann* 1981, 354f.360, der den Bild-Gedanken vor dem Hintergrund gnostischer Gewandvorstellungen als Wesenseinheit von Urmensch und „Einzelmensch" beschreibt.

[125] Vgl. aber *Conzelmann* 1981, 346, der zwar von der griechischen Ontologie absieht, aber wohl trotzdem etwas Ähnliches meint: „σῶμα ist hier deutlich die Gestalt, freilich nicht im Sinne der griechischen, philosophischen Ontologie. Die Gestalt ist immer schon auf ihre konkrete Seinsweise bezogen, also je schon himmlische oder irdische. *Sie existiert für sich nur als Begriff* [Hervorhebung S.L.]; tatsächlich ist sie nur in ihrer Substantialität und Individualität existent. σῶμα ist auch nicht das individuelle Sein als solches, sondern: sofern alles individuelle Sein einer Seinsweise zugehört." Es gibt kein Wort, dass nur als Begriff existiert. Wörter erhalten ihre Bedeutung immer im konkreten Sprachgebrauch – so auch σῶμα. Die postulierte Unterscheidung in Substanz und Gestalt existiert demnach (zumindest für Paulus) nicht – auch nicht „außersprachlich".

Die Deutung des paulinischen Soma-Begriffs ist Gegenstand einer ausgedehnten Diskussion, die hier nur stichwortartig anklingen soll, um die in dieser Arbeit vorgestellte Interpretation von σῶμα als 'Medium' in der Forschungslandschaft zu positionieren.[126]

Äußerst einflussreich ist die Interpretation Rudolf Bultmanns, der σῶμα bei Paulus mit der Person des Menschen gleichsetzt[127] und die (vermeintliche) Ganzheitlichkeit dieses Verständnisses in einem berühmten Diktum zum Ausdruck bringt: „[...] der Mensch hat nicht ein σῶμα, sondern er ist σῶμα."[128] Das Wort σῶμα bezeichne das Verhältnis des Menschen zu sich selbst, das als zerrissen oder identisch erlebt werden könne: Der Mensch „[...] heißt σῶμα, sofern er sich selbst zum Objekt seines Tuns machen kann oder sich selbst als Subjekt eines Geschehens, eines Erleidens erfährt. Er kann also σῶμα genannt werden, sofern er ein Verhältnis zu sich selbst hat [...]."[129] Der Mensch wird nach Bultmann also in seinem Verhältnis zu Gott entweder durch Zerrissenheit oder Identität bestimmt. Unter dem Einfluss der Sündenmacht, der σάρξ, gerät er in Distanz zu sich selbst; die Macht Gottes lässt ihn dagegen zu sich selbst finden.[130]

Obwohl Bultmann die Ganzheitlichkeit des paulinischen Soma-Begriffs betont, wird in seiner Interpretation deutlich, dass er die konkrete Körperlichkeit des Menschen dabei außen vor lässt. Das wird auch aus den Schwierigkeiten ersichtlich, die ihm die σῶμα-Belege in 1Kor 15 bereiten, denn hier geht klar hervor, dass Paulus nicht nur von einem Selbstverhältnis spricht, sondern den konkreten Körper meint. Nach Bultmann ist es aber „methodisch falsch"[131], diese Stelle als Ausgangspunkt der Soma-Interpretation zu wählen, weil Paulus – mangels Fähigkeit zum abstrakten Denken – hier nicht zwischen menschlichem Seinscharakter und materiellem Körper unterscheide, sondern auf eine

---

[126] Vgl. z.B. die Forschungsüberblicke in *Janssen* 2005, 30-44, *Jewett* 1971, 201-304, *Bauer, K.-A.* 1971, 13-66.

[127] Vgl. *Bultmann* 1984, 194.196. Als Beleg dafür betrachtet er übrigens ebd. 194, dass auch Wörter wie μορφή, εἰκών, σχῆμα nicht die äußere 'Form' bzw. 'Gestalt', sondern das 'Wesen' bezeichneten. Hier zeigt sich, dass *Bultmanns* εἰκών-Bestimmung von seiner σῶμα-Interpretation abhängig ist. Zwar erkennt *Bultmann* ebd. 194f auch die Möglichkeit an, dass σῶμα bei Paulus auch einfach den physischen Körper meinen kann, doch kennzeichnet er diese Bedeutung als „naiven populären Sprachgebrauch" (ebd.194), der lediglich den Ausgangspunkt für die theologische Bestimmung des paulinischen Soma-Begriffs abzugeben habe.

[128] *Bultmann* 1984, 195. Dies werde dadurch belegt, dass man an vielen Stellen für σῶμα auch „ich" sagen könne, z.B. Phil 1,20; Röm 12,1 etc. Allerdings wird diesen Stellen dann eine m.E. wichtige Aussageintention genommen. Es geht hier sehr wohl um den Körper, und zwar um den Körper als Ausdrucksform der Person. Vgl. zur Kritik *Gundry* 1976, 29-33. Er weist für alle von *Bultmann* und seinen Nachfolgern gelieferten Belege nach, dass es hier nicht um eine Ausweitung der Bedeutung von σῶμα gehe, sondern um eine Reduzierung der Bedeutung des Personalpronomens im Hinblick auf den physischen Körper. Allerdings ist *Gundrys* Betonung der Physis zu hinterfragen, denn die Physis stellt nur einen Aspekt des menschlichen Körpers dar, der im Übrigen bei der Auferstehung verwandelt wird, so dass man nicht mehr sagen kann, ob das Produkt dieser Verwandlung immer noch als physisch zu begreifen ist.

[129] *Bultmann* 1984, 196.

[130] Vgl. *Bultmann* 1984, 196-199. Das Soma mache daher das Spezifikum des Menschen in seinem Verhältnis zu Gott aus. Da *Bultmann* das Soma als für das Menschsein konstitutiv betrachtet, stellt es auch die Konstante vor und nach der Auferstehung dar.

[131] Vgl. *Bultmann* 1984, 193.

„mythologische Auferstehungslehre" zurückgreife, in der „wohl oder übel das σῶμα als ein stoffliches Körperding, bzw. als dessen ‚Form'" erscheine.[132] Es ist nun aber keineswegs so, dass Paulus in 1Kor 15 etwas ganz anderes sagt, als er meint. Tatsächlich bedeutet das psychische σῶμα für ihn den von der Psyche geprägten menschlichen Körper auf Erden (nicht nur eine „Form"), und tatsächlich meint er mit dem pneumatischen σῶμα den vom Pneuma durchwirkten Körper. Bereits in Bultmanns Wortwahl („stoffliches Körperding") drückt sich eine Abwertung des Körperlichen aus, die auch seine Interpretation prägt. Trotz aller Betonung der Ganzheitlichkeit des Soma-Begriff bezieht ihn Bultmann doch keineswegs auf den Körper, sondern nur auf das innere Selbst bzw. das Selbstverhältnis.[133] Diese Vernachlässigung des Körperlichen wurde in der Folge auch als „idealistisch"[134] charakterisiert und kritisiert. Zudem wurde bemängelt, dass Bultmanns Entwurf zu individualistisch gedacht sei, weil er das Soma nur auf das Selbst des Menschen beziehe und dabei dessen soziale Dimensionen übersehe.[135]

Auch nach John A.T. Robinson ist der paulinische Soma-Begriff holistisch zu verstehen und bezieht sich auf die menschliche Persönlichkeit („personality").[136] Für Robinson steht aber der soziale Aspekt dieser Persönlichkeit im Vordergrund. Durch σάρξ und σῶμα stünde der Mensch in Solidarität zur Schöpfung, aber σάρξ bezeichne seine Distanz zu Gott, σῶμα seine Bezogenheit auf Gott.[137] Im Gegensatz zu Bultmann bezieht Robinson die menschliche Physis aber in sehr starkem Maße mit ein, wenn er das paulinische Bild von der Gemeinde als σῶμα Χριστοῦ wörtlich versteht: Die Gemeinde ist als physischer Auferstehungskörper Christi zu betrachten.[138] Dieser Glaube gründe im

---

[132] Vgl. *Bultmann* 1984, 199.

[133] Vgl. die kritische Darstellung in *Gundry* 1976, 163-169.

[134] Vgl. z.B. *Jewett* 1971, 5.

[135] Demgegenüber bemerkt *Käsemann* 1933, z.B. 119f, die überindividuelle Dimension der paulinischen Soma-Vorstellung. In einem späteren Aufsatz (*Käsemann* 1986a) bestimmt er die Bedeutung des Somas als Möglichkeit zur Kommunikation (ebd. 30). In der Nachfolge *Käsemanns* entwickelt dann *Güttgemanns* seine Definition vom σῶμα als reinem Relationsbegriff „ohne empirische Gegebenheit" (vgl. *Güttgemanns* 1966, 279f). Daher kenne Paulus auch keine individuell somatische Existenz des Auferstandenen (ebd. 280f), denn da σῶμα immer als Objekt im Gegenüber zu Christus zu verstehen sei, Christus sich aber nicht selbst zum Objekt haben könne, dürfe für Christus die Soma-Relation nicht gelten. Dies sei lediglich eine Vorstellung der Korinther, die vor gnostischem Hintergrund begriffen werden müsse. Das σῶμα Χριστοῦ sei dagegen „Objekt des Kyrios" (ebd. 280) und daher nur in den Christen, nicht aber in Christus selbst zu finden. Der Gang dieser Untersuchung zeigt, dass Paulus sehr wohl eine Vorstellung vom empirischen Soma besaß und dass er weiterhin an eine pneumatisch-somatische Existenz des Auferstandenen glaubte. Unter dieser Voraussetzung muss man auch Phil 3,21 nicht als durch Paulus „nur" verändertes Gut der hellenistischen Gemeinde interpretieren (vgl. ebd. 140-147.281). Zur Kritik an *Güttgemanns* vgl. *Gundry* 1976, 178-182.

[136] Vgl. *Robinson* 1953, 28.

[137] Vgl. *Robinson* 1953, 33: „*While σάρξ stands for man, in the solidarity of creation, in his distance from God, σῶμα stands for man, in the solidarity of creation, as made for God.*"

[138] Vgl. *Robinson* 1953, 51f. Robinson rekurriert u.a. auf Albert *Schweitzer* 1930, der das paulinische σῶμα Χριστοῦ-Verständnis, ausgehend von der jüdischen Eschatologie, als Teilhabe an der Körperlichkeit Jesu Christi betrachtet. Ganz realistisch walte hier die Vorstellung, die in Christus Getauften partizipierten auch an seinem Tod und seiner Auf-

Damaskuserlebnis des Paulus, in dem ihm der Auferstehungskörper Christi als christliche Gemeinschaft erschienen sei.[139] Auferstehung bedeute daher Solidarität mit der neuen Gemeinschaft in Christus.[140] Problematisch an Robinsons Interpretation ist sein wörtliches Verständnis der σῶμα-Χριστοῦ-Metapher, seine Deutung des Auferstandenen als Kollektiv und seine daraus resultierende präsentische Auffassung der Auferstehung als mit der Taufe beginnende solidarische Gemeinschaft. Solidarische Gemeinschaft sollte ein Effekt des Glaubens an die Auferstehung bzw. ein Effekt der endzeitlichen Auferstehung sein. Sie ist nicht mit ihr gleichzusetzen. Robinsons Soma-Begriff bricht zwar Bultmanns individualistische Vorstellung auf, seine Betonung des Gemeinschaftsaspektes führt aber zu einer Vernachlässigung der individuellen Körperlichkeit.[141]

Auf Robinson und Bultmann reagiert Robert H. Gundry, der gegen ein ganzheitliches Soma-Verständnis Einspruch erhebt und Bultmanns und Robinsons These vom Soma als ganzer Person ablehnt. Der Terminus σῶμα rekurriere immer auf die Physis als einem Aspekt des Menschsein, allerdings sei diese Physis als untrennbar mit der geistigen Komponente verbunden gedacht. Paulus könne also sehr wohl zwischen geistigem Selbst und physischem Körper unterscheiden, bewerte aber keines von beiden höher bzw. niedriger als das andere.[142] Gundry vertritt daher die Auffassung, Paulus glaube an eine physische Auferstehung, die als eine Restoration der ersten, physischen, Schöpfung aufzufassen sei.[143] Dieser „scandal of a physical resurrection" sei auch der Grund für die Entkörperlichung des paulinischen Soma-Begriffs, die im Rahmen einer präsentischen Auferstehungsvorstellung notwendig stattfinde.

Gundry spricht in seiner exegetischen Widerlegung von Bultmanns und Robinsons Ganzheitskonzept wichtige Kritikpunkte an. Wenn Paulus das Wort σῶμα gebraucht, dann meint er damit *auch* den Körper des Menschen. Das bedeutet aber nicht, dass die das paulinische σῶμα mit der Bedeutung 'Physis' zu übersetzen ist, denn dies impliziert eine isolierte Betrachtungsweise des menschlichen Körpers und schränkt ihn auf seine physiologische Funktion ein. Paulus aber geht es um die Relationalität und Performativität des menschlichen Körpers. Die physiologischen Funktionen (z.B. die Sterblichkeit des Körpers oder die Sexualität des Körpers) können hier eine Rolle spielen, aber sie gewinnen ihre Bedeutung erst durch ihre Zeichenhaftigkeit (z.B. als Ausdruck der menschlichen Zugehörigkeit zu Adam bzw. zur Prostituierten). Im Übrigen kann man die Aussagen in 1Kor 15 schwerlich eindeutig auf eine physische Auferstehung beziehen, wie Gundry dies tut, denn Paulus macht nicht deutlich, ob das σῶμα πνευματικόν physio-

---

erstehung, was gleichzeitig ein kollektives Verständnis des Soma-Begriffs nahe lege (vgl. z.B. ebd. 102). Nach *Schweitzer* wirken also an den Gläubigen „insgeheim, aber dennoch nicht weniger wirklich" Sterbens- und Auferstehungskräfte, „wenn auch der Schein ihrer natürlichen Existenz noch erhalten bleibt" (ebd. 111). Dagegen ist allerdings zu betonen, dass die Auferstehung der Christen für Paulus erst mit der Parusie beginnt, dass aber freilich durch Christi Auferstehung bereits pneumatische Kräfte im Menschen wirken, die auch sein Soma nicht unberührt lassen.

[139] Vgl. *Robinson* 1953, 58: „*The appearance on which Paul's whole faith and apostleship was founded was the revelation of the resurrection body of Christ, not as an individual, but as the Christian Community.*"

[140] Vgl. *Robinson* 1953, z.B. 79-83.

[141] Zur Kritik vgl. *Gundry* 1976, 229-244. Diese Kritik gilt auch für das von *Janssen* 2005 entwickelte Soma-Verständnis.

[142] Vgl. *Gundry* 1976, 83-156.

[143] Vgl. *Gundry* 1976, 47.161-183.

logische Funktionen besitzt. Entscheidend ist, dass es zum Medium der in Christus erneuerten Gottesbeziehung wird. Schließlich geht es bei der eschatologischen Neuschöpfung der Körper auch nicht um eine physische Restauration, sondern um eine die Physis transzendierende Vollendung.

Meine Definition von σῶμα als 'Medium' trifft sich mit Dunns Auffassung vom σῶμα als „embodiment": „[...] sōma as denoting human body includes the physical body but is more than that. A better word to use – it would also help us break away from our twentieth-century preconceptions – is the alternative term ‚embodiment‘ – sōma as the embodiment of the person. In this sense sōma is a relational concept. It denotes the person embodied in a particular environment. It is the means by which the person relates to environment, and vice versa. It is the means of living in, of experiencing the environment. This helps explain the degree of overlap with the narrower sense ‚physical body,‘ for the environment of everyday experience is a physical environment. But sōma as embodiment means more than my physical body: it is the embodied ‚me,‘ the means by which ‚I‘ and the world can act upon each other."[144] Ich bevorzuge gegenüber Dunn die Bedeutung 'Medium', weil diese die Ausdrucksfunktion des Körpers stärker betont und daher für die vorliegende Untersuchung der Bildlichkeit des Somas besser geeignet ist.

Die Bedeutungsverwandtschaft von εἰκών und σῶμα impliziert also einerseits den relationalen Charakter des σῶμα (in diesem Fall bzgl. einer personalen Größe), zum anderen den somatischen Charakter von εἰκών. Das Wort εἰκών bezeichnet daher in 1Kor 15,49 'die somatische Identität zwischen Mensch und „Stammvater"'. Demnach wäre mit dem Wort εἰκών kein „innerlicher" Aspekt des Menschen wiedergegeben, wie dies bislang von den meisten Auslegern (teilw. implizit) angenommen wird,[145] sondern die Dichotomie von innen und außen entfällt. Das Bild existiert nur medial, d.h. als gestalthaftes[146] „Körperbild" bzw. „Bildkörper".

---

[144] *Dunn* 2005, 56.

[145] So bezieht z.B. *Jervell* 1960, 268-271, die Eikonvorstellung in 1Kor 15,49 mit Rückgriff auf 2Kor 5,1ff auf die Verbundenheit mit Christus, die sich im Diesseits nur durch das Pneuma und durch den Glauben konstituiere, im Jenseits aber auch somatisch realisiert werde. Von einer nichtkörperlichen Ikonizität wird an dieser Stelle aber nichts gesagt. Eine solche muss immer in Rekurs auf 2Kor 3-5 rekonstruiert werden und wird für 1Kor 15,49 implizit vorausgesetzt. Dementsprechend wendet sich *Jervell* 1960, 268, auch gegen eine Übersetzung von εἰκών mit 'Gestalt' und plädiert dagegen für 'Wesen'. Hinter seiner Vernachlässigung des somatischen Elements steht nicht zuletzt seine These vom gnostischen Ursprung des εἰκών-Gedankens (vgl. *Jervell* 1960, 266-268). Diese Tendenz zur „Verinnerlichung" geht auf *Bultmann* 1984, 194, zurück und lässt sich in vielen anderen Arbeiten beobachten: Vgl. z.B. *Eltester* 1958, 23-25, *Pratscher* 1997, 178, *Conzelmann* 1981, 355 Anm. 67, *Wolff* 2000, 412 (beide mit Bezug auf *Eltester*), *Pearson* 1976, 24f. Auch *Verburg* 1996, 218, konzentriert sich nur auf die Verwandlung der Gottesbeziehung und lässt die Körperlichkeit außer Acht. Ganz anders noch *Weiß* 1910, 377, der allerdings im Gegenteil davon ausgeht, dass ein kontinuierliches Subjekt hier sein Körpergewand wechselt.

[146] Vgl. die Bedeutungsangabe 'Gestalt, Aussehen' in *Bauer* 1971, 1710: „im eigenen Aussehen zur Darstellung bringen" (man beachte allerdings *Bauer* 1988, 1724: „[...] wie ein irdisches Wesen gestaltet sein" sowie in beiden Ausgaben die Bedeutung 'Abbild,

Für eine solch somatische Bestimmtheit von εἰκών spricht auch die Übersetzungsbedeutung 'Gestalt, Aussehen', die das Wort in Gen 1,26f; 5,1.3, den intertextuellen Bezugsstellen von 1Kor 15,49, besitzt. In Gen 5,3 signalisiert die äußere Ähnlichkeit Seths dessen Zugehörigkeit zum Stammvater Adam.[147] Durch Gen 5,1 besitzt Gen 5,3 aber auch einen Bezug zu Gen 1,26f. Die Gottebenbildlichkeit Adams wird von Adam auf Seth und damit auf alle Menschen (vgl. γένεσις ἀνθρώπων) übertragen. Will man an dieser Stelle nicht von zwei verschiedenen Bedeutungen für Gen 5,1.3 ausgehen, dann muss auch hier mit 'Aussehen, Gestalt' übersetzt werden.

    Die Bedeutung von εἰκών in Gen 1,26f wird durch ὁμοίωσις[148] bestimmt und muss also im Sinne von 'Ähnlichkeit' interpretiert werden, wobei die materiale Komponente von εἰκών, das wie צֶלֶם auch das plastische Bild bezeichnen kann,[149] ein Verständnis im

---

Ebenbild' für εἰκών). Für die Bedeutung 'Gestalt' vgl. auch Josephus Ant 6.333 (zitiert von *Kim* 1984, 212).

[147] Für eine solche Bedeutung von εἰκών in Gen 5,3 spricht seine Bedeutungsverwandtschaft mit ἰδέα, das wie εἰκών 'Aussehen, äußere Erscheinung, Gestalt' (vgl. *LSJ* 1996, 817, *Bauer* 1988, 751) bedeuten kann. (Vgl. dagegen *Marques* 1986, 160-165, der zwei verschiedene Bedeutungen ansetzt, um seine These von einer nur spirituellen Gottebenbildlichkeit aufrecht zu halten: Das Verhältnis von ἰδέα und εἰκών sei wie das Verhältnis Körper – Seele zu verstehen.) Gen 5,3 beschreibt also die an der äußeren Ähnlichkeit ablesbare Beziehung zwischen Vater und Sohn (vgl. auch die Rezeption von Gen 5,3 in den Jerusalemer Targumim: Nach *Levy* 1959, 25, betrifft die Gleichheit hier die Gesichtszüge).

[148] Die materiale Bedeutung von צֶלֶם und דְּמוּת in Gen 1,26f wird durch ὁμοίωσις als Übersetzung von דְּמוּת abgeschwächt. So *Marques* 1986, 86-88.95.101. Die Bedeutung von εἰκών in Gen 1,26f bestimmt *Marques* u.a. deswegen als „imagem mental" (ebd. 119), das sich Gott bei der Erschaffung der Menschen von sich selbst im Vergleich mit den himmlischen Wesen mache (ebd. 127-129.149.164). Das Wort ὁμοίωσις muss aber keineswegs auf eine spirituelle Ebene verweisen, sondern betont einfach die Ähnlichkeit zwischen Urbild und Abbild (vgl. *Rösel* 1994, 49). Marques' fast platonisch anmutende Deutung ist daher abzulehnen.

[149] In Gen 1,26f wird εἰκών für צֶלֶם und ὁμοίωσις für דְּמוּת ('Abbildung, Kopie, Nachahmung' sowie 'Gestaltung, Aussehen', vgl. *Gesenius* 1962, 164) verwendet. Im hebräischen Text stehen also in Gen 1,26f zwei offenbar synonyme Ausdrücke, die beide das plastische Bild meinen können. Da צֶלֶם wegen seiner Grundbedeutung (צלם: 'schneiden, schnitzen', vgl. *Gesenius* 1962, 684) recht eindeutig auf das 'plastische Bild' verweist, muss diese Bedeutung auch für דְּמוּת angenommen werden (vgl. *Rösel* 1994, 49). Freilich ist die Bedeutung durch Anwendung auf lebende Menschen bereits übertragen und bezieht sich auf den Menschen in seiner repräsentativen Funktion (vgl. *Rösel* 1994, 48). In Gen 5,1 wird im Rekurs auf Gen 1,26 nur דְּמוּת verwendet, vermutlich weil die in 5,3 erwähnte Ähnlichkeit durch menschliche Zeugung nicht mehr mit der sehr materialen Vorstellung des Bildkörpers in Verbindung gebracht werden soll. Stattdessen steht das 'ähnliche Aussehen' im Vordergrund: דְּמוּת bestimmt so die Bedeutung von צֶלֶם mit. Durch die Wiedergabe von דְּמוּת in Gen 5,1 mit εἰκών wird eine Stichwortanknüpfung an Gen 1,26f erreicht, und durch die Bedeutungsverwandtschaft mit ἰδέα in Gen 5,3 für beide Belege eine dem hebr. Text adäquate Übersetzung im Sinne von 'Aussehen, Gestalt' gewährleistet.

Sinne von 'äußere Ähnlichkeit' immer noch nahe legt, gleichzeitig aber offener für andere – z.B. platonische[150] – Interpretationen wird.

Der Bedeutungsverwandtschaft von εἰκών und σῶμα wird im Folgenden dadurch Rechnung getragen, dass die Bedeutungsbeschreibung von εἰκών mit derjenigen von σῶμα verknüpft wird.

1.3.2. εἰκών und σῶμα: Der Mensch als Bildkörper Adams

Um das semantische Feld intensiver bearbeiten und weitere Korrespondenzen zu den anderen Verwendungen von εἰκών feststellen zu können, erscheint es sinnvoll, die beiden Belege von εἰκών in 1Kor 15,49 auch als voneinander getrennte Bedeutungen aufzufassen, deren gemeinsames Hypersemem („Oberbegriff") die eben dargelegte Bedeutung von εἰκών darstellt.

In eine „semantische" Reihe mit der εἰκών Adams treten dann gemäß der antithetischen Struktur des Kontextes die Bedeutungen von σάρξ, σῶμα, φθορά, τὸ φθαρτόν, τὸ θνητόν, ἀτιμία, ἀσθένεια, ψυχή, θάνατος, ἁμαρτία.

1.3.2.1. σῶμα und σάρξ

In V.38-40 legt sich eine Bedeutungsverwandtschaft von σῶμα und σάρξ nahe,[151] weil σάρξ, als das erste Substantiv in V.39, in klassischer Thema-Rhema-Manier auf das letzte Wort aus V.38, σῶμα, rekurriert. Dieser Anschluss signalisiert deutlich, dass Paulus σῶμα und σάρξ in diesem Kontext für synonym erachtet.[152] Da es weiterhin im Zusammenhang darum geht, die von außen für den Menschen sichtbare Verschiedenartigkeit der Gattungen als Zeichen von Gottes Schöpferwillen darzustellen, stehen σάρξ und σῶμα an diesen Stellen beide für die Bedeutung 'arteigene körperliche Gestalt der Geschöpfe als Ausdruck ihrer schöpfungsgemäßen Bestimmung'.[153]

---

[150] *Rösel* 1994, 49, verweist auf die Geprägtheit beider Wörter durch den platonischen Diskurs.

[151] Natürlich nur in Bezug auf die irdischen Körper.

[152] Vgl. *Wolff* 2000, 404, *Schrage* 2001, 289. Gegen *Betz* 2000, 328f (mit Verweis auf *Bultmann* 1984, 193-203), *Conzelmann* 1981, 345, *Lietzmann* 1949, 84, die zwei Bedeutungen unterscheiden.

[153] Die Bedeutung von σάρξ überschneidet sich also nur mit derjenigen des irdischen σῶμα. *Martin* 1995, 125, betrachtet es als Ausdruck „for these ‚lower' beings: humans, animals, birds, and fish".

1.3.2.2. Die irdische δόξα

Die verschiedenen Arten der irdischen Körper besitzen im Himmel ihre jeweilige Entsprechung. Während sich aber die irdischen Körper durch ihre Sarx unterscheiden, ist das Unterscheidungsmerkmal der himmlischen Körper ihre Doxa – Sarx besitzen sie offenbar nicht. Diese Doxa – anscheinend ein für den Menschen von außen wahrnehmbares Merkmal – kommt auch den irdischen Körpern zu, kennzeichnet dort aber nicht die Arten.[154]

Die Verwendung von δόξα im Zusammenhang mit der Unterscheidung der Himmelskörper ist der Grund dafür, dass δόξα oft mit 'Lichtglanz' übersetzt wird.[155] Unter dieser Voraussetzung aber fällt es vielen Exegeten schwer, die Doxa der irdischen Körper, d.h. der Sarx, zu erklären, die Paulus in V.40 eindeutig als verbindendes Glied zwischen irdischen und himmlischen Körpern zur Sprache bringt.[156] Irdische Körper strahlen schließlich nur in Ausnahmefällen (so z.B. Mose bei seiner Rückkehr vom Sinai, Ex 34) einen allgemein sichtbaren Lichtglanz aus. Paulus aber scheint die Doxa der irdischen Körper als Regelfall anzusehen.

Geht man – aufgrund mangelnder Parallelen aus der griechischen Literatur[157] – davon aus, dass der paulinische δόξα-Gebrauch von der LXX geprägt ist, in der δόξα oft für כָּבוֹד steht, dann lässt sich die Bedeutung 'gravitas' für כָּבוֹד (von כבד 'schwer sein') auf die besondere 'Aura' oder 'Ausstrahlung' übertragen, die sowohl irdische wie auch himmlische Körper (diese allerdings potenziert) besitzen.[158]

---

[154] Vgl. z.B. *Schlatter* 1969, 434: „Da Paulus auch den irdischen Körpern eine δόξα zuschreibt, trifft die Gleichung δόξα = Lichtstärke seinen Sinn nicht ganz. [...] Er umfaßt mit δόξα alles, was die Kraft und den Wert des Leibes ausmacht. Bei den Gestirnen ist dagegen ihre Leuchtkraft der wichtigste Teil ihrer δόξα."

[155] Vgl. z.B. *Lietzmann* 1949, 84, *Conzelmann* 1981, 342, *Lindemann* 2000, 358.

[156] Dies ist auch einer der Hauptgründe, σάρξ hier nicht negativ zu verstehen; vgl. *Janssen* 2005, 171-176. Ähnlich *Merklein/ Gielen* 2005, 355: „Vielmehr verwendet Paulus *Fleisch* hier im rein naturkundlichen, ethisch neutralen Sinn." *Martin* 1995, 126, sieht im Gebrauch von σάρξ und σῶμα allerdings eine „physiological hierarchy" impliziert, insofern σάρξ nur für die niederen irdischen Körper verwendet werden könne. Nichtsdestotrotz gibt es eine gemeinsame Schnittmenge zwischen σάρξ und σῶμα, auf die es in V.38-40 ankommt.

[157] Zum speziell von der LXX geprägten Wortgebrauch im NT vgl. *Kittel* 1935b, 250, zur paulinischen Doxa-Christologie *Newmann* 1992.

[158] Vgl. die Bedeutungsbeschreibung *von Rads* 1935, 241: „etwas Sinnenfälliges, etwas Ansehnliches, eine gravitas, die die Stellung des Menschen in der Gemeinschaft erst konstituiert, und dabei doch nahezu ein anthropologischer Begriff." Vgl. dazu *Wolff* 2000, 404: 'Glanz, Pracht'. Vgl. auch *Farina* 1971, 85-87, der δόξα durch Rekurs auf Jes 17,4 (LXX) mit 'äußere Gestalt', 'Aussehen' wiedergibt, wobei in Anlehnung an Ps 8,6 (LXX) eine bestimmte Qualifikation mitgedacht sei. Ebenso *Lindemann* 2000, 358 (allerdings ohne weitere Angaben zur Bedeutung); ähnlich *Müller* 1985, 204 Anm. 115: 'Er-

Diese spezifische Ausstrahlung kommt dem menschlichen Soma aber nicht „an sich" zu, sondern ist Indikator einer positiven Gottesbeziehung.[159] Das zeigt sich daran, dass der atl. Ausdruck כָּבוֹד gleichzeitig *terminus technicus* für die Erscheinungsform Gottes auf Erden ist. In dem bereits zitierten Mosebeispiel (Ex 34) „verkörpert" sich Gottes Doxa sichtbar als Lichtglanz auf Moses Gesicht und weist ihn so als Gottesboten aus.[160] Der Ausdruck δόξα bezeichnet also die 'somatische Ausstrahlung von Gottesnähe und Übereinstimmung mit Gott'.[161] Wer die Doxa der Körper erkennt, der erkennt darin den Willen ihres Schöpfers; wer den Willen des Schöpfers in der Schöpfung erkennt und danach handelt, wird selbst zum Träger göttlicher Doxa. Die δόξα bezeichnet also einen bestimmten Aspekt[162] des menschlichen Somas.

Die 'Ausstrahlung' der himmlischen und irdischen Körper ist für Paulus also eine je verschiedene – aber keine kategorial (oder ontologisch) andere. Paulus denkt nicht in einander ausschließenden Seinskategorien, sondern

---

scheinung', *Sellin* 1986, 218.221: 'Gestalt', 'Aussehen', *Merklein/ Gielen* 2005, 355: 'Erscheinung(sweise)'. *Farinas* Bedeutungsangabe für Jes 17,4 (LXX) muss aber modifiziert werden, denn im Kontext wird nicht nur von der körperlichen Doxa Jakobs (als pars pro toto für Israel), sondern auch von der Doxa Moabs und der Doxa der Söhne Israel gesprochen, und diese Doxa ist nicht (nur) auf das Aussehen dieser Völker bezogen, sondern auch auf ihre 'Ehre' (vgl. in 16,14: ἀτιμάζεσθαι, ἔντιμος), ihre 'Macht' (vgl. ebd. ὀλιγοστός) und ihren 'Reichtum' (vgl. πλοῦτος). Damit verbunden bzw. in gewisser Weise gleichbedeutend ist der Hinweis auf 'die Schwere und Fülle des Körpers' Jakobs (τὰ πίονα τῆς δόξης αὐτοῦ, 16,4) als Ausdruck dieser gesellschaftlichen und sozialen Gewichtigkeit, die gleichzeitig, das macht der Kontext deutlich, ein Zeichen göttlichen Wohlgefallens (bzw. in diesem Falle eher des Missfallens) ist. Insofern ist 'Aussehen, äußere Gestalt' zu schwach, weil der Zusammenhang mit der Gottesbeziehung nicht deutlich wird.

[159] Vgl. *Verburg* 1996, 171f: „Die Bedeutung kann man umschreiben: Sichtbares, positives Verhältnis zwischen Schöpfer und Geschöpf." *Newman* 1992, 159-163, zählt den vorliegenden Beleg nicht zu seiner für den *terminus technicus* כבוד יהוה definierten Bedeutung 'göttliche Präsenz', sondern definiert ihn als 'radiance, brightness'. Er verkennt damit dessen theologische Bedeutung.

[160] Vgl. auch unten, 217-222.

[161] Diese Ausstrahlung der Körper könnte man auch als ihre besondere, schöpfungsgemäße 'Schönheit' interpretieren – so *Janssen* 2005, 178, mit Bezug auf die Schönheit der Schöpfung aus göttlicher Perspektive. Sie geht ebd., 172-183, von den positiven Aussagen über die Schöpfung in Sir 42,15-43,33 (vgl. δόξα in 42,25) und Gen 1 aus. Gott qualifiziere in Gen 1 seine Schöpfung als „gut" bzw. „schön", hebr. חוב. Diese positive Qualifizierung findet sich nach *Janssen* auch an anderen Stellen des Alten Testaments (Jes 10,18; 35,2; 60,2; Ez 31,18), wird dort aber mit כבוד wiedergegeben. Einige ebenfalls in diese Richtung weisende Stellenangaben nennt *Burchard* 1984, 239 Anm. 18: Jes 28,1 LXX im Zusammenhang mit Mt 6,29par sowie Jes 40,6f, worauf 1Petr 1,24 rekurriert. Die auffällige Kollokation des Blütenmotivs mit der δόξα könnte auch hier auf die spezielle 'Schönheit' der Körper verweisen.

[162] Vgl. *Burchard* 1984, 239.

geht von graduellen Verschiedenheiten aus.[163] Diese Unterschiedenheit der Körper gewinnt ab V.42 zentrale Bedeutung, wenn Paulus in antithetischen Reihungen irdische und himmlische Existenz gegenüberstellt – diesmal mit explizitem Bezug zur Auferstehung.

1.3.2.3. Der semantische „Bruch": φθορά, ἀτιμία und ἀσθένεια als Merkmale des irdischen σῶμα

Durch die Verknüpfung mit den Substantiven φθορά, ἀτιμία, ἀσθένεια erhalten die bisher neutral bis positiv charakterisierten irdischen Körper eine negative Note, weil sie den positiv beschriebenen (ἀφθαρσία, δόξα, δύναμις) himmlischen Körpern gegenübergestellt werden – eine Art „Bruch" in der semantischen Linie, der dafür sorgt, dass das irdische σῶμα in der Folge negativ konnotiert ist.

Es ist daher von großer Bedeutung, die Charakterisierung der irdischen Körper als eine Beschreibung aus eschatologischer Perspektive wahrzunehmen: Die negative Charakterisierung des irdischen Körpers ergibt sich immer erst aus der Gegenüberstellung mit dem himmlischen Körper. Aus diesem Grund spielt der Zusammenhang mit der Sünde an dieser Stelle auch keine Rolle, obwohl er – wie 1Kor 15,56 beweist – implizit mitgedacht ist. Paulus geht es hier aber nicht um den Zusammenhang zwischen der Sünde und der Unvollkommenheit der Schöpfung, sondern um den Kontrast zwischen irdischem Körper und vollendetem Auferstehungskörper, den man sich in Anlehnung an das Samengleichnis wie den Gegensatz zwischen nacktem und bekleidetem Körper vorstellen kann.

Der irdische Körper ist demnach gekennzeichnet durch seine 'Sterblichkeit als Ausdruck irdisch-unvollkommener Geschöpflichkeit' (φθορά)[164], durch seine 'von außen wahrnehmbare Jämmerlichkeit als Ausdruck seiner

---

[163] Vgl. *Martin* 1995, 127: „[...] the contrasts in the chapter are those of hierarchy and status, not ontology [...]." Ebenso *Gundry* 1976, 167, *Janssen* 2005, 182f. Vgl. dagegen *Schrage* 2001, 291f, der sich gegen eine „Herrlichkeitsabstufung" ausspricht. Es handele sich in V.40 und V.43 um zwei verschiedene Bedeutungen.

[164] Unter diese Bedeutung fallen neben φθορά in V.50 auch τὸ φθαρτόν und τὸ θνητόν in V.53. Vgl. auch dasselbe Motiv in 2Kor 5,4 sowie die weiteren Belege von φθορά in Röm 8,21, Gal 6,8. *Janssen* 2005, 252, spricht sich gegen den Einbezug der Physis in der Wortbedeutung aus und betont dagegen „die dem Tod unterworfene Lebenswirklichkeit von Menschen". Ähnlich *Verburg* 1996, 181, der vorzüglich auf das Gottesverhältnis rekurriert. Den Bezug auf den physischen Körper kann man aus den Belegen aber nicht einfach ausblenden, weil es hier um den Auferstehungskörper der physisch Toten geht. Es ist aber darauf zu achten, die physische Komponente immer in ihrer Relationalität zu betrachten und als Symptom der unerlösten Schöpfung zu sehen. Der physische Tod wird hier ganz konkret als Folge der Sünde aufgefasst.

irdisch-unvollkommenen Geschöpflichkeit' (ἀτιμία)[165] und durch seine 'Unzulänglichkeit als Ausdruck irdisch-unvollkommener Geschöpflichkeit' (ἀσθένεια)[166]. In diesen Aspekten des menschlichen Körpers kommt die Doxa Gottes also nicht zum Ausdruck, denn sie verweisen nicht auf eine positive, sondern auf eine gestörte oder nicht vorhandene Gottesbeziehung.

Diese Schwäche und Unvollkommenheit des menschlichen Körpers bringt Paulus in Zusammenhang mit der Erschaffung Adams, in dessen irdische Masse Gott die ψυχή einhauchte (vgl. Gen 2,7 LXX). Daher nennt Paulus den Körper, der Adam und seine Nachfolger, d.h. alle Menschen, auszeichnet, σῶμα ψυχικόν.

Bereits die Kombination aus Substantiv und attributivem Nominaladjektiv macht deutlich, dass der Körper auch hier als 'Medium' verstanden wird, in diesem Fall als Medium für die ψυχή. Die ψυχή ist in Gen 2,7 die von Gott gegebene Lebenskraft. Paulus beurteilt sie nicht an sich negativ,[167] durch die Gegenüberstellung mit dem Wort πνεῦμα wird sie aber an

---

[165] Wenn δόξα die Übereinstimmung mit Gott und seine Nähe somatisch zum Ausdruck bringt, dann bedeutet ἀτιμία das Gegenteil, also den somatischen Ausdruck von Gottesferne zwischen Schöpfer und Geschöpf. Das hat nichts mit der Vergrößerung oder Verringerung eines Statusunterschiedes zu tun, wie *Verburg* 1996, 184, meint. In diesem Fall ist es die körperliche Gebrechlichkeit, die zum Ausdruck dieser Gottesferne wird. Sie kann nach Paulus auch durch das aktive „Schänden" des Körpers sichtbar werden. Vgl. dazu 1Kor 11,14: Die Haartracht ist Ausdruck der Übereinstimmung mit der göttlichen Schöpfungsordnung. Wenn der Mann langes Haar trägt, bringt er darin nach Paulus die Umkehr dieser Ordnung zum Ausdruck. In Röm 1,26 sind es sexuelle Handlungen, die s.E. gegen die göttliche Ordnung verstoßen und den Körper auf diese Weise seiner Doxa berauben. *Janssen* 2005, 196, bestimmt die Bedeutung vor dem Hintergrund von 1Kor 4,10ff (ἄτιμος) und spricht von einer „Sphäre der Missachtung". Genauso wie Vergänglichkeit und Schwäche ist aber auch die Missachtung etwas, das am Körper selbst sichtbar wird, nicht „nur" eine „Sphäre", in der der Körper sich befindet. Zur Übersetzung 'Jämmerlichkeit' vgl. *Wolff* 2000, 407.

[166] Vgl. auch Gal 4,13 (ἀσθένεια τῆς σαρκός). In Röm 6,19 meint die Schwachheit die Unzulänglichkeit des menschlichen Erkenntnisvermögens bzgl. der göttlichen Wirklichkeit, in Röm 8,26 die Unzulänglichkeit menschlichen Verhaltens in Bezug auf Gott. Vgl. dazu *Zmijewski* 1992, 409, sowie *Janssen* 2005, 196-199: Sie bezieht den Ausdruck auf die Diskussion zwischen den Starken und den Schwachen in Korinth und auf die paulinische Kreuzestheologie. Die Schwachheit als „Ort der göttlichen Kraft" (ebd. 199) werde von Paulus neu bewertet. Ähnlich *Schrage* 2001, 297. Das stimmt für die paulinische Theologie insgesamt, kommt aber in 1Kor 15 nicht zum Tragen, da hier nicht das Kreuz als Ort göttlicher Präsenz, sondern das diesseitige Leben aus der Perspektive der Auferstehung im Blick ist.

[167] Vgl. *Janssen* 2005, 207, *Schrage* 2001, 302 (in Abgrenzung zu *Jervell* gegen eine Interpretation im Sinne eines Zusammenhanges zwischen Tod und Sünde wie in Röm 5; es existierten auch in Röm 5,12 zwei paradoxe Interpretationslinien). *Sellin* 1986, 181-189, führt die ψυχικός-πνευματικός-Antithese mit *Pearson* 1976, 15-26, auf die korinthischen Gegner zurück, die sie aus der jüdisch-alexandrinischen Weisheitstheologie und deren Auslegung von Gen 2,7 (*Brandenburger* 1968: dualistische Weisheit) übernommen

dieser Stelle abgewertet[168] und steht somit in einer Reihe mit φθορά, ἀτιμία, ἀσθένεια, die allesamt die Unvollkommenheit des Körpers im Zusammenhang mit seiner irdischen Geschöpflichkeit kennzeichnen.

Mit ψυχή ist also die im Gegenüber zum πνεῦμα 'unvollkommene menschliche Lebenskraft als Teil der irdisch-unvollkommenen Geschöpflichkeit'[169] gemeint. Dementsprechend bezieht sich das σῶμα ψυχικόν auf den durch diese ψυχή belebten Körper in der Bedeutung 'Medium der irdisch-unvollkommenen Geschöpflichkeit'.[170] Ein Synonym dafür ist die Synekdoche σάρξ καὶ αἷμα in V.50, die – definiert durch die parallele Stellung zu φθορά – auf den vergänglichen, irdisch-unvollkommenen Körper als 'Medium der Sterblichkeit'[171] rekurriert. Dieser ist mit der Gottesherrschaft (βασιλεία τοῦ θεοῦ) unvereinbar.[172] We-

---

hätten. Paulus aber gebrauche diese Tradition hier anders, weil er Gen 2,7 nicht als Schriftbeleg für die Pneuma-Inspiration, sondern eschatologisch lese. Auf die Übernahme korinthischer Terminologie weise auch 1Kor 2,14. Wie oben, 158-164, gezeigt, kann man die Auslegung von Gen 2,7 aber auch direkt auf Paulus zurückführen, und im Gegensatz zu 1Kor 2,15 geht es hier explizit um das Soma, nicht um mangelnde Erkenntnis.

[168] Vgl. *Schrage* 2001, 304f.

[169] Vgl. dazu neben Röm 11,3; 16,4, Phil 2,30 auch 1Kor 2,14: Hier zeichnet sich der psychische Mensch im Gegenüber zum pneumatischen durch mangelndes Verständnis aus.

[170] Vgl. dagegen *Farina* 1971, 155: „Todesgewissheit menschlicher Leiblichkeit" (gegen eine „ontologische" Interpretation); ähnlich *Verburg* 1996, 193, der das psychische Soma als Existenz des Menschen mit der Möglichkeit des Scheiterns definiert. Ganz anders *Scroggs* 1966, 85 mit Anm. 27, der das σῶμα ψυχικόν mit „physical body" gleichsetzt. Hierbei wird aber die Medialität, die Ausdrucksfunktion des Körpers, zu wenig beachtet, auch wenn *Scroggs* evtl. ähnliches damit meint: „The σῶμα ψυχικόν is the distorted human existence of every man after the fall, even of the Christian, as the context of the passage makes obvious. Paul himself has a ‚physical' body because he is subject to pain and death as are all other man." Vgl. auch *Dunn* 2005, 78: „living person, but one limited to the present bodily existence".

[171] Vgl. auch Gal 1,16. Dieser Ausdruck meint den Menschen „von Fleisch und Blut" (vgl. *Bauer* 1988, 1488), also den Menschen in seiner körperlichen Sterblichkeit als Resultat seiner adamitischen Abstammung (vgl. φθορά). Vgl. neben *Lindemann* 2000, 365, „Vergänglichkeit und Sterblichkeit des vorfindlichen Menschen", auch die allgemeine Definition von σάρξ in *Dunn* 2005, 66: „[...] sarx denoting what we would describe as human mortality. It is the continuum of human mortality, the person characterized and conditioned by human frailty, which gives sarx its spectrum of meaning and which provides the link between Paul's different uses of the term." Nach *Schrage* 2001, 368, beinhaltet der Ausdruck an sich keine pejorative Konnotation: In diesem Kontext wird er aber durch sein Gegenüber negativ abgewertet. Es besteht kein Bedeutungsunterschied zu den entsprechenden Ausdrücken in V.49, wie *Farina* 1971, 262, ihn konstatiert, der in V.50 eine Ausweitung des Gegensatzes Tod vs. Leben auf den Gegensatz irdisches Leben vs. eschatologisches Leben sieht.

[172] Es geht also nicht nur um den Status derjenigen, die nicht an Christus glauben, wie *Janssen* 2005, 232, interpretiert, sondern um alle irdischen Geschöpfe.

der hier noch in V.39 ist aber σάρξ oder σῶμα einfach mit ἁμαρτία gleichzusetzen,[173] auch wenn wohl von einem indirekten Zusammenhang zwischen der Unvollkommenheit irdischer Geschöpflichkeit und der Sünde mit Blick auf 15,21f.56 auszugehen ist.

Sowohl in der Adam-Christus-Typologie in 15,21f wie auch in 1Kor 15,56 weist Paulus (wenn auch kurz) auf den Zusammenhang zwischen Adams Übertretung bzw. der Sünde, dem Gesetz und dem Tod hin. Das menschliche Soma kann also zum Medium der Sünde werden, die mit Hilfe des Gesetzes in den Tod führt.

Der Ausdruck θάνατος steht in diesem Kontext daher für die 'durch die Sünde verursachte Sterblichkeit des Menschen' und ist bedeutungsverwandt mit φθορά.[174] Die Bezeichnung ἁμαρτία bedeutet dementsprechend in allen paulinischen Belegen die 'der göttlichen Gerechtigkeit entgegenstehende Erscheinungsform des Todes, die sich in der durch die sarkische Begierde veranlassten Übertretung des Gesetzes äußert'[175]. Sünde und Tod resultieren demnach nicht aus der somatischen Verfasstheit des Menschen, aber die Schwäche des Menschen macht ihn anfällig für ihr Wirken in seinem Soma.

1.3.2.4. Die Bedeutung von εἰκών

Wenn es Paulus in 1Kor 15 also darum geht, die Abhängigkeit der somatischen Verfasstheit des Menschen von seiner Zugehörigkeit zu den beiden Anthropoi, den „Urmenschen" bzw. den prototypischen „Urbildern", darzustellen, dann impliziert das Tragen der adamitischen Eikon sowohl seine Begabung mit ψυχή als auch seine Prägung durch φθορά, ἀτιμία und ἀσθένεια. Das Wort εἰκών bezieht sich aber eben nicht nur auf diese Qualitäten des menschlichen Soma, sondern bringt gerade dessen Medialität zum Ausdruck, indem es 'die somatische Identität von Adam und seinen

---

[173] Vgl. *Schlatter* 1969, 434, sowie *Schrage* 2001, 289, der einen neutralen, nicht dualistischen Gebrauch des Wortes feststellt. Völlig neutral ist die Bedeutung aufgrund der antithetischen Reihungen freilich nicht. Vielmehr wird die Sarx im Vergleich zum pneumatischen Soma abgewertet. Aber diese Abwertung betrifft eben nicht die Sarx als Betätigungsfeld der Sünde, sondern die Sarx in ihrer Verbundenheit mit der unerlösten Existenz. Daraus folgt gegen *Jervell* 1960, 263-266, dass ψυχικός nicht automatisch „auf einer Linie mit den übrigen Sarx-Pneuma-Aussagen zu verstehen ist" (ebd. 266). Der Gegensatz zwischen Psyche und Pneuma entsteht durch den eschatologisch geprägten Blick auf die diesseitige Schöpfung, die Sünde kommt erst in V.56 ins Spiel.

[174] Vgl. dazu 1Kor 15,21.26, wo der Tod mit Adam, bzw. mit dessen Sünde, in Verbindung gebracht wird. Vgl. weiterhin Röm 1,32; 5,12.14.17.21; 6,9; 7,5.10.13.24; 8,2.6; 2Kor 2,16; 3,7; 7,10.

[175] Vgl. aber *Janssen* 2005, 69f, die die Sünde als „Macht der *Hamartia*, der politischen Herrscher und deren Einfluss" (ebd. 69) begreift. Diese Definition erscheint mir zu eng auf die politisch-gesellschaftliche Dimension von Sünde bezogen. Außerdem ist die Rolle des Menschen sehr passiv aufgefasst. Er kommt nur als Opfer in den Blick. Bedeutet Sünde nicht mehr, als das Erleiden politisch-sozialer Ungerechtigkeit unter römischen Herrschaft? So aber ebd. 73.76.80.

Nachfolgern' bezeichnet.[176] Die Bezeichnung εἰκών bezieht sich also gerade nicht auf „innere" Eigenschaften des Menschen, die losgelöst von seinem Körper zu suchen wären. Nicht (nur) die Gleichheit eines inneren Wesens, sondern die somatisch wahrnehmbare Zugehörigkeit des Menschen zu Adam steht im Mittelpunkt.[177]

Eine interessante außerneutestamentliche Parallele für diese Bedeutung von εἰκών ist 4Esra 8,6[178], wo das syrische *dmuth* vermutlich für griechisch εἰκών oder τύπος steht[179], was beides mit 'Gestalt, Aussehen'[180] übersetzt werden kann.[181] Spekuliert man weiterhin mit Stone darüber, dass ein ursprünglich hebräisches אדם im Griechischen statt als Eigenname fälschlicherweise mit ἄνθρωπος übersetzt worden sein könnte,[182] wäre folgende Version des Halbsatzes möglich: „πᾶς φθαρτὸς ὁ φορῶν τὴν εἰκών τοῦ ᾿Αδαμ."[183]

---

[176] Vgl. *Martin* 1995, 132: „The current image (*eikon*) of the earthly and earthy human body is due to its participation in the body of Adam (15:49)." So auch *Janssen* 2005, 226: „Im Tragen der εἰκών/des Bildes realisiert sich die Zugehörigkeit zu den beiden ‚Vorfahren'."

[177] Vgl. z.B. *Larsson* 1962, 316 bzw. 321: „Das Bild Christi tragen, bedeutet somit dasselbe, wie ihm an Gestalt gleich werden (Röm. 8,29) oder in Ähnlichkeit mit seinem verklärten Leib verwandelt werden (Phil. 3,21)."

[178] Vgl. dazu *Schaller* 2004, 148 Anm. 23. Er argumentiert in diesem Aufsatz gegen die These *Sellins* 1986 und 2004, 1Kor 15,45 sei vor dem Hintergrund der philonischen Anthropos-Gestalt zu interpretieren. Ein weiterer interessanter εἰκών-Beleg ist TestNaph 2.5: Zwar wird die Gottebenbildlichkeit hier nicht explizit bestimmt, ein Bezug auf das σῶμα (bzw. σκεῦος vgl. TestNaph 2.4) scheint jedoch möglich. Vgl. auch *Schaller* 1961, 67.

[179] Vgl. dazu *Stone* 1990, 262 Anm. 6i. Er erklärt dadurch die Variationen von lateinisch *locum* (τόπος statt τύπος) äthiopisch „world" und georgisch „life" (beide durch Verwechslung von εἰκών und αἰών, denn georgisch „Leben" ließe sich aus der Bedeutung von „Welt" im Armenischen erklären).

[180] Vgl. neben *Bauer* 1988, 448f. 1654, die Synonymität beider Ausdrücke in grHen 106.10.

[181] Vgl. dazu die in *Violet* 1910, 221, übersetzte arabische Version: „jeder, der einen Körper trägt".

[182] Vgl. *Stone* 1990, 266. Es könnte dann ein Rekurs auf Gen 5,3 gegeben sein, der ebenso wie 1Kor 15,49 sowohl die Sterblichkeit des Menschen als auch seine Hoffnung auf Leben thematisierte.

[183] Vgl. dazu die Rückübersetzung ins Griechische durch *Hilgenfeld* 1869, 69: Κύριε ὁ ἐφ᾿ ἡμῶν, εἰ ἐπιτρέψεις τῷ δούλῳ σου προσεύξασθαι ἐνώπιόν σου, καὶ δώσεις ἡμῖν σπέρμα καρδίας καὶ τῷ νοΐ θεραπείαν, ὅθεν ἄν καρπὸς γένοιτο, ὅθεν ἄν ζῆν δύναιτο πᾶς φθαρτὸς ὁ φορῶν τὸν τύπον τοῦ ἀνθρώπου. Der lat. Text lautet nach *Violet* 1910 sowie der Biblia Sacra 1975: „O Domine super nos, si permittes servo tuo, ut oremus coram te et des nobis semen cordis et sensui culturam unde fructum fiat, unde vivere possit omnis corruptus qui portabit locum hominis."

2. Somatische Identität von Mensch und Trugbild: Röm 1,23

2.1. Makrokontext: Röm 1,1-3,20

Paulus möchte mit dem Brief der Gemeinde in Rom seine Theologie, sein Evangelium, vorstellen. Dieses Evangelium verspricht allen, sowohl Juden als auch Heiden, die rettende Kraft der Gerechtigkeit Gottes, ohne die die Menschen vor dem Gesetz als Sünder befunden werden. Um diese Gedanken wirkungsvoll zu präsentieren, beginnt Paulus nach Vorstellung seiner These in 1,16f mit einer Argumentation (1,18-3,20), deren Skopos die allgemein vorfindliche Sündhaftigkeit darstellt.

Zunächst weist er in einer Art prophetischer Gerichtsrede[184] nach, dass die fehlende Gottesverehrung der Menschheit (d.h. aus jüdischer Perspektive: der Heiden)[185] den göttlichen Zorn nach sich zieht, der sich in allerlei menschlichen Lastern äußert (1,18-32). Das gottlose Tun wird aber vor Gott gerichtet werden (2,1-11), und dabei spielt es keine Rolle, dass die Heiden eigentlich die Tora nicht kennen, denn sie besitzen ein „natürliches" Gesetz des Herzens (2,12-16) als Richtschnur. Das Gesetz ist auch keine Heilsgarantie für die Juden, denn sie werden nach ihrem Handeln gerichtet werden und besitzen also keinen Vorteil vor den Heiden (2,17-29). Vor Gott sind demnach alle schuldig, denn niemand erfüllt den Willen Gottes (3,1-20).

2.2. Mikrokontext: Die Argumentation in Röm 1,18-31

Der Abschnitt beginnt mit einer Folgerung aus der These in 1,16f, die gleichfalls die Form einer thetischen Überschrift annimmt: Alle, die die Wahrheit, d.h. Gottes Gerechtigkeit,[186] durch ungerechtes, gotteslästerli-

---

[184] So die Gattungsbestimmung in *Theobald* 1992, 54.

[185] Die meisten neueren Kommentare gehen davon aus, dass Paulus hier aus jüdischer Perspektive Aussagen über die Menschheit allgemein und damit über die Heiden macht. Vgl. z.B. *Theobald* 1992, 56, *Fitzmyer* 1993, 270, *Dunn* 1988, 51, *Wilckens* 1978, 104, *Michel* 1963, 60. Für eine universale Ausrichtung, die auch die Juden miteinbezieht, plädiert *Jervell* 1960, 316-319 (u.a. weil er den Text auf Gen 1,26 beziehen und darin einen Rekurs auf den Sündenfall Adam sehen möchte). Dagegen spricht aber, dass der Vorwurf des Götzendienstes und der sexuellen Unreinheit zum Repertoire jüdischer Polemik gegen die religiöse Umwelt gehört (vgl. z.B. SapSal 13-15).

[186] Vgl. *Hübner* 1992a, 141.143, sowie den Gegensatz zu ἀδικία. In den Kommentaren wird auf die Verbindung zwischen ἀλήθεια und dem hebr. אמת verwiesen. Vgl. *Michel* 1963, 62f mit Anm. 1, *Dunn* 1988, 63. Die Wahrheit entspricht also Gottes Schöpferwillen, der von den Menschen durchkreuzt wird. *Theobald* 1992, 56, betont daher, dass es Paulus weniger um ein rationales Erkennen kosmologischer Zusammenhänge gehe, sondern um den göttlichen Aspruch an den Menschen. Vgl. auch *Käsemann* 1980, 37f.

ches Verhalten verdrängen, bekommen den Zorn Gottes zu spüren, denn diese Menschen sind nicht zu entschuldigen (V.18).

Als erstes Argument für diese Ausgangsthese führt Paulus die „natürliche" Gotteserkenntnis und damit die Verantwortlichkeit der Menschen für ihre Verfehlungen an: Die Menschen können seit Beginn der Welt Gottes unsichtbares Wirken (τὰ ἀόρατα), seine Göttlichkeit (θειότης) und Macht (δύναμις) in seinen Schöpfungswerken erkennen.[187] Sie sind daher selbst verantwortlich, wenn sie gegen Gottes Willen handeln (V.19f).[188]

Diese allgemeine Aussage verankert Paulus nun in der Geschichte (Aorist), die er protologisch[189] (beachte ἀπὸ κτίσεως κόσμου in V.20) liest: Obwohl die Menschen Gott erkannten, verweigerten sie ihm die eigentlich daraus folgende gebührende Verehrung. Diese Abkehr vom Schöpfer führte dazu, dass sich ihre Gedanken nur mehr mit Nichtigkeiten beschäftigten (ματαιοῦσθαι) und ihr Herz für Gottes Wirken nicht mehr aufnahmefähig war (σκοτίζεσθαι) – sie „verdummten" (μωραίνεσθαι) also, hielten sich selbst dabei aber für weise. So kam es, dass sie den Bezug zum unvergänglichen Gott, die Wahrnehmung seiner Präsenz in der Schöpfung (δόξα), mit sichtbaren Bildern vergänglicher Geschöpfe vertauschten (V.21-23).

Im Folgenden gilt daher, dass sich diese Umkehr von Schöpfer und Geschöpf in der Verkehrung der göttlichen Schöpfungsordnung widerspiegelt:[190] Gott strafte die Menschen dadurch,[191] dass er sie ihren Begierden (ἐπιθυμίαι τῶν καρδιῶν) auslieferte und sie sich durch Missbrauch ihrer Leiblichkeit (ἀτιμάζεσθαι τὰ σώματα) verunreinigten (ἀκαθαρσία), denn sie vertauschten die Wahrheit (ἀλήθεια) Gottes mit der Lüge (ψεῦδος), indem sie die Schöpfung statt des Schöpfers verehrten (V.24f).

Wegen dieser Perversion der göttlichen Schöpfungsordnung ließ Gott die Menschen schändliche, weil gleichgeschlechtliche Begierden (πάθη

---

[187] Vgl. *Michel* 1963, 63: „Was dem natürlichen Auge verborgen ist, kann in einem Erkenntnisvorgang besonderer Art wahrgenommen werden." *Dunn* 1988, 58, beschreibt diese Erkenntnis als „kind of rational perception of the fuller reality in and behind the created cosmos."

[188] *Dunn* 1988, 53, erkennt in V.19-25 einen Nachhall auf die jüdische Adam-Tradition (Gen 2-3). Explizite Anspielungen auf Gen 2-3 sind aber nicht auszumachen und die zu diesem Zweck hinzugezogenen rabbinischen Parallelen in ihrer Datierung zu unsicher bzw. zu spät, um als Tradition ausgewiesen werden zu können. Vgl. *Fitzmyer* 1993, 274: „The alleged echoes of the Adam stories in Genesis are simply nonexistent." Das gilt ebenso für *Jervells* These eines Rekurses auf Gen 1,26f auf Grundlage rabbinischer Traditionen (vgl. *Jervell* 1960, 320-322).

[189] Vgl. *Fitzmyer* 1993, 292.

[190] Vgl. *Theobalds* Hinweis auf den Tun-Ergehens-Zusammenhang: Ders. 1992, 55.

[191] Die Verfehlungen gegen die Schöpfungsordnungen sind Strafe Gottes, nicht Schuld des Menschen. Vgl. *Käsemann* 1980, 34, *Theobald* 1992, 63.

ἀτιμίας) empfinden. Weil sie Gott nicht erkennen wollten, sorgte Gott dafür, dass sie allen erdenklichen Lastern verfallen (V.26-31).[192]

Da die Menschen sich diesen von Paulus als gottlos gebrandmarkten Verhaltensweisen aber nicht nur hingeben, sondern sie auch noch gutheißen, sind sie seines Erachtens vor Gott nicht zu entschuldigen und daher eigentlich des Todes würdig (1,32).

2.3. Die semantischen Beziehungen von εἰκών, ὁμοίωμα und σῶμα

2.3.1. Die semantische Opposition von ὁμοίωμα und δόξα

Der antithetische Gebrauch von ὁμοίωμα und δόξα in V.23 ist Teil einer semantischen Opposition, die den gesamten Textausschnitt prägt. Bedeutungsverwandt mit δόξα sind ἀλήθεια, τὰ ἀόρατα, δύναμις, θειότης, δικαιοσύνη. Alle diese Ausdrücke bezeichnen die Art und Weise des göttlichen Wirkens in der Schöpfung, das oberflächlich unsichtbar, aber dennoch wahrnehmbar und erfahrbar ist.[193] Mit ihm verbunden ist der Anspruch an den Menschen, diesem Wirken zu entsprechen, indem er den Schöpfer lobpreist und sich seinem Schöpferwillen anheimgibt, d.h. sich entsprechend der Schöpfungsordnung verhält.

Konträr dazu steht der Gebrauch von ὁμοίωμα, mit dem sich ψεῦδος verbindet. Das sichtbare, materielle Bild des Geschöpfes wird also als Lüge gebrandmarkt, die die Wahrheit Gottes verdeckt. Auffällig ist aber weiterhin, dass sich mit diesem Trugbild allerlei menschliche Verhaltensweisen verbinden, die die in der Verehrung des Bildes stattfindende Umkehrung von Schöpfer und Geschöpf zum Ausdruck bringen, z.B. ἡ παρὰ φύσιν χρῆσις, ἀσέβεια, ἀδικία, ἀκαθαρσία, ἀτιμία, ἀσχημοσύνη. Der Götzendienst ist also ein Vergehen, das sich auch somatisch im Verstoß gegen Gottes heilsame Schöpfungsordnung bemerkbar macht.

2.3.2. Der Bezug auf Ps 105,20 und Dtn 4,16 (LXX)

Für die Bedeutung von εἰκών ist die Bestimmung seiner semantischen Relation zu ὁμοίωμα im Syntagma (ἤλλαξαν τὴν δόξαν τοῦ ἀφθάρτου θεοῦ ἐν ὁμοιώματι εἰκόνος φθαρτοῦ ἀνθρώπου) entscheidend: Bevor die genaue semantische Beziehung in V.23 untersucht wird, soll es zunächst darum gehen, den Gebrauch der beiden Wörter durch einen Vergleich mit passenden Texten aus der LXX besser zu verstehen.

---

[192] Die Vertauschung von Schöpfer und Geschöpf als Ursache der moralischen Perversion ist auch das Thema von SapSal 13-15.

[193] In Anlehnung an 1Kor 15,40 könnte man ergänzen: Wer Gott in seinen Geschöpfen erkennt, der sieht die Doxa der irdischen Geschöpfe.

Da es in dem Vers um die Götzenbildverehrung geht,[194] kommen hier u.a. Dtn 4,16 und Ps 105,20 (LXX) in Frage:[195] In Dtn 4,16 kommen die Wörter εἰκών und ὁμοίωμα in enger Kollokation vor; Ps 105,20 stellt wegen der Konstruktion ἠλλάξαντο τὴν δόξαν αὐτῶν ἐν ὁμοιώματι eine grammatische Parallele dar.

Wie die Syntax in Dtn 4,16 LXX nahe legt, werden εἰκών und ὁμοίωμα dort synonym verwendet, denn πᾶσαν εἰκόνα erscheint als Apposition zu γλυπτὸν ὁμοίωμα: μὴ ἀνομήσητε καὶ ποιήσητε

---

[194] Zu diskutieren ist an dieser Stelle, ob man in Röm 1,23 eine Anspielung auf Gen 1,26 und damit auf die Gottebenbildlichkeit Adams voraussetzen darf, wie *Jervell* 1960, 320-22, vermutet. Dafür spricht s.E. die Aufzählung der Tierarten in Röm 1,23, die Verwendung ἄνθρωπος und δόξα in V.23 sowie ἄρσην und θῆλυς in V.26f. Weiterhin spiele die Schöpfungstheologie im gesamten Text eine große Rolle. Auch die syntaktisch eigenartige Verbindung von ἐν ὁμοιώματι εἰκόνος, in der εἰκών überflüssig wirke, könne durch eine rabbinische Auslegung von Gen 1,26f (in der die beiden Wörter in einer Genitivverbindung erscheinen: רמות דייקונא) erklärt werden. Diese rabbinische Auslegung überträgt *Jervell* dann auf Paulus, der diese Gedanken hier nur in „hellenistische" Terminologie einkleide (vgl. ebd. 313f). Das Ergebnis dieser Rekonstruktion von Hintergründen führt jedoch zu einer konstruierten Interpretation, bei der aus Röm 1,23 das „Prolegomenon" zur paulinischen „Ebenbildlichkeitstheologie" wird (vgl. ebd. 335), die den Verlust der Gottebenbildlichkeit durch Adams Übertretung und die daraus folgende Tiergleichheit erkläre. Diese hindere den Menschen daran, Gottes Gerechtigkeitsforderung nachzukommen (vgl. ebd. 335f). Auf *Jervell* beziehen sich *Larsson* 1962, 181f, *Wilckens* 1978, 107f, *Dunn* 1988, 60 (allerdings zum Zweck des Nachweises einer Adamtradition aus Gen 2-3). Ohne Verweis, aber inhaltlich ähnlich *Reinmuth* 2006, 191f. Dagegen *Fitzmyer* 1993, 283, *Käsemann* 1980, 41. – Wenn in Röm 1,23 eine Anspielung auf Gen 1,26 vorliegt, dann nur auf sehr beiläufige Weise. Ein ernst zu nehmendes Signal in diese Richtung ist die Aufzählung der Tierarten, die aber auch in Gen 7,8 zu finden ist und evtl. in topischer Weise gebraucht wird, um die gesamte irdische Geschöpflichkeit zu bezeichnen. Das Auftreten des anderen „Gottebenbildlichkeitsvokabulars" ist zu wenig spezifisch, um als Anspielung auf Gen 1,26 verstanden zu werden. Das gewichtigste Argument für einen gezielten Gebrauch von εἰκών ist seine vermeintliche „Überflüssigkeit" in der grammatischen Konstruktion. Wenn die Bedeutung von εἰκών aber auf die Sichtbarkeit der Götterbilder im Vergleich zum „unsichtbaren" Wirken Gottes verweist, dann besitzt es eine plausible semantische Funktion. Im Übrigen könnte sein Vorkommen auch auf Dtn 4,16 verweisen (vgl. *Dunn* 1988, 61, *Fitzmyer* 1993, 283). Die Betonung der Sterblichkeit des Menschen erklärt sich weniger aus der Adamebenbildlichkeit als vielmehr aus der Tradition der Bilderpolemik, wie sie v.a. in SapSal explizit wird (vgl. zu φθαρτός SapSal 14,8.12, v.a. aber 14,18). Ein geeigneterer Subtext für das Verständnis des gesamten Abschnittes ist daher SapSal 13-15, nicht Gen 1,26f.

[195] Vgl. *Michel* 1963, 66. *Hübner* 1997, 26f, führt Dtn 4,16ff nicht an, nennt aber Ps 105,20 an erster Stelle und verweist weiterhin auf Jer 2,11 (eine Stelle, die bzgl. des grammatisch-semantischen Problems aber nicht weiterhilft). SapSal 11,15f; 14,12 bieten zwar inhaltliche, aber keine sprachlichen Hinweise (ebenso SapSal 13,12-14).

ὑμῖν ἑαυτοῖς γλυπτὸν ὁμοίωμα, πᾶσαν εἰκόνα, ὁμοίωμα ἀρσενικοῦ ἢ θηλυκοῦ.[196]
Eine Übertragung auf Röm 1,23 ist jedoch nicht ohne Weiteres möglich, weil die syntaktische Konstruktion deutlich in Anlehnung an Ps 105,20 LXX gestaltet ist, wo es um die Götzenverehrung Israels (Ex 32)[197] geht: καὶ ἠλλάξαντο τὴν δόξαν αὐτῶν ἐν ὁμοιώματι[198] μόσχου ἔσθοντος χόρτον. Der vorhergehende V.19 spricht vom Goldenen Kalb als einem gegossenen Standbild (τὸ γλυπτόν[199]): καὶ ἐποίησαν μόσχον ἐν Χωρηβ καὶ προσεκύνησαν τῷ γλυπτῷ. Aus diesem Grund verweist ὁμοίωμα auch in V.20 auf die 'materiell-plastische Repräsentation eines Gottes'.

2.3.3. Zum syntaktischen und semantischen Zusammenhang von εἰκών und ὁμοίωμα

Wenn Paulus nun in Röm 1,23 die erste Hälfte dieses Psalmverses aufnimmt, dann ist davon auszugehen, dass er mit ὁμοίωμα auch die eben dargelegte Bedeutung ausdrücken will.[200] Die auf die Valenz des Verbs reduzierte Syntax hieße: ἤλλαξαν τὴν δόξαν ἐν ὁμοιώματι, „sie vertauschten die Doxa mit einem plastischen Bild".
Die Frage ist nun, wie ὁμοίωμα und εἰκών semantisch zusammenhängen. Sind sie synonym gebraucht,[201] wie in Dtn 4,16, oder gibt es einen Bedeutungsunterschied? Die Syntax weist auf einen Bedeutungsunterschied hin, denn εἰκόνος ist Genitivattribut zu ὁμοίωμα.[202] Dabei handelt es sich um einen Genitivus qualitatis, weil εἰκόνος eine Eigenschaft von ὁμοίωμα beschreibt.
Allerdings muss auch die Valenz von εἰκών beachtet werden, denn das Genitivattribut regiert wiederum andere Genitivergänzungen,[203] die als

---

[196] Der Ausdruck γλυπτὸς ὁμοίωμα steht für hebr. פֶּסֶל, εἰκών für hebr. סֶמֶל, ὁμοίωμα für hebr. תַּבְנִית.
[197] Vgl. *Jervell* 1960, 320. Das bedeutet aber nicht, dass die Juden auch im Blickpunkt des Paulus stehen. Vielmehr ist der Sündenfall Israels hier universalisiert. Vgl. *Käsemann* 1980, 42f, *Fitzmyer* 1993, 270f.
[198] ὁμοίωμα steht hier für hebr. תַּבְנִית.
[199] Hebr. מַסֵּכָה, 'gegossenes (Gottes)bild' (vgl. *Gesenius* 1962, 440).
[200] Vgl. *Käsemann* 1980, 41.
[201] So *Dunn* 1988, 61, *Käsemann* 1980, 41. *Käsemann* ebd. betrachtet eine Wiedergabe mit 'Gestalt' als unwahrscheinlich, weil bei Paulus singulär. Das stimmt mit den Ergebnissen dieser Arbeit nicht überein.
[202] Die Existenz rabbinischer Belege, die diese Genitivkonstruktion mit Rekurs auf Gen 1,26f aufweisen und die beiden Wörter dort in der Bedeutung 'Vorbild' und 'Abbild' verwenden (vgl. *Jervell* 1960, 321), bedeutet nicht, dass man nicht zuerst versuchen sollte, eine der Syntax entsprechendere Bedeutung zu suchen.
[203] Vgl. *Käsemann* 1980, 41.

Genitivi subiectivi zu interpretieren sind: εἰκόνες φθαρτοῦ ἀνθρώπου καὶ πετεινῶν καὶ τετραπόδων καὶ ἑρπετῶν. Das Wort εἰκών bezieht sich also auf etwas, das den Gattungen Mensch, Haus- und Kriechtieren zueigen ist und gleichzeitig die Eigenschaften des Götterbildes beschreibt, nämlich die Bedeutung 'Gestalt, Aussehen'[204]. Das Gussbild ist als menschen-, vogel- bzw. tiergestaltig beschrieben und damit seine sichtbare Körperlichkeit gegenüber der „Unsichtbarkeit" der göttlichen Doxa betont. Der Satz ist also folgendermaßen zu übersetzen: „Sie haben die Doxa des unvergänglichen Gottes vertauscht mit der (Bild)Plastik von der Gestalt eines vergänglichen Menschen und von Vögeln und Vierfüßlern und Kriechtieren."

2.3.4. Die Bedeutung von εἰκών mit Bezug auf 1Kor 15,35-58

Es ist weiterhin zu beachten, dass der Mensch, dem diese Gestalt angehört, hier ausdrücklich als vergänglich (φθαρτὸς ἄνθρωπος) qualifiziert wird. Paulus weist ihn somit als Bestandteil der irdisch-unvollkommenen Schöpfung aus, die er auch in 1Kor 15,42.50.53f beschreibt und auf die er mit dem Ausdruck σῶμα ψυχικόν rekurriert. Gleichzeitig erinnert die Aufzählung der Tiere an 1Kor 15,38-40, wo vermutlich auf Gen 1,26 angespielt wird. Wie σάρξ und σῶμα in 1Kor 15,38-40 bezeichnet εἰκών also die von außen sichtbare 'arteigene körperliche Gestalt der Geschöpfe'. Durch die Qualifizierung des Menschen als vergänglich wird aber gleichzeitig deutlich, dass es sich hierbei um die 'arteigene körperliche Gestalt der irdisch-unvollkommenen Geschöpfe' und damit um ein Attribut der unerlösten und unvollkommenen Schöpfung handelt. Der mit dem Wort εἰκών zum Ausdruck gebrachte äußerliche Aspekt der Geschöpflichkeit wird also ohne die göttliche Doxa zum bloßen Schein, zum Trugbild, das zur Verdrehung der göttlichen Schöpfungsordnung verleitet und daher in den Tod führt.

2.3.5. Der Zusammenhang von εἰκών und σῶμα

Die Verehrung des geschöpflichen, gottlosen Trugbildes besitzt somatische Auswirkungen: Sie führt dazu, dass die gottlosen Menschen den Gottesbezug[205] ihrer eigenen Körper (σώματα) missachten, indem sie allein ihren

---

[204] So auch *Bauer* 1988, 448, *Michel* 1963, 66, *Eltester* 1958, 23, *Kittel* 1935b, 393. In der Bedeutung 'Gestalt' erscheint εἰκών auch als griechisches Lehnwort im Koptischen: Vgl. dazu P. Kell. Copt. 11, P. Kell. Copt. 25, 20-25.

[205] Vielleicht auch: die Gottebenbildlichkeit. Gottes Ebenbild zu sein würde demnach für Paulus bedeuten, den Schöpfer im eigenen Soma auszudrücken, indem man sich gemäß des göttlichen Schöpferwillens bzw. der göttlichen Schöpfungsordnung verhält. Das impliziert, dass man die göttliche Doxa in der Schöpfung erkennt.

Leidenschaften (ἐπιθυμίαι, πάθη ἀτιμίας) gehorchen und sich auf diese
Weise verunreinigen (ἀκαθαρσία). Die Vertauschung der göttlichen
Schöpfungsordnung spiegelt sich in ihren Körpern, wenn sie den nach Paulus natürlichen Verkehr (ἡ φυσικὴ χρῆσις) mit dem widernatürlichen
Verkehr (ἡ παρὰ φύσιν χρῆσις, ἀσχημοσύνη, πλάνη) vertauschen
und in gleichgeschlechtlicher Begierde zueinander entbrennen.[206] Die
Missachtung ihrer eigenen und anderer Körper (ἀτιμάζεσθαι τὰ
σώματα) nimmt ihnen also ihren Schöpferbezug, ihre Doxa. Wie das Material der Götterbilder wird auch das menschliche Soma zum 'Medium der
von Gott abgewandten Geschöpflichkeit'[207], in dem die Gestalt des vergänglichen Menschen zum Ausdruck kommt. Er ist gleichzeitig Ab- und
Urbild des gottlosen Trugbildes und daher ein Teil des Todes (θάνατος),
also der 'durch die Sünde verursachten Sterblichkeit des Menschen'.

2.3.6. Die Beziehung zu SapSal 13,13

Eine aufschlussreiche Parallele zu dieser Bedeutung von εἰκών ist SapSal
13,13e: Der Ausdruck εἰκών bezeichnet dort 'die menschliche Gestalt
bzw. das menschliche Aussehen, das im Medium des Abfallholzes handwerklich nachgebildet wird'.[208] Auch hier kommt εἰκών im Kontext der
Götzenbildpolemik zu stehen, die als Ausdruck der menschlichen Ursünde,
der Vertauschung von Schöpfer und Geschöpf, betrachtet wird. In diesem
Beleg wird auch deutlich, dass die Bilder tot sind, weil ihnen die göttliche
Gabe des Leben spendenden Pneuma fehlt. Sie sind reine Oberfläche und
verweisen, als Trugbilder, nur auf sich selbst. Im Gegensatz dazu kommt
im lebendigen Bild Gottes, dem Menschen, idealerweise der Schöpfer zum
Ausdruck: Das Soma des Menschen ist also dann Ebenbild Gottes, wenn es
auf seinen Schöpfer verweist. Der eschatologische Prototyp dieses gottebenbildlichen Menschen ist Christus.

---

[206] Die Gottlosigkeit zeigt sich für Paulus nicht nur in der Gleichgeschlechtlichkeit,
sondern in allen moralischen Verfehlungen. Vgl. die Lasterkataloge in 1,29-31. An der
Vertauschung der Geschlechterordnung wird die Ursache dieses Verhaltens für Paulus
nur besonders deutlich.

[207] Vgl. zu dieser Bedeutung auch die σῶμα-Belege in Röm 6,6.12; 7,4.24;
8,10.11.13. Bedeutungsverwandt ist σάρξ.

[208] Vgl. oben, 63. *Keyser* 1971 geht sogar soweit, eine direkte Abhängigkeit von Röm
und SapSal zu postulieren. *Marques* 1986, 260.266f.322, vertritt diese Abhängigkeit mit
Bezug auf εἰκών. Andere Exegeten begnügen sich mit entsprechenden Andeutungen,
vgl. z.B. *Dunn* 1988, 56f: „[...] too close to be accidental [...]".

Kapitel 2

Somatische Identität der neuen Schöpfung: Das Soma Christi als (Vor)Bild des Menschen

Während das somatische Ebenbild Adams anfällig für die Trugbilder der Schöpfung ist, ihnen immer wieder verfällt und so zum Ausdruck der gott-fernen Geschöpflichkeit wird, gibt es für Paulus auch eine Ikonizität des Menschen, in der die neue Schöpfung somatisch zum Ausdruck kommt. Erstling dieser neuen Schöpfung ist Christus, der letzte Adam, in dessen Auferstehungskörper die Gottebenbildlichkeit somatisch realisiert (vgl. 1Kor 15,49) und zum somatischen Vorbild für seine Anhänger wird.[1]

Doch aus der Perspektive seiner Auferstehung wird auch sein Kreuzes-körper zur somatischen Eikon der neuen Schöpfung, denn sein Leiden und Sterben offenbaren bereits seine Auferstehung (2Kor 4,4). In eben dieser Situation finden sich nun auch seine Anhänger wieder: Weil sie an die Auferstehung Christi und damit auch an ihre eigene Auferstehung glauben, bilden sie in ihrem schwachen, geschöpflichen Soma bereits ihre neue so-matische Existenz ab: Ihr geschöpflicher Körper wird bereits auf Erden transparent für die neue Schöpfung in der Auferstehung und damit Träger göttlicher Doxa (2Kor 3,18). Diese Thesen sollen im Folgenden expliziert werden.

---

[1] *Scroggs* 1966 deutet die paulinischen Eikon-Belege als Bestandteil der paulinischen Adam-Christologie. Vor dem Hintergrund der zwischentestamentarischen und rabbini-schen Adamtradition kommt er zu dem Ergebnis, dass Paulus Christus als letzten Adam interpretiert, um dadurch Aussagen über den eschatologischen Menschen zu machen, als dessen Prototyp er Christus betrachtet. Zwischen Christus als Vorbild und dem Menschen als Abbild bestehe keine ontologische Differenz, vielmehr gehe es gerade um die Identi-tät zwischen Mensch und Stammvater (vgl. ebd. 69). Damit argumentiert *Scroggs* gegen *Jervells* abgestufte Ebenbildlichkeitsvorstellung (*Jervell* 1960, 276f).

1. Der Auferstehungskörper Christi als (Vor)Bild des Menschen (1Kor 15,49, Röm 8,29)

1.1. Der Auferstehungskörper Christi als (Vor)Bild des Menschen in 1Kor 15,49

Da sowohl die Kontextualisierung des Belegs als auch die Bedeutungsverwandtschaft von εἰκών und σῶμα bereits behandelt wurden wurden, soll es im Folgenden allein um die Frage gehen, was unter dem Tragen der Eikon Christi zu verstehen ist.

Neben der wichtigen Bedeutungsverwandtschaft mit σῶμα bzw. σῶμα πνευματικόν ist εἰκών in seinem Bezug auf Christus in 1Kor 15,49b auch mit δόξα, ἀφθαρσία, ἀθανασία, δύναμις und πνεῦμα semantisch verbunden.

Die Bezeichnung δόξα bezieht sich in 1Kor 15 auf die 'somatische Ausstrahlung von Gottesnähe und Übereinstimmung mit Gott' und wird mit dem von der Erde aus sichtbaren Lichtglanz der Sterne (die Gott offenbar näher sind) in Verbindung gebracht. Die Wörter ἀφθαρσία und ἀθανασία meinen beide die 'somatische Unsterblichkeit bzw. Unvergänglichkeit als Ausdruck der himmlisch-eschatologischen Geschöpflichkeit'[2]. Unter δύναμις wird die 'somatische Vollkommenheit als Ausdruck der himmlisch-eschatologischen Geschöpflichkeit'[3] verstanden. All dies beruht auf dem πνεῦμα, der 'vollkommenes, Gott gemäßes Leben bewirkenden Kraft Gottes'. Das Pneuma erweckt ein ihm entsprechendes Soma, das σῶμα πνευματικόν, also das 'Medium der himmlisch-eschatologischen, vollkommenen Schöpfung'.

All diese Bezeichnungen beschreiben sowohl die Eigenschaften des Auferstehungskörpers Christi als auch seiner Anhänger. Das Tragen der εἰκών des Himmlischen bezieht sich daher auf 'die somatische Identität von Christus und seinen Nachfolgern'.[4]

---

[2] *Verburg* 1996, 184, reduziert die Bedeutung auf die unverlierbare Gottesnähe, deren Voraussetzung die körperliche Unsterblichkeit sei. Dagegen betrachte ich die Unsterblichkeit des Körpers als Konsequenz der neuen Schöpfung, nicht als notwendige Bedingung der Gottesnähe.

[3] *Schrage* 2001, 297, definiert mit „totenerweckende Macht Gottes". Aber genau betrachtet geht es an dieser Stelle um eine Eigenschaft des Somas, wie die parallele Konstruktion signalisiert. Es muss sich also um die somatische Folgeerscheinung der Toten erweckenden Macht Gottes handeln. *Farina* 1971, 109, weist auf die sachliche Synonymität von δόξα und δύναμις hin, da *kabod* beides impliziere. Das bestätigt weiterhin die die Annahme, dass es sich wie bei δόξα um ein somatisch wahrnehmbares Merkmal handeln muss.

[4] Vgl. *Back* 2002, 175: „Die Christen werden als Gruppe, die durch ihre Zugehörigkeit zu Christus als Stammvater definiert ist, verwandelt. Ihre Zugehörigkeit zum Stammvater äußert sich in ihrer gleichen Beschaffenheit und Gestalt (1 Kor 15,48f.)."

Diese somatische Identität mit dem auferstandenen Christus beginnt für die Gläubigen nach Paulus erst mit ihrer Auferstehung bzw. der Verwandlung ihrer Körper, die pneumatische Verbindung besteht aber bereits in der Gegenwart und wirft auf ihre adamitischen Körper ein neues Licht. Der auferstandene Christus in seiner pneumatischen Körperlichkeit ist daher das Modell der eschatologischen Menschheit.[5]

Da für 1Kor 15 die Frage jüdisch-alexandrinischen Einflusses diskutiert wird, soll an dieser Stelle kurz auf Unterschiede und Gemeinsamkeiten der beiden Eikon-Konzepte eingegangen werden: Der Hauptunterschied zwischen beiden Vorstellungen besteht in der Beziehung von εἰκών und σῶμα: Während die paulinischen Texte eine Verwandtschaft beider Bedeutungen aufweisen, ist dies für die alexandrinischen Texte nicht der Fall. Vielfach steht σῶμα hier sogar in einem Gegensatz zu εἰκών. Paulus steht also in dieser Hinsicht nicht in der Tradition jüdisch-alexandrinischer Theologie, er denkt offensichtlich in anderen semantischen Verknüpfungen. Die Attribute, die dieses Soma kennzeichnen, sind allerdings z.T. dieselben, die auch bei den jüdisch-alexandrinischen εἰκών-Konzepten eine Rolle spielen: Pneuma, Doxa, Unvergänglichkeit und Unsterblichkeit.

Wenn also der wesentlichste Unterschied zwischen paulinischem und jüdisch-alexandrinischen εἰκών-Konzept im Verhältnis zum Soma liegt, dann könnte das natürlich ein Hinweis darauf sein, in dieser „mentalen" Differenz auch eine Ursache für die in 1Kor angedeuteten Konflikte zwischen Paulus und den Korinthern zu sehen.[6] Dachten die Korinther also in ähnlichen semantischen Relationen wie die Juden Alexandrias, dann musste es zu einer Auseinandersetzung um die Rolle des Somas in der Soteriologie, und damit auch in Eschatologie und Ethik, kommen. Die Differenz in der mentalen Struktur bezöge sich also nicht nur auf die Bedeutung des Wortes εἰκών, sondern auf das gesamte Heilsgeschehen. Das impliziert auch Unterschiede in der korinthischen Christologie, die den leidenden Körper Christi schwer integrieren kann, wenn der Körper für das Heil

---

Auf die semantische Vernetzung von εἰκών und σῶμα geht sie allerdings nicht weiter ein. Ganz anders die Interpretation *Güttgemanns'* 1966, 278f, der in dem Wort εἰκών gerade die qualitative Unterscheidung zwischen Christus und den Gläubigen zum Ausdruck gebracht sieht, weil Paulus s.E. zwar an eine körperliche Auferstehung der Christusgläubigen, nicht aber Christi selbst, glaube. Die Betonung der Gleichheit zwischen „Stammvater" und Nachfolgern in 15,44-49 spricht aber m.E. eindeutig gegen diese Interpretation.

[5] So die These *Scroggs'* 1966. Vgl. zu 1Kor 15 z.B. ebd. 92: „In his body of glory Christ is true humanity, the realization of that existence the Christian will himself have one day. Christ is also the mediator of that nature. Thus the resurrection of Christ does not function for Paul so much to ‚prove' the resurrection in general as to give assurance to the Christian just what kind of existence is to be his and how it is to be obtained." Vgl. auch die von *Burchard* 1984, 255-258, angeführte Parallele der (u.a. somatischen!) Verwandlung Aseneths.

[6] *Sandelin* 1976, 46.133f, bemerkt die Bedeutungsverwandtschaft von εἰκών und σῶμα und bringt sie mit der alexandrinischen Weisheitstradition in Verbindung, mit der Paulus sich hier kritisch auseinandersetze. Traditionsgeschichtlich geht er also von einer selbständigen Umprägung der Wortbedeutung durch Paulus aus. Das scheint mir etwas zu gewagt. Wahrscheinlicher ist, dass Paulus zumindest noch andere Traditionen kennt, wie sie z.B. in 4Esra 8,6 bezeugt sind.

überhaupt keine Rolle spielt.[7] Was dann zählt, ist die Erlösung *aus* dem Körper, nicht die Erlösung *des* Körpers (vgl. Röm 8,23).[8]

Allerdings ist zu fragen, ob solche Vorstellungen in jedem Fall durch das Wirken von Personen wie z.B. Apollos zu erklären und also auf jüdisch-alexandrinischen Einfluss zurückzuführen sind. Es ist ebenso vorstellbar, dass das „jüdisch-alexandrinische" Eikon-Konzept Teil einer allgemein verbreiteten Vorstellung ist, die sich eben auch in Teilen der korinthischen Gemeinde wiederfindet. Insofern ist es den paulinischen Texten nicht angemessen, sie nur als Polemik gegen evtl. jüdisch-alexandrinische Traditionen zu lesen und diese sogar aus dem Text rekonstruieren zu wollen.[9] Paulus geht es in 1Kor 15 auch weniger um die Verteidigung einer somatischen Auferstehung, als vielmehr um die Beschreibung der Art und Weise dieser Auferstehung.

1.2. Der Auferstehungskörper Christi als (Vor)Bild des Menschen in Röm 8,29

Ähnlich wie in 1Kor 15,49 – und anders als in 2Kor 3,18 – gehen auch im Falle von Röm 8,29 die meisten Exegeten davon aus, dass sich die Christusebenbildlichkeit der Gläubigen auf die eschatologische Zukunft bezieht. Der Beleg soll daher an dieser Stelle genauer analysiert und seine semantischen Beziehungen im Kontext untersucht werden.

1.2.1. Makrokontext: Röm 5-8[10]

Das Thema der Angleichung des Gläubigen an Christus ist im gesamten Abschnitt präsent, denn Paulus beschreibt in diesem zweiten Teil des Römberbriefes die Existenz des Christen nach der Erlösung durch Christus:[11] In Kap. 5 stellt Paulus die Situation der Christen nach der Erlösung als eine ständige Diskrepanzerfahrung dar. Demgegenüber steht in Kap. 8 die Wirkung des Pneuma im Mittelpunkt, das die Gläubigen zur vollkom-

---

[7] Vgl. dazu *Wolff* 2000, 354.402.423, der davon ausgeht, dass die Korinther nicht nur die körperliche Auferstehung der Gläubigen, sondern auch die Auferstehung Jesu verneinten. Das ist aber nach der obigen Analyse (vgl. oben, v.a. 143 Anm. 2) unwahrscheinlich. Es könnte allerdings sein, dass die Auferstehung Christi für die Korinther keine somatische Relevanz besaß.

[8] Das würde für eine Charakterisierung der Auferstehungsleugner im Sinne der oben, 147 Anm. 21, vorgestellten Möglichkeiten b) und c) sprechen.

[9] Vgl. die oben, 147 Anm. 21, genannten Vertreter.

[10] Zur Abgrenzung von Röm 5-8: Mit Kapitel 9 beginnt im Römerbrief das Thema „Israel", so dass hier eine relativ deutliche Markierung gegenüber Kapitel 8 besteht. Schwieriger ist die Eingrenzung des Kontextes „nach vorne", v.a. die Zuordnung von Kapitel 5, das zum ersten Teil (vgl. die Inhaltsverzeichnisse der Kommentare von *Wilckens* 1980, *Dunn* 1988, *Stuhlmacher* 1989, *Haacker* 1999) oder zum zweiten Teil (vgl. *Lohse* 2003, *Käsemann* 1980, *Michel* 1978) gerechnet werden kann. Aufgrund der Korrespondenzen von Röm 5 mit Röm 8 (vgl. *Osten-Sacken* 1975, 11.60.160-175) möchte ich den Abschnitt als Einheit behandeln und rechne Röm 5 zum zweiten Teil des Briefes, der also Röm 5,1-8,39 umfasst.

[11] Zur Argumentationsstruktur vgl. *Bulembat* 1997, 195-204.

menen Erlösung, der Verwandlung der Körper zum Bild Christi, führen wird. Dazwischen erläutert Paulus anhand von Beispielen (Kap. 6-7), dass die Menschen ohne Christi Tod und Auferstehung weiter unter der Macht der Sünde stünden, da auch das Gesetz kein Gott gemäßes Leben garantiert, sondern die Macht der Sünde über das Soma nur vergrößert. Durch Christi Tod und Auferstehung ist dieses sündige Soma aber gestorben, und durch die Macht des Geistes ist es ihm möglich, auch ohne Gesetz nach Gottes Willen zu leben und daher bei der Parusie in das Ebenbild Christi verwandelt zu werden (Röm 8).[12]

1.2.2. Mikrokontext: Die Argumentation in Röm 8

In Röm 8 entfaltet Paulus das Thema des Lebens „in Christus": Es ist vom Bewusstsein der geschehenen Erlösung und dem Wissen um die kommende Verherrlichung geprägt. Der Mensch erwartet daher nichts sehnsüchtiger als die Verwirklichung dieses Glaubens, den Beginn der neuen Schöpfung. Dieses sehnsüchtige Warten prägt nicht nur den Christusgläubigen, sondern die ganze Schöpfung und besitzt daher kosmische Dimensionen.

1.2.2.1. 8,1-17: Das Sein in Christus

1.2.2.1.1. 8,1-5: Die in Christus geschehene Erlösung vom Gesetz der Sünde zum Gesetz des Geistes

Paulus beginnt mit einer an 7,25a anschließenden These (8,1): Für diejenigen, die in Christus (ἐν Χριστῷ ᾿Ιησοῦ) sind, gibt es keine Verurteilung (κατάκριμα). Diese These wird im Folgenden begründet.[13] Im Rückgriff auf Kap. 7 wählt Paulus die erste Person Plural, die nicht ihn persönlich meint, sondern verallgemeinernd für „den Mensch an sich" steht. Ebenfalls im Anschluss an Kap. 7 wird die Gesetzesterminologie aufgegriffen: Der Grund für die nicht stattfindende Verurteilung ist die Befreiung des Menschen durch das Gesetz des „Lebensgeistes" vom Gesetz der „Todsünde".

Paulus konstruiert also eine Antithese zwischen Geist (πνεῦμα) und Sünde (ἁμαρτία) sowie Leben (ζωή) und Tod (θάνατος). Gleichzeitig wird eine Bedeutungsverwandtschaft von Geist (πνεῦμα) und Leben (ζωή) einerseits, Sünde (ἁμαρτία) und Tod (θάνατος) andererseits suggeriert.

Das Gesetz des Geistes löst das Gesetz der Sünde ab und erlöst den Menschen in Christus. Paulus gibt nun den Grund dafür an, dass das sündige Gesetz überhaupt durch das pneumatische abgelöst werden musste: Die unvollkommene Konstitution der Menschen, die Schwachheit seiner

---

[12] Vgl. *Bulembat* 1997, 200.
[13] Man beachte die Häufung der kausalen Konjunktion γάρ.

Sarx, verhinderte die Erlösung durch das (an sich gute und lebensfördern-
de) Gesetz – eine Art Zusammenfassung von Röm 7,7-25.

Die Schwachheit der menschlichen Existenz konnte nur dadurch aufge-
hoben werden, dass Gott seinen Sohn in der Gleichheit (ὁμοίωμα) der
Sarx sandte und in ihm exemplarisch die Sünde am Kreuz verurteilte. Erst
jetzt ist ein Leben nach dem Geist für den Menschen möglich. Mit dieser
Antithese von Geist (πνεῦμα) und Fleisch (σάρξ) beginnt Paulus einen
neuen Gedankengang, in dem er das jeweilige Leben nach diesen beiden
Prinzipien einander gegenüberstellt.[14]

1.2.2.1.2. 8,6-11: Das Sein im Pneuma im Kontrast zum Sein im Fleisch

Das Sein in der Sarx bewirkt ein entsprechendes Denken und also den Tod.
Demgegenüber bedeutet das Sein im Pneuma auch ein Denken gemäß dem
Pneuma und damit Leben und Frieden.

Paulus folgert mit Bezug auf Kap. 7: Das sarkische Denken ist gottlos,
denn es kann dem Gesetz Gottes nicht genügen, und daher können diejenigen, die noch in der Sarx sind, Gott nicht gefallen.

Es folgt ein auffälliger Wechsel hin zur zweiten Person Plural, also eine
direkte Anrede. Außerdem ist der folgende Abschnitt charakterisiert durch
potentiale Konstruktionen, d.h. Paulus zieht aus dem vorher Festgestellten
einige Wenn-dann-Schlüsse: Die Zuhörer sind nicht in der Sarx, wenn das
Pneuma Gottes in ihnen wohnt. Die Bedingung für die Erlösung aus der
Sarx ist also die Einwohnung des göttlichen Pneuma. Dabei scheint Paulus
zwischen dem Pneuma Gottes und dem Pneuma Christi keinen Unterschied
zu machen, denn im folgenden Satz ersetzt er πνεῦμα θεοῦ durch
πνεῦμα Χριστοῦ und erklärt: Wer das Pneuma Christi nicht besitzt, der
gehört auch nicht zu Christus. Die Zugehörigkeit zu Christus ist also durch
die Einwohnung seines Geistes begründet.

Diese Einwohnung des Geistes Christi ist für Paulus gleichbedeutend
mit der Einwohnung Christi selbst, denn er folgert weiter: Wenn Christus
in den Gläubigen ist, dann ist auch ihr Soma tot um der Sünde willen, das
Pneuma aber ist Leben um der Gerechtigkeit willen. Für Paulus bedeutet
die Geisteinwohnung also, dass sich das Christusgeschehen in den Gläubigen selbst vollzieht. Ihr Soma, das Paulus hier mit dem Soma der Sünde
gleichsetzt, wird getötet; stattdessen bewirkt das Pneuma ein Leben für die
Gerechtigkeit Gottes.

Antithetisch gegenüber stehen sich hier die Ausdrücke σῶμα (νεκρόν)
und ἁμαρτία vs. πνεῦμα, ζωή und δικαιοσύνη. Auffallend ist weiter,

---

[14] *Brandenburger* 1968, 172f, führt diese Gegenüberstellung auf die dualistische
Weisheit (s.E. hauptsächlich repräsentiert durch SapSal und Philo) zurück. Man muss
dabei aber die Differenz im paulinischen Soma-Begriff beachten.

dass dem Tod des sündigen Somas kein Leben des „gerechten" Somas gegenübergestellt wird. Dies ist ein Hinweis darauf, dass Paulus für die Gegenwart der Gläubigen nur den Tod des alten Somas, nicht aber seine Erneuerung im Blick hat. Dieses somatisch-pneumatische Leben bliebe dann
– wie in 1Kor 15 – der Zukunft, also der Auferstehung, vorbehalten.[15] Das
jetzige Leben der Christusanhänger wird hingegen durch das Gestorben-
sein des sündigen Somas charakterisiert, das die Gläubigen zwar dazu befreit, gerecht zu handeln, das ihnen aber die somatische Entsprechung ihrer
neuen Existenz noch schuldig bleibt.

Folgerichtig kommt Paulus nun auch auf diesen Punkt zu sprechen. Er
schlussfolgert: Wenn das Pneuma Gottes, der Christus von den Toten auferweckt hat, in den Gläubigen wohnt, dann macht Christus auch ihre sterblichen Körper lebendig. Die Einwohnung des Geistes, die gleichbedeutend
ist mit der Einwohnung Christi, bedeutet also, dass die Gläubigen dasselbe
Schicksal erwartet wie Christus – bereits hier klingt also die Christusebenbildlichkeit der Gläubigen an.

1.2.2.1.3. 8,12-17: Das Sein im Pneuma impliziert Leiden und Auferweckung mit Christus

Es folgt ein an diese Überlegungen anschließender paränetischer Teil im
Modus des Imperativs, der durch eine folgernde Konjunktion (ἄρα οὖν)
eingeleitet wird. Die Zuhörer sollen nicht nach dem Fleisch leben, denn
das bedeutete ihren Tod. Stattdessen ermahnt Paulus sie, ihr Leben nach
dem Geist auszurichten, was das Sterben ihres Somas (d.h. im Sinne der
Taufe den Tod Christi) impliziert und daher Leben (Gewissheit der Auferstehung) zur Folge hat.

Paulus führt in diesem Zusammenhang noch einen weiteren Aspekt ein:
Nur wer im Geist lebt, kann nach dem Willen Gottes handeln, und nur wer
dies vermag, kann sich auch Gottes Sohn nennen.[16] Als Beweis hierfür
dient Paulus die Tatsache, dass das Pneuma die Menschen dazu bringt,
Gott als Vater anzurufen. Mensch und Gott kommunizieren also durch das
Pneuma, sie stehen in einer pneumatischen Beziehung.

Paulus beendet den Abschnitt durch einen Kettenschluss, der ihn zur
kommenden Verherrlichung der pneumabeseelten Gläubigen führt. Diese
Verherrlichung geschieht durch die Teilhabe am Christusgeschehen, wie
die auffälligen συν-Konstruktionen verdeutlichen: Wenn die Gläubigen
Kinder (Gottes) sind, dann sind sie auch Erben Gottes und gleichzeitig
Miterben (συγκληρονόμοι) Christi. Die Teilhabe am Erbe Christi impli-

---

[15] Vgl. *Gundry* 1976, 43-46.
[16] Paulus präludiert an dieser Stelle bereits das Israelthema der Kapitel 9-11.

ziert das Mitleiden (συμπάσχειν), aber auch das Mitverherrlichtwerden (συνδοξάζεσθαι).

Dieser Kettenschluss korrespondiert mit 8,29f und rahmt also den folgenden Abschnitt (8,18-27),[17] in dem es um das sehnsüchtige Warten auf die eben erwiesene eschatologische Erlösung geht. Diese prägt die Gegenwart insofern, als der Gläubige auf sie hoffen und vertrauen darf. Sie hat aber noch nicht eigentlich begonnen und wird erst mit der Auferstehung in den letzten Tagen vollendet. Die Mitverherrlichung mit Christus ist also eine eschatologische Größe.

1.2.2.2. 8,18-30: Das Warten in Gewissheit der kommenden Erlösung

1.2.2.2.1. 8,18-27: Das sehnsüchtige Warten der Schöpfung und der Christen

In V.18 kehrt Paulus in der ersten Person Singular zurück zur Gegenwart, die vom Leiden in der Hoffnung auf Erlösung geprägt ist und daher ein Argument gegen die in 8,1 formulierte These darstellen könnte.[18] Aus der Perspektive dieser kommenden sichtbaren Herrlichkeit (μέλλουσα δόξα), die an Paulus und seinen Hörern offenbar werden wird (ἀποκαλυφθῆναι), fallen die Leiden[19] der Gegenwart nicht ins Gewicht (8,18).[20] Die Leiden sind also kein Beweis dafür, dass die Gläubigen nicht mehr von Gott geliebt sind.[21]

Diese Situation weitet Paulus nun auf die gesamte Schöpfung (κτίσις)[22] aus, um dem christlichen Hoffen eine kosmische Dimension zu geben und die gegenwärtige Situation als Notwendigkeit des göttlichen

---

[17] Vgl. *Back* 2002, 185, mit Bezug auf *Wilckens* 1980, 147: „V 17c und V 29 sind der hermeneutische Schlüssel zum Verständnis von VV 18-27." Vgl. auch *Dunn* 1988, 466f.

[18] Vgl. *Bulembat* 1997, 205.

[19] *Back* 2002, 186, verweist auf 8,35ff um zu zeigen, dass mit den Leiden auch physische Leiden gemeint sind. Nach *Wilckens* 1980, 147f, und *Stuhlmacher* 1989, 121f, handelt es sich hierbei um das traditionelle Motiv des leidenden Gerechten in der jüdisch-apokalyptischen Überlieferung – so z.B. in SapSal 2-3.

[20] Fasst man die Beschreibung des Leidens der Schöpfung als *exemplum* mit argumentativer Funktion auf, dann erstreckt sich dieses rhetorische Beispiel von 19-22, während V.23 die Anwendung auf die Hörer darstellt. V.24f ist eine Erläuterung der Anwendung. Aus diesem Grund gehören V.23-25 argumentativ zusammen, was auch durch das zweimalige Vorkommen des Verbs ἀπεκδέχεσθαι unterstrichen wird, welches die Ausführungen rahmt. Auch die Motive der Hoffnung (ἐλπίς, ἐλπίζειν) und des Stöhnens (στενάζειν) sind konzentrisch angeordnet. Vgl. Bulembat 1997, 215f, sowie Käsemann 1980, 223.

[21] Vgl. Bulembat 1997, 204-206.

[22] Vgl. Wilckens 1980, 153.

Heilsplanes auszuweisen.[23] Die Schöpfung befindet sich in einer den Gläubigen vergleichbaren Situation: Sie wartet sehnsüchtig (ἀποκαραδοκία, ἀπεκδέχεσθαι) auf das Offenbarwerden (ἀποκάλυψις) der Söhne Gottes (υἱοὶ τοῦ θεοῦ). Die Erlösung der Schöpfung hängt also offensichtlich mit der Erlösung des Menschen zusammen und ist dann gegeben, wenn die Menschen auch somatisch in Kinder Gottes verwandelt sein werden. Ebenso wie diese leidet sie unter der Macht der Nichtigkeit (ματαιότης), der sie zwangsweise (οὐχ ἑκοῦσα), aber mit der Perspektive auf Erlösung (ἐφ᾽ ἐλπίδι), unterworfen wurde. Die Schöpfung wird aus der Knechtschaft der Vergänglichkeit (φθορά) befreit werden zur Freiheit der körperlichen Herrlichkeit (δόξα) der Kinder Gottes (τέκνα θεοῦ). Die Wörter δουλεία, ματαιότης, φθορά stehen in Antithese zu ἐλευθερία und δόξα. Die Genitive τέκνων θεοῦ, υἱῶν θεοῦ zeigen an, dass die Freiheit und Herrlichkeit der Schöpfung vom somatischen Erscheinen der Kinder Gottes, also ihrem Sichtbarwerden, abhängen.

Paulus beruft sich auf eine für alle offensichtliche Tatsache, wenn er den folgenden Satz mit οἴδαμεν einleitet und darin festellt, dass die ganze Schöpfung gemeinsam unter den Wehen der Knechtschaft stöhnt (συστενάζειν, συνωδίνειν)[24]. Die Leiden der Schöpfung sind also für alle erkennbar. Gleichzeitig sind diese Wehen ein untrügliches Zeichen dafür, dass die „Geburt" der neuen Schöpfung unmittelbar bevorsteht. In diesem Sinne ist die Situation der Schöpfung mit der Situation der Christen vergleichbar (V.19-22).[25]

Paulus wendet sich nun wieder seinen Hörern zu, denn das Warten auf Erlösung betrifft nicht nur die Schöpfung, sondern auch die Gläubigen, die schon das Pfand des Geistes (ἀπαρχὴ τοῦ πνεύματος) haben. Sie wissen also bereits um ihre kommende Erlösung und warten dennoch (oder gerade deswegen) dringlich auf die Vollendung der Sohnschaft (υἱοθεσία).

Diese Sohnschaft bedeutet für Paulus die Erlösung (ἀπολύτρωσις) der Körper (σῶμα) aus der Knechtschaft der Vergänglichkeit zur Freiheit der Doxa: Die Wörter ἀπολύτρωσις, ἐλευθερία, δόξα, υἱοθεσία, τέκνα θεοῦ bezeichnen den Zustand der Erlösung. Es geht also nicht um die Befreiung *vom* Körper, sondern die Befreiung *des* Körpers zu einem von Do-

---

[23] Eine ähnliche Art schöpfungstheologischer Argumentation benutzt Paulus in 1 Kor 15,36-41.

[24] Nach *Bulembat* 1997, 226, ist das Präfix συν- nicht auf die Gemeinschaft mit den Christen zu beziehen, sondern als Ausdruck des gemeinsamen Leidens der ganzen Schöpfung zu verstehen.

[25] Vgl. zur Funktion des Schöpfungsbeispiels *Bulembat* 1997, 214-229.248f.

xa geprägten eschatologischen Körper, in dem die Gotteskindschaft verwirklicht ist[26] (V.23).

Die Gegenwart ist aber noch nicht durch diese Befreiungserfahrung,
sondern allein durch das Hoffen auf sie charakterisiert. Dieses Hoffen der
Christen entsteht aus dem Bewusstsein der bereits geschehen Erlösung
(ἐσώθημεν) in Christus (vgl. 8,1). Die Hoffnung aber ist noch nicht wahrnehmbar, sonst, so Paulus, wäre sie keine Hoffnung. Es gibt also noch keine sichtbaren, „medial" erfassbaren Zeichen der kommenden körperlichen
Verwandlung.[27] Die christliche Existenz speist sich aus dem Bewusstsein
der bereits geschehenen Erlösung und dem sehnsuchtsvollen Warten auf
ihre körperliche Sichtbarwerdung. Dieses Warten muss nach Paulus durch
Geduld gekennzeichnet sein (V.24f).

Diese Situation ertragen die Gläubigen nur durch das Pneuma, denn nur
das Pneuma kann die Verbindung zu Gott herstellen und mit Gott kommunizieren.[28] Durch das Pneuma weiß Gott, der die Herzen erforscht,[29] auch
von der Qual der Christen, denn es bittet bei Gott für die Heiligen, d.h. die
vom Geist bereits erfüllten, aber somatisch noch „schwachen" (vgl.
ἀσθένεια) Menschen, um die (körperliche) Erlösung im Eschaton (V.26f).

1.2.2.2.2. 8,28-30: Die Gewissheit der sichtbaren somatischen Erlösung

Paulus schließt den Abschnitt mit dem Hinweis auf die Gewissheit, mit der
diejenigen, die Gott lieben, auf die (somatische) Erlösung hoffen können.[30]
Denn diejenigen, die Gott lieben, sind nach Paulus auch die Berufenen
(κλητοί), und für sie wird alles gut. Paulus setzt in V.29 zu einem ver-

---

[26] Die grammatische Konstruktion ist nicht ganz eindeutig: ἀπολύτρωσις τοῦ
σώματος ἡμῶν. Interpretiert man den Genitiv als *Genitivus obiectivus*, hieße es: die
Befreiung aus unserem Körper. Diese Möglichkeit halte ich aus den genannten semantischen Gründen für unwahrscheinlich, denn Paulus thematisiert hier nicht die Frage der
Leiblosigkeit. Vielmehr geht es ihm um Knechtschaft vs. Freiheit, zwei Zustände, die das
Soma betreffen, aber nicht von ihm verursacht werden. Im Übrigen stünde die Stelle
sonst im Widerspruch zu 1Kor 15. Der Genitiv ist also ein Genitivus subiectivus, und der
Satz bezieht sich auf die Befreiung unseres Körpers von der Sklaverei durch die Vergänglichkeit. Diese Aussage passt zu 1Kor 15: Auch dort stehen sich φθορά und δόξα,
wenn auch indirekt, antithetisch gegenüber.

[27] Vgl. *Bulembat* 1997, 215.

[28] Nur der Geist spricht die göttliche Sprache. Vgl. *Wilckens* 1980, 160-162.

[29] Das ist eigentlich eine Eigenschaft des göttlichen Pneuma. Paulus scheint hier zwischen dem Pneuma der Gläubigen und Gott zu unterscheiden. Im Anschluss an das an-
fangs in Kapitel 8 Gesagte kann es sich aber eigentlich nur um das Pneuma Gottes bzw.
Christi handeln, das in den Gläubigen wohnt. Es geht also um eine Art pneumatischer
Verbindung zwischen Gott und den Christen. Nur diese ermöglicht Kommunikation.

[30] Es handelt sich um die Begründung der nachfolgenden Schlussthese. Vgl. *Wilckens*
1980, 147.

mutlich traditionellen *Sorites* an,[31] erweitert ihn aber durch die Ergänzung προώρισεν συμμόρφους τῆς εἰκόνος τοῦ υἱοῦ αὐτοῦ, εἰς τὸ εἶναι αὐτὸν πρωτότοκον ἐν πολλοῖς ἀδελφοῖς, und bringt ihn erst in V.30 zu Ende.[32]

Die Bestimmung Gottes für diejenigen, die später verherrlicht werden, fügt Paulus also selbst in den Text ein. Sie kann als „originär" paulinisch betrachtet werden. Die Gläubigen sollen „Gleichgestaltete"[33] der Eikon Christi sein, d.h. an Christi Eikon Anteil haben (vgl. das Präfix συν-).[34] Die bereits erfolgte Vorherbestimmung Gottes bezieht sich für Paulus also auf die Christusebenbildlichkeit. Die Bestimmung zur Eikon Christi impliziert Berufung, Rechtfertigung und Verherrlichung der Gläubigen. Diese Stationen sind also Bestandteil der Christusebenbildlichkeit. Umgekehrt gilt: Als Berufene (vgl. 8,28) können die Gläubigen darauf vertrauen, dass sie als Christi Ebenbilder auch verherrlicht werden, denn ihr Schicksal ist durch Christus bereits vorgezeichnet. Christologie und Soteriologie sind an dieser Stelle verknüpft.[35]

Ist die Christusebenbildlichkeit eine gegenwärtige oder eschatologische Größe? Die bisherige Argumentation des Textes zielte darauf ab, die gegenwärtige Situation der Gläubigen als ein Leben in Erwartung der eschatologischen Erlösung zu betrachten. Dabei ist die Gegenwart durch Leiden, die Zukunft durch Verherrlichung gekennzeichnet. Gleichzeitig ist das gegenwärtige Leiden eine Art Zeichen für die kommende Verherrlichung, denn es wird als Mitleiden Christi (vgl. 8,17) ausgewiesen, das in Analogie seines Schicksals die künftige Erlösung in der Auferstehung impliziert. Zu vermuten ist also, dass das durch die Hoffnung auf Erlösung bestimmte Leiden der Gegenwart Bestandteil der Christusebenbildlichkeit ist. Diese

---

[31] Dieser Kettenschluss besitzt traditionell 5 Glieder, beginnt in V.29a und endet mit V.30. Vgl. *Lohse* 2003, 252. *Wilckens* 1980, 151, *Michel* 1978, 276. *Jervell* 1960, 272, und *Käsemann* 1980, 236, betrachten die Taufe als „Sitz im Leben" des Traditionsstückes, *Osten-Sacken* 1975, 70-73, die Taufkatechese.

[32] In seiner traditionellen Form heißt der Kettenschluss also vermutlich: „die er vorher erkannt hat, die hat er auch vorherbestimmt, die er vorherbestimmt hat, die hat er auch berufen, die er berufen hat, die hat er auch gerecht gemacht, die er aber gerecht gemacht hat, die hat er auch verherrlicht".

[33] Das Adjektiv σύμμορφος wird hier wie ein Substantiv gebraucht. Das zeigt die Verbindung mit dem Genitiv im Unterschied zum Dativ in Phil 3,21. Vgl. *Jervell* 1960, 276.

[34] Vgl. zur Bedeutung des Genitivs nach dem Adjektiv *BDR* 1990 §182.1 Anm.1: „an der Gestalt des Bildes teilhabend". Dass bei σύμμορφος nicht die Gleichförmigkeit, sondern die Teilhabe im Vordergrund steht, betont *Kürzinger* 1958 und übersetzt: „[...] an der Bildgestalt seines Sohnes teilzuhaben". Vgl. auch die Einheitsübersetzung: „[...] an Wesen und Gestalt seines Sohnes teilzuhaben", sowie *Pöhlmann* 1992, 688: „Das Adjektiv stellt Personen nebeneinander, die an der gleichen μορφή Anteil haben."

[35] Vgl. *Wilckens* 1980, 165, *Dunn* 1988, 466f.

aber wird sich erst im Eschaton durch die somatische Verwandlung erfüllen.[36]

Wichtig für die Bedeutung des Satzes ist weiterhin die Interpretation der Infinitivergänzung, die durch die Präposition εἰς als konsekutiv[37] gekennzeichnet ist und daher eine Konsequenz der Gleichgestaltung darstellt. Die Gleichgestaltung mit der Eikon Christi führt demnach dazu, dass Gottes Sohn der Erstgeborene (πρωτότοκος) unter vielen Brüdern wird. Christusebenbildlichkeit beinhaltet also eine mit Christus vergleichbare – wenn auch nicht ebenbürtige – Gottessohnschaft (vgl. υἱοθεσία). Gleichzeitig verweist das Attribut πρωτότοκος auf die neue Schöpfung, deren Erstling Christus ist. Diese neue Schöpfung ist aber – wie 8,18-27 deutlich erklärt – eine eschatologische Größe.

Aus dieser Perspektive der Vollendung charakterisiert Paulus nun den Berufenen im Aorist:[38] Gott hat ihn vorherbestimmt, berufen, gerecht gemacht und verherrlicht. Das Vergangenheitstempus ergibt sich also aus der zeitlosen Perspektive Gottes, der den Lauf der Welt von Anfang bis zu ihrem Ende bereits kennt. Aus diesem Bewusstsein können die Gläubigen die Gewissheit ihrer Erlösung nehmen.[39]

1.2.2.3. 8,31-39: Vertrauen und Glaube in die Verherrlichung

Paulus beendet den zweiten Teil des Römerbriefes, indem er im Stil der Doxologie zu einer *peroratio*[40], der Schlussfolgerung aus der von ihm erörterten Existenz des Menschen in Christus, übergeht. Wenn die Gläubigen auf ihr Vorherbestimmtsein zum Bild Christi vertrauen, können die gegenwärtigen Leiden (vgl. den Peristasenkatalog in 8,35) ihnen nichts anha-

---

[36] Vgl. *Pöhlmann* 1992, 688f.

[37] Möglich wäre auch eine finale Bedeutung, vgl. *BDR* 1990, §402.2. Der Sinn des Satzes liegt aber m.E. darin, dass Christus als *Folge* der Christusebenbildlichkeit Erstgeborener unter Brüdern ist. Sein Erstgeborenenstatus ist nicht der *Zweck* der Christusebenbildlichkeit.

[38] Vgl. *Haacker* 1999, 171, *Bulembat* 1997, 246f, *Stuhlmacher* 1989, 125, *Michel* 1978, 278, *Osten-Sacken* 1975, 73. *Osten-Sacken* weist ebd. darauf hin, dass die Deutung der Aoriste u.a. von der Bestimmung des „Sitz im Leben" abhängt. Wenn dieser in der Taufe vermutet wird, ist die Deutung präsentisch. So z.B. *Käsemann* 1980, 236f, *Pratscher* 1997, 178. Vgl. auch *Fitzmyer* 1993, 525f, der den Aorist proleptisch interpretiert als „gradual glorification of the Christian even in this life". Es geht hier aber m.E. nicht um eine graduelle Verwandlung des Christen in Herrlichkeit, sondern um das Vertrauen auf die endzeitliche Verwandlung in Herrlichkeit, das die Gegenwart des Christen prägt und diesen darum verwandelt (vgl. 2Kor 3,18 bzw. unten, 247-256).

[39] Vgl. *Bulembat* 1997, 206: «Bref, le problème paulinien en Rm 8,18-30 n'est pas de prouver que par leurs souffrances les chrétiens participent à celles du Christ pour être glorifiés avec lui (v.17c-d), mais de montrer que leurs souffrances ne doivent pas être estimées comme une objection à la réalisation du plan de Dieu.»

[40] Vgl. *Bulembat* 1997, 202.

ben. Der Lobeshymnus ist die positive Explikation des Daseinsverständnisses in 8,1, das bereits in 5,1-11 zur Sprache kam: Aus der Perspektive der bereits vorherbestimmten eschatologischen Ereignisse besitzen die gegenwärtigen Leiden nur Bedeutung, insofern sie das Mitleiden mit Christus zum Ausdruck bringen und gleichzeitig die Hoffnung auf Mitverherrlichung (vgl. 8,17) einschließen.

1.2.3. Die semantischen Beziehungen von εἰκών in Röm 8,29

1.2.3.1. Klärung der syntaktischen Konstruktion in Röm 8,29b

Für die semantische Bestimmung muss zuerst die genaue Bedeutung der syntaktischen Konstruktion σύμμορφοι τῆς εἰκόνος τοῦ υἱοῦ αὐτοῦ untersucht werden. Ist der Genitiv τοῦ υἱοῦ αὐτοῦ als *Genitivus subiectivus* oder als Apposition zu verstehen? Heißt es also: „gleichgestaltet der Eikon seines Sohnes" oder: „gleichgestaltet der Eikon, seinem Sohn"[41] bzw. umgekehrt: „gleichgestaltet seinem Sohn, der Eikon"[42]? Von dieser Deutung hängt ab, ob man an dieser Stelle eine Verbindung zur Gottebenbildlichkeitsaussage in Gen 1,26f und damit zur Eikon-Prädikation in 2Kor 4,4 und der jüdischen Weisheit (also: die Sophia oder der Logos als Eikon Gottes) ziehen darf.[43]

Gegen die Deutung als *Genitivus subiectivus* wird angeführt, dass der Satz dann eine Tautologie beinhalte, also etwa: „gleichgestaltet der Gestalt etc.".[44] Nichtsdestotrotz handelt es sich im Griechischen um zwei verschiedene Wortstämme, μορφή und εἰκών, die beide nicht völlig synonym sind. Vielmehr scheint es so zu sein, dass beide Formen hier gebraucht werden, um die jeweiligen Bedeutungen genauer zu definieren.[45] Nach Steenburg beschreibt μορφή die visuelle Erscheinung, während εἰκών sich eher auf die Repräsentationsfunktion bezieht und daher in seiner Semantik offener bleibt. Werden nun beide Ausdrücke miteinander kombiniert, dann schränkt das die Bedeutung von εἰκών dahingehend ein, dass es um die äußerliche Erscheinung Christi, d.h. um eine somatisch-

---

[41] Vgl. *Dunn* 1988, 483: „[...] the image which his Son is". Er bezeichnet den Genitiv als epexegetisch.

[42] So *Wilckens* 1988, 163.

[43] So z.B. *Dunn* 1988, 483, der die Stelle mit der Adam-Christus-Typologie in Verbindung bringt. Ebenso *Wilckens* 1980, 163-165, *Fitzmyer* 1993, 525.

[44] So etwa *Kittel* 1935b, 395.

[45] Vgl. Röm 1,23 bzw. oben, 191f: Hier werden ebenfalls zwei bedeutungsverwandte Ausdrücke (ὁμοίωμα, εἰκών) in einer Genitivkonstruktion verwendet, um die Bedeutung auf die somatische Äußerlichkeit einzugrenzen.

visuelle Ähnlichkeit geht.[46] Mit Bauer könnte man also übersetzen: „dem Aussehen seines Sohnes gleichgestaltet".[47] Es besteht daher kein Grund, sich gegen die grammatisch einfachste Lesart, die Deutung von τοῦ υἱοῦ αὐτοῦ als *Genitivus subiectivus*, zu entscheiden.[48]

1.2.3.2. Der semantische Zusammenhang von εἰκών, υἱοθεσία, δόξα und σῶμα

Das Syntagma legt ein implikatorisches Verhältnis der Bedeutungen von εἰκών und υἱοθεσία nahe. Folge der Christusebenbildlichkeit der Gläubigen ist der Erstgeborenenstatus Christi unter seinen Brüdern, der seine Repräsentativität für das neue Gottesvolk begründet.[49] Damit sind die Brüder, was auch Christus ist, nämlich Söhne bzw. Kinder Gottes. Die Bedeutung des Wortes εἰκών steht also in einem Implikationsverhältnis zur Bedeutung des Wortes υἱοθεσία, denn die Christusebenbildlichkeit bedeutet für die Gläubigen die Sohn- bzw. Kindschaft.[50] Diese Sohnschaft wird von Paulus in 8,23 durch die Paraphrase ἡ ἀπολύτρωσις τοῦ σώματος ἡμῶν näher charakterisiert. Die Befreiung des Somas von der Vergänglichkeit (φθορά) führt also zur Sohn- bzw. Kindschaft (υἱοθεσία, τέκνον) und damit zur Offenbarung (ἀποκαλυφθῆναι, ἀποκάλυψις) der δόξα (8,21). Die somatisch verwirklichte Gotteskindschaft ist also gleichbedeutend mit einem Leben in δόξα. Genauso wie sich nun φθορά auf die somatische Prägung der Men-

---

[46] Vgl. *Steenburg* 1988, 85: „If the suggested distinction between eikon and morphe is valid, then the use of *symmorphon* and *metamorphomai* with regard to the Lord's *eikon* may convey that the transformation will involve specifically visible appearance – the chosen will come to manifest the divine beauty/splendor. Without these derivatives of morphe the explicit character of the conformity to the Lord's eikon remains ambigous and unspecified."

[47] Vgl. *Bauer* 1988, 1554.

[48] Gegen die Interpretation als *Genitivus appositivus* bzw. *epexegeticus* spricht außerdem, dass die Valenz von εἰκών nach einem Genitiv verlangt, der den Ursprung der Abbildlichkeit verdeutlicht. Deutet man aber τοῦ υἱοῦ αὐτοῦ als Apposition zu εἰκόνος, dann ist der Valenz des Wortes nicht genüge getan. Christus ist dann einfach als Eikon und Gottessohn bezeichnet, aber beide Termini stehen nicht in Relation zueinander (so aber *Jervell* 1960, 276f). In allen anderen Eikon-Belegen ist das Wort aber durch einen *Genitivus subiectivus* weiter bestimmt (in 2Kor 3,18 wird diese Bestimmung durch das Pronomen αὐτήν geleistet). Wenn hier also an eine Anspielung auf die Gottebenbildlichkeit in Gen 1,26f gedacht ist, so ist diese nur indirekt – evtl. über traditionellen Sprachgebrauch – zu verstehen.

[49] Vgl. zu dieser „repräsentativen" Bedeutung von πρωτότοκος *Back* 2002, 189. *Dunn* 1988, 467, betrachtet 8,29f als Entsprechung zu 5,12-21.

[50] Vgl. *Jervell* 1960, 279: „Positiv ausgedrückt heißt Gottebenbildlichkeit oder Christusgleichheit, die υἱοθεσία zu bekommen." Gegen *Jervell* muss dabei aber beachtet werden, dass es sich hierbei nicht um eine Gleichsetzung, sondern um eine Folge handelt.

schen bezieht,[51] muss auch sein Antonym δόξα – wie in 1Kor 15 – die 'somatische Ausstrahlung von Gottesnähe bzw. einer positiven Gottesbeziehung'[52] bedeuten.

Wenn daher in 8,29 von der Gleichförmigkeit der Gläubigen mit der Eikon Christi die Rede ist, dann geht es also um die Gleichförmigkeit ihres Somas bzgl. seiner „Ausstrahlung": Diese ist in ihrer Neuschöpfung als Kinder Gottes impliziert.

Neben δόξα wäre damit auch σῶμα mit εἰκών bedeutungsverwandt, ohne dass allerdings das Wort σῶμα in der gleichen Bedeutung wie εἰκών, nämlich bezogen auf den erlösten Körper, im Kontext von 8,29 vorkäme. Vielmehr ist σῶμα hier nur mit Referenz auf die unerlöste Existenz gebraucht, und daher – ähnlich wie in 1Kor 15 – bedeutungsverwandt mit φθορά, ματαιότης, ἀσθένεια, σάρξ, θάνατος. Wie in 1Kor 15 bezeichnet σῶμα also das 'Medium der irdisch-unvollkommenen Geschöpflichkeit'.

Die hier nur implizit vorhandene Synonymität von εἰκών und σῶμα wird durch den Vergleich mit Phil 3,21 weiter erhärtet, der sich aufgrund seines ähnlichen Wortlauts und Inhalts zur Veranschaulichung des in Röm 8,29 Gemeinten eignet:

In Phil 3,20f stellt Paulus das Soma der Herrlichkeit (δόξα) dem Soma der Erniedrigung (ταπείνωσις) gegenüber: Neben dem auch in Kap. 8 zentralen Wort ἀπεκδέχεσθαι erscheint dieselbe auffällige Konstruktion wie in Röm 8,29: σύμμορφον τῷ σώματι τῆς δόξης αὐτοῦ. Das Subjekt, das für die Gleichförmigkeit sorgt, ist in Röm 8,29 Gott, in Phil 3,21 Christus selbst. Während Gott im Römerbrief „nur" vorherbestimmt, übernimmt Christus in Phil 3,21 aktiv die Verwandlung, ausgedrückt durch das Wort μετασχηματίζειν, das 'umgestalten' bedeutet, wobei sich σχῆμα besonders auf die 'Außenseite' eines Körpers oder Gegenstandes bezieht.[53] Auch das Wort σύμμορφος, das μορφή enthält, bezieht sich auf die 'äußere Gestalt', die mit Christi Soma 'gleichgestaltet' wird.[54]

---

[51] Vgl. 1Kor 15,42, Gal 6,8.

[52] Vgl. dagegen die eher „unkörperliche" Bedeutungsangabe bei *Wilckens* 1980, 152: „unmittelbare ‚Atmosphäre' Gottes selbst, sozusagen sein eigentliches Wesen, durch dessen Kraft (vgl. 6,4) und in dessen strahlendem Glanz (vgl. 2Kor 4,6) die Wirklichkeit der endzeitlichen Heilswelt besteht." Vgl. aber *Bulembat* 1997, 212: «Il s'agit d'une gloire encore à venir, dans le sens qu'il faut encore attendre sa *manifestation* totale. Il s'agit d'une gloire qui est déjà là en réalité, mais qui reste encore cachée.» Auch für *Haacker* 1999, 171, legt sich hier eine sinnliche Erfahrbarkeit nahe.

[53] Vgl. *LSJ* 1996, 1745, und *Scroggs* 1966, 103f.

[54] Vgl. *LSJ* 1996, 1147.1680 (für σύμμορφος in Röm 8,29: „of the same shape as"). Vgl. auch *Dunn* 1988, 483: „[...] the form which the son takes, the concrete representation which his appearance embodies." Nach *Dunn* ebd. hat Paulus hier die Adam-Christus-Typologie im Kopf und betrachtet Christus – wie in 1Kor 15 – als Gegenpart zu Adam.

Es geht Paulus also in beiden Stellen um die Gleichgestaltung der Gläubigen mit Christus, die sich am Soma sichtbar festmacht,[55] aber natürlich mehr als nur den physischen Körper betrifft. Vielmehr ist der Körper auch hier wieder das 'Medium' für die neue bzw. alte Geschöpflichkeit und ihre Beziehung zu Gott.[56] Wie in 1Kor 15,49 ist aber auch hier entscheidend, dass diese neue Existenz nur im Soma und seiner Veränderung erfahrbar ist, denn in der Gegenwart gibt es nur die Hoffnung auf die neue Schöpfung, sie wird aber noch nicht somatisch sichtbar.

Wie in 1Kor 15,49 bedeutet εἰκών in Röm 8,29 daher 'die somatische Identität von Christus und seinen Nachfolgern'[57]. Diese ist verbunden mit

---

Weiterhin denke er hier an die Gottebenbildlichkeit Adams nach Gen 1,26f, der er dann die Gottebenbildlichkeit Christi gegenüberstelle. So auch *Stuhlmacher* 1989, 124f. Eine Anspielung auf die Gottebenbildlichkeit Christi ist nur dann eindeutig gegeben, wenn man den Genitiv als Apposition betrachtet. Eine Anspielung auf die Adam-Christus-Typologie könnte theoretisch vorliegen, ist aber zumindest nicht intendiert, da Paulus keine entsprechenden Kennzeichnungen im Text vornimmt. *Wenn* aber der Gedanke der Adam-Christus-Typologie vorliegt, dann stünde – wie in 1Kor 15 – nicht primär Gen 1,26f, sondern Gen 5,1.3 im Hintergrund.

[55] Für ein „unkörperliches" Verständnis von εἰκών im Sinne von 'Gestalt', die aber eigentlich 'Wesen' meint, plädieren dagegen *Lohse* 2003, 252f, *Wilckens* 1980, 163f, *Osten-Sacken* 1975, 75, *Eltester* 1958, 23. Ambivalent bleibt *Jervell* 1960, 276-279, der εἰκών auch auf den „Herrlichkeitsleib" (ebd. 277) bezieht, weil die Gottebenbildlichkeit erst mit der somatischen Verwandlung vollendet sei. Das impliziert allerdings auch die Existenz einer unkörperlichen Gottebenbildlichkeit. Die Ambivalenz in *Jervells* Deutung des Eikon-Begriffs kritisiert *Güttgemanns* 1966, 268 Anm. 144.149. Er bemerkt das Schwanken Jervells zwischen einer körperlichen und unkörperlichen Interpretation von Eikon und deutet dies zu seinen Gunsten: „Die ‚Leiblichkeit' muß also ‚personal' verstanden werden [...]." Das aber bedeutet für Güttgemanns in Anlehnung an Bultmann: nicht körperlich. Daher wendet sich *Güttgemanns* ebd. auch dagegen, für Paulus die Vorstellung einer somatischen Auferstehung Christi zu reklamieren. Schwankend bleibt auch *Pöhlmann* 1992, 689: „Offen bleibt, ob das hier als ‚Gleichgestaltung' mit Christus beschriebene Geschehen als Seins- oder Wesensverwandlung oder als Wechsel der die Identität verbürgenden Gestalt beschrieben werden soll."

[56] Die Bedeutung von σῶμα in Phil 3,21 bezieht sich also wie in 1Kor 15,49 sowohl auf den erlösten wie auf den unerlösten Körper. Vgl. auch das Wort συμμορφιζόμενος in Phil 3,10f: Die Gleichförmigkeit des Körpers bezieht sich hier explizit nur auf das Leiden, ein Gleichgestaltetwerden mit dem himmlischen Körper Christi lässt Paulus offen bzw. erwartet es wohl von der Auferstehung.

[57] Vgl. neben *Bauer* 1988, 1552, die unmissverständliche Interpretation in Lietzmann 1971, 87: „Mit εἰκών ist der verklärte Leib nach der Auferstehung gemeint: [...]." Die Körperlichkeit der Ikonizität erkennt auch *Bulembat* 1997. Zu 8,29 schreibt er: «Cela veut dire que c'est dans la vivification de leurs corps mortels que les chrétiens deviendront totalement semblables à Jésus [...].» Auch *Larsson* 1962, 302-305, bezieht die somatische Komponente der Ebenbildlichkeit mit ein, zieht ebd. 305 daraus aber eine m.E. etwas vereinfachende Schlussfolgerung: „Die anthropomorphe Auffassung der Gottesebenbildlichkeit, wie sie im AT vorherrschend ist und hier und dort im spätjüdischen Denken zum Ausdruck kommt, tritt somit auch in den paulinischen Aussagen von der

Attributen, die – ebenfalls wie in 1Kor 15 – mit der bereits erfolgten Pneumaeinwohnung (πνεῦμα) in Zusammenhang stehen, also mit δόξα, ζωή, δικαιοσύνη, εἰρήνη.⁵⁸

Das Gegenteil ist der sterbliche bzw. tote Körper (τὰ θνητὰ σώματα, τὸ σῶμα νεκρόν), das von Sünde geknechtete Fleisch (σάρξ) bzw. die sarkische Existenz (κατὰ σάρκα ζῆν, φρόνημα τῆς σαρκός) in ihrer Vergänglichkeit und Nichtigkeit (φθορά, ματαιότης), die mit dem Tod gleichzusetzen ist (θάνατος).

Wenn die Gegenwart der Christen durch eine Diskrepanzerfahrung – nämlich dem Auseinanderklaffen von Glaubens- und Lebenswirklichkeit – geprägt ist, dann ist die Gleichgestaltung mit der Eikon Christi – und damit auch die Gottessohnschaft – als eine eschatologische Größe aufzufassen.⁵⁹ Durch diese eschatologische Gottessohnschaft ergibt sich eine Verknüpfung zur Israelthematik in Kap. 9-11, und nicht umsonst erwähnt Paulus in 9,4 die Gottessohnschaft Israels. Paulus zeichnet also in Kapitel 8 das neue Gottesvolk der (auch) somatisch verwandelten Gläubigen unter dem Stammvater Christus als ein Bild der Hoffnung, das dem gegenwärtigen Israel in Kap. 9-11 gegenübergestellt wird: „Paul clearly intends his readers to understand that the blessings they are inheriting are Israel's."⁶⁰

2. Der Kreuzeskörper Christi als (Vor)Bild des Menschen: 2Kor 3,18; 4,4

2.1. Der Makrokontext von 2Kor 3,18;4,4

Jede Untersuchung des 2. Korintherbriefes muss sich mit den verschiedenen literarkritischen Thesen zur Zusammensetzung des Briefes auseinan-

---

eschatologischen Verwandlung der Christen nach dem Vorbild Christi zutage." Vgl. zur Körperlichkeit der Verwandlung auch *Segal* 1990, 64, der diese allerdings als Teil des von ihm postulierten „mystical Judaism" betrachtet. *Kim* 1984, 228, geht sogar soweit, Röm 8,29 und Phil 3,21 als Rekurse auf die paulinische Damaskusvision anzusehen.

⁵⁸ Die Bedeutungen können hier nicht alle einzeln erörtert werden, da z.T. keine unmittelbare Bedeutungsverwandtschaft besteht.

⁵⁹ Vgl. dagegen *Fitzmyer* 1993, 525: „According to the divine plan, Christians are destined to reproduce in themselves an image of Christ by progressive share in his risen life [...]. In other words, through faith and baptism the sinner becomes a Christian, who bears the shape or form of God's own Son. Christians are not just adopted children (8:15), but are continually transformed or metamorphosed into an eikon, ‚image‘, ‚likeness‘, of the Son of God." Vgl. auch *Käsemann* 1980, 236f, der einen Bezug auf den auferstandenen Christus und damit auf die Auferstehungsleiblichkeit Christi ablehnt und stattdessen die Christusebenbildlichkeit – wie *Fitzmyer* – mit der Taufe verbindet. Der sonst bei Paulus wahrnehmbare eschatologische Vorbehalt sei hier aufgegeben.

⁶⁰ *Dunn* 1988, 467. Vgl. auch *Back* 2002, 197.

dersetzen. Die hier relevanten Belege befinden sich in dem oft als paulinische Apologie bezeichneten Abschnitt 2,14-7,4. Dieser Teil des Briefes, der eine in apologetischem Ton gehaltene Abhandlung über das Selbstverständnis des Paulus[61] beinhaltet, gilt – mit Ausnahme des Textblocks 6,14-7,1[62] – bei den meisten Exegeten als literarisch einheitlich.[63] Aus diesem Grund muss die Frage nach möglicherweise selbständigen Teilen des Briefes an dieser Stelle nicht näher behandelt werden.[64]

Während die auf die Apologie folgenden Kapitel 7,5-16 (Reisebericht) sowie 8 und 9 (Kollekte) für diese Untersuchung aufgrund ihrer Thematik nicht relevant sind, bestehen durchaus Beziehungen zum ersten Teil des Briefes, also 1,1-2,13: Interessant ist hier neben der Betonung der apostolischen Autorität im Präskript (1,1f) die von Paulus im Proömium (1,2-11) hervorgehobene Leidens- und Trostgemeinschaft zwischen Missionaren[65]

---

[61] Gemeinhin gilt dieser Briefteil als Apologie des paulinischen Apostolats. Gegen eine undifferenzierte Verwendung des Terminus „Apostolat" hat jüngst *Gerber* Einspruch erhoben (vgl. *Gerber* 2005, v.a. 113-152): Demnach besitzt der Ausdruck ἀπόστολος eine ganz spezifische Bedeutung und meint nur diejenigen Missionare, die das Evangelium an Nichtchristen verkündigen, d.h. die „Erstverkündiger", die mit dieser Aufgabe durch eine Christusvision betraut sind und nach vollbrachter Tat wieder weiterreisen. Ihnen kommt auch das Unterhaltsrecht zu. Weder beinhalte der Ausdruck eine christologisch fundierte Repräsentationsfunktion noch müsse Paulus seinen Apostolat jemals verteidigen. Anders steht es nach *Gerber* mit der Bezeichnung διάκονος: Sie referiere auf den von Gott beauftragten Vermittler des Evangeliums. Diese Tätigkeit sei nicht auf die Erstverkündigung beschränkt und könne daher auch bereits bestehenden Gemeinden gelten. Im Falle von 2Kor 2-7 stehe der Diakonats-, nicht der Apostolatsbegriff im Vordergrund (vgl. ebd. 133).

[62] Sie werden oft als Glosse angesehen, sind für die hier behandelte Frage aber nicht weiter relevant. Einen Forschungsüberblick zur Frage von Authentizität und Integrität des Textstückes gibt *Bieringer* 1994a. Danach tendieren gerade viele neuere Studien wieder dazu, 6,14-7,1 als ursprünglichen Bestandteil des Briefes anzusehen.

[63] Vgl. *Lambrecht* 1994a, 257f. Er schlägt für 2,14-4,6 eine konzentrische Strukturierung vor. Meine Gliederung entspricht im Wesentlichen seinen Beobachtungen.

[64] Einen ausführlichen Überblick sowohl über die Argumente der Briefteilung wie auch der Einheitlichkeit bieten *Bieringer/ Lambrecht* 1994.

[65] Paulus spricht von „uns" (ἡμεῖς). Die Frage ist, wer sich dahinter verbirgt: Meint Paulus damit nur seine Person (*Pluralis sociativus*, vgl. *BDR* 1990 §280), sich selbst und Timotheus (bzw. die Missionare im Allgemeinen) oder sich selbst und die Rezipienten? Gegen die letzte Möglichkeit spricht, dass Paulus ab V.6 die Pronomen ἡμεῖς und ὑμεῖς benutzt, also zwischen der Gruppe der Seinen und den Empfängern unterscheidet. Eine Einbeziehung der Rezipienten liegt allerdings dann vor, wenn ἡμεῖς durch πάντες ergänzt wird (vgl. 3,18; 5,10). Da Timotheus als Mitabsender zumindest zu Beginn des Briefes noch im Blick ist, könnte Paulus sich nicht nur auf sich selbst, sondern auch auf ihn beziehen. Vgl. dazu *BDR* 1990 §260.1, wo festgestellt wird, dass dieser Plural in den Briefen fehlt, in denen kein Mitabsender genannt ist (also Röm und Eph). Der Plural wird im 2Kor aber so ausgedehnt verwendet und steht oft in keiner sichtbaren Relation zum Mitabsender, dass es sich nahe legt, darin ein paulinisches Stilmittel zu sehen, das die

und Gemeinde: Paulus macht hier deutlich, dass sowohl ihre Leiden als auch ihre Rettung durch Christus[66] nicht nur individuell, sondern immer gemeinschaftlich erfahren werden. Ihr Schicksal besitzt daher auch Bedeutung für die Korinther.[67]

Dieses Reziprozitätsverhältnis von Missionaren und Gemeinde betrifft auch die gegenseitige Wahrnehmung, die nicht die Schwächen des anderen herausstellt, sondern seine Lauterkeit rühmt (vgl. 1,12-14). Zweifeln die Korinther an der paulinischen Lauterkeit,[68] müssen sie auch sich selbst und ihre pneumatischen Gaben in Frage stellen, denn diese basieren schließlich auf der paulinischen Evangeliumsverkündigung (vgl. 1,15-22).

Die Reziprozität ist auch das bestimmende Muster im Konflikt zwischen Paulus und einem korinthischen Gemeindemitglied (vgl. 2,1-4): Wenn die Korinther dem Schuldigen vergeben, so vergibt auch Paulus, und zwar mit Blick auf Christus, der selbst im Leiden Vergebung erwirkt hat (vgl. 2,5-11).

Die Kapitel 10 bis 13 beinhalten eine weitere Verteidigungsrede des Apostels gegen Angriffe, die mit den von ihm so genannten „Überaposteln" zu tun haben.[69] Dieser Text ist in einem schärferen Ton gehalten als 2,14-7,4 und wird daher oft als selbstständige frühere oder spätere briefliche Äußerung betrachtet. Gleichzeitig weist aber die behandelte Thematik auf die erste Apologie zurück (so z.B. das Thema des Rühmens sowie die Paradoxie von Schwachheit und Stärke).

Thematisch wird der gesamte Brief durch das Motiv der Stärke in der Schwachheit zusammengehalten. Da die Autorität des Paulus wegen seines wenig imponierenden Auftretens in Korinth angegriffen wurde, verteidigt er sich, indem er gerade seine Schwachheit besonders herausstellt. In ihr werde seine Verbundenheit mit Christus offenkundig. Allerdings ist diese Art der Christusbeziehung nur für diejenigen sichtbar, die mit Hilfe des Pneumas die Transparenz seines Leidens für die kommende Erlösung wahrnehmen können. Paulus hofft, dass die Korinther diesen paradoxen

---

Repräsentativität des paulinischen Selbstverständnisses zum Ausdruck bringt. Paulus betrachtet seine Rolle als vorbildlich für seine Mitarbeiter, so dass er von „wir" sprechen kann, wenn er sich selbst als repräsentativ für die Gruppe ansieht. Vgl. *Belleville* 1991, 120-135, v.a. 134f. Damit nimmt Paulus auch eine gewisse Vorrangstellung für sich in Anspruch. *Gerber* 2005, 78-80, geht daher von einem Bezug auf Paulus als „,Chef vom Dienst' im ‚Team' der impliziten Autoren" aus.

[66] Diese Interpretation der apostolischen Rettung als proleptische Auferstehungserfahrung ist wichtig für die Deutung von 4,10.

[67] Paulus zielt auf Reziprozität. Vgl. *Belleville* 1991, 114.118.

[68] Konkret geht es um das Besuchsversprechen, das Paulus nicht eingelöst hat.

[69] Auf die viel diskutierte Frage der Gegner im 2. Korintherbrief gehe ich nicht näher ein. Vgl. dazu den Überblick in *Bieringer* 1994b. Als Voraussetzung zum Verständnis des 2Kor sind Gegnerhypothesen genauso wenig notwendig wie für 1Kor.

Ausweis der Christusbeziehung, seine Doxa, (an)erkennen und sieht darin die Grundlage der gegenseitigen Versöhnung.

In diesem Kontext müssen auch die beiden εἰκών-Belege gelesen werden, in denen es um diese paradoxe Sichtbarkeit der göttlichen Doxa geht. Im Gegensatz zu den beiden bereits analysierten Belegen in 1Kor 15,49 und Röm 8,29 ist in 2Kor 3,18 von einer gegenwärtig erfolgenden Verwandlung der Gläubigen zur εἰκών die Rede. Die Frage ist daher, ob und ggf. wie eine solche Verwandlung zum Bild Christi ihren somatischen Ausdruck findet und ob diese präsentische Dimension der Christusebenbildlichkeit auch Auswirkungen auf die Vorstellung der Gottebenbildlichkeit Christi in 2Kor 4,4 besitzt.

2.2. Der Mikrokontext 2Kor 2,14-7,4: Der schwache Paulus als Spiegelbild der göttlichen Doxa in Christus

2.2.1. 2,14-16a (Einleitung): Die Missionare als Vermittler der Präsenz Christi

Paulus dankt Gott dafür, dass die Missionare die Erkenntnis (γνῶσις) des Wohlgeruchs (ὀσμή, εὐωδία)[70] Christi bzw. Gottes[71] überall dadurch offenbaren (φανεροῦν), dass Gott sie öffentlich zur Schau stellt (θριαμβεύειν)[72], so dass Gottes Wirken in Christus von anderen Men-

---

[70] Ich deute den Genitiv ὀσμὴ τῆς γνώσεως als *Genitivus appositivus* (*BDR* 1990 §167.2). Vgl. *Dautzenberg* 1992, 227.

[71] V.14 bezieht sich wohl auf θεός (es kann aber auch Christus gemeint sein); in 2,15 deutet der Genitiv auf Christus, Bezugsperson ist aber Gott. *Bultmann* 1976, 67, verweist auf 4,6, wo es um die Erkenntnis der Doxa Gottes auf dem Angesicht Christi geht. Die Apostel offenbaren also das göttliche Wirken in Christus.

[72] Die Bedeutung des lateinischen Lehnwortes θριαμβεύειν ist umstritten (vgl. dazu *Windisch* 1924, 96f, *Gruber* 1998, 97-124, *Dautzenberg* 1992a, 384-386): Bei meiner Übersetzung handelt es sich um eine abgeschwächte Variante der Bedeutung 'im Triumphzug als Gefangenen mitführen und öffentlich zur Schau stellen' (so *Gruber* 1998, 97-124, *Martin* 1986, 46, *Klauck* 1994, 32, *Collange* 1972, 24f, *Delling* 1938, 160; vgl. dazu den einzigen weiteren ntl. Beleg in Kol 2,15: 'triumphieren über, besiegen'). Gott führt Paulus also als Gefangenen im Triumphzug einher. Dagegen kann man einwenden, dass ein Sieg Gottes über Paulus im Kontext nicht thematisiert wird und das Motiv daher etwas unmotiviert wirkt (so *Dautzenberg* 1992a, 385, *Windisch* 1924, 97). Eine faktitive Bedeutung des Verbs im Sinne von 'triumphieren lassen' (vgl. *BDR* 1990, §148.3) ist außerntl. nicht belegt und scheidet daher aus (vgl. *Windisch* 1924, 96, *Lietzmann* 1949, 108, *Dautzenberg* 1992a, 385). Versucht man, die Bedeutung aus dem unmittelbaren Kontext zu eruieren, stellt man fest, dass die zweite Vershälfte die erste näher erläutert, indem sie als Folge des Triumphzuges Gottes die Offenbarmachung Christi durch Paulus angibt. Der Ausdruck θριαμβεύοντι ἡμᾶς ἐν Χριστῷ wird also durch τὴν ὀσμὴν τῆς γνώσεως φανεροῦντι δι᾽ ἡμῶν erklärt. Die Bedeutung von θριαμβεύειν muss also auf die Offenbarung der göttlichen Erkenntnis durch die Christus angehörigen Apos-

schen an ihnen erkannt werden kann.[73] Die Missionare sind auf diese Weise Vermittler der in Christus wirkenden göttlichen Kraft und darin ein Wohlgeruch für Gott (τῷ θεῷ)[74]. Die Erkenntnis oder Nichterkenntnis Christi entscheidet über das Schicksal der Menschen, denen die Missionare begegnen: den einen zum Heil bzw. zum Leben (ζωή), den anderen zum Verderben bzw. zum Tod (θάνατος). Dementsprechend besteht das Anliegen des Paulus gegenüber den Korinthern darin, ihnen die Wahrnehmung Christi in seiner Person plausibel zu machen.

2.2.2. 2,16-3,6: Die Eignung zum Mittlerdienst und ihre Begründung

2.2.2.1. 2,16b-17: Die Leitfrage der Eignung

Nachdem Paulus die Aufgabe der Missionare als z.T. leidvolle Verkörperung der Erkenntnis Gottes in Christus deutlich gemacht hat, stellt er die Leitfrage für die nachfolgende Abhandlung: „Aber[75] wer ist dafür geeignet?". Auf diese Frage antwortet Paulus indirekt, indem er begründet, wor-

---

tel abzielen. Die Ausdrücke θριαμβεύειν und φανεροῦν sind daher bedeutungsverwandt. Für eine abgeschwächte Bedeutung von θριαμβεύειν im Sinne von 'bekannt machen' plädiert daher *Dautzenberg* 1992a, 384-386 (mit Verweis auf BGU 1061,19, Ctesias, Fragmenta 3c, 688, F.13.56). Allerdings handelt es sich hierbei nicht um eine völlige Synonymität der beiden Wörter, sondern θριαμβεύειν konkretisiert φανεροῦν im Sinne der Zurschaustellung der Schwachheit. Ich entscheide mich daher für die Übersetzung 'öffentlich zur Schau stellen' (vgl. *Furnish* 1984, 187, *Thrall* 1994, 195). So im Prinzip auch *Lietzmann* 1949, 108, *Windisch* 1924, 96f (mit Verweis auf Theodoret 82.389.33), *Bultmann* 1976, 65-67, *Gräßer* 2002, 108f: Allerdings deuten sie Paulus als Mittriumphator Gottes (vgl. *Dautzenberg* 1992a, 385). Der dafür angeführte Beleg aus Theodoret ist aber eine sehr späte Bezeugung, bei dem eine gewisse Tendenz zur Harmonisierung der paulinischen Kreuzestheologie nicht auszuschließen ist. Ich denke nicht, dass das Verb seine negative Konnotation bereits verloren hat. Außerdem würde es der Zielrichtung des gesamten Korintherbriefes widersprechen, wenn der Apostel sich hier als Triumphator im römischen Sinne stilisierte, wo er sonst durchgängig seine Schwachheit herauskehrt (vgl. z.B. 2Kor 11,30; 12,5.9.10).
[73] Vgl. zu dieser Interpretation des Duftmotivs als Zeichen göttlicher Präsenz *Windisch* 1924, 97f, *Bultmann* 1976, 68, *Furnish* 1984, 188, *Dautzenberg* 1992, *Gruber* 1998, 124-144, *Gräßer* 2002, 110. Sie wenden sich gegen eine Deutung im Sinne von 'Opferduft'. Maßgebender Vergleichstext für die These vom göttlichen Wohlgeruch als Metapher für die göttliche Offenbarung ist u.a. Sir 24,15 (vgl. auch Sir 39,13f), wo sowohl ὀσμή wie auch εὐωδία Gaben der göttlichen Sophia darstellen.
[74] *Windisch* 1924, 98, *Lietzmann* 1949, 108, *Bultmann* 1976, 70, übersetzen 'zu Gottes Ehre', da Paulus hier nicht als Opfer vorgestellt sei, dessen Rauch zu Gott aufsteige. Vielmehr sei Paulus ein Wohlgeruch für die Menschen, die Gott in ihm erkennen sollen. Trotzdem ist die Vorstellung von Gott, der diese „Christusinszenierung" des Paulus wohlgefällig betrachtet und dabei soz. den Duft der Offenbarung einatmet, nicht ganz auszublenden.
[75] *Kai adversativum.*

in sich der Dienst der Mitarbeiter um ihn herum von demjenigen anderer Missionare unterscheidet. Die Frage ist also insofern rhetorisch, als Paulus eine bestimmte Antwort in seinem Sinne intendiert, diese aber nicht ausspricht.[76]

2.2.2.2. 3,1-3: Die Gemeinde als pneumatischer Empfehlungsbrief

Paulus nimmt mit zwei weiteren rhetorischen Fragen Bezug auf die ihm ermangelnde Fremdlegitimation in Form von Empfehlungsschreiben, die andere Missionare offenbar vorweisen bzw. von den Korinthern erhalten: „Fangen wir wieder an, uns selbst zu empfehlen? Oder brauchen wir etwa, wie einige, Empfehlungsschreiben für euch oder von euch?" (vgl. 3,1).

Die Antwort folgt sogleich: Natürlich benötigt Paulus keinerlei Empfehlungsschreiben, denn seine Legitimation ist die korinthische Gemeinde selbst, wie er mit Hilfe des Briefmotivs erklärt: „Unser Empfehlungsschreiben seid ihr, eingraviert in unsere[77] Herzen" (3,2ab). Paulus und seine Mitarbeiter werden an der Gemeinde in Korinth gemessen, denn die Gemeinde ist der Empfehlungsbrief, „der erkannt und gelesen wird von allen Menschen" (3,2c).

Der Gemeinde steht es nach Meinung des Paulus also an, ihn und seine Mitarbeiter vor allen zu empfehlen. Dies geschieht, wenn sie nach außen hin an sich selbst zeigt (vgl. das Medium φανερούμενοι), dass sie ein Brief Christi (ἐπιστολὴ Χριστοῦ) ist, in dem Gottes Geist wirkt (3,3ab), denn im Gegensatz zu den steinernen Gesetzestafeln (vgl. Ex 31,18) schreibt sich das Pneuma in die Herzen der Menschen ein (vgl. 3,3c) und ermöglicht ihnen auf diese Weise, das Gesetz Gottes zu erfüllen.

Paulus spielt den Ball mit diesem Argument also an die Korinther zurück: Wenn sie den Geist besitzen, dann ist das der Ausweis für die Legitimität seines missionarischen Wirkens.[78] Alle anderen Empfehlungsschreiben sind hinfällig. Wieder gilt also das Argument der Reziprozität: Die Korinther können den Apostel nicht in Frage stellen, ohne sich selbst in Frage zu stellen.

---

[76] Vgl. *Windisch* 1924, 100, sowie *Lietzmann* 1949, 109: „Und wie muß der Mann beschaffen sein, welcher Träger einer so hohen Aufgabe sein will? Antwort: ‚So wie ich!' Das sagt Paulus nicht selbst, er überläßt die Ergänzung dem Leser und setzt sie im Fortgang οὐ γάρ etc. voraus." Ähnlich *Bultmann* 1976, 73.

[77] *Bultmann* 1976, 74, entscheidet sich hier für die textkritische Variante „eure Herzen", also ὑμῶν statt ἡμῶν, weil sie s.E. im Kontext besser passt. Ebenso *Back* 2002, 131, *Barrett* 1997, 96. Sie ist aber äußerlich nur schwach bezeugt. Im Übrigen kann man sich sehr wohl vorstellen, dass die Gemeinde als Empfehlungsbrief des Paulus auch in sein Herz eingraviert ist, denn er weist sich selbst durch die Gemeinde aus.

[78] Vgl. *Bultmann* 1976, 75, *Back* 2002, 132f, *Osten-Sacken* 1989a, 100.

2.2.2.3. 3,4-6: Der Dienst am pneumatischen neuen Bund als Empfehlung des Paulus

In 3,4-6 gibt Paulus Einblick auf die Grundlage seines eigenen Selbstverständnisses, das sich auf seinen Glauben an das in Christus geschehene Heilsereignis der Endzeit[79] und auf seine göttliche Berufung stützt (3,4f): Als Diener des neuen Bundes ist Paulus zu den Menschen gesandt, um durch seine Verkündigung Christus unter ihnen offenbar zu machen und damit das Wirken des Geistes in ihren Herzen zu initiieren.

Mit dem Stichwort καινὴ διαθήκη (vgl. 3,6a) bezieht sich Paulus auf atl. Stellen wie Jer 38,31-34 (LXX). Gleichzeitig verknüpft er damit die Vorstellung vom Geist in den fleischernen Herzen (Ez 11,19f; 36,26f) aus V.3, denn der Geist (πνεῦμα), nicht der Buchstabe (γράμμα), ist das Merkmal[80] des neuen Bundes. Der neue Bund besteht demnach aus den geistererfüllten Gliedern der Gemeinde, die Gottes Wirken in Christus repräsentieren.[81] Der Geist, nicht mehr das Gesetz allein, ermöglicht es ihnen, ein Gott wohlgefälliges Leben zu führen und so das Leben statt des Todes zu gewinnen: „Denn der Buchstabe tötet, das Pneuma aber macht lebendig." (3,6b).[82]

Wenn die Korinther die paulinische Wirksamkeit überprüfen wollen, so müssen sie auf sein Werk sehen – also auf sich selbst. Der in der Gemeinde wirkende Geist ist daher – wie in 3,1-3 – der Ausweis des paulinischen Wirkens im neuen Bund.[83]

2.2.3. 3,7-11: Die Doxa des Neuen Bundes – Empfehlung des Paulus

Paulus beginnt auf Grundlage der gerade gezogenen Verbindung zwischen den Stichwörtern neuer vs. alter Bund, Geist vs. Buchstabe, Leben vs. Tod einen neuen Argumentationsgang, in dem er die Doxa des Dienstes am alten Bund der Doxa des Dienstes am neuen Bund gegenüberstellt, um die

---

[79] Vgl. *Windisch* 1924, 107.

[80] Es handelt sich um Genitivi qualitatis, vgl. *Windisch* 1924, 110.

[81] *Windisch* 1924, 109f, sieht einen Zusammenhang zwischen der paulinischen Rede von der καινὴ διαθήκη in 3,6 und der ἐπιστολή Χριστοῦ in 3,3. Beide verwiesen auf die gleiche Vorstellung und interpretierten sich gegenseitig. Meine Analyse bestätigt, dass es sich bei beiden Abschnitten (3,1-3.4-6) um Variationen desselben Argumentes handelt: Die Legitimität des paulinischen Apostolats wird durch das Wirken des Geistes in der Gemeinde erwiesen.

[82] Dass es sich bei 3,6 um die These handelt, die Paulus in 3,7-18 expliziere, ist die Ansicht *Lietzmanns* 1949, 111. Diese Interpretation verkennt die Tatsache, dass es Paulus in seinem Brief nicht um einen Erweis der Überlegenheit des Christentums über das Judentum geht, sondern um die Legitimation seines Wirkens, die an seiner unsichtbaren Doxa erkennbar ist.

[83] Vgl. *Bultmann* 1976, 78.

Existenz dieser neuen, größeren Doxa anhand der mosaischen Doxa zu demonstrieren.

Die Doxa des Mose, des prototypischen Dieners des alten Bundes, dient als Ausgangs- und Vergleichspunkt für die Darstellung der Doxa des Paulus, die wie bei Mose zum Legitimationszeichen der Mittlerfunktion wird.[84] Paulus liest die Schrift typologisch, indem er in der Doxa des Mose seine eigene Legitimation als Mittler der Gotteserkenntnis vorabgebildet sieht und gleichzeitig davon ausgeht, dass diese Doxa des alten Bundes durch den Anbruch des Eschatons im neuen Bund übertroffen wird.[85] Ist diese argumentative Funktion herausgestellt, kann darauf verzichtet werden, das Textstück als einen eingefügten Midrasch über Ex 34,29-35 zu interpretieren.[86]

Die Argumentation besteht aus drei Wenn-dann-Schlüssen, jeweils eingeleitet durch εἰ δέ oder εἰ γάρ (vgl. 3,7.9.11). Alle drei basieren auf dem Auslegungsprinzip „a minori ad maius" bzw. „qal wa chomer": Dabei schließt man von einer als geringer („leichter") angesehenen Sache auf eine als schwerwiegender betrachtete,[87] in diesem Fall von der Doxa des Mose auf die Doxa des Paulus.

---

[84] Diese legitimierende Funktion des Doxa-Motivs kehrt *Back* 2002, 123, deutlich heraus: „Mit dem Motiv des Glanzes macht Paulus deshalb in erster Linie eine Aussage über sich als Apostel und seine Funktion als Gottesbote." Vgl. auch *Belleville* 1991, 142-151.297-301, die als das alles durchdringende Thema die paulinische Glaubwürdigkeit (vgl. 2,16) und den damit verbundenen Kontrast von Äußerlichkeit (Mosetora) und Innerlichkeit (Pneuma) hervorhebt. Allerdings würde ich gegen *Belleville* nicht so sehr den Kontrast zwischen innen und außen (etwa im Sinne von „nur" äußerlicher und „wahrer" innerlicher Doxa), sondern zwischen Sichtbarkeit und Unsichtbarkeit bzw. zwischen Erkennen und Nichterkennen der Doxa in den Vordergrund stellen. Es geht also nicht, wie *Jervell* 1960, 181, formuliert, um die Frage: „Wo ist Dikaiosyne zu erwerben?", sondern um die Frage: „Woran erkennt Ihr meine Eignung zum Missionar?".

[85] Zur Charakterisierung als typologische Deutung vgl. schon *Heinrici* 1900, 119, aber auch *Gruber* 1998, 187. *Gräßer* 2002, 130, bezeichnet diese Art der Typologie als Midrasch. Die Etikettierung als Midrasch ist nicht unumstritten und jedenfalls nicht notwendig. Es handelt sich daher auch nicht um eine Auslegung von Gen 1,26f, und die Doxa des Mose ist nicht automatisch als seine Gottebenbildlichkeit zu interpretieren, weil in manchen rabbinischen Auslegungen ein Bezug zwischen der mosaischen Doxa in Ex 34 und der adamitischen Doxa (als Folge der Ebenbildlichkeit) hergestellt wird. So aber *Jervell* 1960, 173-176. Er betrachtet 3,7-17 als von Paulus aufgenommene rabbinische Auslegung der Gottebenbildlichkeit, der Paulus seine eigene Interpretation in 3,18-4,6 gegenüberstelle.

[86] Diese These wird prominent vertreten durch *Windisch* 1924, 112 (vgl. aber auch *Lietzmann* 1949, 111), *Schulz* 1958, *Georgi* 1964. Allerdings geht *Windisch* davon aus, dass Paulus diese Vorlage mehr oder weniger unverändert übernimmt, während *Schulz* und *Georgi* in dem Text eine von Paulus umgearbeitete Vorlage der Gegner sehen. Dagegen schon *Bultmann* 1976, 87.

[87] Vgl. *Stemberger* 1992, 28.

Das bedeutet, dass sich Paulus auf einen Konsens stützen kann, der die Doxa des Mose als unbestrittene Voraussetzung akzeptiert bzw. mit der atl. Erzählung in Ex 34,29-35 wohl vertraut ist.[88] Gleichzeitig müsste für seine Hörer aber auch offensichtlich sein, dass es sich bei dem Dienst des Mose um den „geringeren" Sachverhalt handelt. Wäre dies unbestritten, dann müsste die Geringerwertigkeit nicht erst bewiesen, sondern könnte einfach vorausgesetzt werden (wie z.B. in 1Kor 15,36 bei dem Schluss vom Weizenkorn auf den Menschen). Paulus aber setzt diese Geringerwertigkeit des Mosedienstes gerade nicht voraus, denn er charakterisiert ihn – von seinem eschatologischen Standpunkt aus – gezielt als Dienst des Todes (bzw. Dienst der Verurteilung).[89] Die Negativbestimmung des Mosedienstes ist also nicht Teil des Konsenses, sondern wird von Paulus erst eingebracht.[90] Wenn also schon dieser geringerwertige Mittlerdienst[91] in Doxa geschah, so dass die Söhne Israels nicht in das Angesicht Mose blicken (ἀτενίσαι)[92] konnten wegen der vergänglichen (καταργουμένη) Doxa seines Angesichts (πρόσωπον)[93], um wieviel mehr wird wohl[94] die Vermittlung des Geistes in Doxa geschehen (ἔσται ἐν δόξῃ)?

---

[88] Mose kehrt vom Berg Sinai zurück, ohne zunächst zu wissen, dass seine Gesichtshaut durch das Gespräch mit Gott Doxa ausstrahlt (vgl. Ex 34,29f LXX): δεδόξασται ἡ ὄψις τοῦ χρώματος τοῦ προσώπου αὐτοῦ ἐν τῷ λαλεῖν αὐτὸν αὐτῷ). In der atl. Vorlage steht allerdings nicht, dass die Israeliten Mose nicht anblicken konnten, sondern lediglich, dass sie nicht wagten, sich ihm zu nähern (vgl. Ex 34,30 LXX). Dass sich diese Furcht mit dem Anblick der Doxa auf dem Gesicht des Mose verband, konnte Paulus daraus schließen, dass Mose laut Ex 34,33f nach Beendigung seiner Rede eine Decke über sein Gesicht legte. Diese Interpretation ist außerdem bei Philo überliefert und also bereits traditionell verankert. Vgl. Philo, Mos. II.70.

[89] Dass die Aussagen negativ aufgeladen sind, geht m.E. eindeutig aus der beschriebenen Antithetik hervor. Die Frage ist nur, wie diese negativen Aussagen zu verstehen sind und auf was sie sich beziehen. *Back* 2002, 106 Anm. 66.69, interpretiert die Genitive als solche der Wirkung (vgl. *BDR* §166). Der Dienst des Mose führt also zu Tod und Verurteilung, derjenige des Paulus zu Leben und Gerechtigkeit. Bestimmt seien die Dienste jeweils durch den Buchstaben bzw. den Geist. Die Person des Mose ist also eigentlich neutral beurteilt. Sie ist nur wichtig hinsichtlich seiner Rolle als Diener, denn hierin ist sie mit der Rolle des Paulus vergleichbar. Die Negativität der Aussagen bezieht sich damit auf den alten Bund, insofern er Tod und Verurteilung bei den Menschen zeitigte. Mose kommt dabei nur die Rolle eines ausführenden Organs zu. Auf diese Weise nutzt Paulus die Figur des Mose, um Aussagen über sich selbst zu machen. Vgl. *Back* 2002, 88-101, *Gruber* 1998, 187f. Zu Mose als Identifikationsfigur des Paulus vgl. auch *Stockhausen* 1989 (z.B. 154-175) und 1993 (z.B. 146f).

[90] Gegen *Thrall* 1994, 240: „Agreement on its negative characteristics is assumed."

[91] Vgl. zu dieser Deutung von διακονία, διάκονος κτλ. *Gerber* 2005, 131-142.

[92] Vgl. *Pape* 1886 I, 385: 'mit unverwandtem Blick hinsehen'.

[93] Man beachte im Folgenden das Motiv des Gesichts, das *Gruber* 1998, 208, zu einem wichtigen Pfeiler ihrer Interpretation macht.

[94] Logisches Futur (vgl. *Lietzmann* 1949, 111, mit Verweis auf *BDR* 1990, §349, ebenso *Bultmann* 1976, 84) oder echtes Futur aus der Perspektive der Vergangenheit.

Aus diesem Argument in 3,7f ergibt sich für die Hörer nicht nur, dass die paulinische Mittlertätigkeit durch Doxa charakterisiert sein muss, sondern auch, dass diese Doxa höherwertig ist als die mosaische. Der Erweis der Überlegenheit ist jedoch nicht das Aussageziel des Paulus, sondern ein Nebenprodukt bzw. die Voraussetzung für sein Schlussverfahren, mit der er zunächst einmal seine eigene Doxa begründen will. Paulus benutzt also die Figur des Mose, um seine eigene Rolle zu definieren: „Sein Ziel ist es, durch den Vergleich mit dem verwandelten Mose seine eigene Autorisation zum Boten zu erweisen, der von Gott berufen wurde und dessen Verkündigung göttlich verbürgt ist."[95]

Die Charakterisierung der Doxa als vergänglich (καταργουμένη) hat zunächst einmal mit dem Schlussverfahren selbst nichts zu tun. Daher stellt sie einen wichtigen Hinweis für das paulinische Verständnis nicht nur der Erzählung, sondern v.a. des alten Bundes und der Rolle des Mose dar. Aus der eschatologischen Perspektive des Paulus ist die Doxa des alten Bundes anscheinend vergänglich, d.h. zur Zeit Moses noch in Kraft, nun aber bedeutungslos.[96]

Windisch 1924, 114f, lässt beide Möglichkeiten gelten; ebenso *Thrall* 1994, 245, die allerdings zum logischen Futur tendiert.

[95] *Back* 2002, 101.

[96] Die Übersetzung dieses Wortes ist wegen der darin zum Ausdruck kommenden paulinischen Einschätzung des alten Bundes stark umstritten. Ich entscheide mich in V.7.11.13 für eine Übersetzung des Partizips mit 'vergänglich' wegen des gegenüber τὸ καταργούμενον in V.11 antonymisch gebrauchten τὸ μένον. Das Gegenteil zu „dem, was bleibt" ist „das, was vergeht", also keine unbeschränkte Dauer besitzt (vgl. *Back* 2002, 104). Interpretiert man die Bedeutung von τὸ τέλος in V.13 temporal als 'Ende, Aufhören', entsteht durch den Genitiv eine semantische Überlappung, die als pleonastische Ausdrucksweise (vgl. z.B. *Thrall* 1994, 256) angesehen werden kann und daher für eine Deutung des Partizips im Sinne eines zeitlichen Endes spricht. Für V.7 heißt dies zunächst, dass die Israeliten nicht in das Gesicht des Mose blicken können wegen seiner 'vergehenden Doxa'. In V.14 steht καταργεῖται wegen ὅτι in einer kausalen Beziehung zu ἀνακαλυπτόμενον. Die Decke ist demnach 'aufgedeckt', weil sie in Christus 'weggetan wird' (Passiv), so dass die Menschen von ihr befreit sind (vgl. den Gebrauch von ἐλευθερία in V.17 sowie die Bedeutung des Verbs in Röm 7,2 nach *LSJ* 1996, 908: 'to be set free from'): mit Luther 1984 z.St., Lietzmann 1949, 111f. Vgl. etwas anders *Heinrici* 1900, 121, *Windisch* 1924, 114.117.119.122, *Bauer* 1988, 848, *Bultmann* 1976, 83.86.89, *Wolff* 1989, 67, *Hübner* 1992, *Gräßer* 2002, 182, *Back* 2002, 102-105, *Thrall* 1994, 237, *Barrett* 1997, 116: 'vernichtet werden'. Gegen *Gruber* 1998, 218-224: 'außer Kraft gesetzt werden'. Die Interpretation von καταργεῖσθαι im Sinne a) eines zeitlichen Aufhörens (V.7.11.13) und b) des Abtuns, Wegnehmens (und damit Befreitwerdens: V.14) ist daher als adäquat anzusehen. – Da das Partizip Präsens in V.7.11.13 nicht nur den Aspekt der Gleichzeitigkeit, sondern auch der Zeitlosigkeit (vgl. *BDR* 1990 §318) bzw. im Neuen Testament auch der Zukünftigkeit (vgl. *BDR* 1990 §339) zum Ausdruck bringen kann, ist eine Deutung des Partizips im Sinne von 'vergänglich' legitim (mit *Heinrici* 1900, 121, *Windisch* 1924, 114.117.119.122, *Bauer* 1988, 848, *Wolff* 1989, 67, *Bultmann* 1976, 83.86.89, *Hübner* 1992, *Gräßer* 2002, 182, *Back* 2002, 104f Anm. 61).

Den grundsätzlichen ersten Schluss bekräftigt Paulus nun in weiteren Variationen (3,9ff): „Wenn durch den Mittlerdienst der Verurteilung (κατάκρισις) Doxa existierte, um wieviel überreicher (περισσεύειν) an Doxa ist der Mittlerdienst der Gerechtigkeit (διακονία τῆς δικαιο- σύνης)?".[97] Auch hier ermöglicht Paulus seinen Schluss durch eindeutige Wertsetzungen.[98]

Mit Bezug auf περισσεύειν folgert[99] er daraus, dass man im Vergleich mit der überbordenden (ὑπερβαλλοῦσα) Doxa des Dienstes am neuen Bund von einer Doxa des alten Bundes bzw. ihrer jeweiligen Repräsentanten eigentlich gar nicht sprechen könne (3,10).[100]

Darauf baut der dritte Wenn-dann-Schluss auf: „Wenn nämlich das Vergehende (τὸ καταργούμενον) durch (διά) Doxa (geschah), um wieviel mehr (ist) das Bleibende (τὸ μένον) in (ἐν) Doxa?"[101]. Erst an dieser Stelle wird deutlich, dass die Negativität des Mosedienstes aus seiner Vergänglichkeit resultiert. Hauptkriterium der Beurteilung ist also die Tatsa-

---

Zu diesem grammatischen Befund gesellt sich auch die Beobachtung, dass es für die Hörer sicher schwer verständlich wäre, warum die Israeliten die Doxa des Mose nicht ansehen konnten, wenn sie bereits im Verblassen begriffen war (gegen *Thrall* 1994, 237, *Belleville* 1991, 205f, *Furnish* 1984, 203, *Gruber* 1998, 218-224).

[97] Die Doxa ist also *Ausdruck* des Dikaiosynedienstes, sie ist nicht mit 'Gerechtigkeit' gleichzusetzen, wie *Jervell* 1960, 182f, dies annimmt. *Jervells* gesamte Deutung des Abschnittes fußt auf seiner Gleichsetzung von εἰκών, δικαιοσύνη und εὐαγγέλιον. Er verbindet auf diese Weise die paulinische Rechtfertigungstheologie mit dem paulinischen εἰκών-Begriff. Rechtfertigung wird dann mit der Wiedergewinnung der Gottebenbild- lichkeit gleichgesetzt, die wegen der vorher fehlenden Gerechtigkeit als verloren gelten muss (so ebd. 188). Der Ausdruck δικαιοσύνη spielt im unmittelbaren Kontext aber keine Rolle, und ist daher höchstens als ein Teilaspekt dessen anzusehen, was die Chris- tus- bzw. Gottebenbildlichkeit im Text auszeichnet. Vgl. dazu *Larsson* 1962, 285 Anm. 2. Weiterhin ist gegen *Jervells* Deutung festzuhalten, dass Paulus eine fehlende Gott- ebenbildlichkeit des Menschen an keiner Stelle explizit thematisiert, vielmehr in 1Kor 11,7 ausdrücklich von einer solchen ausgeht. Jervells Interpretation entfernt sich m.E. zu sehr vom Kontext, was sich auch darin zeigt, dass er seine Deutung mit allen möglichen anderen Briefstellen, v.a. Röm 1,23; 3,24; 8,29, stützt.

[98] Gegen *Thrall* 1994, 249, die davon ausgeht, dass Paulus sich in der Protasis auf ein Einverständnis zwischen ihm und den Korinthern bezieht.

[99] *Kai explicativum* (vgl. BDR 1990 §442.6).

[100] *Gruber* 1998, 224-228, will τὸ δεδοξασμένον auf Paulus beziehen. Paulus spre- che also von seiner eigenen Doxa, nicht von derjenigen des Mose bzw. der Israeliten. Er mache so deutlich, dass sein Dienst durch ein solches Übermaß an Doxa geprägt ist, dass sie im Gegensatz zur Mose-Doxa nicht sichtbar sei. Auch wenn diese These die paulini- sche Vorstellung insgesamt treffen mag, so ist es doch unwahrscheinlich, dass seine Ar- gumentation durch einen selbstreflexiven Satz dieser Art unterbrochen wird. Zur Kritik vgl. auch *Back* 2002, 122 Anm. 134.

[101] Zur Verbergänzung im Präteritum für den Vordersatz, im Präsens für den Nach- satz, vgl. *Thrall* 1994, 252. Die Präpositionen zeigen keinen Bedeutungsunterschied von δόξα an. Vgl. *Windisch* 1924, 117, *Lietzmann* 1949, 112, *Thrall* 1994, 253f.

che, dass der alte Bund seine Gültigkeit verloren hat. Nichtsdestotrotz gab es eine Zeit, in der er eine bestimmte Funktion erfüllte, was u.a. die Doxa des Mose beweist, die das unzweifelhafte Zeichen der göttlichen Autorisation darstellt.

Der alte Bund führte durch die überführende Funktion des Gesetzes zu Tod und Verurteilung. Notwendig war diese Epoche, um die Sünden der Menschen aufzudecken. Aus der Perspektive des Christusereignisses gehört der alte, durch das Gesetz geprägte Bund aber der Vergangenheit an. Die Beurteilung des alten Bundes geschieht also nicht aufgrund der Negativität des Bundes an sich, sondern aufgrund der durch das Christusereignis verwandelten Situation: Durch diese neue Prämisse hat der alte Bund seine Gültigkeit verloren und ist nun rückblickend als Tod bringend erkennbar.

Diese Charakterisierung des alten Bundes ist auch der hermeneutische Schlüssel für die paulinische Interpretation der Mose-Erzählung: In ihr sieht Paulus das Ende des alten Bundes, und damit auch des Mosedienstes und seiner Doxa, bereits abgebildet. Diese Deutung macht er – wie später deutlich wird – an der Decke des Mose fest, mit Hilfe derer Mose nach Meinung des Paulus bereits auf das Ende der Doxa seines Dienstes hinweist. Dabei betrachtet er nicht Mose selbst negativ, sondern eigentlich nur diejenigen, die wie die Israeliten die Vorläufigkeit des Mosedienstes bzw. des alten Bundes nicht erkennen, d.h. nicht bemerken, dass der alte Bund mit dem Anbruch der eschatologischen Heilszeit in Christus zum Tod bringenden Bund geworden ist.[102]

2.2.4. *2Kor 3,12-18: Die Erkenntnis der Doxa Gottes im Geist*

2.2.4.1. *3,12-14a: Die paulinische Offenheit im Gegensatz zur Verhüllung des Mose*

Paulus erklärt den Korinthern im Weiteren, was aus dieser Argumentation bzgl. der Doxa seines eigenen Dienstes folgt:[103] „Weil wir nun eine derartige Hoffnung haben, bedienen wir uns großer Offenheit[104]" (3,12). Paulus geht also davon aus, dass sich sein Dienst durch die göttliche Doxa[105] von selbst ausweisen wird und kann es sich daher leisten, den Korinthern[106] mit Offenheit und Freimut zu begegnen (vgl. 2,17).

Diesen Begriff der Offenheit (παρρησία) bindet Paulus wieder an die Moseerzählung zurück, indem er sie der Verhüllung des Mose in Ex 34,33

---

[102] Vgl. *Back* 2002, 115.

[103] Vgl. *Bultmann* 1976, 82.

[104] Zur Bedeutung von παρρησία vgl. *Bauer* 1988, 1273.

[105] Für einen Bezug von τοιαύτην ἐλπίδα auf die bleibende Doxa in V.11 vgl. *Thrall* 1994, 254, *Bachmann* 1922, 159.

[106] Vgl. *Bultmann* 1976, 88; gegen *Windisch* 1924, 118.

gegenübergestellt. Seine Offenheit stehe im Gegensatz zu Mose, der eine Decke (κάλυμμα) auf sein Angesicht (πρόσωπον) legte, so dass (πρὸς τό) die Söhne Israels das Ende (τὸ τέλος)[107] des Vergänglichen (τὸ καταργούμενον) nicht anblickten (ἀτενίσαι).

Im Kontext von Ex 34 signalisiert Mose durch das Auflegen der Decke, dass seine Funktion als verkündigender Gottesbote beendet ist (vgl. v.a. Ex 34,33). Nach Meinung des Paulus verdeckt die Hülle aber die Tatsache, dass seine Doxa vergänglich war: Mose verhindert durch seine Verhüllung also, dass das Vergängliche seiner Botschaft sichtbar wird, während Paulus eine solche Verdeckung nicht braucht, weil seine Doxa ewig währt und er darauf hoffen kann, dass sie an ihm erkannt wird.

Strittig ist die Frage, ob Paulus diese Inszenierung des Mose negativ interpretiert, d.h. sie als eine vorsätzliche, betrügerische Handlung auffasst,[108] oder ob die Verhüllung des Mose eigentlich nur die Natur seines Dienstes adäquat zum Ausdruck bringt.[109] Dann wäre die Fehlinterpretation auf Seiten der Israeliten zu suchen, die diese „Performance" des Mose nicht verstünden. Was Mose mit seiner Handlung eigentlich intendierte, stünde gar nicht zur Debatte.[110] Sieht man also von der Intentionalität ab und stellt die Folge seines Handelns in den Vordergrund, dann führt die Verhüllung unabhängig von Moses Intention in jedem Fall dazu, dass die Israeliten das Verlöschen der Doxa nicht erkennen.

Unter dieser Voraussetzung könnte man auch den nachfolgenden Satzanschluss durch ἀλλά besser erklären, mit dem Paulus feststellt, dass die Sinne (νοήματα) der Israeliten aber dennoch „verstopft" (πωροῦσθαι) wurden. Demnach hätte Mose mit dem Auflegen seiner Verhüllung das Gegenteil intendiert, also durch die Decke auf das Ende der Doxa aufmerksam machen wollen. Der Anblick des verhüllten Mose bewirkte aber eine spiegelbildliche Reaktion auf Seiten der Israeliten: Auch ihre Sinne wurden nun durch die

---

[107] Vgl. *Windisch* 1924, 120, *Heinrici* 1900, 127, *Collange* 1972, 96, *Furnish* 1989, 207, *Belleville* 1991, 201f. Vgl. dagegen *Martin* 1986, 68: „ultimate significance", *Thrall* 1994, 257, *Gruber* 1998, 228-234: „Ziel" (bzw. „goal"). Die Antithese von V.11 sowie der vorliegende Pleonasmus sprechen aber für eine temporale Interpretation.

[108] So z.B. *Theißen* 1993, 125, mit Verweis auf *Schulz* 1958, 10f.

[109] Eine Übersicht über die verschiedenen Interpretationen der Verschleierung gibt *Thrall* 1994, 259f.

[110] So *Belleville* 1991, 208. Auch *Windisch* 1924, 119, sieht den Akzent hier weniger auf der Intention des Mose, als vielmehr auf dem Nichtverstehen vs. dem Sehen. *Gruber* 1998, 241-244, hält zwar dagegen, die Anzeichen für eine im Hintergrund stehende Verstockungstheologie seien zu vage, ich sehe solche Anzeichen aber in V.14 zur Genüge gegeben. Die Infinitivergänzung πρὸς τό kann sowohl den Zweck als auch die Folge einer Handlung ausdrücken (vgl. *BDR* 1990 §402). Nach *Moulton* 1963, 144, ist der Aspekt der Zweckhaftigkeit jedoch manchmal abgeschwächt, so dass statt „purpose" eher „tendency and ultimate goal", also das Ergebnis, im Vordergrund steht. (*Moulton* selbst interpretiert 2Kor 3,12 allerdings final.) Betont man die Intentionalität, unterstellt Paulus Mose, dass er seine verlöschende Doxa vor den Israeliten verschleiern wollte. Doch könnte Paulus ihn auch hierin als Werkzeug Gottes sehen (so *Back* 2002, 118, *Klauck* 1994, 39f, vgl. auch *Heinrici* 1900, 127).

Decke verdeckt bzw. „verstopft" (V.14a.15). Diese Reziprozität zwischen Mittler und Anhängern wird auch für die Interpretation von 2Kor 3,18 wichtig.[111]

2.2.4.2. 3,14b-15: Die Verhüllung der israelitischen Wahrnehmung

Die Verhüllung des Mose überträgt sich also auf die Israeliten. Ihr Nicht-verstehen wird in V.14b zunächst damit begründet (γάρ), dass diese Decke (τὸ αὐτὸ κάλυμμα) bis (ἄχρι) auf den heutigen Tag auf der Verlesung des alten Bundes (ἀναγνώσει τῆς παλαιᾶς διαθήκης) liege. Die durch die Decke „verstopften" Sinne können also nicht wahrnehmen, dass das Ende des alten Bundes gekommen ist.

Aufgedeckt (ἀνακαλυπτόμενον) werden kann diese Decke nur durch einen neuen Mittler, Jesus Christus: In ihm wird die Decke weggetan (καταργεῖσθαι), so dass die Sinne wieder frei werden für die Wahrneh-mung des Endes des alten Bundes und damit für die Doxa Gottes in Chris-tus (vgl. 4,6) bzw. in seinem Evangelium (vgl. 4,4).[112]

---

[111] Allerdings könnte man das ἀλλά auch im Sinne einer verstärkten Hinzufügung und nicht antithetisch verstehen: Vgl. *BDR* 1990, §448.6, *Bauer* 1988, 75 (für 2Kor 7,11), *Windisch* 1924, 120 („vielmehr"), *Bultmann* 1976, 89. Nach *Thrall* 1994, 263, deckt sich diese Lösung aber nicht mit dem paulinischen Sprachgebrauch. Da sie selbst die intentionale Bedeutung von πρὸς τό nicht aufgeben will, optiert sie für eine Ergän-zung von V.13: „„and they did not, in fact, see the τέλος ...‚: they did not perceive ...: *on the contrary* [...]". Anders *Lietzmann* 1949, 112: „Mose hätte diese Vorsicht gar nicht nötig gehabt, denn ihr Sinn ist so verstockt, daß sie bis zum heutigen Tage noch nicht die Wahrheit schauen können." Bei dieser Interpretation besteht aber gar kein Zusammen-hang mehr zwischen dem Handeln Moses und der Reaktion der Israeliten. Von einem solchen ist aber, u.a. wegen der Verwendung des Aorists in beiden Versen, auszugehen. Vgl. aber auch *Theißen* 1993, 143f, der für ἀλλά eine streng antithetische Interpretation fordert und für Paulus dennoch ein negatives bzw. ambivalentes Mosebild annimmt. Paulus kritisiere Mose, weil seine Mittlerfunktion ineffektiv bleibe: Er schaffe es nicht, die göttliche Doxa in die Herzen der Israeliten dringen zu lassen. *Stattdessen* wurden sie verstockt. Erst durch Christus gelangt die Doxa Gottes in die Herzen und führt zur Ver-wandlung.

[112] *Back* 2002, 116-118, bringt gegen einen Bezug von ἀνακαλυπτόμενον auf κάλυμμα vor, dass sich καταργεῖσθαι sonst nur auf die Doxa und den Dienst des Mose, nicht aber auf die Decke beziehe. Dies ist aber bei der ständigen Verschiebung der Moti-ve in diesem Textstück kein schlagendes Argument. Weiterhin wendet Back ein, dass – nach *Bultmann* 1976, 89 – der Satz eigentlich darstellen müsse, dass die Beseitigung der Hülle das Aufdecken des Vergangenseins der Doxa impliziere. Das *muss* der Satz kei-neswegs. Vielmehr bringt er zum Ausdruck, dass das Verhülltsein der Sinne mit dem Nichterkennen Christi zu tun hat. Statt eines Bezuges auf κάλυμμα schlägt *Back* mit Verweis auf *Bachmann* 1922, 168, *Collange* 1972, 98f, u.a. eine Interpretation als parti-zipialer *Accusativus absolutus* vor: „... ohne dass sich dabei enthüllt". Dem steht aller-dings entgegen, dass diese Konstruktion im Neuen Testament sonst nicht belegt ist und dass Paulus für „offenbaren" sonst ἀποκαλύπτειν gebraucht, es also statt ἀνακαλυπτόμενον eigentlich ἀποκαλυπτόμενον heißen müsste (so z.B. *Heinrici* 1900, 130, *Windisch* 1924, 122, *Bultmann* 1976, 89f, *Thrall* 1994, 264). Der semantische

Paulus wiederholt die Interpretation der Decke nochmals in einer Variation, die bereits in den vorhergehenden Versen angedeutet war: Bis heute liege die Decke nicht nur auf der Verlesung des alten Bundes, sondern auch auf dem Herz der Israeliten, sooft (wichtig: ἡνίκα ἄν)[113] Mose verlesen werde. Die Ersetzung von παλαιὰ διαθήκη durch Μωϋσῆς signalisiert einmal mehr die Austauschbarkeit von Repräsentant und Botschaft, bringt aber außerdem Mose als Subjekt neu ins Spiel. Das ist deshalb von Bedeutung, weil die Interpretation des nachfolgenden Satzes entscheidend von der Bestimmung des Subjektes abhängt.

2.2.4.3. 3,16-18: Die pneumatische Verwandlung der Wahrnehmung

Paulus greift in V.16 offensichtlich auf Ex 34,34 (LXX) zurück, wo berichtet wird, dass Mose sich jedesmal, wenn er zum Herrn einging, die Decke abnahm: ἡνίκα δ' ἂν εἰσεπορεύετο Μωυσῆς ἔναντι κυρίου λαλεῖν αὐτῷ, περιῃρεῖτο τὸ κάλυμμα ἕως τοῦ ἐκπορεύεσθαι. Paulus bezieht sich auf diesen Vers, indem er ihn in einem sehr ähnlichen Wortlaut verwendet: ἡνίκα δὲ ἐὰν ἐπιστρέψῃ πρὸς κύριον, περιαιρεῖται τὸ κάλυμμα. Es handelt sich dabei um eine paraphrasierende Auslegung des Exodustextes.[114] Der Bezug zum Ausgangstext, der den

---

Bezug von ἀνακαλυπτόμενον auf κάλυμμα ist aber so stark, dass hier auch ein grammatischer Konnex vorliegt (vgl. *Thrall* 1994, 265: „loosely-attached pronoun"). Damit ist auch die Frage des Subjekts von καταργεῖται bestimmt. *Backs* Vorschlag, als Subjekt τὸ καταργούμενον anzusehen (ebd. 118), halte ich schon wegen des großen Abstandes zwischen Verb und Substantiv für nicht möglich. Eine gründliche Diskussion zur Stelle liefert *Windisch* 1924, 122. Er entscheidet sich für die obige Interpretation als syntaktisch beste Lösung; ebenso *Wolff* 1989, 73f, *Thrall* 1994, 264f. *Lietzmanns* Entscheidung, παλαιὰ διαθήκη als Subjekt zu betrachten, halte ich für wenig wahrscheinlich, weil dann ein Subjektwechsel innerhalb des Satzes stattfinden müsste, der nirgends angezeigt wird. Vgl. dazu die Kritik *Kümmels* in *Lietzmann* 1949, 200. Damit erübrigt sich auch der Vorschlag *Bultmanns* 1976, 89f, der das Partizip zwar auf κάλυμμα bezieht, als Subjekt des Prädikats aber παλαιὰ διαθήκη ansieht.

[113] Hier eindeutig ein Iterativsatz. Vgl. aber den Gebrauch in V.16.

[114] Ich entscheide mich also grundsätzlich gegen die Deutung als Zitat und für die Auffassung als Textauslegung, möchte aber die Nähe zum Ausgangstext betonen. Für eine exegetische Intention des Paulus spricht zunächst die Tempuswahl: Statt des Erzähltempus der Vergangenheit (hier: Imperfekt) im Ausgangstext verwendet Paulus den Konjunktiv Aorist bzw. das Präsens, während er zuvor immer im Aorist, also ebenfalls im Erzähltempus, auf die Geschehnisse am Sinai rekurrierte (vgl. V.7.13). Dazu kommt noch, dass ἡνίκα ἄν bereits in V.15 für die Auslegung in der Gegenwart benutzt wird. Weiterhin ersetzt Paulus das Verb εἰσπορεύεσθαι (Medium: „hineingehen") durch ἐπιστρέφειν (Aktiv), das in seiner Bedeutung 'sich hinwenden zu' als Synonym für 'hineingehen' verstanden werden kann, das aber auch die speziellere Bedeutung 'sich zurückwenden' im Sinne von 'sich bekehren' besitzt (vgl. für beide Bedeutungen *Bauer* 1988, 609f). Endgültig entscheidet sich die Frage nach Zitat oder Auslegung aber an der Bestimmung des Subjektes, das im Ausgangstext mit Mose zu identifizieren ist, bei Pau-

Hörern ja offensichtlich bekannt war, bleibt also erhalten, gleichzeitig wird deutlich, dass Paulus mehr als das dort Ausgesagte zum Ausdruck bringen will. Die Hörer sähen dann vor ihrem geistigen Auge Mose, der sich zum Herrn wendet und dabei die Decke abnimmt, und erhielten gleichzeitig die Deutung dieses Bildes: Es handelt sich dabei um die Herzen der Israeliten, von denen bei ihrer Bekehrung zum Herrn die Decke genommen wird.[115] Mose – als Repräsentant Israels – stellt dann einmal mehr für Paulus und seine Hörer schauspielerhaft eine zeichenhafte Handlung dar, die in ihrer Bedeutung erst in der Gegenwart transparent wird.

---

lus aber nicht ausdrücklich genannt wird (zur Diskussion vgl. *Thrall* 1994, 268-271): Weniger wahrscheinlich ist, dass ein vorher nicht genanntes Subjekt von den Hörern ergänzt werden muss, da es für diese näher liegt, zunächst eine Verbindung zum unmittelbaren Kontext herzustellen und das Prädikat auf bereits genannte Substantive zu beziehen (daher gegen *Heinrici* 1900, 132, *Lietzmann* 1949, 113, *Furnish* 1989, 210f, *Collange* 1972, 103: indefinites Pronomen; gegen *Martin* 1986, 70: im Griechischen seltene – so *BDR* 1990, §130.1, *Schwyzer* 1988 II, 620 – impersonale Konstruktion; gegen *Windisch* 1924, 123, *Bultmann* 1976, 92, *Lang* 1986, 275, *Gräßer* 2002, 140: „Israel", sowie gegen *Bachmann* 1922: „Volksgemeinde"; gegen *Belleville* 1991, 249: ein Israelit). Dafür kommen nur Μωϋσῆς und καρδία in Frage: Betrachtet man V.16 als leicht verändertes Zitat von Ex 34,34 (LXX), ist Mose Subjekt (vgl. *Thrall* 1994, 269, *Theißen* 1993, 127f, *Schulz* 1958, 15f, *Moule* 1972, *Klauck* 1994, 40f). Die Verbform περιαιρεῖται ist dann wie im Ausgangstext medial aufgefasst, ἡνίκα δὲ ἐάν bezieht sich auf das wiederholte Geschehen, behält also seine iterative Bedeutung bei. Als weiteres Subjekt steht aber auch das Substantiv der präpositionalen Ergänzung, καρδία, zur Verfügung (vgl. z.B. *Back* 2002, 119 Anm. 123, *Wolff* 1989, 75). Es ist das zuletzt genannte Substantiv in V.15 und besitzt daher eine große Nähe zum Prädikat von V.16. V.16 wäre dann allerdings nicht mehr Paraphrase zu Ex 34,34 LXX, sondern bereits Auslegung: „Dann aber (eventuales ἡνίκα δὲ ἐάν, nach *BDR* 1990, §373.1 zwar bei präsentischer Apodosis nicht die Regel, aber möglich; *Bauer*, 1971, 688, *Moulton* 1963, 113, stellen beide Bedeutungen zur Wahl), wenn es (das Herz) sich zum Herrn wendet, wird die Decke abgenommen." Der Modus von περιαιρεῖται wäre passivisch. Die Interpretation könnte sich also an der Genusbestimmung von περιαιρεῖται entscheiden: Für eine passive Bedeutung von περιαιρεῖται spricht die Parallelität und Bedeutungsverwandtschaft mit καταργεῖται in V.14. Allerdings ist in V.14 ein Agens angedeutet (vgl. die präpositionale Ergänzung ἐν Χριστῷ), während in V.16 ein solches fehlt. V.17 wiederum scheint das Pneuma als aufhebende Kraft anzusehen und kann also als Ergänzung des Agens interpretiert werden. Alles in allem überwiegen die Argumente für eine passivische Interpretation. Das spräche wiederum für die Ergänzung von καρδία als Subjekt und daher für eine paraphrasierende Auslegung, nicht für ein paraphrasierendes Zitat.

[115] Nur insofern besitzt also die Ergänzung von „Israel" als Subjekt ihre Berechtigung. Vgl. auch *Thrall* 1994, 273: „[...] we may understand Paul to be speaking of Moses's turning to seek God in the Tent of Meeting, which he sees as a prefigurement of conversion to the gospel on the part (chiefly) of individual Jews, since the context ist concerned with Jewish unbelief."

Ein weiteres Problem bei der Interpretation von V.16 betrifft die Frage, worauf sich κύριος bezieht. Ist damit Gott oder Christus gemeint?[116] Eine Auflösung dieser Frage gibt V.17, denn hier setzt Paulus κύριος durch eine Prädikation mit πνεῦμα gleich. Sein Ziel ist also eine pneumatologische Interpretation des in V.16 geschilderten Vorgangs, bei der die „Bekehrung zum Herrn" mit dem Empfang des Geistes der Endzeit, dem Geist des neuen Bundes, verbunden ist. Paulus will also sagen: „der κύριος im Zitat 3₁₆ ist zu beziehen auf den Geist"[117].

Durch die Begabung mit göttlichem Geist wird das Herz Israels von der Hülle befreit[118], die sein Verstehen und damit seine Beziehung zu Gott verdunkelte. Die Begabung mit dem Geist impliziert daher auch automatisch die Bekehrung zu Christus, denn durch den Geist wird der Mensch derart verwandelt, dass seine Sinne die Doxa Gottes auf dem Angesicht Christi wahrnehmen können (vgl 4,6). Da Israel den Geist nicht besitzt, erkennt es auch die Doxa in Christus nicht und lehnt deswegen auch Paulus als den Boten Christi ab. Wer aber den Geist hat, der müsste nach Paulus auch erkennen, dass der Apostel Doxa ausstrahlt (vgl. auch V.12).[119]

Dieses neue, geisterfüllte Verstehen und Erkennen Gottes wird nun abschließend von Paulus beschrieben, indem er sich explizit an alle Hörer (vgl. πάντες)[120] wendet: „Wir alle aber werden, wenn wir mit aufgedeck-

---

[116] Entscheidet man sich dafür, V.16 als Zitat von Ex 34,34 (LXX) zu betrachten, dann ist hier von Gott als dem Herrn die Rede. Sieht man V.16 jedoch als Auslegung an, kommen beide Möglichkeiten in Betracht. Für einen Bezug auf Christus (so *Gräßer* 2002, 140f, *Wolff* 1989, 76, *Lang* 1986, 275, *Bultmann* 1976, 92, *Bachmann* 1922, 170, *Heinrici* 1900, 132, *Windisch* 1924, 123) spricht die bereits konstatierte Parallelität zu V.14 (vgl. *Back* 2002, 120 Anm. 131). Dagegen kann man aber neben dem immerhin noch deutlich spürbaren Rekurs auf Ex 34,34 (LXX) die Beschreibung der Doxa des Herrn in V.18 veranschlagen. Bringt man diesen Vers mit 4,6 in Zusammenhang, dann ist hier die Doxa Gottes gemeint, die sich im Gesicht Christi spiegelt (vgl. *Dunn* 1970, *Moule* 1972, *Collange* 1972, 103f, *Stockhausen* 1989, 9f.130f, *Wright* 1987, 144, *Belleville* 1991, 254f, *Gruber* 1998, 255-263, *Furnish* 1989, 211-213, *Thrall* 1994, 271-273). Allerdings handelt 4,4 wieder vom Evangelium der Doxa Christi (vgl. *Back* 2002, 135). Im Licht von 4,6 ist damit die Doxa Gottes in Christus gemeint. Die Doxa Gottes und Christi lassen sich also nicht ohne weiteres auseinanderdividieren.

[117] *Kümmel* in *Lietzmann* 1949, 200, der damit *Lietzmann* ebd. 113 korrigiert. Vgl. auch *Bultmann* 1976, 92, *Furnish* 1989, 212, *Klauck* 1994, 41, *Thrall* 1994, 274.281. So auch *Martin* 1986, 70, und *Theißen* 1993, 135 Anm. 28, die κύριος allerdings auf Christus beziehen.

[118] Vgl. περιαιρεῖται in V.16 und καταργεῖσθαι in V.14. Das Wegtun der Decke befreit in erster Linie *zum* unverhüllten Schauen (vgl. *Thrall* 1994, 275f, *Wright* 1987, 142f, *Gruber* 1998, 264-266, *Belleville* 1991, 267-270) und erst in zweiter Linie *von* z.B. Gesetz und Kultus (vgl. *Windisch* 1924, 126) oder Gesetz, Sünde, Tod (vgl. *Wolff* 1989, 76f, und *Barrett* 1997, 123) bzw. Verurteilung und Tod (vgl. *Back* 2002, 120, ähnlich *Osten-Sacken* 1989a).

[119] Vgl. *Back* 2002, 121.129.

[120] So die überwiegende Mehrheit der Exegeten. Dagegen aber *Belleville* 1991, 275f, *Larsson* 1962, 278, die die Aussage auf „alle Apostel" beziehen.

tem Angesicht die Doxa des Herrn im Spiegel erblicken[121], in dasselbe[122] Spiegelbild verwandelt[123] – (also) von Doxa in Doxa[124] – wie[125] vom Herrn, dem Geist[126]."

---

[121] Ich optiere für die auch bei Philo, LA III.101 belegte Bedeutung 'etwas (wie) in einem Spiegel schauen'. So auch *Back* 2002, 134, *Gräßer* 2002, 142, *Gruber* 1998, 271 Anm. 569, *Thrall* 1994, 290-292, *Klauck* 1994, 41, *Lambrecht* 1994b, 298f, *Furnish* 1989, 214, *Barrett* 1997, 124f, *Collange* 1972, 116-118, *Hugedé* 1957, 22.32f, *Windisch* 1924, 127, *Lietzmann* 1949, 113, sowie *Kümmel* in *Lietzmann* 1949, 200, *Bultmann* 1976, 93f, *Heinrici* 1900, 139, *Jervell* 1960, 184f. Gegen die anderweitig nicht belegte Bedeutung 'widerspiegeln, reflektieren', vertreten z.B. von *Schlatter* 1969, 519f, *Dupont* 1949, *Bachmann* 1922, 176, *Plummer* 1985, 105f, *Moule* 1972, *Stockhausen* 1989, 89f Anm. 11, *Belleville* 1991, 281f.290.

[122] Das *Pronomen reciprocum* (vgl. *BDR* 1990, §287) bezieht sich auf das im Spiegel zu sehende Bild, das implizit im Partizip κατοπτριζόμενοι enthalten ist (vgl. *Back* 2002, 149 Anm. 85, *Hugedé* 1957, 28.30f, *Larsson* 1962, 281f, *Lambrecht* 1994b, 297, *Wolff* 1989, 78, *Wright* 1987, 147, *Thrall* 1994, 285, *Belleville* 1991, 289f).

[123] Da ich ἀπο δόξης εἰς δόξαν als präpositionale Ergänzung zu μεταμορφούμεθα auffasse, handelt es sich hier um einen doppelten Akkusativ mit τὴν αὐτὴν εἰκόνα als Akkusativ des Resultats bzw. des inneren Objekts (vgl. *BDR* 1990, §158, *Bachmann* 1922, 175). *Heinrici* 1900, 141, erklärt diesen Gebrauch als Parallelbildung von μεταβάλλειν + Akk. bzw. μεταμορφοῦσθαι μορφήν: *„durch getroffene Veränderung oder Verwandlung eine Gestalt annehmen"*. Vgl. auch *Plummer* 1985, 106f, *Lietzmann* 1949, 114, *Windisch* 1924, 128. Von vielen Exegeten wird der Akkusativ τὴν αὐτὴν εἰκόνα aber im Anschluss an *BDR* 1990, §159.4, als Akkusativ der Sache erklärt (vgl. z.B. *Collange* 1972, 121, *Thrall* 1994, 285 Anm. 668, *Gräßer* 2002, 142). Bei dieser Konstruktion wird aus dem Dativobjekt des Aktivsatzes das Subjekt, während der Akkusativ erhalten bleibt. Dafür sehe ich hier keinen Anhaltspunkt. Die Tatsache, dass es nach *Gruber* 1998, 269-271, keine außerneutestamentlichen Belege für einen Gebrauch des Verbs μεταμορφοῦσθαι ohne die Präposition εἰς gibt, wiegt zwar schwer, muss aber in Kauf genommen werden, da ein dreifacher Akkusativ um μεταμορφοῦσθαι unwahrscheinlich ist und außerdem nicht erklärt werden kann, warum beim ersten Akkusativ die Präposition fehlt, während sie beim zweiten vorhanden ist. *Gruber* selbst deutet ebd. 270 die Konstruktion als doppelten Akkusativ. Schwierigkeiten bereitet bei dieser Interpretation der Bezug des reziproken Pronomens sowie die Deutung des zweiten Akkusativs.

[124] Da ἀπό für ὑπό stehen kann (vgl. *BDR* 1990, §210.2) interpretiere ich ἀπο δόξης εἰς δόξαν als Ursprungs- und Zielangabe der Verwandlung (mit *Schlatter* 1969, 521, *Collange* 1972, 122f, *Wright* 1987, 147, *Wolff* 1989, 79, *Gruber* 1998, 282). Es handelt sich dann um eine Apposition zu τὴν αὐτὴν εἰκόνα μεταμορφούμεθα. Für eine Ursprungsangabe spricht auch die durch die korrelative Konjunktion καθάπερ (vgl. *BDR* 1990, §453.1) signalisierte Parallelität zur Ursprungsanzeige der nachfolgenden Wortgruppe, die ebenfalls mit ἀπό gebildet wird. Das ist einzuwenden gegen die Deutung als adverbiale Ergänzung (so etwas unbestimmt *Back* 2002, 151 mit Anm. 94) mit progressiver Bedeutung, vertreten von *Heinrici* 1900, 141, *Bachmann* 1922, 176, *Lietzmann* 1949, 113f, *Bultmann* 1976, 98, *Martin* 1986, 71, *Belleville* 1991, 289, *Thrall* 1994, 285f, sowie *Furnish* 1989, 216, und *Barrett* 1997, 125 (beide neben progressiver auch kausale Bedeutung). Ein progressives Verständnis wird überdies meist mit ἐκ ... εἰς ausgedrückt (vgl. *Collange* 1972, 122f).

Die Betonung des „Wir alle aber" eröffnet einen Gegensatz zur Gruppe der Israeliten,[127] deren Herzen verhüllt sind. Demgegenüber sind die Herzen der Bekehrten unverhüllt, ihre Gesichter unbedeckt und daher frei, Gott[128] im Spiegel zu erblicken. Wie die Israeliten schauen die Angesprochenen die Doxa des Herrn aber nicht unmittelbar, sondern „in einem Spiegel", also medial vermittelt.

Die Frage ist nun, auf welches „Spiegelgesicht" die Gläubigen um Paulus blicken. In 4,4.6 macht Paulus deutlich, dass er das Gesicht Christi als Spiegel der Doxa Gottes betrachtet. Im vorliegenden Teil seiner Auslegung spricht er diesen Gedanken aber noch nicht aus, d.h. die christologische Orientierung ist noch nicht eindeutig erkennbar. Wohl aber ist die pneumatologische Interpretation des Vorgangs in 3,17 deutlich herausgekehrt, so dass die Spiegelschau als Metapher für die pneumatische Erkenntnis gewertet werden muss. Nichtsdestotrotz sollte aber der visuelle Charakter dieser Metapher interpretativ ausgewertet werden.

Die zu Christus Bekehrten und vom Pneuma Beseelten können also die Doxa Gottes spiegelbildlich sehen und werden im Rahmen dieser visuell vermittelten Erkenntnis[129] verwandelt (μεταμορφούμεθα).[130] Ziel dieser

---

[125] καθάπερ korreliert den Nachsatz mit dem Vorhergehenden und signalisiert wie in V.12 den Wechsel zwischen Auslegung und Erfahrungswelt. *Windisch* 1924, 129, *Lietzmann* 1949, 114, *Bultmann* 1976, 99, fügen daher zum besseren Verständnis eine Ergänzung im Sinne von εἰκός ἐστιν an. Daher wohl auch die Formulierung „dementsprechend" ebd. bzw. „demgemäß" bei *Bachmann* 1922, 174, bzw. „as [happens when one is transformed]" in *Thrall* 1994, 286. Gegen *Collange* 1972, 123f, *Wright* 1987, 147, die καθάπερ auf ἀπὸ κυρίου πνεύματος beziehen. Die beiden Syntagmen sind aber nicht gänzlich parallel formuliert. Dafür fehlt im Nachsatz die mit εἰς eingeleitete Zielangabe.
[126] Die Interpretation des doppelten Genitivs ist umstritten und aus rein grammatischer Perspektive nicht zu lösen (zur Diskussion aller in Frage kommenden Möglichkeiten vgl. z.B. *Windisch* 1924, 129f, *Thrall* 1994, 287). Nimmt man V.17 als Bezugspunkt für den Nachsatz an, dann kann man πνεύματος als Apposition zu κυρίου betrachten: mit *Jervell* 1960, 189, *Wright* 1987, 147, *Furnish* 1989, 216, *Barrett* 1997, 125, *Martin* 1986, 72, *Belleville* 1991, 293f. Möglich wäre dann auch: „vom Geist des Herrn". Allerdings wird die Satzstellung bei der oben aufgeführten Möglichkeit besser beachtet. „Herr des Pneuma" übersetzen *Windisch* 1924, 130, *Lietzmann* 1949, 113f (allerdings ebd. 114: *Genitivus qualitatis*; dagegen *Kümmel* ebd. 200), *Lang* 1986, 276, *Osten-Sacken* 1989a, 104, *Gräßer* 2002, 143f. *Bultmann* 1976, 99, lässt beides gelten.
[127] Antithetisches δέ, vgl. *Windisch* 1924, 127. Es ergibt sich allerdings auch – je nach Deutung von 2Kor 3,16 – ein Gegensatz zu Mose (vgl. *Windisch* 1924, 127): Statt seiner allein stehen jetzt alle mit unbedecktem Angesicht vor Gott und werden in Doxa verwandelt. Vgl. *Back* 2002, 141.147, *Lambrecht* 1994b, 304.
[128] Diejenigen, die bereits in V.16 bzw. V.17 κύριος auf Christus beziehen, interpretieren so auch in V.18. In 4,6 wird aber deutlich, dass es sich um die Doxa Gottes in Christus bzw. auf dem Angesicht Christi handelt. Beides ist also nicht wirklich zu trennen, aber der christologische Aspekt spielt hier noch keine Rolle. Vgl. *Thrall* 1994, 283.
[129] *Back* 2002, 136-145, interpretiert das Motiv der Schau als Metapher für einen visionären Offenbarungsempfang. Eine gottesdienstliche Institution der Christusschau, die *Back* 2002, 145, mit *Windisch* 1924, 131 (dieser allerdings nur eingeschränkt!), *Theißen*

„Verwandlung durch Schau"[131] ist es, „dasselbe Bild" zu werden, das im Spiegel erblickt wurde.

Da der Spiegel die Doxa Gottes zeigt, eröffnet er den Schauenden den Blick auf die göttliche Wirklichkeit, die ihnen bis dahin verborgen war.[132] Die Verwandlung betrifft daher die Wahrnehmung des schauenden Subjektes,[133] das nicht nur seine Umgebung, sondern auch sich selbst aus eschatologischer Perspektive erkennt. Der Spiegel zeigt ihm sein eigenes Antlitz im Licht der göttlichen Doxa.

Die pneumatische Verwandlung bezieht sich also nicht, wie in 1Kor 15,49 und Röm 8,29, unmittelbar auf das Soma der Gläubigen, sondern auf ihre Wahrnehmung, die aber die Wahrnehmung des Somas beinhaltet. Die Christen sehen auf diese Weise im eigenen Soma und im Soma des anderen bereits jetzt die Doxa Gottes, obwohl diese eigentlich

---

1993, 154.180, *Wolff* 1989, 78, und *Klauck* 1994, 42, in Erwägung zieht, scheint mir aber wenig wahrscheinlich.

[130] Für *Gruber* 1998, 267, ist mit dem Spiegel nicht Christus, sondern die anderen Gläubigen gemeint. Alle erkennen gegenseitig in ihren Gesichtern die Doxa Gottes. Ebenso *Wright* 1987, 104. Diese Interpretation trifft zwar den Kern der Aussage, greift aber bereits einen Schritt zu weit, denn im Text spielt diese horizontale Beziehung zwischen den Gläubigen vordergründig gar keine Rolle.

[131] Zur Vorstellung vom Spiegel bzw. dem Anblicken des Spiegelbildes als transformierendem Vorgang vgl. *Weißenrieder* 2005. Auf der Grundlage antiker Optik macht sie deutlich, dass das Sehen in der Antike als Aussenden von Sehstrahlen vorgestellt wurde, die sowohl vom Objekt als auch vom Betrachter ausgehen. Das Motiv des Spiegels gebe meist nicht die objektive Realität, sondern eine verwandelte Wirklichkeit wieder, an der der Betrachter partizipiere. Die ikonographischen Beispiele, die *Weißenrieder* zitiert (z.B. das Spiegelbild des Narziss bzw. der Gorgo) belegen, dass im Spiegel eine veränderte Zukunft bereits jetzt sichtbar sichtbar wird. Ebenso ist es mit der Spiegelmetapher des Paulus: Schon in der irdischen Existenz kann der vom Geist Beseelte „wie im Spiegel" die bereits wirksame eschatologische Wirklichkeit, die Doxa Gottes, erkennen. Zum religionsgeschichtlichen Hintergrund des Motivs „Verwandlung durch Schau" vgl. außerdem *Back* 2002, 24-76, *Thrall* 1994, 294f, *Hugedé* 1957. Sie sehen den von Paulus verwendeten Text Ex 34,29-35 als entscheidenden Auslöser für das Motiv. *Thrall* 1994, 292-294, denkt weiterhin an eine Beeinflussung durch SapSal 7,26, konstatiert aber auch: „At the same time the notion of transformation through vision in hellenistic religion may have played a subordinate role in Paul's use of the motif, as an idea familiar to his readers." *Back* 2002, 75.199, betrachtet dagegen Philo, v.a. Mos. II.66-70 und virt. 212-219, als wichtigste Parallele, weil die Verwandlung durch Gottesschau hier wie bei Paulus ein Zeichen der Legitimation darstelle. Allerdings fehlt bei Philo das Spiegelmotiv.

[132] Das Motiv des Spiegels, das an dieser Stelle noch nicht explizit auf Christus verweist, findet hier also nicht, wie in 1Kor 13,12, Verwendung, um die Undeutlichkeit des Sehens auszudrücken. *Windisch* 1924, 128, *Heinrici* 1900, 139, und *Wolff* 1989, 78, ziehen die Parallele zu 1Kor 13,12 und sehen die Gemeinsamkeit in der indirekten Schau, die durch das Evangelium vermittelt sei.

[133] Vgl. dazu die von Gruber 1998, 279, ins Spiel gebrachte Parallele Philo, Abr. 153: Hier ist das Auge, der Blick, das Spiegelbild (εἰκών) der Seele.

noch gar nicht sichtbar ist.[134] Das diesseitige Soma wird auf diese Weise bereits transparent für seine kommende Verherrlichung.

Die Wahrnehmung der Doxa Gottes im Menschen ist also die pneumatische Wahrnehmung seiner selbst und des anderen aus eschatologischer Perspektive. Für die Beziehung zwischen Paulus und den Korinthern bedeutet dies: Wenn die Korinther den Geist besitzen und daher zu Spiegelbildern der göttlichen Doxa verwandelt wurden, müssten sie auch die Paulus umstrahlende göttliche Doxa wahrnehmen.[135]

2.2.5. 2Kor 4,1-6: Die Erkenntnis der Doxa Gottes in Christus

Nachdem Paulus also bereits indirekt auf die Wahrnehmung der Doxa hingewiesen hat, kommt er folgerichtig wieder auf das Thema Verborgenheit versus Offenheit zu sprechen: Weil (διὰ τοῦτο) die Missionare[136] diesen ihnen einst von Gott bestimmten (ἠλεήθημεν, vgl. 3,5)[137] Mittlerdienst (διακονία) tun,[138] der von der in 3,7-18 beschriebenen Doxa geprägt ist, verzagen sie nicht (οὐκ ἐγκακοῦμεν)[139], sondern – so könnte man im Sinne von 3,4.12 ergänzen – sind stattdessen voller Zuversicht und Offen-

---

[134] Insofern trifft *Grubers* pneumatologische Interpretation der Stelle inhaltlich zu, auch wenn sie als Textwiedergabe in manchen Teilen problematisch ist. Sie deutet das Bild vom Spiegel als kollektiven Prozess gegenseitiger Spiegelung durch die Gläubigen. Nicht von einer individuellen Christuserfahrung, sondern von einer kollektiven Pneumaerfahrung sei hier die Rede. Vgl. *Gruber* 1998, 276-278. Diese kollektive Dimension ist aber bereits an dieser Stelle durch die Spiegelmetapher christologisch vermittelt und erscheint erst auf einer zweiten Interpretationsebene.

[135] Das gleich zu Beginn des Briefes von Paulus geforderte Reziprozitätsverhältnis zwischen Apostel und Gemeinde ist auch hier offensichtlich.

[136] *Thrall* 1994, 298, bezieht die 1.P.Pl. hier nur auf Paulus. Ebenso *Klauck* 1994, 273. *Windisch* 1924, 131, denkt an Paulus und seine Mitarbeiter. Zu dieser Möglichkeit vgl. auch *Furnish* 1984, 217.

[137] Viele deuten dies als Hinweis auf die Bekehrung: Vgl. z.B. *Thrall* 1994, 298, *Windisch* 1924, 131.

[138] Die Konjunktion διὰ τοῦτο bezieht sich grammatisch auf den folgenden Partizipialsatz, hat durch das Demonstrativpronomen ταύτην aber auch den Inhalt von 2,14-3,13 im Blick. Vgl. *Thrall* 1994, 298.

[139] Vgl. *Bauer* 1988, 434, *Lietzmann* 1949, 114, *Bachmann* 1922, 178f, *Bultmann* 1976, 102, *Wolff* 1989, 83, *Furnish* 1984, 217, *Martin* 1986, 76f. Dafür spricht der in 2Kor 4,16, Eph 3,13 und P Lond 5r, FrF. 92 bezeugte Zusammenhang mit θλῖψις (bzw. θλιβεῖν). Wörtlicher *Windisch* 1924, 132: 'nicht nachlässig, nicht müde werden' (wie Luther) in Anlehnung an Gal 6,8, 2Thess 3,13, Theodot, Prov 3,11. *Thrall* 1994, 297, gibt eine eingehendere Diskussion der Wortbedeutung und entscheidet sich für den außerneutestamentlich am besten bezeugten Wortgebrauch: 'we do not grow lax'. Ich denke aber, dass mit 2Kor 4,16, Eph 3,13, P Lond 5r, FrF. 92, Gal 6,8, 2Thess 3,13, Theodot, Prov 3,11 sehr eindeutige Belege vorhanden sind, die die obige Übersetzung rechtfertigen. Die Versicherung, nicht mutlos zu sein, passt dann auch gut zum Gebrauch von παρρησία (vgl. 3,12;7,4) und v.a. πεποίθησις (1,15; 3,4).

heit (vgl. πεποίθησις, παρρησία). Sie verzichteten (ἀπειπάμεθα) mit Beginn ihres Mittlerdienstes[140] auf das Verborgene der Scham (τὰ κρύπτα τῆς αἰσχύνης)[141], d.h. sie wandeln nicht in Tücke und verfälschen das Wort Gottes nicht (vgl. 2,17), sondern sie empfehlen sich selbst durch die Offenbarmachung (φανέρωσις) der Wahrheit (ἀλήθεια) jedem Gewissen (συνείδησις) der Menschen vor Gott (vgl. 2,14): „Paulus braucht sich also nicht zu schämen, weil er nichts Schändliches tut."[142]

Das Motiv des von Gott bestimmten Offenbarungsdienstes sowie der Vorwurf seiner Verfälschung, dem die eigene Offenheit als Selbstempfehlung entgegengestellt wird, erinnern an den Beginn der Apologie, 2,14-3,3.[143] Paulus geht es in seinem Brief also immer wieder darum, gegenüber den Korinthern seine Lauterkeit zu betonen, die nicht durch Fremdempfehlungen gestützt werden muss, sondern sich an der Gemeinde selbst erweist, die eigentlich erkennen müsste, dass er ihnen die Wahrheit offenbart.[144]

Die Art und Weise der Kenntlichmachung und Darstellung dieser Offenbarung ist grundlegend mit der Person des Paulus und seiner Mitarbeiter verknüpft. Diejenigen, die Paulus und seine Botschaft hinterfragen, gehören daher zu denen, die dem Evangelium verloren gehen (ἀπολλυμένοις) und also – so jedenfalls 2,16 – dem Tod entgegensehen (4,3).

Diesen ungläubigen Menschen (ἄπιστοι)[145] hat der Satan[146] die Sinne geblendet (τυφλοῦν, vgl. auch 3,14),[147] so dass sie den Lichtschein des

---

[140] Der Aorist verweist auf dieselbe Zeitstufe wie ἠλεήθημεν. Vgl. *Thrall* 1994, 300, *Windisch* 1924, 132.

[141] Der Ausdruck αἰσχύνη kann 'Scham' oder 'Schande' bedeuten, je nachdem, ob eher die subjektive Befindlichkeit oder ein (auch) von außen herangetragenes, objektives Urteil gemeint ist. Die Bedeutung hier ist schwer zu entscheiden: Da es Paulus aber darum geht, seine Offenheit darzulegen, die nichts verbirgt, dessen man sich schämen müsste, gehe ich mit *Bultmann* 1976, 102f, von 'Scham' aus. Der Genitiv ist vermutlich qualitativ gebraucht, also: schamhafte Heimlichkeiten im Gegensatz zur Offenheit des paulinischen Verhaltens. Für einen Überblick über alle Möglichkeiten vgl. *Bultmann* 1976, 102f, sowie *Thrall* 1994, 302f. *Thrall* optiert für die Bedeutung 'Schande' mit anschließendem *Genitivus partitivus*.

[142] *Bultmann* 1976, 103.

[143] Vgl. *Klauck* 1987, 270, *Thrall* 1994, 298.

[144] Vgl. *Back* 2002, 125f.

[145] Der Satzbau ist schriftsprachlich nicht korrekt, vgl. *Windisch* 1924, 134f, *Bultmann* 1976, 108, *Thrall* 1994, 105f. Die Bezeichnungen ἀπολλυμένοι und ἄπιστοι sind bedeutungsverwandt. Es wird die Frage diskutiert, wer sich hinter diesen Attributen verbirgt: Handelt es sich um die korinthischen Gegner oder die Juden oder um eine allgemein gehaltene Aussage? Ich denke, dass Paulus die Aussage v.a. allgemein verstanden wissen will, da er keine Anstalten zu näheren Definitionen macht (so *Windisch* 1924, 135, *Bultmann* 1976, 105). Allerdings spricht der Kontext von 3,7-18 dafür, dass Paulus u.U. die Juden Korinths, die sich der paulinischen Botschaft verweigern, im Blick hat (so *Thrall* 1994, 305). Weiterhin ist es möglich, dass er diejenigen unter den zu Christus Bekehrten, die sein Evangelium anfeinden und von ihm abfallen könnten, hypothetisch mit diesen Bezeichnungen belegt (so ebenfalls *Thrall* 1994, 305).

Evangeliums der Doxa Christi (φωτισμὸν τοῦ εὐαγγελίου τῆς δόξης τοῦ Χριστοῦ) nicht sehen (αὐγάζειν)[148] können.

Erst an dieser Stelle bringt Paulus Christus als Bild Gottes explizit ins Spiel: Sein Evangelium (vgl. 4,3) ist das Evangelium der Doxa Christi, der das Bild Gottes (εἰκὼν θεοῦ)[149] ist.[150] In Verknüpfung mit 3,18 bedeutet dies, dass Christus bzw. sein Antlitz Eikon Gottes ist, weil es die Doxa Gottes reflektiert.[151] Diese Reflexion der Doxa Gottes in Christus ist Inhalt

---

[146] Vgl. zu dieser Deutung von ὁ θεὸς τοῦ αἰῶνος *Klauck* 1987, 278, *Gräßer* 2002, 152f, *Lang* 1986, 147, *Wolff* 1989, 86, *Furnish* 1989, 220, *Barrett* 1997, 130, *Martin* 1986, 78, *Windisch* 1924, 135f, *Bultmann* 1976, 106, *Thrall* 1994, 306-308.

[147] Vgl. hierzu Röm 1,21ff.

[148] *Klauck* 1987, 281-284, übersetzt intransitiv 'erstrahlen', u.a. weil es der Grundbedeutung von αὐγή näher kommt und der normalen Bedeutung des Aktivums entspricht. Das verändert die Syntax insofern, als das Subjekt dann φωτισμός ist, also: „so dass das Licht des Evangeliums der Doxa Christi nicht mehr erstrahlt" (zu ergänzen wäre: αὐτοῖς). Diese Interpretation wird gestützt von *Pape* 1886 I, 391, der für 2Kor 4,4 die Bedeutung 'glänzen' angibt. Während die Bedeutung 'sehen' im Aktiv eher in poetischen Texten auftaucht (allerdings gibt es auch einen Prosabeleg in Philo, Mos II.139), ist sie im Medium nach Pape ebd. gut bezeugt. Obwohl also die intransitive Bedeutung außerneutestamentlich besser belegt und grammatisch möglich ist, ziehe ich die transitive Variante vor, weil sie inhaltlich besser passt und es außerdem einfacher erscheint, das Subjekt αὐτούς statt des Dativobjekts αὐτοῖς zu ergänzen: Das Nichtsehen der Ungläubigen ist eine Folge ihrer Blendung und αὐγάσαι daher Synonym zu ἀτενίσαι. 4,4 verweist dann auf 3,18. Im Übrigen stellte man sich in der Antike das Sehen als Aussenden von Sehstrahlen vor, so dass das Blenden der Augen bedeutete, die Sehstrahlen auszulöschen. Vgl. zum Konzept des Sehens in der Antike *Weißenrieder* 2005, die allerdings ebd. 341 für die Bedeutung 'strahlen' von αὐγάσαι optiert. Zur Diskussion vgl. *Thrall* 1994, 311f. Sie entscheidet sich für 'sehen' als die im Kontext einfachste Lösung, ebenso *Bultmann* 1976, 108f, *Windisch* 1924, 136, *Lietzmann* 1949, 115.

[149] Das Stichwort εἰκὼν θεοῦ veranlasst viele Exegeten dazu, hier einen Rekurs auf Gen 1,26f zu vermuten und die Stelle als paulinische Auslegung der Gottebenbildlichkeit zu betrachten: Vgl. *Windisch* 1924, 137, *Schlatter* 1969, 528, *Bultmann* 1976, 109, und v.a. *Jervell* 1960, 174; in Anlehnung daran *Scroggs* 1966, 96-98 (allerdings mit Bezug auf Adam) und *Vollenweider* 2002a, 57f. Unzweifelbar spielt das Thema an dieser Stelle eine Rolle, doch wird es nicht deswegen angeführt, um Gen 1,26f christologisch zu erläutern, sondern um die Offenbarungs- und Vorbildfunktion Christi darzustellen. Dazu passt – wie in 1Kor 15,49, Röm 8,29 – auch Gen 5,1.3 und SapSal 7,26. Es ist daher gut möglich, dass die Vorstellung des göttliche Doxa ausstrahlenden Adam (vgl. das Motiv in ApkMos), dem Stammvater der Menschheit, hier ebenso eine Rolle spielt wie Gedanken an die Offenbarerin Gottes auf Erden, die göttliche Sophia. Im unmittelbaren Kontext werden aber weder Adam noch die Weisheit genannt, weshalb es angeraten scheint, sich zunächst auf die kontextdeterminierenden Ausdrücke zu konzentrieren, wenn es um die Bedeutungserschließung geht.

[150] *Bachmann* 1922, 1987, bemerkt das Überraschende dieser Schlusswendung, die vom Kontext her nicht vorbereitet ist.

[151] *Klauck* 1994, 44, bezeichnet das Angesicht Christi als „Reflektor". Gerade die Kombination mit der Lichtmotivik erinnert stark an SapSal 7,26. Gleichzeitig macht die

des Evangeliums, weshalb auch das Evangelium selbst ein Licht (φωτισ-μός)[152] ausstrahlt.

Genauso wie die Israeliten (vgl. 3,14) können aber die Ungläubigen – wegen der Decke auf ihren Herzen – dieses Licht des paulinischen Evangeliums nicht erkennen. Auf diese Legitimation und Anerkennung von außen ist Paulus jedoch nicht angewiesen, sondern er glaubt fest an die Doxa seines Evangeliums.

Darauf kann er vertrauen, weil er eben nicht sich selbst (vgl. 3,1.5), sondern Jesus Christus verkündigt (4,5). Die eigene Person spielt also nach Aussage des Paulus für den Mittlerdienst gar keine Rolle. Entscheidend ist seine Funktion als Verkündiger, der Jesus Christus als κύριος prädiziert. Diese Kyrios-Prädikation impliziert gleichzeitig, Sklave (δοῦλος) der Gemeinde zu sein, und zwar um Jesu willen (V.5). Das Selbstverständnis des Paulus speist sich also aus seiner Erkenntnis Jesu als des Kyrios und dem damit verbundenen Verkündigungsauftrag, dem er seine eigene Person unterordnet.

Auf diese Erkenntnis Jesu kommt Paulus in V.6 zu sprechen:[153] „Denn Gott, der sprach: Aus Dunkelheit wird Licht (auf)leuchten, der ist es, der in unseren Herzen aufleuchtete[154] zum Lichtschein (πρὸς φωτισμόν)[155] der Erkenntnis (γνώσεως)[156] der Doxa Gottes[157] im[158] Angesicht Jesu Chris-

---

Bedeutungsverwandtschaft mit πρόσωπον deutlich, dass die Ikonizität einen somatischen Aspekt besitzt.

[152] Beachte die von *Klauck* 1987, 296, im Anschluss an Philo, mut. 67, som. I.53, Plut., de facie in orbe lunae 929E, 931B, vorgeschlagene Bedeutung 'Widerschein'.

[153] Vgl. *Bultmann* 1976, 112, der sich damit gegen *Lietzmann* 1949, 115, (der V.6 als Antwort auf V.4 betrachtet) und *Windisch* 1924, 140, wendet (der V.6 nur auf V.5aβ bezieht).

[154] Parallel zu 4,6a deute ich ἔλαμψεν intransitiv: mit *Wolff* 1989, 83, *Lietzmann* 1949, 114, *Windisch* 1924, 140. Anders *Back* 2002, 124 Anm. 142, ebenfalls mit Bezug auf 4,6a: Wie im Vordersatz gehe es um das Licht, das aufleuchte, nicht um Gott. So auch *Furnish* 1984, 224, *Bultmann* 1976, 110, *Eltester* 1958, 132. *Klauck* 1987, 290, diskutiert beide Möglichkeiten und bescheinigt der hier vertretenen den Rückhalt im „normalen Sprachgebrauch".

[155] Φωτισμός ist hier passivisch bzw. intransitiv verstanden. Vgl. *Thrall* 1994, 318, *Lietzmann* 1949, 114. Dafür spricht v.a., dass es am einfachsten ist, „Gott" als Subjekt weiterzuführen, während ein aktivisches Verständnis Paulus als Subjekt annehmen muss. So aber *Bultmann* 1976, 101.111, *Barrett*, 1997, 134f, *Furnish* 1984, 251, *Jervell* 1960, 195, *Eltester* 1958, 132. Zur Diskussion beider Möglichkeiten vgl. *Klauck* 1987, 295f, der sich auf grammatischer Ebene für ein passivisches Verständnis entscheidet, seinen Vorschlag aber inhaltlich mit Bultmann in Einklang bringt.

[156] *Genitivus subjectivus*, vgl. *Windisch* 1924, 140. Gegen *Barrett* 1997, 134: *Genitivus appositivus*.

[157] Diese Wiederholung des Subjekts irritiert etwas und ist daher ein Argument für eine transitive Lesart von λάμπειν mit φωτισμός als Subjekt. Es fehlt daher z.B. in P46.

ti."[159] Der Rekurs auf Gen 1,3[160] erinnert an die Erschaffung des Lichtes inmitten der Dunkelheit des Kosmos. Paulus überträgt diese Vorstellung auf den Erkenntnisvorgang: Gott leuchtet in die dunklen, „verstockten" (vgl. 3,14) Herzen (καρδίαι) und befähigt sie dazu, mit Hilfe dieses Lichtes die Doxa Gottes im Angesicht Christi zu erkennen. Diese Erkenntnis beruht also auf einer Veränderung der menschlichen Wahrnehmung,[161] welche „die Dinge in anderem Licht erscheinen lässt". Es handelt sich hier wie in 3,18 also um die Versprachlichung eines Offenbarungserlebnisses, in dem die Realität aus göttlicher Perspektive erscheint.

Spielt Paulus an dieser Stelle auf seine Bekehrung in Damaskus an und beschreibt sie als Vision, in der er den leuchtenden, Doxa ausstrahlenden Jesus als den Christus, seinen Kyrios, erkannte?[162] Für diese Deutung spricht, dass Paulus hier nicht wie in 3,18 explizit alle Christen anspricht, sondern dass es im Kontext speziell um sein Selbstverständnis geht, das er auf diese „Vision" gründet. Dagegen kann man allerdings in Anschlag bringen, dass die fast durchgängig verwendete 1.Person Plural eine allzu individuelle Lesart verhindert und stattdessen die Repräsentativität des paulinischen Missionsverständnisses betonen soll, in der es nicht um seine Person, sondern um seine Funktion geht. In diesem Sinne scheint es mir angebrachter, die paulinische Beschreibung zwar als Ausdruck eines

---

Diese frühe Lesart ist aber andererseits ein Argument dafür, dass λάμπειν intransitiv verstanden und die Syntax daher verändert wurde.

[158] *Gruber* 1998, 298-319, will 4,6 auf die Doxa im Gesicht des Paulus beziehen, indem sie das Fehlen eines Artikels vor προσώπῳ als Hinweis auf eine indeterminierten Gebrauch versteht, also: „Erkenntnis der Doxa in *einem* Gesicht Jesu Christi". Der Genitiv ᾿Ιησοῦ Χριστοῦ ist dann als Genitiv der Zugehörigkeit zu verstehen. Dagegen spricht v.a. die Parallelität zu 4,4. Zur Kritik vgl. *Back* 2002, 124. Überdies wäre dann wohl ein Possessivpronomen (also z.B. ἡμῶν) zu erwarten.

[159] Dem Satz fehlt das Hauptverb. Entweder betrachtet man ἔλαμψεν als solches oder ergänzt ἐστιν. Ich entscheide mich mit *Thrall* 1994, 314 Anm. 862, *Bultmann* 1976, 110, *Lietzmann* 1949, 114, für die letztere der beiden Möglichkeiten und deute den zweiten Relativsatz als Subjekt.

[160] Vgl. *Klauck* 1987, 290, mit weiteren möglichen Parallelen.

[161] Vgl. die Bedeutungsbeschreibung in *Dunn* 2005, 75: „[...] *kardia* denotes ‚the experiencing, motivating I.‘"

[162] Vgl. *Betz* 2000, 382: „Considering ancient ideas about visions, however, it is reasonable to conclude that Paul saw Christ's πρόσωπον. If so, he interpreted Christ's πρόσωπον as the εἰκών of God." Diese Art der Interpretation ist auch Grundlage für die Deutung *Kims*, *Segals* und *Newmans*, die den paulinischen εἰκών-Gebrauch aus dem Damaskuserlebnis herleiten und Paulus in der Tradition von Ez 1,26ff sehen. Vgl. oben, 11-15. Vgl. auch *Back* 2002, 123.142-145 (auch für 2Kor 3,18), *Wolff* 1989, 87, *Barrett* 1997, 133. *Bultmann* 1976, 111, denkt zwar an die paulinische Bekehrung im Hintergrund, aber: „Selbstverständlich ist das πρόσωπον Χριστοῦ sichtbar nicht in der ekstatischen Vision, sondern im Glauben an das verkündigte Wort." *Furnish* 1984, 225.250f, spricht sich gegen einen Bezug auf die Bekehrung aus: Motivation für das Motiv sei der Kontrast zu 3,7.

Bekehrungserlebnisses zu interpretieren, dieses aber gleichzeitig als repräsentativ für die Bekehrung aller Missionare – und letztendlich aller Christen – zu betrachten.[163]

2.2.6. *2Kor 4,7-5,10: Die Apostel als Spiegelbilder der Doxa Gottes in Christus*

2.2.6.1. *4,7-12: Die Transparenz des Todes für das Leben*

Paulus geht nun näher darauf ein, wie das Leben als Vermittler der Erkenntnis Jesu Christi vorzustellen ist. Diesen Schatz (θησαυρός), also die Erkenntnis der Doxa Gottes in Christus[164], trügen die Apostel in irdenen Gefäßen, damit das Übermaß der Kraft (δύναμις) Gott und nicht ihnen selbst zugeschrieben werde (4,7). Die Metapher des Schatzes bezieht sich auf das glitzernde Strahlen der Doxa Gottes auf dem Angesicht Christi. Durch diese visuelle Erkenntnis hält die in Christus gespiegelte Doxa Gottes Einzug in das Herz (καρδία) des Menschen und verwandelt ihn in ihr Spiegelbild, in eine Art Reflektor eschatologischer Wirklichkeit.

Paulus hat also die Vorstellung, dass die Erkenntnis der bereits wirksamen eschatologischen Realität in ihm verborgen ist, und zwar umhüllt von seinem irdischen Körper, den er als irdenes Gefäß für diesen Schatz bezeichnet. Körper und eschatologische Realität stehen daher in einem Kontrastverhältnis. Dieser Kontrast zwischen dem irdischen Körper und der bereits wirksamen eschatologischen Kraft macht für alle, d.h. sowohl für den Träger als auch für die Betrachter, deutlich, dass im paulinischen Soma nicht menschliche, sondern göttliche Energien wirken müssen, denn eine anderem menschliche „Kraftquelle" ist nicht sichtbar. Es ist also gerade das Paradox von Innen und Außen, das die christliche Existenz auf Erden prägt und auf diese Weise zum Mittel der Verkündigung des göttlichen Wirkens wird.

Nur das Bewusstsein, Spiegelbild Christi zu sein, schenkt den Aposteln die Kraft, die von außen auf sie einstürmenden Widrigkeiten und Leiden so zu ertragen, dass sie nie den Mut verlieren (4,8f). Diese Leiden sind der somatische Ausdruck des Todes[165] Jesu[166] (νέκρωσις ᾿Ιησοῦ), den die

---

[163] Vgl. *Theißen* 1993, 129, *Klauck* 1994, 44, *Thrall* 1994, 298.316-320.

[164] Vgl. *Thrall* 1994, 322: das in Christus geoffenbarte Evangelium. Zur Traditionsgeschichte des Bildes vgl. ebd. 322-324.

[165] Νέκρωσις bedeutet hier 'Tod', nicht 'Tötung'. Vgl. *Thrall* 1994, 331f, *Güttgemanns* 1966, 114-119. Gegen *Windisch* 1924, 145.

[166] Der auffällige Gebrauch des Namens Jesu (ohne Christus-Titel) ist für *Güttgemanns* 1966, 112-119, ein Argument für seine These, Paulus behaupte hier polemisch die Identität von irdischem und auferstandenem Jesus gegen anderslautende Interpretationen in Korinth. Einen polemischen Tonfall kann ich allerdings nicht erkennen. Immerhin ist der Gebrauch der Namensform (vgl. auch 4,5) aber bemerkenswert und könnte ein Hinweis darauf sein, dass Paulus sich hier mit Jesus identifiziert.

Apostel überall *in* ihrem Körper umhertragen (πάντοτε τὴν νέκρωσιν τοῦ 'Ιησοῦ ἐν τῷ σώματι περιφέροντες), damit auch das Leben Jesu in ihrem Körper offenbar werde (ἵνα καὶ ἡ ζωὴ τοῦ 'Ιησοῦ ἐν τῷ σώματι ἡμῶν φανερωθῇ; 4,10).

Während der Tod Jesu relativ deutlich auf die Leiden der Apostel rekurriert, ist unklar, was Paulus mit dem Leben Jesu in seinem Körper meint: Bezieht er sich auf die endzeitliche Verwandlung der Körper und sieht die Leiden sozusagen als Vorbedingung für diese Verwandlung an,[167] oder bezieht er sich auf gegenwärtige Erlebnisse, in denen er die Auferstehung Jesu widergespiegelt sieht?

Aus der Perspektive von 4,11 scheint letzteres der Fall zu sein, denn Paulus erläutert dort: „Immer nämlich werden wir, die Lebenden, in den Tod gegeben (εἰς θάνατον παραδιδόμεθα)[168] um Jesu willen, damit auch das Leben Jesu in unserem sterblichen Fleisch offenbar werde (ἵνα καὶ ἡ ζωὴ τοῦ 'Ιησοῦ φανερωθῇ ἐν τῇ θνητῇ σαρκὶ ἡμῶν)." Es liegt nahe, die Errettung aus Todesgefahr, auf die Paulus z.B. in 1,8-11 zu sprechen kommt, als solche proleptischen „Auferstehungserfahrungen" zu interpretieren.[169] Diese geben den Aposteln wiederum die Kraft, die Leiden zu ertragen, weil sie ihren Glauben an die eschatologische Verwandlung stärken. Todesgefahr und Errettung gehören dann zur somatischen „Inszenierung" des Christusereignisses. Der Körper wird zum Ort der Offenbarung Christi, worauf auch der Gebrauch von φανεροῦν verweist (vgl. auch 2,14; 3,3).[170]

---

[167] So *Lietzmann* 1949, 116, der das „Leben" hier auf die Auferstehung im Eschaton bezieht.

[168] Es handelt sich also nicht um bewusst gesuchte Leiden des Apostels. Vgl. *Thrall* 1994, 336f.

[169] Paulus will also nicht auf ein progressives Anwachsen des pneumatischen Kerns des Menschen hinaus. So *Lietzmann* 1949, 116, und *Windisch* 1924, 146. Beide denken hier zu sehr vor philonischem Hintergrund. Es geht ihm stattdessen um die Prägung des diesseitigen Lebens durch eine visuell vorgestellte eschatologische Erkenntnis.

[170] Gegen *Güttgemanns'* These von der Epiphanie des Gekreuzigten im apostolischen Körper (vgl. *Güttgemanns* 1966, z.B. 29f.112-119.195-198), wendet sich *Thrall* 1994, 330f.335. Nicht nur der Tod Jesu, auch seine Auferstehung würde nach Paulus somatisch erkennbar. Es handele sich also um zwei voneinander geschiedene, auch zeitlich getrennte Realitäten. Sie vermutet: „One cannot escape the impression that the various alternative ways of understanding the antitheses are (in part, at least) designed to eliminate the ‚visibility' of those aspects of Paul's experience which he attributed to the power of God. But is this how Paul himself saw them? We should prefer to say, with Lambrecht, that the apostle saw his life as manifesting, in a visible way, in the midst of weakness and dying much victory, power and glory." Diesen Aspekt möchte ich mit *Thrall* gegen Güttgemanns betonen. Allerdings ist darauf hinzuweisen, dass die paulinische Doxa offensichtlich nur mit Hilfe eines besonderen, vielleicht pneumatischen, Sehens erkannt werden kann (vgl. 3,18; 4,6.16-18) und sich aus dem Bewusstsein der eschatologischen Verwandlung speist.

In seiner Rolle als Missionar hat Paulus v.a. die Erkenntnis- und Offen-
barungsfunktion für andere im Blick, und diese Offenbarung Christi ereignet sich eben nicht nur im Wort, sondern auch im darstellenden Körper[171].
Die Schwäche des sterbenden Körpers wird für diejenigen, die darin Gottes
Doxa erkennen, zur Kraft des Lebens, denn der Tod, der in den Aposteln
wirkt, schafft in den Korinthern Leben, weil sie darin die Kraft Gottes, die
göttliche Doxa in Christus, erkennen und verwandelt werden (4,12).[172] Die
Apostel werden also für diejenigen, die dies zu erkennen verstehen, zu
Spiegelbildern der Doxa Gottes in Christus, weil ihre Schwäche und ihr
Leiden transparent sind für das Auferstehungshandeln Gottes an Chris-
tus.[173] Darin sind sie auch Vorbilder für die Korinther.[174]

2.2.6.2. 4,13-15: Der Dank für die Rettung aus dem Tod als Offenbarwerdung der Doxa Gottes auf Erden

Mit Bezug auf Ps 115,1 (LXX) verweist Paulus auf seinen Glauben als
Beweggrund seiner Verkündigung (vgl. auch 4,6). Dieser Glaube nimmt
ihm in der Nachfolge des leidenden Gerechten[175] die Angst und hilft, die
Mühsal zu ertragen, die sein Dienst mit sich bringt (4,13). Denn die Missionare wissen, dass Gott, der den Kyrios Jesus auferweckt hat, auch sie
selbst mit Jesus auferwecken (καὶ ἡμᾶς σὺν Ἰησοῦ ἐγερεῖ) und sie,
gemeinsam mit den Korinthern, vor sich stellen (παραστήσει) wird.
Durch den Dank der Geretteten wird die Doxa Gottes auf Erden verstärkt
(vgl. auch 2Kor 1,11).

2.2.6.3. 4,16-18: Der Verfall des sichtbaren äußeren Mensch als Offenbarung des noch unsichtbaren inneren Menschen

Paulus wiederholt hier seine Folgerung aus 4,1: Aus diesem Grund (διό),
d.h. aus diesem Wissen um das göttliche Handeln heraus, werden die Mis-

---

[171] Vgl. auch *Windisch* 1924, 145: „P. bezeichnet hier sein Leben als eine fortlaufende
Darstellung der Passion Jesu." Diese Darstellung ist aber nicht Selbstzweck bzw. Mittel
„mystischer" Jesusgemeinschaft (so *Lietzmann* 1949, 116, *Windisch* 1924, 146f), sondern
sie ist als körperliche Inszenierung göttlichen Wirkens zum Zwecke der Mission vorzustellen und beinhaltet keineswegs nur das Leiden, sondern auch die Erlösung.
[172] Ob man aber *Lietzmanns* Paraphrasierung zustimmen kann, ist fraglich: „Trivial
ausgedrückt würde das lauten: mir geht es wegen meiner Arbeit in der Mission (δι'
ὑμᾶς, V.15) körperlich immer schlechter und euch infolgedessen geistig immer besser."
Richtig ist, dass das Verkünden des Evangeliums Leiden mit sich bringt, das Evangelium
aber Leben schenkt. Vgl. auch *Thrall* 1994, 337.
[173] Vgl. *Rowe* 2005.
[174] Vgl. *Betz* 2000, 334 Anm. 86: „Paul's humanity makes it possible for Christians to
imitate him, and Christ through him."
[175] Zur Verarbeitung des Topos des leidenden Gerechten durch den Rekurs auf Ps 115
(LXX) vgl. *Thrall* 1994, 339-341.

sionare nicht müde (4,16a): „sondern wenn auch unser äußerer Mensch (ὁ ἔξω ἡμῶν ἄνθρωπος) vernichtet wird (διαφθείρεται), wird aber unser innerer Mensch (ὁ ἔσω ἡμῶν) von Tag zu Tag erneuert (ἀνακαινοῦται)" (4,16b).

Der äußere Mensch ist das, was ihre Umwelt von den Missionaren wahrnimmt. Diese Außenseite ist gleichzusetzen mit dem leidenden, schwachen Körper, der scheinbar jeder Herrlichkeit entbehrt.[176] An diesem Körper aber wird Gottes Handeln immer wieder sichtbar, und dies stärkt und erneuert den inneren Menschen,[177] d.h. den Menschen, der die Doxa Gottes in Christus als bereits wirksames Spiegelbild seiner selbst erkannt hat.[178] Es geht Paulus also an dieser Stelle keinesfalls um eine Bewertung der beiden Anthropoi, sondern um die Feststellung ihres paradoxen Zusammenspiels auf Erden. Bild Christi ist der diesseitige Mensch nur als Kombination von innerem und äußerem Menschen,[179] genauso wie Christus auf Erden nur als der gekreuzigte Auferstandene erkannt werden kann.

Aus dieser eschatologischen Perspektive der Erlösung sind die Mühen und Nöte, denen die Apostel auf Erden ausgesetzt sind, nur ein derzeitiger, ein momentaner und daher „leichter" Zustand (τὸ γὰρ παραυτίκα

---

[176] Vgl. z.B. *Windisch* 1924, 153, *Thrall* 1994, 347.

[177] Zur Traditionsgeschichte des Motivs vom inneren Menschen vgl. *Heckel* 1993, *Thrall* 1994, 348-351. Ausgehend von Plato, rep 9.588-589, verfolgt *Heckel* die Metapher bis zu Philo, den er als Urheber einer alexandrinischen Tradition über den inneren Menschen betrachtet. Von hier aus sei die Vorstellung nach Korinth gekommen, von den paulinischen Gegnern übernommen und von Paulus daher an dieser Stelle in veränderter Weise (z.B. bzgl. der täglichen Erneuerung des inneren Menschen) aufgegriffen worden. So auch *Jewett* 1971, 460, *Güttgemanns* 1966, 115. Die Annahme, Paulus greife mit der Metapher gegnerisches Vokabular auf, ist aber zu einseitig, denn an dieser Stelle weist nichts darauf hin, dass sich Paulus explizit bzw. polemisch auf seine korinthischen Gegner bezieht. Allerdings kann es natürlich sein, dass Paulus seine Auffassung vom inneren Menschen in Diskussion mit den Korinthern oder seinen Mitarbeitern formte. Vgl. dazu *Betz* 2000, 320.324f.339-341. In jedem Fall fällt die paulinische Interpretation des Ausdrucks völlig anders aus als die platonische, vgl. *Markschies* 1997, 280. Mit *Thrall* 1994, 348-351, ist eher anzunehmen, dass sich Paulus hier gegen seine korinthischen Widersacher wendet, die ihn wegen seiner unspektakulären äußeren Erscheinung angreifen.

[178] Gegen *Lietzmann* 1949, 117, der den inneren Menschen mit dem sich progressiv entwickelnden pneumatischen Kern des Menschen, dem werdenden Christus im Christen, gleichsetzt. Ebenso *Windisch* 1924, 145 (etwas anders ebd. 154). Das ist aber zu „philonisch" gedacht. Paulus stellt sich die Ebenbildlichkeit nicht als progressive Verwandlung eines geistigen Inneren vor, sondern die Verwandlung geschieht mit der Bekehrung als eine Verwandlung der (körperlichen) Wahrnehmung, die immer wieder erneuert, aber nicht gesteigert wird. Das ist auch gegen *Gundry* 1976, 136f, anzumerken, der den ἔσω ἄνθρωπος mit dem „humann spirit, the center of psychical feelings" (ebd. 137), gleichsetzt.

[179] Vgl. *Betz* 2000, 334: „In principle the ἔσω ἄνθρωπος does not have a higher status than the ἔξω ἄνθρωπος, but both are the two aspects of the same ἄνθρωπος."

ἐλαφρὸν τῆς θλίψεως ἡμῶν καθ᾽ ὑπερβολὴν εἰς ὑπερβολὴν), der im (inneren) Menschen die ewige Schwere der Doxa bewirkt (αἰώνιον βάρος δόξης κατεργάζεται ἡμῖν; 4,17).

Das derzeitige körperliche Leiden an der Oberfläche verursacht also eine Art „Anreicherung" der eschatologischen Doxa „in der Tiefe" der menschlichen Existenz. Dieses komplexe Wechselspiel von „innerer" Doxa und „äußerem" Leiden wird damit zum somatischen Ausdruck – nicht zur Bedingung – der Heilsgewissheit.[180]

Die göttliche Doxa ist zwar unsichtbar, aber für den Glaubenden doch erkenn- und erfahrbar. So richten die Apostel ihr Augenmerk nicht auf das (σκοπεῖν), was sichtbar ist (nämlich die Leiden), sondern auf das, was nicht sichtbar, aber eben für sie doch erkennbar ist (μὴ σκοπούντων ἡμῶν τὰ βλεπόμενα ἀλλὰ τὰ μὴ βλεπόμενα). Das Sichtbare aber ist das Vorläufige, nämlich der leidende Körper; das Unsichtbare dagegen – die Doxa Gottes in Christus und im Glaubenden – besitzt Ewigkeitscharakter (τὰ γὰρ βλεπόμενα πρόσκαιρα, τὰ δὲ μὴ βλεπόμενα αἰώνια). Um dieses komplexe Zusammenspiel von äußerem Leiden und innerer Gewissheit des zukünftigen Auferstehungskörpers geht es Paulus im Folgenden: 4,17f ist also als eine Art These (*propositio*) für das Folgende anzusehen.[181]

2.2.6.4. 5,1-10: Irdisches Leben aus der Perspektive der Auferstehung

2.2.6.4.1. 5,1-5: Die Sehnsucht nach der Überkleidung mit dem neuen Körper

Das Wissen um das Unsichtbare, also die göttliche Doxa (vgl. 4,17f), setzt Paulus gleich mit dem Wissen um den zukünftigen Körper im Himmel: „Denn wir wissen: Wenn unsere irdische Zeltwohnung vernichtet wird, haben wir eine Behausung von Gott, eine nicht von Händen gemachte ewige Wohnung im Himmel." Bezieht man diese Aussage auf 3,18 bzw. 4,6, bedeutet das: Im Spiegel des Antlitzes Christi sehen die Gläubigen nicht nur die Doxa Gottes, sondern auch ihren eigenen, von Doxa geprägten

---

[180] Vgl. aber *Windisch* 1924, 155, der die Aussage – wenn auch vorsichtig – im Rahmen einer Märtyrertheologie interpretiert und die Doxa als Lohn der Leiden begreift.

[181] Vgl. *Bulembat* 1997, 149-151, der allerdings 4,17-5,10 zusammenfasst. 5,1-10 spielt dann die Rolle der *probatio* der in 4,17-18a aufgestellten *propositio*; 4,16 fungiert als *transitio*. Das bedeutet: Mit 4,16 kündigt Paulus an, dass er das zuvor besprochene Thema der apostolischen Leiden nun unter einem neuen Aspekt betrachten wird. Auf die Scharnierfunktion des Abschnittes macht auch *Thrall* 1994, 347, aufmerksam. Allerdings betrachtet sie den Bruch in 5,1 als deutliches Zeichen für den Beginn eines neuen Abschnittes.

„eschatologischen" Körper.[182] Nur aus dieser eschatologischen Perspektive ist er bereits existent; nur im Spiegel Christi kann er erkannt werden. In Kraft tritt er aber erst im Moment des Todes.[183] Die irdische Zeltwohnung dagegen ist gleichzusetzen mit dem vorläufig Sichtbaren aus 4,17f, also dem vorfindlichen irdischen, dem leidenden Körper.[184]

Die gläubige Existenz im Diesseits ist nun nach Paulus bestimmt von dem Vertrauen darauf, dass hinter dem sterbenden bzw. dem leidenden irdischen Körper bereits jetzt der von Gott bestimmte, der „richtige" Körper bereit steht, auch wenn er noch nicht „aktiviert" ist.[185] Der irdische Körper ist also der Ort der Sehnsucht nach dem anderen, dem „richtigen" Körper (vgl. Röm 8,23): „Denn wahrlich (καὶ γάρ)[186], in diesem [Zelt] (ἐν τούτῳ, zu ergänzen: σκῆνος, vgl. V.4a)[187] seufzen wir (στενάζομεν), weil wir uns danach sehnen (ἐπιποθοῦντες), mit unserer Behausung aus dem Himmel (τὸ οἰκητήριον ἡμῶν τὸ ἐξ οὐρανοῦ)

---

[182] Es handelt sich dabei um das pneumatische Soma aus 1Kor 15. Vgl. *Thrall* 1994, 370, die ebd. 363-368 andere Deutungsmöglichkeiten diskutiert.

[183] Vgl. *Lietzmann* 1949, 117f, *Windisch* 1924, 157.160. Die Syntax des Satzes (wenn ... dann) macht deutlich, dass der Übergang in das neue Soma mit dem Tod stattfindet. Zur Diskussion der Frage, wann der himmlische Körper in Kraft tritt, vgl. *Thrall* 1994, 368-370. Auch sie plädiert für den Tod als Bezugspunkt des neuen Somas. Das bedeutet, dass Paulus den Tod von der Parusie abkoppelt und den neuen Körper unabhängig von der Parusie gleich nach Eintritt des Todes erwartet. Dies wiederum steht im Widerspruch zu seinen Aussagen in 1Kor 15, wo er die Verwandlung der Körper eindeutig mit der Parusie verknüpft. Vielleicht ändert er seine Auffassung durch eigene Leidens- und Todeserfahrungen, die ihm bewusst machen, dass der Tod ihn nicht von Christus trennt, sondern ihn ihm in besonderer Weise nahe bringt. Vgl. dazu *Thrall* 1994, 399f. Paulus selbst geht auf diese Frage jedenfalls nicht näher ein, sondern zielt an dieser Stelle auf die Gegenüberstellung der Körper ab: Vgl. *Kümmel* in *Lietzmann* 1949, 202.

[184] Zu möglichen traditionsgeschichtlichen Hintergründen vgl. *Thrall* 1994, 357-362. *Thrall* optiert für eine im Hintergrund stehende griechische Tradition, wie sie auch in SapSal 9,15 zum Ausdruck kommt (in beiden Texten ist σκῆνος *hapax legomenon*). Allerdings sei diese hier nicht strikt dualistisch gebraucht. Die Zeltmetapher beziehe sich auf den „material body" (ebd. 361).

[185] Auch an dieser Stelle muss das Bild der Nacktheit interpretiert werden. Geht man von der Deutung des Motivs in 1Kor 15,37 aus, bezieht sich die Nacktheit auf den im Vergleich zum himmlischen nackten irdischen Körper, nicht aber auf die nackte, körperlose Seele. Paulus denkt also nicht an einen körperlosen Zwischenzustand (so aber *Lietzmann* 1949, 117f; vgl. auch *Lampe* 2002, 110-112). Im Gegenteil: Paulus glaubt gerade *nicht* an einen solchen Zwischenzustand, sondern daran, dass es für Christen keine Körperlosigkeit gibt. Vgl. *Bulembat* 1997, 164-166.184, *Bultmann* 1976, 132-135.

[186] Die Konjunktion bezieht sich nicht kausativ auf οἴδαμεν aus V.1. Es ist also nicht so, dass Paulus um seinen himmlischen Körper weiß, weil er sich danach sehnt. Vielmehr beziehen sich sowohl V.1 als auch V.2 auf 4,18a und sind koordinierend zu verstehen. Vgl. *Thrall* 1994, 370-373.

[187] Vgl. *Windisch* 1924, 160f. Gegen *Bultmann* 1976, 136, der ἐν τούτῳ als Adverb versteht.

überkleidet (ἐπενδύσασθαι) zu werden, insofern wir ja (εἴ γε καί)[188] als solche, die sich angezogen haben (ἐνδυσάμενοι), nicht (aber) nackt (γυμνοί) befunden werden (εὑρεθησόμεθα)" (5,2f).[189]

V.3 macht deutlich, dass Paulus hier von der auch in 1Kor 15,53f formulierten Verwandlungsvorstellung ausgeht. Diese Verwandlung stellt er sich – wie in 1Kor 15,53f – als Bekleidung (ἐνδύσασθαι) des „nackten", d.h. des sterblichen und im Vergleich zum eschatologischen Dasein inadäquaten irdischen Körpers mit dem neuen Himmelskörper vor.

In VV.2.4 geht es Paulus aber um die Sehnsucht der leidenden Christen, schon jetzt mit dem Himmelsleib bekleidet zu werden, d.h. die Erlösung schon vorzeitig zu erleben. Dies aber würde bedeuten, nicht den nackten Körper zu *be*kleiden, sondern den noch angezogenen, d.h. den noch adäquaten irdischen Körper zu *über*kleiden (ἐπενδύσασθαι).[190] Paulus betrachtet ἐνδύσασθαι also als Bezeichnung für die Verwandlung des nackten Körpers im Tod bzw. bei der Parusie, während ἐπενδύσασθαι sich auf das vorzeitige Sehnen nach der Erlösung bezieht und in diesem Falle als der Situation eigentlich nicht angemessenes Überkleiden des alten, noch angezogenen Körpers angesehen werden muss.[191]

Das Wort ἐκδύσασθαι steht dann in V.4 für den Tod des diesseitigen Körpers als Endpunkt der Leiden. Die Missionare fürchten sich also davor, den Tod als Endpunkt ihrer Leiden und der Zerstörung ihrer Körper zu erleben.[192] Sie sehnen sich daher danach, diesen Vorgang des Sterbens, des Verfalls des äußeren Menschen, abzukürzen: Schon jetzt wollen sie mit dem neuen Körper überkleidet (ἐπενδύσασθαι) werden, um dem Tod, dem Ausgezogenwerden, zu entgehen.

---

[188] Die Konjunktion erinnert hier an eine als selbstverständlich erachtete Voraussetzung. Vgl. *Kühner-Gerth* II, 177f, *BDR* 1990, §439.3, *Bauer* 1971, 303 („wenn anders, insofern ja").

[189] An dieser Stelle ist zunächst auf die Textgrundlage einzugehen: NA[27] bevorzugt (wie z.B. auch *Bultmann* 1976, 137f) die Variante ἐκδυσάμενοι statt ἐνδυσάμενοι, obwohl ἐκδυσάμενοι nur von D, den lateinischen Codices ar und f (Korrektor) sowie von Marcion, Tertullian und der pseudo-augustinischen Schrift Speculum bezeugt ist. Dagegen steht die Masse der Zeugen mit der Lesart ἐνδυσάμενοι, die auch von NA[25], Tischendorf, Westcott/Hort, von Soden, Vogels, Merk und Bover als ursprünglich akzeptiert wurde. Für die Lesart von NA[27] spricht allein die Annahme, der Satz sei sonst eine Tautologie (vgl. *Metzger* 1994, 511) und besitze nur „trivialen Sinn" (so *Bultmann* 1976, 137). Demgegenüber ist hier der äußeren Bezeugung der Vorzug zu geben und zu versuchen, den Satz in diesem Sinne zu verstehen. Mit *Windisch* 1924, 162, *Bulembat* 1997, 159f, *Thrall* 1994, 373.

[190] Nach *Bulembat* 1997, 163-169, kommt in den beiden Wörtern ἐνδύσασθαι und ἐπενδύσασθαι eine bewusste Intention des Paulus zum Ausdruck.

[191] Vgl. *Gundry* 1976, 152.

[192] Vgl. *Thrall* 1994, 381f.

Dieses Sehnen nach dem neuen Körper bewirkt Gott,[193] und es ist ausgelöst durch das Pneuma, dem Unterpfand der eschatologischen Existenz. Wie in Röm 8 gibt das Pneuma den Gläubigen also die Gewissheit der kommenden Erlösung ihres Körpers (vgl. Röm 8,23.26), den Gott mit dem Körper Christi gleichgestalten wird (vgl. Röm 8,29).[194] Im Geist können die Christen ihren neuen Körper bereits im Spiegel sehen und erfahren so die Gewissheit, dass ihr Leiden ein Ende haben wird.

2.2.6.4.2. *2Kor 5,6-10: Die Sehnsucht nach dem eschatologischen Soma prägt das irdische Soma*

Das Unterpfand des Pneuma gibt den Christen das Vertrauen, dass ihr Leiden nicht das Ende darstellt: „Während wird nun überall guter Zuversicht sind (θαρροῦντες) und (καί)[195] wissen (εἰδότες), dass wir, solange wir noch im Körper (ἐν τῷ σώματι) einheimisch sind (ἐνδημοῦντες), außerhalb des Herrn wohnen (ἐκδημοῦμεν ἀπὸ τοῦ κυρίου);[196] – durch den Glauben (διὰ πίστεως) nämlich wandeln wir, nicht durch die äußere Gestalt[197] (διὰ εἴδους)! – sind wir aber guter Zuversicht und wollen lieber aus dem Körper ausgesiedelt (ἐκδημῆσαι) und beim Herrn einheimisch geworden sein (ἐνδημῆσαι)"[198] (V.6-8).

Die Verse beschreiben – gerade in ihrer komplizierten, „mündlich" wirkenden Syntax – das irdische Dasein der Missionare: Das Pneuma gibt ihnen einerseits die nötige Zuversicht und Gewissheit, dass ihrem leidenden Körper ein Himmelskörper gegenübersteht.[199] Daraus folgt aber gleichzeitig, dass sie den irdischen Körper als „falsch" bzw. unzureichend erleben und sich daher aus ihm wegsehnen, weil er die letzte Barriere zur vollkommenen, nämlich somatischen Gemeinschaft mit Christus darstellt.

---

[193] εἰς αὐτὸ τοῦτο bezieht sich auf V.4. Vgl. *Thrall* 1994, 382-385.

[194] Vgl. *Bultmann* 1976, 141: „Das Seufzen unter der Last des vergänglichen Leibes gilt als Erkenntnisgrund für das Bevorstehen einer unvergänglichen Existenz wie Röm 8₂₁₋₂₃."

[195] Zur koordinierenden Funktion vgl. *Bultmann* 1976, 142; konzessiv versteht *Bulembat* 1997, 174; Ähnliches vermutet wohl *Windisch* 1924, 166, der daher den Text anzweifelt.

[196] V.6 ist ein Anakoluth. Vgl. *Windisch* 1924, 165, *Lietzmann* 1949, 121, *Bultmann* 1976, 141.

[197] *Bultmann* 1976, 142f, plädiert wie *Lietzmann* 1949, 120f, und *Bauer* 1988, 446, für einen aktivischen Sinn: „das Schauen". Dafür fehlen die Belege, vgl. *Thrall* 1994, 386-389. Daher übersetze ich mit 'Gestalt'. *Windisch* 1924, 167, verweist hierfür auch auf Hebr 10,1: „αὐτὴν τὴν εἰκόνα τῶν πραγμάτων".

[198] Zum Aufbau des Abschnittes vgl. auch *Bulembat* 1997, 175f, *Bultmann* 1976, 141.

[199] Es geht hier nicht um einen Zwischenzustand, in dem der Glaubende körperlos bei Christus weilt. Eine evtl. Körperlosigkeit kommt hier gar nicht in den Blick. Vgl. auch *Bultmann* 1976, 142.

Gerade das Pneuma macht also immer wieder auf die Fehlerhaftigkeit des irdischen Körpers aufmerksam und bringt den Gläubigen dazu, ihn vorzeitig verlassen zu wollen.

Diesem Wunsch entspricht man nach Paulus, wenn man bereits jetzt so lebt, als befände man sich schon in der somatischen Nähe des auferweckten Christus und könnte ihn schauen.[200] Die eschatologische Wirklichkeit wirkt dann insofern prägend auf das irdische Soma, als dass man dem Herrn wohlgefällig ist und entsprechend seinem Willen handelt – ganz gleich, ob im alten Soma oder außerhalb desselben[201] (5,9): „Denn wir alle[202] müssen offenbar werden vor dem Richterstuhl Christi, damit jeder das des Körpers empfange, in Hinsicht auf das, was er getan hat" (5,10). Die Identität des Somas bestimmt sich also aus seinem Tun vor dem Angesicht des Auferstandenen, und in dieser Hinsicht kann man sagen, dass das Auferstehungssoma bereits im irdischen Soma wirksam ist.

2.2.7. 2Kor 5,11-21: Die Beurteilung des Menschen aus der Perspektive seiner Erlösung

Weil Paulus und die Seinen wissen, dass die Taten des Menschen vor dem Richterstuhl Christi offenbar werden, sehen sie es als ihre Aufgabe an, die Menschen vom göttlichen Handeln an Christus zu überzeugen, doch offenbar geworden sind sie nur Gott (5,11). Aufgabe der Apostel auf Erden ist also die werbende Verkündigung unter den Menschen: Wenn diese sie nicht in ihrer Lauterkeit erkennen, so können sie doch darauf vertrauen, dass Gott sie gänzlich erkannt hat. Daher hofft Paulus auch, dass er in den Gewissen der Korinther offenbar geworden ist, d.h. wie von Gott, so auch von ihnen in seiner Lauterkeit erkannt wurde. Paulus unterliegt also zwar allein dem Urteil Gottes, hofft aber dennoch bzw. aus diesem Grund, dass er auch vor dem Urteil der Korinther besteht.

Wieder kommt er auf den in Korinth laut gewordenen Vorwurf der Selbstempfehlung zurück: Er empfehle sich nicht selbst, sondern gebe den Korinthern eine Gelegenheit des Ruhmes (ἀφορμὴ καυχήματος) über ihn und seine Mitarbeiter, damit sie diese Gelegenheit vor (πρός) denjenigen, die sich im Angesicht (ἐν προσώπῳ) rühmen und nicht im Herzen (ἐν καρδίᾳ), verwirklichen können.

Paulus gibt den Korinthern damit eine indirekte Handlungsanweisung, wie sie vor seinen Angreifern in Korinth für ihn argumentieren können:

---

[200] *Thrall* 1994, 389, interpretiert εἶδος als „[...] the form of the glorious exalted Christ." Vgl. auch *Heinrici* 1900, 185.

[201] Der Ausdruck ist formelhaft im Sinne eines „so oder so" zu verstehen. Vgl. *Windisch* 1924, 169f.

[202] Hier werden wie in 2Kor 3,18 alle Christen angesprochen. Vgl. *Bultmann* 1976, 145.

Während die Gegner vielleicht meinen, sich durch äußerliche Merkmale als Träger der göttlichen Doxa zu qualifizieren (beachte ἐν προσώπῳ), kommt es für Paulus auf das von der eschatologischen Wirklichkeit geprägte Handeln im leidenden Soma an. In diesem Sinne, d.h. als einen vor Gott (und nicht vor den Menschen) als lauter befundenen Offenbarer der Doxa Gottes in Christus, sollen sie ihn rühmen. Der gesamte vorherige Text ist daher als Darlegung des paulinischen Selbstverständnisses zu betrachten: So möchte Paulus gesehen und verstanden werden; in diesem Sinne versteht er sich als Beispiel und Repräsentant für andere Missionare.

Die Missionare um Paulus wollen die Menschen nicht nach dem Fleisch, d.h. nach ihrem nach außen getragenen Erscheinen, beurteilen, sondern in jedem die Doxa Christi erkennen (vgl. 5,13-15). Diese Aussage begründet Paulus christologisch. Der Christus nach dem Fleisch, der Jesus vor der Auferstehung, ist für sich allein nicht relevant, sondern entscheidend ist die an ihm vollzogene göttliche Tat, die ihn im Licht der göttlichen Doxa erscheinen lässt.[203] Erst als Christus erhält der irdische Jesus Bedeutung. Diese Sicht der göttlichen Neuschöpfung Christi stellt die Beurteilungsperspektive dar, die auch die Christen einnehmen sollen. „Wenn jemand nämlich in Christus ist, so ist er ein neues Geschöpf: Das Alte ist vergangen, siehe, Neues ist geworden." (5,17)

Diese Perspektive der neuen Schöpfung ist die maßgebliche Einstellung, aus der heraus sowohl Paulus als auch die Korinther ihre Urteile über einander fällen sollten. Aus dieser Perspektive ist Versöhnung möglich, denn diese Art des Sehens erfasst den Menschen im Spiegel Christi als bereits Erlösten und sieht daher von seinem bisherigen irdischen Dasein ab. Diese Art des Urteilens aber kann nicht aus den Menschen selbst erwachsen, sondern kommt von Gott, der die Menschen mit sich selbst durch Christus versöhnt hat und ihnen den Auftrag gibt, sich auch selbst in den Dienst der Versöhnung (διακονία τῆς καταλλαγῆς) zu stellen (5,18f).

Paulus versteht sich vor diesem Hintergrund als Gesandter Christi, durch den Gott die Korinther mahnt, dass sie sich mit Gott versöhnen lassen sollen. Gerechtigkeit vor Gott entsteht nach Paulus dadurch, dass man dieses göttliche Versöhnungsgeschehen auf Erden Wirklichkeit werden lässt (vgl. 5,20). Auf sehr indirekte Weise lässt Paulus die Korinther also wissen, dass er auch ihre gegenseitige Versöhnung als notwendige Konsequenz des Christusgeschehens auffasst.

---

[203] Es wird der Bezug von κατὰ σάρκα auf das Substantiv oder auf das Verb diskutiert. In beiden Fällen geht es aber um die veränderte Wahrnehmung Jesu Christi. Vgl. *Dunn* 2005, 184.

2.2.8. *2Kor 6,1-10: Offenbarung neuen Lebens im Sterben des alten*

Diese Versöhnung ist nicht in die Zukunft aufzuschieben, sie muss jetzt stattfinden, in einer Zeit, die Paulus als Zeit der Gnade ausweist. Daher wollen Paulus und seine Mitarbeiter keinen Anstoß erregen, der in dieser entscheidenden Zeit Uneinigkeit produzieren könnte. Stattdessen gilt es, sich selbst in allen Situationen als Mittler Gottes (διάκονοι θεοῦ) zu empfehlen. Dies wird besonders deutlich im Ertragen der Nöte und Leiden, die die Mission mit sich bringt, die aber durch die Hoffnung auf die Erlösung bereits im Sinne der neuen Schöpfung wahrgenommen werden.

Paulus setzt an, die sich aus dem eschatologischen Blick ergebenden Folgen für die Einstellung der Apostel gegenüber dem Leiden zu konkretisieren: Die Gewissheit der Erlösung bewirkt, dass die derzeitigen Leiden von ihrer Gegenseite her betrachtet und damit relativiert werden: wie Irrende, und doch wahrhaftig, wie Unbekannte, und doch erkannt, wie Sterbende und siehe, wir leben, wie Gezüchtigte und nicht getötet, wie Trauernde, immer aber fröhlich, wie Arme, aber viele bereichernd, wie Habenichtse, die aber alles besitzen (vgl. 6,9f).

In all diesen Situationen, in denen der Mensch von den Kräften des Todes, die sein altes Soma bedrängen, nicht erdrückt wird, sondern aus der Hoffnung auf seinen wahren Körper im Himmel, seine bereits erfolgte, aber noch nicht sichtbar gewordenen Neuschöpfung durch Gott, lebt, scheint in seinem Leiden die Doxa Gottes in Christus auf, wird sein Soma transparent für die Doxa Gottes und auf diese Weise zum Spiegelbild Christi.

2.2.9. *2Kor 6,11-13: Bitte um Versöhnung*

Paulus bittet daher die Korinther, seiner Versöhnungshaltung zu folgen und sich auf eine Versöhnung mit ihm einzulassen.

2.2.10. *2Kor 7,2-4: Gegenseitige Versöhnung aus der Perspektive Christi*

Paulus schließt in 7,2 an 6,13 mit der Bitte an, ihm und seinen Mitarbeitern „Raum zu geben", da sie sich keines Vergehens schuldig gemacht haben. Paulus ist ohne Vorwurf gegen sie und verurteilt sie nicht, weil auch er sie aus der Perspektive der neuen Schöpfung in Christus beurteilt. Aus diesem Grund kann er ihnen gegenüber offen sein, sich ihrer rühmen und sich bereits getröstet fühlen. Er ist als Diener Gottes voller Freude trotz seiner Nöte, in ihm kommt die Doxa Gottes zum Vorschein.

2.3. Die semantischen Beziehungen von εἰκών in 2Kor 3,18; 4,4

2.3.1. Die semantischen Beziehungen von εἰκών in 2Kor 3,18

2.3.1.1. εἰκών als Spiegelbild

Durch das Pronomen reciprocum αὐτήν bezieht sich εἰκών zurück auf das im Verb κατοπτριζόμενοι enthaltene κάτοπτρον, den Spiegel.[204] Die Christen, die die Doxa Gottes „in einem Spiegel erblicken", werden in dasselbe 'Spiegelbild' verwandelt und so selbst zu Reflektoren der göttlichen Doxa.[205]

2.3.1.2. εἰκών, δόξα und πνεῦμα

Da εἰκών sich im Kontext auf die im Spiegel sichtbare δόξα bezieht, ist es mit diesem Wort bedeutungsverwandt.[206] Allerdings muss bei der Bedeutungsbeschreibung von δόξα auch die mediale Vermittlung – in diesem Fall durch den Spiegel bzw. durch das Gesicht Mose bzw. Christi – erfasst werden, ohne die die δόξα Gottes amorphe Qualität besitzt. In dieser medialen Vermittlung kann die göttliche δόξα aber wie in den anderen Belegen charakterisiert werden als 'somatische Ausstrahlung von Gottesnähe und Übereinstimmung mit Gott'[207], die hier durch die Bedeutungsverwandte φωτισμός[208] (vgl. 4,4.6) weiter in Richtung 'Lichtglanz'[209] konkretisiert ist. Urheber dieser Transformation des Menschen in den Spiegel göttlicher δόξα ist (wie auch bei der Auferstehung) das πνεῦμα, 'Gottes verwandelnde, Leben schenkende Wirkkraft'.

---

[204] Vgl. *Barrett* 1997, 125. Die primäre Motivation für den Gebrauch von εἰκών entsteht also durch das Spiegelmotiv. Vgl. neben SapSal 7,26, wo εἰκών und ἔσωπτρον in Kollokation stehen, auch Artemidorus, Onirocriticon 2.7.1.

[205] Auf diese Weise kommt die oben, 228 Anm. 121, diskutierte Bedeutung von κατοπτριζόμενοι, 'reflektieren', dann doch sekundär zum Vorschein. Vgl. *Back* 2002, 134.

[206] Vgl. z.B. *Scroggs* 1966, 99.

[207] Ähnlich *Thrall* 1994, 246: „manifestation of the divine nature". Es kommt mir hier auf die Körperlichkeit dieser Manifestation an. Vgl. dagegen *Belleville* 1991, 285: Die Doxa sei das Wissen um das Heil Gottes im Evangelium; ähnlich *Stockhausen* 1989, 174f: Paulus denke an eine innere Glorifizierung seines Dienstes.

[208] Das Wort φωτισμός bedeutet also 'Lichtglanz als Ausdruck der Gottesnähe'. Beachte dazu Pss 26; 43; 89 (LXX). Auch Philo benutzt in som I.75 Gen 1,3 und Ps 26 mit Bezug auf Gott und den Logos. Evtl. greift Paulus auf eine traditionelle Auslegung zurück.

[209] So z.B. *Back* 2002, 77 Anm. 1 u.ö., *Windisch* 1924, 115.

2.3.1.3. εἰκών und πρόσωπον

Die pneumatische Verwandlung betrifft im Text das Antlitz des Menschen, das die Doxa Gottes reflektiert. Prototyp dieses Gesichtes ist zunächst Mose, antitypisch dazu aber stehen Paulus und alle Christen, die die Doxa des Mose übertreffen, weil ihr Prototyp nicht mehr Mose, sondern Christus ist, auf dessen Gesicht die Doxa Gottes in neuer Fülle erstrahlt (4,6). Christus ist daher für seine Anhänger die protypische εἰκών Gottes (4,4), in dessen Nachfolge sie selbst diese Funktion einnehmen. Der Spiegel aus 3,18 ist also in 4,6 das von Doxa geprägte Gesicht (πρόσωπον) Christi, in 4,4 das Doxa ausstrahlende Evangelium (εὐαγγέλιον).

Während das Gesicht Christi eine visuell erfassbare εἰκών darstellt, ist das Evangelium ein Medium zweiter Ordnung, denn es vermittelt akustisch den Anblick der göttlichen Doxa in Christus. Die Bedeutungsverwandtschaft von εὐαγγέλιον und εἰκών ist daher sekundär.[210] Eindeutiger ist dagegen die semantische Beziehung von εἰκών und πρόσωπον. Das Antlitz Christi ist Spiegelbild Gottes,[211] weil auf ihm die Doxa Gottes sichtbar wird.

Diese semantische Beziehung von εἰκών und πρόσωπον ist auch in außerneutestamentlichen Paralleltexten dokumentiert,[212] z.B. in der Auslegung von Ex 34,29 im Tar-

---

[210] Vgl. *Thrall* 1994, 284: „[...] there must be some ‚visible‘ equivalent as regards the medium through which Christ's reflection of God's glory is perceived: Christ must become in some way visible." Für einen Bezug des Spiegelmotivs auf das Evangelium plädieren allerdings *Gräßer* 2002, 154f, *Back* 2002, 136f, *Wolff* 1989, 78, *Heinrici* 1900, 139, *Lambrecht* 1994, 302f (Christus ist nur für Paulus in seiner Damaskusvision Spiegel, vgl. ebd. 300f). *Jervell* 1960, 173.186, tilgt sogar jede visuelle Komponente und lässt dagegen nur das Hören des Evangeliums gelten: „Das Wort ‚schauen‘ ist hier uneigentlich gebraucht; man konnte ebensogut von einem Hören der Doxa sprechen, weil hier die Rede von dem Hören des Evangeliums ist. [...] Dieser Sprachgebrauch ist nicht von Paulus geschaffen" (ebd. 186; vgl. auch 196). Als Belege für die Bedeutung 'Verkündigung' bzw. 'Traktat' verweist Jervell ebd. 187 u.a. auf CH IV.11: Hier ist aber keineswegs von εἰκών als 'Verkündigung' die Rede, sondern von einem Text, der als Bild Gottes bezeichnet wird, um auf seine Vieldeutigkeit hinzuweisen, die nur „mit den Augen des Herzens" verstanden werden kann. Das ist etwas anderes als 'Verkündigung' und erst recht kein Beweis dafür, dass εἰκών hier εὐαγγέλιον bedeute.

[211] Für eine Interpretation Christi (bzw. des Gesichts Christi) als Spiegel der Doxa Gottes vgl. z.B. *Collange* 1972, 118, *Larsson* 1962, 281, *Thrall* 1994, 284, *Betz* 2000, 382, *Back* 2002, 142, *Thrall* 1994, 284.

[212] Den Konnex zwischen „Gesicht" und „Ebenbildlichkeit" weist *Jervell* 1960, 45.174f, als typisch für die rabbinische Exegese von Gen 1,26f aus. Die Verbindung von Herrlichkeit und Herrschaft als Ausdruck der Gottebenbildlichkeit belegt *Jervell* 1960, 45, durch Verweis auf Sekundärliteratur. Er rekurriert weiterhin auf SapSal 7,25 (Weisheit als Abbild Gottes) und kombiniert diese Stelle mit SapSal 10,2, um die Verbindung zu Adam herzustellen. Das ist, bei derart schwierigen Kontextverhältnissen wie in SapSal, nicht legitim. *Jervells* Schlussfolgerung (ebd. 46) bzgl. eines engen Zusammen-

gum Pseudo-Jonathan (TPsJ). Dort wird εἰκών (transkribiert: אֵיקוּנִין) als Lehnwort verwendet und bedeutet wie das aramäische צֶלֶם 'Aussehen, Anblick, Ausdruck', und zwar speziell des Gesichts[213]: ומשה לא חכים ארום אשתבהר זיו איקונין ראנפוי.[214] Der enge Konnex zwischen εἰκών und πρόσωπον in 2Kor 3,18; 4,4 könnte also nicht zuletzt auf der semantischen Nähe beider Ausdrücke im Aramäischen basieren, die der paulinische Text hier spiegelt.[215]

Doch auch im griechischen Bereich gibt es Parallelen für eine solche Bedeutungsverwandtschaft. Ein besonders schönes Beispiel ist das Onirocriticon des Artemidorus, in dem der im Traum erscheinende Spiegel auf das zukünftige Geschick des Träumenden verweist (vgl. 2.7): Artemidorus deutet das Sehen des eigenen Gesichts im Spiegel für Heiratswillige als Ankündigung einer baldigen Hochzeit: Κατοπτρίζεσθαι δὲ καὶ ὁρᾶν τὴν ἑαυτοῦ εἰκόνα ἐν κατόπτρῳ ὁμοίαν ἀγαθὸν τῷ γῆμαι βουλομένῳ καὶ ἀνδρὶ καὶ γυναικί. Das Wort κατοπτρίζεσθαι wird paraphrasiert durch ὁρᾶν τὴν ἑαυτοῦ εἰκόνα ἐν κατόπτρῳ ὁμοίαν. Im Traum erkennt der Mensch ein ihm ähnliches Bild im Spiegel. Die Deutung dieser Vision bezieht sich auf die Ähnlichkeit der künftigen Kinder, die sich im Ehepartner, dem Spiegel, zeigt: σημαίνει γὰρ τὸ κάτοπτρον ἀνδρὶ μὲν γυναῖκα, γυναικὶ δὲ ἄνδρα, ἐπεὶ πρόσωπα δείκνυσιν ὥσπερ οὗτοι ἀλλήλοις τὰ τέκνα. Der Ausdruck εἰκών ist daher bedeutungsverwandt mit πρόσωπον, denn was der Träumende im Spiegel sieht, sind ihm ähnliche Gesichtszüge.

Beachtenswert ist dabei auch, dass die Ähnlichkeit der Gesichtszüge durch eine verwandtschaftliche Beziehung hervorgerufen wird. Dieser Zusammenhang tritt in einem weiteren Beleg (2.36) noch stärker zu Tage, bei dem es um den Mond als Spiegel künftiger Nachkommenschaft geht: τὸ δὲ δοκεῖν ἐν τῇ Σελήνῃ τὴν ἑαυτοῦ εἰκόνα βλέπειν ἄπαιδι μὲν υἱοῦ γένεσιν προαγορεύει, γυναικὶ δὲ ἰδούσῃ θυγατρός: ὄψονται γὰρ ἑκάτερος ὁμοίαν ἑαυτῷ εἰκόνα, τοῦτ᾽ ἔστι τέκνον. Der erste

---

hangs zwischen δόξα und εἰκών ist zwar zuzustimmen, aber das bedeutet nicht, dass jede Thematisierung der δόξα einen Rekurs auf Gen 1,26f impliziert. Weiterhin findet *Jervell* ebd., 168f, πρόσωπον als Synonym für εἰκών in vielerlei als gnostische deklarierten Texten. Dabei ist allerdings zu beachten, dass die Körper- und Gewandmetaphern in diesen Beispielen „unkörperlich" verwendet werden. Dies ist bei Paulus nicht der Fall. Es handelt sich hierbei vielmehr um Rezeptionen paulinischer Texte, die vor dem Hintergrund gnostischer Theologie „entkörperlicht" wurden. Das beweist aber immerhin, dass die Synonymität in den paulinischen Texten von diesen Rezipienten erkannt wurde.

[213] Vgl. *Gesenius* 1962, 922. So auch die Bedeutung in Dan 3,19: וצלם אנפוהי אשתנו (vgl. auch die von *Belleville* 1993, 177f, aufgeführten samaritanischen Dokumenten Memar Marqa 5.4; 6.3.11). Die LXX übersetzt: καὶ ἡ μορφὴ τοῦ προσώπου αὐτοῦ ἠλλοιώθη; Theodot: καὶ ἡ ὄψις τοῦ προσώπου αὐτοῦ ἠλλοιώθη.

[214] „Und Mose bemerkte nicht, dass der Glanz seiner Gesichtszüge [= das Aussehen, der Anblick seines Gesichts] leuchtete." Vgl. dazu die Übersetzung in *Belleville* 1993, 169, *McNamara* 1966, 172, *le Déaut* 1979. Vgl. weiterhin die von *McNamara* aufgeführten Belege TPsJ Gen 4,5f; 25,19; 37,3, Ex 34,33.34.35. Zur Bedeutung 'Gesicht' für איקונין vgl. auch die von *Jervell* 1960, 103, angeführten rabbinischen Beispiele.

[215] Vgl. zur Diskussion um die Auslegung von Ex 34,29-34 in den Targumim *Belleville* 1993, 169-171, *McNamara* 1966, 168-188. *McNamara* plädiert ebd. 173 im Falle von Ex 34,29 sogar für eine paulinische Abhängigkeit „on a widely attested Palestinian understanding of Ex 34,29". Die semantische Nähe von εἰκών und πρόσωπον bei Paulus, die McNamara allerdings nicht verfolgt, stützt diese Annahme.

Beleg bezieht sich auf 'das im Mond gespiegelte Angesicht', der zweite auf 'das Kind als Spiegelbild des eigenen Gesichtes'. Die Funktion von Spiegel und Spiegelbild fallen hier in eins, denn das Kind ist Spiegel und Spiegelbild des eigenen Antlitzes (zur Bedeutungsverwandtschaft von εἰκών und τέκνον vgl. auch 3.31 und 5.12 und 5.67). Das eigene Gesicht kann auch zum Spiegelbild der dahinter liegenden Gefühle werden: τὸ πρόσωπον τῆς αἰδοῦς καὶ τῆς ἐπιτιμίας εἰκών (4.27).

Die Bedeutungsverwandtschaft von πρόσωπον und εἰκών zeigt sich auch darin, dass εἰκών in seinem Bezug auf materiale Bilder speziell auf das 'Porträtbild' verweist (vgl. z.B. 5.3). In allen Fällen aber zeigen die εἰκόνες eine Oberfläche, die auf etwas anderes verweist und eine bestimmte Beziehung zum Ausdruck bringt.

Wie im Traum, so könnte man also sagen, sehen die vom Geist beseelten Gläubigen im Spiegel nicht nur die Doxa Gottes in Christus, sondern prototypisch[216] ihr eigenes und eigentliches, von Doxa geprägtes Anlitz.[217]

2.3.1.4. εἰκών und σῶμα

Diese Erkenntnis der eigenen Gestalt als des von Doxa geprägten Spiegelbildes Christi beinhaltet, dass man, bildlich gesprochen, „hinter" die Oberfläche des schwachen und leidenden Körpers sehen und ihn aus eschatologischer Perspektive betrachten kann, denn noch ist die Doxa äußerlich unsichtbar.

In der Gegenwart gilt es daher, die Doxa, also das Leben Christi, im schwachen und sterblichen Körper erkennbar zu machen, wie Paulus in 4,7ff ausführt: Die Missionare sind Bilder Christi, indem sie das Leben Jesu (ζωὴ ’Ιησοῦ), d.h. seine 'Auferstehungsexistenz', in ihrem Körper (ἐν τῷ σώματι) dadurch offenbar machen (φανεροῦσθαι), dass sie das Sterben Jesu (νέκρωσις· Ιησοῦ) im Körper „umhertragen" (περιφέρειν).

Die Schwäche des Körpers lässt dann die 'neuschöpferische Kraft' (δύναμις) Gottes, die an diesem Körper handelt, um so stärker hervortreten, so dass sie wiederum für andere sichtbar wird, die sich dann ebenfalls in das Spiegelbild göttlicher Doxa verwandeln. Bild Christi (und damit Spiegelbild göttlicher Doxa) zu sein, impliziert also die Inszenierung sei-

---

[216] Vgl. dazu den von Doxa geprägten Adam, den ApkMos bezeugt (vgl. z.B. ebd. 20.3; 21.15). In ApkMos 33 steht εἰκών in semantischer Nähe zu ποίημα: ὅτι εἰκών σου ἐστὶν καὶ ποίημα τῶν χειρῶν σου τῶν ἁγίων. Das könnte ein Hinweis darauf sein, εἰκών auch hier auf die von Doxa geprägte körperliche Gestalt Adams zu beziehen. Die sechs εἰκών-Belege sind aber insgesamt nicht aussagekräftig genug. Zu vergleichen ist aber VitAd 13: Hier wird die Gottebenbildlichkeit auf Adams Gesicht bezogen. Vgl. auch *Schaller* 1961, 112.114.

[217] Damit vergleichbar ist auch das Spiegel- und Gesichtsmotiv (vermutlich in Rezeption von 2Kor 3,18 und Jak 1,23) in einem manichäischen Brief aus Oxyrhynchus (4. Jahrhundert), P. Oxy. XXXI 2603. Der Spiegel ist hier ein Medium, das den Menschen die Wahrheit hinter der Oberfläche offenbart. Es befähigt auch zu einer veränderten Wahrnehmung der eigenen Person, so dass der Schauende nicht länger auf Fremdbezeugungen angewiesen ist.

nes Lebens und Sterbens im eigenen Körper, dem Medium der göttlichen Doxa: εἰκών und σῶμα können daher auch in 2Kor 3,18 als bedeutungsverwandt gelten.[218]

Das Wort σῶμα bezieht sich im eben analysierten Kontext immer auf den irdischen Körper. Sein himmlisches Gegenstück wird von Paulus mit anderen Wendungen umschrieben (vgl. z.B. οἰκία ἀχειροποίητος αἰώνιος ἐν τοῖς οὐρανοῖς; τὸ οἰκητήριον ἡμῶν τὸ ἐξ οὐρανοῦ). Der irdische Körper ist v.a. durch seine Vorläufigkeit und Vergänglichkeit charakterisiert, was in der immer wieder benutzten Zeltmetaphorik (σκῆνος; ἡ ἐπίγειος ἡμῶν οἰκία τοῦ σκήνους) und der Bezeichnung „das Sterbliche" bzw. „das sterbliche Fleisch" (τὸ θνητόν; ἡ θνητὴ σάρξ) zum Ausdruck kommt.

Die Zerbrechlichkeit dieses Körpers illustriert der Vergleich mit dem irdenen Gefäß (ὀστράκινος σκεύεσις), in dem sich ein kostbarer Schatz befindet. Dieser vom Tod Jesu geprägte Körper ist der äußere Mensch (ὁ ἔξω ἡμῶν ἄνθρωπος). Spiegelbild göttlicher Doxa und Bild Christi ist er allerdings nur, wenn in ihm auch der innere Mensch (ὁ ἔσω ἄνθρωπος) zum Vorschein kommt, d.h. die geistgewirkte Doxa Gottes reflektiert wird. Es geht also nicht nur um eine imitatio Christi im Sinne einer reinen Leidensnachfolge, sondern auch um die Transparentwerdung des irdischen für den himmlischen Körper.[219] Nur wenn der äußere Menschen auf den inneren verweist, ist er Bild Christi; gleichzeitig ist aber dieser innere Mensch auf Erden nur durch den äußeren Menschen sichtbar. Die eschatologische Verwandlung zeichnet sich u.a. dadurch aus, dass sie dem inneren Menschen sein wahre somatische Gestalt gibt.

Der äußere Mensch wird auf diese Weise einerseits zum Zeichen der noch herrschenden körperlichen Trennung von Mensch und Christus, andererseits offenbart er bereits die Auflösung dieser Trennung in der „nicht von Händen gemachten Behausung". So kommt also bereits der zukünftig

---

[218] In diese Richtung geht auch die Interpretation *Schlatters* 1969, 520f. „Er hat nicht eine Verwandlung seines Wesens in das Wesen Jesu, nicht eine Transsubstantiation, erlebt. Der Mensch behält seine Ichheit und wird nicht aus den Maßen seines natürlichen Lebens herausgenommen. Er erhält aber eine neue Gestalt; eine Transformation geschieht an ihm, so daß sein Verhalten demjenigen gleicht, das Jesus zum Christus macht."

[219] Vgl. *Gruber* 1998, 399f: „Thema der Apologie ist aber nicht Tod und Auferstehung Jesu, sondern die Person des Apostels und die spezifische Herrlichkeitsgestalt seines Versöhnungsdienstes. Bezugspunkt für die Selbstaussagen des Apostels ist jedoch die Einheit von Tod und Leben im Pascha Jesu. Hinter seinem täglichen Sterben und Auferstehen stehen Sterben und Auferstehen Jesu, νέκρωσις und ζωή τοῦ ᾿Ιησοῦ (4,10f); hier liegt der Schlüssel zum Verständnis seiner Leiden und seiner Diakonia, die die im Tod Jesu geschehene Versöhnung vermittelt. [...] Dabei scheut er sich nicht, sich als ‚Ikone des Gekreuzigten' zu zeichnen, in der beides sichtbar wird: das Leiden des Todes und die Kraft des Auferstehungslebens (Doxa) als tragende Kraft im ‚Sterben' und als dessen je größere Frucht."

verwandelte Körper im Spiegel des irdischen Körpers zum Ausdruck. Wenn Paulus an anderer Stelle davon spricht, Christus im eigenen Körper (ἐν τῷ σώματι) groß zu machen (vgl. Phil 1,20) bzw. die Male Jesu (στίγματα) im Körper (ἐν τῷ σώματι) zu tragen (vgl. Gal 6,17), dann spricht er von einer solchen Inszenierung des Christusereignisses am eigenen Körper.[220] Das Wort σῶμα meint an diesen Stellen daher den Körper als 'Medium der im Kreuz implizierten Auferstehung'. Wer den Geist Gottes erhält und die göttliche Doxa auf Erden erkennt, der wird in diese εἰκών, in den 'für die Doxa Gottes transparenten Kreuzeskörper Christi', verwandelt und erhält dadurch seine neue somatische Identität.

2.3.2. Die semantischen Beziehungen von εἰκών in 2Kor 4,4

Wenn sich εἰκών in 2Kor 3,18 auf den Kreuzeskörper Christi bezieht, dann stellt sich die Frage, ob diese Bedeutung auch für den Beleg in 2Kor 4,4 gelten kann, der meist nur mit dem auferstandenen Christus in Verbindung gebracht wird.[221]

---

[220] Vgl. 1Kor 9,27: Auch hier entsteht der Eindruck einer Inszenierung.

[221] So mit starker Betonung *Jervell* 1960, 189f.214f.231.332f. Er führt ebd. 215 Phil 2,7f und Kol 1,15 an, um zu beweisen, dass der irdische Jesus nach Paulus die Gottebenbildlichkeit nicht besitze. Dabei setzt er voraus, dass der Ausdruck μορφή θεοῦ synonym zu εἰκὼν θεοῦ ist und sich also auf die Gottebenbildlichkeit bezieht. Das kann man immerhin hinterfragen. Von einer nicht vorhandenen Gottebenbildlichkeit des irdischen Jesus ist hier jedenfalls nicht die Rede. Kol 1,15 kann aufgrund seiner Traditionalität (und der umstrittenen Autorschaft) nicht benutzt werden, um die paulinische Referenz in 2Kor 4,4 zu erklären. Das heißt aber, dass Christus für Paulus u.U. nicht nur in seiner Existenz als Gott (so *Jervell* ebd. 215.231), sondern eben auch als Mensch Gottes Ebenbild darstellt. Als dieser ist er der neue Adam bzw. der neue Mensch und damit Protoyp der neuen Schöpfung. *Jervell* ebd. 217 leitet den paulinischen Sprachgebrauch hingegen „von der philonisch-gnostischen Vorstellung vom göttlichen Anthropos" ab, die den göttlichen Anthropos nur als Urbild, nicht als Abbild, verstehe. Eine solche Unterscheidung zwischen Christus als dem göttlichen Urbild und dem Menschen als dem Abbild des Urbildes ist m.E. in keinem der paulinischen Texte zu finden, und bezeichnenderweise rekurriert *Jervell* zur Stützung seiner These auf Kol 3,9f und Eph 4,24, die beide nicht zweifelsfrei als paulinisch ausgewiesen sind, s.E. aber hinter 2Kor 4,4 stehen (vgl. z.B. ebd. 332). Seine Interpretation basiert also vor allen Dingen auf einer bestimmten religionsgeschichtlichen Hypothese, die von einer gnostisch beeinflussten hellenistischen Urgemeinde ausgeht, auf deren Tradition Paulus rekurriere. Nach der hier dargebotenen Analyse kommt es Paulus in allen εἰκών-Belegen nur auf den für den neuen Menschen prototypischen (auferstandenen und evtl. auch irdischen) Christus, nicht aber auf dessen göttliche Qualität an sich an. Natürlich sollen die Menschen durch Christus Gott erkennen (so *Jervell* ebd. 218, vgl. auch 231), aber das betrifft nach Paulus nicht nur den Erhöhten, sondern gerade den Gekreuzigten. Paulus darf also nicht ohne Weiteres vor dem Hintergrund der philonischen (resp. der gnostischen) Vorstellungen interpretiert werden (so *Jervell* ebd. 218 explizit). Wie *Jervell* ebd. geht auch *Eltester* 1958, 133-135, von einem Bezug auf den Auferstandenen aus. Ebenso *Schwanz* 1974, 270, *Back* 2002, 150.

Gegen diese alleinige Referenz auf den Auferstandenen können aber einige Bedenken angemeldet werden: Eine solche Betonung berücksichtigt nicht, dass Paulus im Kontext durchgängig die Doxa Gottes in der Schwachheit betont. Weiterhin macht Paulus deutlich, dass das Evangelium von Christus als Bild Gottes für die Verblendeten eben nicht offensichtlich ist. Das bedeutet, dass es nur für diejenigen sichtbar wird, deren Sinne durch das Pneuma verwandelt werden, so dass sie im Gekreuzigten den Auferstandenen erkennen können, der erst im Eschaton für alle offenbar wird.

Die Gottebenbildlichkeit Christi bezieht sich für Paulus also nicht nur auf sein Auferstehungsdasein, sondern genauso auf sein irdisches Leiden.[222] In dieser Hinsicht ist er auch auf Erden Prototyp für seine Anhänger und übernimmt die Funktion des zweiten Adam. Wie in 3,18 bezieht sich εἰκών also in 4,4 auf den 'für die Doxa Gottes transparenten Kreuzeskörper Christi'.

In gewisser Weise sieht man also den Auferstandenen bereits im Leidenden, und in diesem Sinne kann Paulus gar nicht zwischen dem auferstandenen Christus und dem leidenden Christus trennen:[223] Er kennt keinen Christus nach dem Fleisch (5,16), weil er auch im Christus am Kreuz bereits den Auferstandenen sieht. Richtiges Sehen findet also immer aus der Perspektive der Auferstehung statt. Nur in dieser Blickrichtung erkennt man den Anderen im Licht der Doxa Gottes, erkennt im anderen Menschen bereits den Auferstandenen und wird von anderen ebenso wahrgenommen. Das wahre Gesicht des Menschen ist das Antlitz, das die Doxa Gottes ausstrahlt wie einst Mose und jetzt Christus. Wenn es bei dem Verwandlungsmotiv also darum geht, Christus in der Welt sichtbar zu machen, dann bedeutet das, den Auferstandenen im irdischen Körper aufscheinen zu lassen.

Die Bedeutungen von εἰκών in 2Kor 3,18; 4,4 unterscheiden sich von den Belegen in 1Kor 15,49 und Röm 8,29 also nur durch die Perspektive, aus der die Ikonizität betrachtet wird: Während es in 2Kor 3,18; 4,4 um die Möglichkeiten einer bereits auf Erden sichtbaren Ikonizität geht, kommt in 1Kor 15,49 und Röm 8,29 allein die himmlische Realität in den Blick.[224]

---

[222] Vgl. *Larsson* 1962, 289 Anm. 3. Gegen *Larsson* (vgl. auch ebd. 290f) muss aber betont werden, dass sich die Bildhaftigkeit nicht auf das Leiden an sich, sondern auf die eschatologische Wirklichkeit bezieht, die im irdischen Menschen – und eben auch in seinem Leiden – offenbar wird.

[223] Vgl. *Bultmann* 1976, 108, der *Windisch* 1924, 136f, zitiert: „Daß Paulus hier ‚von dem ganz der δόξα entbehrenden X. ἐσταυρωμένος‘ absieht und nur an den Auferstandenen denkt [...] ist Unsinn. Christus ist auch als der Gekreuzigte der κύριος τῆς δόξης [1Kor 2₈]. Die δόξα ist eine paradoxe, wie ja gleich 4₇ff deutlich macht."

[224] Vgl. dazu *Back* 2002, 198.

Wie in den anderen Belegen kann es daher auch hier nicht darum gehen, die Bedeutung von εἰκών auf das 'innere Wesen' o.Ä. zu reduzieren und allein mit δόξα, πνεῦμα, ζωή, δικαιοσύνη, δύναμις, ἔσω ἄνθρωπος oder gar εὐαγγέλιον synonym zu setzen, wie dies meist geschieht.[225] Diese Wörter dienen – ähnlich wie in den anderen Belegen – zur Umschreibung der Auferstehungswirklichkeit, können aber die mediale Vermitteltheit durch das Soma nicht wie εἰκών erfassen.[226]

Wenn es also bei dem Terminus εἰκών um den Ausdruck der Auferstehung im irdischen und eschatologischen Soma geht, ist abschließend zu fragen, ob sich mit diesem Wortgebrauch nicht doch Hinweise auf visionäre Erfahrungen des Paulus verbinden.[227] Da Paulus aber an keiner Stelle diesbezüglich eindeutige Hinweise gibt, kann diese Annahme nur Spekulation bleiben. Weiterhin spricht Paulus im hier analysierten Abschnitt nicht von seinen persönlichen Erfahrungen, sondern von sich selbst als einem Repräsentanten des missionarischen Mittlerdienstes. Insofern muss er auf eine gewisse Allgemeingültigkeit religiöser Erfahrung bauen und kann seine eigenen ekstatischen Erlebnisse nicht auf alle Mitarbeiter übertragen.

---

[225] Vgl. *Jervell* 1960, 189-194, der εἰκών in 2Kor 3,18 mit πνεῦμα, δικαιοσύνη und εὐαγγέλιον in Zusammenhang bringt, um die Verwandlung als Rechtfertigung der Gemeinde im Verkündigungsgeschehen interpretieren zu können, z.B. ebd. 332: „Wenn der Mensch das Evangelium hört, was auch als Schauen der ebenbildlichen Doxa Christi verstanden wird, wird er selbst zu einem Abbild Gottes." Vgl. auch *Gräßer* 2002, 155: „Die Erkenntnis Gottes ereignet sich in dem sehr nüchternen Vorgang der Verkündigung." Vgl. dazu *Bultmann* 1976, 98f: „Das μεταμορφοῦσθαι bedeutet die Verwandlung in eine neue Gestalt, d.h. in ein neues Wesen. [...] Die εἰκών ist eben das δόξα-Bild des Kyrios, welches wir schauen: die Meinung ist natürlich nicht, daß wir in ein ,Abbild' des Kyrios verwandelt werden, sondern daß wir seinem Wesen gleichgeartet werden, also auch zu δόξα werden. Daß Paulus nicht einfach sagt: τὴν αὐτὴν δόξαν, sondern τὴν αὐτὴν εἰκόνα, liegt natürlich daran, daß der κύριος und seine δόξα als Gegenstand der Schau, also als εἰκών vorschwebt. [...] Wie also ist die Verwandlung zu verstehen? Als das ἀνακαινοῦσθαι des ἔσω ἄνθρωπος von 4,16, dessen Vollzug ja 4$_{7-16}$ beschrieben wird [...]." Ähnlich *Heinrici* 1900, 140, *Windisch* 1924, 137, *Eltester* 1958, 165, *Osten-Sacken* 1989a, 104, *Collange* 1972, 120, *Belleville* 1991, 285, *Gruber* 1998, 278.

[226] Vgl. *Thrall* 1994, 285, die der visuell-somatischen Komponente des Wortes Bedeutung einräumt: „There must be a ,visible' element. Moses, the type of the Christian convert, had possessed a visible glory. In the case of the Christian, the thought must be that assimilation to Christ as the image of God produces a visibly Christ-like character, so that the divine image becomes visible in the believer's manner of life." Dieses Sichtbarwerdung des Charakters kann aber doch nicht anders als über den Körper und sein Handeln geschehen. So *Larsson* 1962, 291: „Die Verwandlung nach dem Bilde Christi, wie sie im 2. Kor. 3,18 beschrieben wird, ist somit sowohl ein unsichtbarer als auch ein sichtbarer Prozeß." Den sichtbaren Teil der Verwandlung verortet *Larsson* im Leidensprozess, der der Übermittlung des Evangeliums dient. Vgl. ebd. 291f.

[227] Vgl. z.B. *Kim* 1984, 230-239, *Segal* 1990, 59-61 (als Angehörige der „Neuen Religionsgeschichtlichen Schule", vgl. oben, 11-15). Vgl. weiterhin die oben, 236, im Zusammenhang mit 2Kor 4,4.6 genannten Belege.

Aufgrund eben dieses Fehlens eindeutiger Hinweise ist es wahrscheinlicher, metaphorischen Sprachgebrauch anzunehmen, in dem die Offenbarungserfahrung „versinnlicht" bzw. „visualisiert" wird.

Die Verwandlung in das Bild Christi beinhaltet nicht nur eine besondere Einstellung gegenüber dem leidenden und schwachen Körper, sondern auch die Verpflichtung zur besonderen Reinerhaltung des Somas von fremden, Gott feindlichen Einflüssen. Ein Beispiel dafür ist die paulinische Warnung vor dem Umgang mit Prostituierten und die damit verbundene Aussage, die Körper der Gläubigen seien Tempel des heiligen Geistes (vgl. 1Kor 6,12-20). Eikon Christi zu sein bedeutet also bereits im Diesseits die Verpflichtung, den Körper niemand anderem als Christus bzw. Gott zu überlassen (vgl. Röm 12,1).

Bild Christi ist der Mensch also nicht nur im Leiden, sondern auch in der Heiligung seines Körpers im Sinne der göttlichen Ordnung. Zu diesem Aspekt gehört auch der εἰκών-Beleg in 1Kor 11,7: Hier wird der Mann als εἰκών und δόξα Gottes bezeichnet, während die Frau nur die Doxa des Mannes darstellen. Das semantische Umfeld des Textes, in dem es um eine Hierarchisierung der Schöpfungsordnung geht, macht deutlich, dass εἰκών – neben δόξα – mit ἐξουσία verwandt ist[228] und eine Herrschaftsrelation bezeichnet, nämlich 'den mit Vollmacht über die anderen Geschöpfe ausgestatteten, Gott zur Ehre existierenden Mann'. In dieser Rezeption von Gen 1,26f (vgl. Sir 17,3, SapSal 9,1)[229] wird die menschliche Herrschaft über die Schöpfung mit der Gottebenbildlichkeit begründet. Die Ebenbildlichkeit des Mannes wirkt sich also darin aus, dass er Macht über die Frau besitzt. Dies zeigt sich körperlich darin, dass der Mann keines besonderen Schutzes bedarf, wenn er mit Gott kommuniziert. Im Gegenteil: Trägt er eine Kopfbedeckung, verstößt er gegen die göttliche Schöpfungsordnung, die ihm kurzes Haar gegeben hat, weil er keine Bedeckung braucht, da er auf etwa gleicher Stufe mit den Engeln steht (vgl. Ps 8,6). Die Frau hingegen besitzt die Ebenbildlichkeit nur über ihre Beziehung zum Mann, denn sie wurde aus ihm erschaffen. Sie muss ihren Körper bzw. Kopf daher durch eine Kopfbedeckung schützen. Das kommt nach Paulus bereits dadurch zum Ausdruck, dass sie „von Natur" aus langes Haar besitzt, während kurzes bzw. geschorenes Haar eine Schande darstellt. Diese Bedeckung signalisiert einerseits ihre Schwäche, denn ohne Kopfschutz wird sie zur Zielscheibe der Engel. Andererseits macht die Kopfbedeckung aber deutlich, dass sie unter dem Schutz, der Vollmacht, eines anderen, nämlich des Mannes, steht. Trägt sie die Bedeckung nicht, gereicht sie nicht nur dem Mann, sondern auch Gott zur Schande. Die δόξα des Mannes und der Frau besteht daher in ihrer 'körperlichen Ehrbezeugung gegenüber der göttlichen Schöpfungsordnung'.[230]

---

[228] Vgl. *Jervell* 1960, 335: „Inhalt der Ebenbildlichkeit ist hier die Herrschaftsstellung des Mannes sowohl über die Frau als auch über die gottfeindlichen Engel."

[229] Vgl. *Schaller* 1961, 55.77. Ebd. 32f bringt er die Paulusstelle mit der targumischen Überlieferung von Gen 1,26 und Gen 2,18 in Verbindung, die u.U. bereits auf eine „schöpfungsmäßige Stufenfolge der gegenseitigen Abhängigkeit zwischen Gott – Adam – Eva" (ebd. 33) verweise.

[230] Das Wort δόξα bedeutet also nicht 'Abglanz', sondern 'Ehre'. Gegen *Eltester* 1958, 155, *Jervell* 1960, 299, *Lietzmann* 1949, 55, *Kittel* 1935a, 240.

3. Zusammenfassung: Das paulinische εἰκών-Konzept

Das paulinische εἰκών-Konzept ist – mit Ausnahme von 1Kor 11,7 – geprägt durch die Vorstellung einer somatischen Identität von Mensch und „Stammvater", also Adam oder Christus. Die somatische Verfasstheit des Menschen spiegelt seine Zugehörigkeit zum jeweiligen Prototypen: Im Falle Adams ist der Körper durch die Unvollkommenheit der für die Sünde anfälligen ersten Schöpfung bestimmt, im Falle Christi wird dessen Auferstehungskörper zum vollkommenen Vorabbild der erlösten Schöpfung (vgl. 1Kor 15,49)

Diese Vorbildhaftigkeit des Christuskörpers bewirkt im Christusgläubigen eine Diskrepanzerfahrung, denn obwohl er sich durch die Taufe bereits von der Herrschaft der Sünde erlöst weiß, muss er dennoch die Unerlöstheit der Schöpfung und damit auch seines eigenen Körpers ertragen. Er sehnt sich daher nach dem Kommen Christi, um endlich auch die somatische Verwandlung zu erleben (vgl. Röm 8,29).

Gleichzeitig eröffnet diese eschatologische Perspektive einen neuen Blick auf die unvollkommene irdische Schöpfung, deren Wahrnehmung verwandelt wird: Mitten im Leiden lässt sich nun auch Gottes Erlösungshandeln erkennen und verwirklichen, indem Kreuz und Auferstehung, Leiden und Erlösung, somatisch erfahren und dargestellt werden, so dass auch andere Menschen Gottes erlösendes Wirken erkennen und „verkörpern" können. Inmitten der unerlösten Schöpfung auf die Auferstehung zu verweisen – das ist nach Meinung des Paulus Aufgabe (nicht nur) des Missionars, der in seinem Soma Sterben und Leben Jesu offenbar macht (vgl. 2Kor 3,18;4,4 mit 2,14).

Die mit der Christusebenbildlichkeit immer noch gegebene Schwachheit des Somas impliziert aber gleichzeitig seine immer wiederkehrende Anfälligkeit für die Macht der Sünde. Aus diesem Grund ist Paulus auch nicht an einer Auflösung der göttlichen Schöpfungsordnung gelegen, denn nur der Erhalt der göttlichen Ordnung schützt vor gotteslästerlichem Verhalten (Röm 1,23; 1Kor 11,7). Dieser Erhalt der göttlichen Ordnung ergibt sich aber für Paulus aus der eschatologischen Perspektive des Christusereignisses und seiner Theologie der Schwachheit, was gerade die Korintherkorrespondenz immer wieder verdeutlicht.

Schluss

1. Alexandrinische und paulinische εἰκών-Theologie im Vergleich

Nach Abschluss der semantischen Analysen zu den verschiedenen Eikon-Konzepten soll an dieser Stelle ein resümierender Vergleich gezogen werden.

1.1. *Gottebenbildlichkeit des Menschen durch Partizipation an einer gottebenbildlichen Mittlerfigur*

In allen drei Textkorpora ist die Gottebenbildlichkeit eine Größe, die sowohl den Menschen als auch eine Mittlerfigur, also die göttliche Weisheit, den Logos oder auch Christus, betrifft. Die menschliche Gottebenbildlichkeit ist daher prinzipiell eine vermittelte Gottebenbildlichkeit, die durch Partizipation an dieser Mittlerfigur verwirklicht werden kann. Je nach Mittlerfigur unterscheiden sich daher auch die Konzepte der Gottebenbildlichkeit.

1.1.1. SapSal

In der SapSal bezieht sich die Gottebenbildlichkeit zum einen auf die personalisiert vorgestellte göttliche Weisheit oder Sophia, die auch mit dem göttlichen Pneuma gleichgesetzt werden kann. Als göttliches Wirkprinzip auf Erden durchdringt sie den gesamten Kosmos und durch ihre Offenbarung gelangt der Mensch zur Erkenntnis des göttlichen Willens auf Erden.

Die Gottebenbildlichkeit des Menschen betrifft zunächst seine unvergängliche Gottesbeziehung, das unvergängliche Sein bei Gott, welches aber erst nach dem physischen Tod zu seiner vollen Verwirklichung kommt. Diese Gottebenbildlichkeit betrifft nur die Seele des Menschen, die nach dem physischen Tod bei Gott weilt. Zur Erfüllung dieses Daseins bei Gott gehört aber auch ein eschatologischer Aspekt, nämlich die Teilhabe am Gerichtshandeln Gottes gegenüber den Gottlosen.

Aus dieser Perspektive offenbart sich dann auch die Gerechtigkeit Gottes, die auf Erden nicht für alle offensichtlich ist. Insofern hängt die Gottebenbildlichkeit des Menschen mit seiner Partizipation an der Gerechtigkeit Gottes zusammen. Diese Gerechtigkeit kann man zwar nicht als personalisiertes Mittlerwesen bezeichnen, aber die antwortende Teilhabe an

Gottes Gerechtigkeit erfolgt u.a. durch ein Leben, das durch die Liebe zum Gesetz, zur Tugend und Weisheit bestimmt ist. Nur dem weisen oder gerechten Menschen gelingt es, seine Gottesbeziehung auf Erden intakt zu halten. Dies aber ist die Voraussetzung für die Unvergänglichkeit dieser Beziehung nach dem physischen Tod und damit für die postmortale und eschatologische Verwirklichung der Gottebenbildlichkeit.

Wendet sich der Mensch von Gott ab und orientiert sich stattdessen am Geschöpflichen als dem grundsätzlichen Maßstab seines Handelns, verfällt er also dem Trugbild des Götzen, dann bedeutet das seinen spirituellen (und z.T. auch physischen) Tod.

1.1.2. Philo

Als direktes Ebenbild Gottes betrachtet Philo den Logos oder die Sophia und auch das Pneuma Gottes. Auch hier handelt es sich um z.T. personalisiert vorgestellte kosmische Wirkformen Gottes, durch deren Offenbarung der Mensch den Willen Gottes auf Erden erkennen kann.

Die Ebenbildlichkeit des Menschen bezieht sich für Philo auf seinen geistigen Teil, also seinen Nous, seinen Logos, seine Seele, sein Pneuma etc., insofern sich damit das kosmische Ebenbild Gottes erschließen lässt. Gottebenbildlich ist der geistige Teil des Menschen also nur dann, wenn er sich auf die Suche nach Gott begibt und auf diese Weise an Gottes kosmischem Ebenbild teilhat. Dieser Mensch ist daher auch weise. Prototypisch ist dieses Ideal in der Schrift durch die Gestalten der Erzväter und Mose abgebildet.

Dieses gottebenbildliche Ideal des Menschen ist personalisiert als gottebenbildlicher Anthropos vorgestellt, dessen Erschaffung Philo in Gen 1,26f protologisch fundiert sieht. Diese Figur des gottebenbildlichen Anthropos bezeichnet die von Gott vorhergesehene Bestimmung des Menschen und ist damit gleichzeitig als eine Art soteriologisches Vorabbild des vollkommenen Menschen zu verstehen. Die Verwirklichung der protologisch und anthropologisch fundierten Gottebenbildlichkeit des Menschen geschieht also durch seine Übereinstimmung mit dem gottebenbildlichen Anthropos, der dabei aber immer als transzendente Figur zu verstehen ist.

1.1.3. Paulus

Im Unterschied zur SapSal und Philo betrachtet Paulus nicht eine geistig-kosmische Wirkkraft Gottes als göttliches Ebenbild.[1] Stattdessen bezieht er diesen Terminus auf Jesus Christus als zweiten Adam, d.h. auf den Menschen, der Gottes Willen entspricht und daher den alten, sündigen Adam ablöst, um als neuer Protoyp eine neue Generation von gottebenbildlichen

---

[1] Das ist anders im deuteropaulinischen Kol, vgl. Kol 1,15.

Menschen anzuführen. Aus diesem Grund ist die menschliche Gottebenbildlichkeit für Paulus eine durch Christus vermittelte Ebenbildlichkeit
(Ausnahme: 1Kor 11,7).

Da Jesus Christus für Paulus v.a. durch die von Gott an ihm vollzogene
Auferstehung Bedeutung besitzt und dieses Ereignis in besonderer Weise
das Soma betrifft, besitzt auch die Gott- bzw. Christusebenbildlichkeit somatische Relevanz: So ist Christi Neuschöpfung zum neuen, gottebenbildlichen Adam ein somatisches Geschehen, in dem Körper und neue, eschatologische Schöpfung einander entsprechen.

Wegen der besonderen Situation der noch ausstehenden Parusie ist der
Auferstehungskörper Christi aber nicht der einzige Bezugspunkt der Gottebenbildlichkeit. Für alle sichtbar ist nämlich bislang nur der Kreuzeskörper Christi. Seine besondere Bedeutung als gottebenbildlicher Körper besitzt er aber erst aus der Perspektive der Auferstehung. Für denjenigen, der
mit dem göttlichen Pneuma eine veränderte Wahrnehmung erfährt, verwandelt sich die Wahrnehmung dieses Kreuzeskörpers, der nunmehr zum
Zeichen der kommenden Auferstehung wird. Die pneumatische Verwandlung des Menschen betrifft also die Wahrnehmung von Leiden und
Schwachheit als Zeichen der kommenden Erlösung und des göttlichen
Auferstehungshandelns (vgl. 2Kor 3,18; 4,4).

1.2. Die soteriologische Bedeutung der Gottebenbildlichkeit

In allen drei Textcorpora besitzt die Gottebenbildlichkeit eine wichtige
Bedeutung für die Soteriologie, denn sie ist gleichzusetzen mit der göttlichen Bestimmung und daher mit dem Heil des Menschen. Da sich aber die
verschiedenen Mittlerfiguren in ihrer Gottebenbildlichkeit unterscheiden,
differieren auch die Vorstellungen über die endgültige Bestimmung des
Menschen.

1.2.1. SapSal

Für SapSal liegt das Heil des Menschen in einer intakten Gottesbeziehung.
Diese Gottesbeziehung ist unvergänglich, da sie nicht den Körper, sondern
die Seele (bzw. das Pneuma) des Menschen betrifft, die den physischen
Tod überdauert. Für den Menschen geht es deswegen darum, diese Gottesbeziehung im irdischen Leben aufrecht zu erhalten, damit sie im Leben
nach dem Tod zu ihrer ewig währenden Erfüllung gelangen kann. Diese
Erfüllung besteht im unvergänglichen Sein bei Gott, das auch sein eschatologisches Gerichtshandeln an den Gottlosen miteinschließt, die auf Erden
zu den Widersachern der Gerechten gehörten.

Der Körper spielt für das Heil des Menschen nur insofern eine Rolle, als
dass er auf Erden nicht zu Gott feindlichen Zwecken benutzt oder gar an

Stelle Gottes verehrt werden darf. Damit ist bereits die diesseitige Komponente der Gottebenbildlichkeit angesprochen, die darin besteht, der Gerechtigkeit Gottes zu entsprechen, indem man auch in schwierigen Zeiten
nicht davon ablässt, seinen Willen zu erfüllen, d.h. z.B. gemäß dem Gesetz
und als tugendhafter, weiser und gelehrter Mensch zu leben.

Grundlage eines solchen Lebens ist aber nicht zuletzt auch die Liebe zur
pneumatischen Weisheit, dem Ebenbild Gottes, denn nur durch ihre Offenbarung kann der Mensch den Willen Gottes auf Erden, seine Güte, überhaupt erst erkennen.

1.2.2. Philo

Das Heil des Menschen liegt für Philo in seiner Verschmelzung mit dem
gottebenbildlichen Logos resp. der Weisheit oder dem Pneuma. Dieser
Vorgang betrifft selbstverständlich nur den geistigen Teil des Menschen,
also seinen Nous, seinen Logos, sein Pneuma etc. Der Körper spielt hier
keine Rolle bzw. wird dann zur Gefahr für die Gottebenbildlichkeit, wenn
der Mensch sich an ihm orientiert, statt seinen Nous auf die Suche nach
Gott zu schicken. Partizipation an Gottes geistigem Immanenzprinzip geschieht durch geistige Erkenntnis desselben. Vollständige Partizipation ist
dann erreicht, wenn der menschliche Geist nur noch als Teil dieses göttlich-geistigen Wirkens fungiert.

Die Vorstellung vom gottebenbildlichen Menschen kann auch als perso-
nalisierte Größe erscheinen. Es handelt sich dann um eine transzendente
Figur, die das Ideal des gottebenbildlichen Menschen als protologische
Schöpfung Gottes bezeichnet. Diese Idealvorstellung Gottes vom Menschen ist daher ebenfalls als ein Teil des göttlich-geistigen Immanenzprinzips anzusehen, das immer transzendenten Charakter besitzt. Das bedeutet,
dass es nur irdische Entsprechungen dieses gottebenbildlichen Ideals geben
kann, nicht aber, dass es sich hierbei um eine irdische Größe handelt.

Die Erfüllung der menschlichen Gottebenbildlichkeit ist nicht – wie in
SapSal – an eine bestimmte Zeit, also z.B. das Eschaton oder das Leben
nach dem Tod, gebunden. Sie ist eine zeitlose ontische Möglichkeit.

1.2.3. Paulus

Für Paulus erfüllt sich die Gottebenbildlichkeit des Menschen in seiner
Teilhabe am Auferstehungskörper Christi (vgl. 1Kor 15,49, Röm 8,29). Im
Unterschied zu den alexandrinischen Eikon-Konzepten ist die Gottebben-
bildlichkeit daher nicht geistig, sondern somatisch bestimmt. Gleichzeitig
ist sie eine eschatologische Größe und darin am ehesten mit der SapSal
vergleichbar, in der die Gottebenbildlichkeit immerhin auch eine eschatologische Komponente besitzt.

Auch wenn also das Heil des Menschen v.a. in seiner somatischen Gemeinschaft mit dem auferstandenen Christus gesehen wird, so bleibt diese Vorstellung doch nicht ohne Auswirkungen auf die Gegenwart: Das Wissen um diese somatische Gemeinschaft im Eschaton bewirkt bereits eine Verwandlung der Gegenwart des Menschen, weil er seinen leidenden und schwachen Körper in der Nachfolge des Gekreuzigten nicht mehr als Ausdruck der Schwäche interpretiert, sondern darin ein Zeichen der zukünftigen Auferstehung sieht.

Das bedeutet, dass dem gegenwärtigen Leiden keine endgültige Bedeutung zukommt, sondern dass dieser leidende Körper bereits in Erwartung und Hoffnung des Auferstehungskörpers transformiert wird, so dass er auch für andere zum Zeichen der Auferstehung werden kann. Auf diese Weise kommt auch dem irdischen Körper Zeichen- und Offenbarungscharakter zu. Um diese „Inszenierung" des Christusereignisses im Soma des Missionars geht es Paulus in 2Kor 2,14-7,4.

1.3. Die anthropologische Bedeutung der Gottebenbildlichkeit

Aus der soteriologischen Bedeutung der Gottebenbildlichkeit ergeben sich auch Konsequenzen für die Anthropologie.

1.3.1. SapSal

Durch die Konzentration auf die Seele bzw. das Pneuma als dem „Träger" der Gottebenbildlichkeit erfährt der Körper implizit eine Abwertung. Er wird zwar nicht als eine an sich negative Größe, aber doch als Hindernis bzw. Gefahr für die Verwirklichung der Gottebenbildlichkeit wahrgenommen (vgl. SapSal 9,15). In ihrer rein auf den äußeren Körper bezogenen Ähnlichkeit liegt auch der besondere Reiz der bunt bemalten, Lebendigkeit vortäuschenden Götterbilder, die den Menschen vom wahren, unsichtbaren Gott ablenken und daher in den Tod führen.

In der Folge kommt es auch zu einer Hochschätzung „innerer Werte", also z.B. des Gesetzesstudiums und der Gelehrsamkeit. Diese Tätigkeiten sind in gewisser Weise „öffentlich unsichtbar", da sie z.B. nicht an das körperliche Erscheinungsbild oder bestimmte körperliche Rituale geknüpft sind.

1.3.2. Philo

Ein ähnliches Bild findet sich bei Philo. Auch hier zählen v.a. die geistigen Eigenschaften des Menschen, während der Körper keine Bedeutung besitzt oder abgewertet wird. Hier stehen daher ebenfalls die geistigen Fähigkeiten und Tätigkeiten des Menschen im Mittelpunkt.

1.3.3. Paulus

Demgegenüber ist das Soma für Paulus ein Grundpfeiler seiner Anthropologie: Erst durch den Körper kann der Mensch überhaupt kommunizieren, d.h. sich ausdrücken und für andere Bedeutung erlangen. Das Soma ist für Paulus das Medium der Bildlichkeit des Menschen: Der leidende und auferstandene Körper ist Ausdruck seiner Gottebenbildlichkeit, der sündige Körper Ausdruck seines Abfalls von Gott (u.a. durch Verehrung von Götterbildern).

1.4. Die ethische Bedeutung der Gottebenbildlichkeit

Die soteriologische Dimension der Gottebenbildlichkeit beinhaltet auch eine implizite Handlungsanweisung für die Menschen und damit eine ethische Komponente. In allen drei Textcorpora bezieht sich die Gottebenbildlichkeit daher nicht auf alle Menschen, sondern nur auf diejenigen, die sich gemäß einem bestimmten Ideal verhalten.

1.4.1. SapSal

Wenn die Gottebenbildlichkeit in der menschlichen Entsprechung von göttlicher Gerechtigkeit und Weisheit zu suchen ist, dann bedeutet dies, dass der Mensch als Gerechter und Weiser handeln soll.

Für SapSal ist damit die Liebe zu Gesetz, Weisheit und Tugend angesprochen. Wie diese Weisheit konkret aussieht, kann nur vermutet werden: Evtl. steht dahinter ein bestimmtes Bildungsideal, das neben dem Studium des Gesetzes auch eine Ausbildung in anderen Bereichen der antiken Gelehrsamkeit miteinschloss. Ausgeschlossen ist dagegen eine Teilnahme an den religiösen Kulten der Umwelt, die in jedem Fall den Verlust der Gottebenbildlichkeit mit sich führt. In dieser Hinsicht ist das Ebenbildlichkeitskonzept der SapSal auf Abgrenzung ausgerichtet.

1.4.2. Philo

Ähnliches gilt für Philo: Wenn das Ideal des gottebenbildlichen Menschen im vollkommenen Weisen besteht, dann bedeutet dies, dass der Mensch sich v.a. auf die geistige Erkenntnis Gottes in der Welt konzentrieren soll. Wie Philos Schriften selbst zeigen, erstreckt sich diese Gelehrsamkeit nicht allein auf die Schrift, sondern betrifft auch alle möglichen anderen Bereiche antiker Bildung. Philos Schriften stellen dabei ein Zeugnis für das Bemühen dar, diese Gelehrsamkeit mit der biblischen Tradition in Verbindung zu bringen: Philo erklärt das kulturelle Wissen seiner Zeit aus biblischer Perspektive und umgekehrt die Tora gemäß den zeitgenössischen Erkenntnissen. Auf diese Weise aktualisiert er die Schrift einerseits und nutzt sie andererseits als kritisches Korrektiv.

1.4.3. Paulus

Wenn Christusebenbildlichkeit für den irdischen Menschen bedeutet, Leid und Schwäche aus der Perspektive der Auferstehung anzusehen, dann ist auch der leidende und gebrechliche Körper des Menschen im Zeichen seiner Auferstehung zu betrachten, so dass Gottes Auferstehungshandeln an ihm offenbar wird. Das Tun des Menschen muss daher auf die Schwachen unter den Menschen ausgerichtet sein, um an ihnen das Auferstehungshandeln Gottes sichtbar zu machen. Maßstab des menschlichen Handelns ist somit das schwache und leidende Soma, während Weisheit und Erkenntnis im herkömmlichen Sinne – anders als bei Philo und in der SapSal – gerade keine Rolle für das Heil spielen (vgl. 1Kor 1-4).

Gleichzeitig hat Paulus aber auch Angst vor der Schwachheit des Somas, vor seiner Anfälligkeit für die Verführungen durch dämonische Mächte. Aus diesem Grund will er das kollektive und individuelle Soma vor dem Eindringen dieser widergöttlichen Kräfte schützen: so z.B. die Frauen vor der Verführung durch die Engel, indem er ihnen eine Kopfbedeckung vorschreibt (1Kor 11,2-16), oder auch die Männer vor dem Verkehr mit der Prostituierten, die die Anwesenheit Christi in seinem Soma verdrängt (1Kor 6,12-20), und die Gemeinde vor dem verunreinigten Soma des Mannes, der mit seiner Mutter zusammenlebt (1Kor 5,1-8). In allen diesen Fällen handelt es sich nach Ansicht des Paulus um Schwächen des Somas, die eine Infiltration der Sünde ermöglichen und daher eine Gefahr darstellen, die durch entsprechende Maßnahmen abgewehrt werden muss. Auch dieser Aspekt gehört für Paulus also zu einer Theologie der Schwachheit.[1]

2. Mögliche Gründe für die Bedeutungsverschiebung

Der Hauptunterschied zwischen dem alexandrinischen und dem paulinischen Eikon-Konzept liegt also in der unterschiedlichen Bedeutung des Somas. Über mögliche Gründe für diese zu beobachtende Bedeutungsverschiebung kann im Rahmen der vorligenden Arbeit nur spekuliert werden: Immerhin lassen sich verschiedenene Möglichkeit einer traditionsgeschichtlichen Entwicklung aufzeigen.

---

[1] Vgl. dazu *Martin* 1995, 163-249.

2.1. Das Christusereignis

Ein Grund für die wahrgenommenen Unterschiede im Eikon-Konzept könnte in der Natur des Christusereignisses liegen: So sind Tod und Auferstehung Christi als somatische Prozesse zu betrachten, die eine somatische Entsprechung auf Seiten des Menschen fordern. Es erscheint also schlüssig, dass auf diese Ersetzung der personalisierten Sophia- oder Logosfigur durch den gekreuzigten und auferstandenen Christus auch eine Verschiebung der Gottebenbildlichkeit erfolgte, die die somatische bzw. „inkarnatorische" Komponente dieses Ereignisses berücksichtigte.

2.2. Damaskus

Ein Auslöser für diese Verschiebung könnte auch das paulinische Damaskuserlebnis sein, bei dem Paulus der Auferstandene – vielleicht sogar als gekreuzigter Auferstandener? – erschien. Aufgrund mangelnder Belege denke ich aber nicht, dass Paulus Christus in dieser Vision als εἰκὼν θεοῦ in der Tradition von Ez 1,26 interpretierte.[2]

Es ist eher wahrscheinlich, dass er ein bereits vorhandenes Ebenbildlichkeitskonzept, wie es z.B. SapSal und Philo bezeugen, auf seine Christologie applizierte. Diese Christologie kann durchaus visuelle Aspekte besitzen, die z.B. durch Visionen und Erscheinungen des Paulus genährt wurden. Insofern ist vielleicht auch das paulinische εἰκών-Konzept durch Vorstellungen über den irdischen und himmlischen Körper Christi beeinflusst. Das bedeutet aber nicht, den Ausdruck als Hinweis auf paulinische Visionen zu interpretieren.

2.3. Andere Traditionen

Es ist weiterhin möglich, andere Traditionslinien als Gründe für eine Bedeutungsverschiebung in Anschlag zu bringen. Es könnte also sein, dass das paulinische Eikon-Konzept z.B. stärker durch apokalyptische oder rabbinische Tradition geprägt war. Auch hier stellen fehlende Belege das Hauptproblem dar. Man könnte höchstens vermuten, dass es sich z.B. bei dem unsicheren Beleg zur Adamebenbildlichkeit in 4Esra 8,6 um eine weiter verbreitete Vorstellung handelt, die von Paulus auf Christus bezogen und eschatologisch verwertet wurde. Weiterhin muss für ihn die Vorstellung einer körperlichen Auferstehung bedeutsam gewesen sein, wie sie neben apokalyptischen auch rabbinische Texte bezeugen.[3]

---

[2] Gegen *Kim* 1984. Vgl. dazu oben, 11-15.
[3] Vgl. neben Dan 12,2f z.B. syrBar 49-51 sowie die oben, 152f Anm. 38, vorgestellten rabbinischen Samengleichnisse und den oben, 163, diskutierten Midrasch BerR 14.5.8.

Es erscheint daher möglich, dass Paulus – z.B. in den ersten Jahren nach seiner Bekehrung oder in Auseinandersetzung mit seinen Gemeinden – eine evtl. stärker im alexandrinischen Sinne geprägte εἰκών-Christologie bzw. Soteriologie kennen lernte und sie vor seinem Traditionshintergrund „uminterpretierte". Das spezifisch paulinische Verständnis der Ikonizität Christi bzw. der Christusgläubigen erklärt sich dann u.a. daher, dass er sich keine unkörperliche Existenz des Menschen vorstellen konnte und schon deshalb prädisponiert war, den εἰκών-Gedanken somatisch zu verstehen und zu kommunizieren.

2.4. Mischung der Traditionen

Da drei der hier untersuchten fünf Eikon-Belege aus der Korintherkorrespondenz stammen (wobei der Beleg in Röm 1,23 sich nicht auf die Gott- bzw. Christusebenbildlichkeit bezieht), könnte es sein, dass es sich hierbei um einen Terminus handelt, der in Korinth besondere Bedeutung besaß.

Gewährt man dem faszinierenden, aber notwendig spekulativen Gedanken einer alexandrinisch beeinflussten korinthischen Theologie an dieser Stelle Raum, dann könnte man sich eine korinthische εἰκών-Theologie vorstellen, die den auferstandenen Christus mit der personifizierten Sophia gleichsetzte (vgl. 1Kor 1-4), während sie den irdischen Christus als vollkommene Verkörperung derselben betrachtete. Vielleicht stellt der Hymnus in Kol 1,15ff ein Beispiel für eine solch kosmische Vorstellung über den Auferstandenen dar, denn dort ist das Wort εἰκών – vermutlich in der Nachfolge der Sophia- oder Logosspekulation – stärker auf die kosmologische Mittlerfunktion Christi in der Schöpfung bezogen.

Partizipation am Auferstandenen geschieht dementsprechend durch pneumatische Beseelung und Offenbarung. Diese Teilhabe am göttlichen Pneuma-Christus beginnt schon vor dem Tod – vermutlich mit der Taufe[4] – und kommt danach zur endgültigen Erfüllung, wenn sich der unsterbliche geistige Teil mit dem pneumatischen Christus vereinigt. Wie SapSal zeigt, schließt das eine eschatologische Gerichtsvorstellung nicht aus.

Vor diesem Hintergrund lassen sich einige Züge der korinthischen Frömmigkeit, wie z.B. die Hochschätzung von Weisheit und Erkenntnis, der charismatischen Gaben und nicht zuletzt die Leugnung der Auferstehung, gut erklären. Die soteriologische Irrelevanz des Körpers passt auch zur korinthischen Einstellung bzgl. dem Besuch bei Prostituierten und dem Genuss von Götzenopferfleisch (vgl. 1Kor 6; 8-10). Gleichzeitig ist aber auch das asketische Ideal der Enthaltsamkeit, das in 1Kor 7 anklingt, mit dem alexandrinischen Eikon-Ideal vereinbar: Besonders für Philo ist die

---

[4] Vgl. Kol 3,10.

Abwendung vom Körper eine Notwendigkeit auf dem Weg zur Verwirklichung des Ideals vom gottebenbildlichen Menschen.

Das Problem bei diesem Modell stellt die Tradition der Auferstehung
Christi dar, die im Evangelium (vgl. 1Kor 15,1ff) deutlich ausgesprochen
und von den Korinthern anscheinend auch anerkannt wird. Sie impliziert
eine Beteiligung des Körpers Christi, die schließlich auch die Korinther
selbst beträfe.

Eine solche Eikon-Theologie steht notwendigerweise in Spannung zum
paulinischen Ideal der Christusebenbildlichkeit und gäbe daher zu den in
der Korintherkorrespondenz nachvollziehbaren Auseinandersetzungen Anlass. Allerdings findet sich in den Korintherbriefen kein Hinweis darauf,
dass Paulus mit dem Ausdruck εἰκών ein Schlagwort korinthischer Theologie aufnimmt. Es könnte also auch sein, dass sein Eikon-Konzept keineswegs eine Antwort auf die korinthische Theologie darstellt, sondern ein
Produkt früherer Entwicklungen ist.

In jedem Fall kann davon ausgegangen werden, dass Paulus nicht „vor
dem Hintergrund" einer bestimmten Tradition interpretiert werden kann,
sondern dass seine Eikon-Theologie aus einer Mischung verschiedener
Traditionslinien resultiert, von denen hier einige mögliche aufgezeigt wurden. Die vielen Bedeutungsverwandten zwischen den paulinischen und
alexandrinischen Texten weisen darauf hin, dass das alexandrinische Konzept eine wichtige Komponente in diesem Konglomerat darstellt.

Anhang: Begriffsfelder zu den εἰκών-Konzepten

1. Das εἰκών-Konzept in SapSal

Konzept	Begriffskomplex	Begriff	εἰκών	ἀφθαρσία
Leben	Gerechtigkeit	'Schöpfungsgemäße, den Tod überdauernde Anteilhabe des Menschen am göttlichen Leben'	'Schöpfungsgemäße menschliche Anteilhabe an der unvergänglichen und unsterblichen Gerechtigkeit Gottes, die sich nach dem körperlichen Tod im ewigen, friedvollen Sein bei Gott und der Teilhabe an seiner eschatologischen Herrschaft erweist'.	'Schöpfungsgemäße Anteilhabe des gottebenbildlichen Menschen an der unvergänglichen Gerechtigkeit Gottes, die sich nach dem körperlichen Tod im ewigen, friedvollen Sein bei Gott und der Teilhabe an seiner eschatologischen Herrschaft erweist'
		'Bewahrung der Gottesbeziehung in Gerechtigkeit und Weisheit'		'In der Liebe zum Gesetz und zur darin wirkenden Weisheit vermittelte Teilhabe an der ewigen Gottesherrschaft'
	Göttliche Weisheit	'Erscheinungs- und Offenbarungsform Gottes auf Erden'	'Die pneumatische Weisheit als Offenbarerin der Güte Gottes'	
Tod	Gottlosigkeit	'Tote und Tod bringende materielle Truggestalten'	'Von Menschenhand gefertigte materielle Gestalt, die die Menschen zu göttlicher Verehrung verführt'	

Konzept	Begriffskomplex	Begriff	ἀθανασία	πνεῦμα	δικαιοσύνη
Leben	Gerechtigkeit	'Schöpfungsgemäße, den Tod überdauernde Anteilhabe des Menschen am göttlichen Leben	'Schöpfungsgemäße Anteilhabe des gottebenbildlichen Menschen an der unvergänglichen Gerechtigkeit Gottes, die sich nach dem körperlichen Tod im ewigen, friedvollen Sein bei Gott und der Teilhabe an seiner eschatologischen Herrschaft erweist'	'Leben wirkende göttliche Seele, die den Menschen als wertvolles Geschöpf Gottes konstituiert'	
		'Bewahrung der Gottesbeziehung in Gerechtigkeitu und Weisheit'	'Die durch die Tugend gewährleistete ewige Existenz des Menschen im Diesseits und Jenseits'		'Aus dem Gott gemäßen Denken, Urteilen und Handeln resultierende Unsterblichkeit'
	Göttliche Weisheit	'Erscheinungs- und Offenbarungsform Gottes auf Erden'		'Alles umfassende, allwissende und die Ungerechtigkeit überführende göttliche Weisheit, die Gottes Willen offenbart'	'Göttliches Lebensprinzip, das dem Tod und Verderben in der Welt entgegensteht'
Tod	Gottlosigkeit	'Tote und Tod bringende materielle Truggestalten'			

Konzept	Begriffskomplex	Begriff	σοφία	εἶδος	γλυπτόν
Leben	Gerechtigkeit	'Schöpfungsgemäße, den Tod überdauernde Anteilhabe des Menschen am göttlichen Leben'			
		'Bewahrung der Gottesbeziehung in Gerechtigkeit und Weisheit'	'Gelehrsamkeit, Bildung sowie Gesetzeserziehung als Anteilhabe an der unvergänglichen göttlichen Herrschaft auf Erden'		
	Göttliche Weisheit	'Erscheinungs- und Offenbarungsform Gottes auf Erden'	'Gottes vermittelnde Wirkkraft, die den Menschen eine positive Gottesbeziehung ermöglicht und ihnen unvergängliches Leben schenkt'		
Tod	Gottlosigkeit	'Tote und Tod bringende materielle Truggestalten'		'Oberflächlich Leben vortäuschendes, eigentlich aber unbeseeltes, totes Trugbild'	'Von Menschenhand hergestelltes materielles Bild, das Lebendigkeit vortäuscht und Menschen zu göttlicher Verehrung verführt'

2. Das εἰκών-Konzept Philos

Konzept	Begriff	εἰκών	πνεῦμα	φῶς	ζωή	σοφία
Voll-kommen heit	Menschliche Weisheit	'die menschliche Vernunft bzw. die unsterbliche menschliche Seele, die den Menschen zum intellektuellen, moralischen und spirituellen Denken und Handeln befähigt'		'Erkenntnis des menschlichen Verstandes, der im Sinne der weisheitlichen Vernunft – d.h. auch unter moralischen Maßgaben – gebraucht wird'		
	Menschliche Weisheit				'durch Gottesliebe und Gottesfurcht geprägte, gesetzestreue, tugendhaft-geistige und daher unvergängliche Existenz'	'auf Gottes Erkenntnis ausgerichtete moralische Vernunft'
	Gottes geistiges Immanenzprinzip	'die z.T. personalisiert dargestellte geistige Wirk- und Erscheinungsform Gottes in der Welt, die mit dem geistigen Teil im Menschen korrespondiert und diesen zu Gott führen kann'	'Leben schenkende, kosmische Wirk-kraft Gottes, die der menschlichen Seele bei der Schöpfung eingegeben wurde und ihm die Verwirklichung seiner Gottebenbildlichkeit ermöglicht'	'die geistige Welt schaffende, sie umfassende und durchdringende geistige Strahlkraft Gottes, sein Logos, seine Sophia, sein Pneuma, an dem er den Weisen in der Offenbarung teilhaben lässt'	'von Gott ausgehende schöpferische Kraft von Logos und Weisheit, an denen der Mensch Anteil gewinnen muss, um Unsterblichkeit zu erlangen'	'das unsichtbare, göttlich-geistige Schöpfungs- und Weltprinzip, der Urgrund und die Wahrheit hinter aller menschlichen Erkenntnis'
	Voll-kommen heit	'der Idealmensch als protologisches und soteriologisches Vorabbild des vollkommenen Weisen'	'Leben schaffende, kosmische Wirk-kraft Gottes, die der menschlichen Seele bei der Schöpfung eingegeben wird und ihm die Verwirklichung seiner Gottebenbildlichkeit ermöglicht'		'die durch das Pneuma gegebene Möglichkeit zur Verwirklichung der Gottebenbildlichkeit'	

3. Das εἰκών-Konzept bei Paulus

Konzept	Begriffskomplex	Begriff	εἰκών	σῶμα	φωτισμός
Somatische Identität	Erste Schöpfung	Adam	'die somatische Identität Adams und seiner Nachfolger'	'Medium der irdisch-unvollkommenen Geschöpflichkeit'	
		Trugbild	'arteigene körperliche Gestalt der irdisch-unvollkommenen Geschöpfe'	'Medium der von Gott abgewandten Geschöpflichkeit'	
	Zweite Schöpfung	Christus	'die somatische Identität von Christus und seinen Nachfolgern'	'Medium der himmlisch-eschatologischen, vollkommenen Schöpfung'	'funkelnde, glitzernde, kraftvolle, lebensspendende Präsenz bzw. Verkörperung Gottes in Christus'
		Jesus	'für die Doxa Gottes transparenten Kreuzeskörper Christi'	'Medium der im Kreuz implizierten Auferstehung'	'Lichtglanz als Ausdruck der Gottesnähe'

Konzept	Begriffskomplex	Begriff	ζωή	δόξα	πνεῦμα
Somatische Identität	Erste Schöpfung	Adam		('somatische Ausstrahlung von Gottesnähe und Übereinstimmung mit Gott')	
		Trugbild			
	Zweite Schöpfung	Christus	'Auferstehungs-existenz'	'somatische Ausstrahlung von Gottesnähe und Übereinstimmung mit Gott'	'vollkommenes, Gott gemäßes Leben bewirkenden Kraft Gottes'
		Jesus	'Auferstehungs-existenz'	'somatische Ausstrahlung von Gottesnähe und Übereinstimmung mit Gott'	'Gottes verwandelnde, neues Leben schaffende Wirkkraft'

Konzept	Begriffskomplex	Begriff	ἀφθαρσία	ἀθανασία	δύναμις
Somatische Identität	Erste Schöpfung	Adam			
		Trugbild			
	Zweite Schöpfung	Christus	'somatische Unsterblichkeit bzw. Unvergänglichkeit als Ausdruck der himmlisch-eschatologischen Geschöpflichkeit'	'somatische Unsterblichkeit bzw. Unvergänglichkeit als Ausdruck der himmlisch-eschatologischen Geschöpflichkeit'	'somatische Vollkommenheit als Ausdruck der himmlisch-eschatologischen Geschöpflichkeit'
		Jesus			'neuschöpferische Kraft'

Konzept	Begriffskomplex	Begriff	σάρξ	θάνατος	ἁμαρτία	ἀσθένεια
Somatische Identität	Erste Schöpfung	Adam	'Medium der Sterblichkeit'	'durch die Sünde verursachte Sterblichkeit des Menschen'	'der göttlichen Gerechtigkeit entgegenstehende Erscheinungsform des Todes, die sich in der durch die sarkische Begierde veranlassten Übertretung des Gesetzes äußert'	'Unzulänglichkeit als Ausdruck irdisch-unvollkommener Geschöpflichkeit'
		Trugbild		'durch die Sünde verursachte Sterblichkeit des Menschen'		
	Zweite Schöpfung	Christus				
		Jesus				

Konzept	Begriffskomplex	Begriff	ἀτιμία	ψυχή	φθορά
Somatische Identität	Erste Schöpfung	Adam	'von außen wahr-nehmbare Jämmer-lichkeit als Ausdruck seiner irdisch-unvollkommenen Geschöpflichkeit'	'unvollkommene menschliche Lebens-kraft als Teil seiner irdisch-unvollkommenen Geschöpflichkeit'	'Sterblichkeit als Ausdruck irdisch-unvollkommener Geschöpflichkeit'
		Trugbild			
	Zweite Schöpfung	Christus			
		Jesus			

Literaturverzeichnis

1. Quellen und Übersetzungen

Artemidor von Daldis: Traumbuch. Übertragung von F.S. Krauss, bearbeitet und ergänzt von Martin Kaiser. Basel, Stuttgart 1965. Sammlung Klosterberg.

Barns, J.W.B.; Parsons, Peter; Rea, John et al. (Hgg.): The Oxyrhynchus Papyri. Part XXXI. London 1966. (Graeco-Roman Memoirs. 45)

Berthelot, Marcellin (Hg.): Collection des Anciens Alchimistes Grecs. Introduction, Indications Générales, Traités Démocritains, Texte grec et Traduction francaise. London 1963.

Black, Matthew (Hg.): Apocalypsis Henochi Graece. Leiden 1970. (PsVTGr. 3)

Charlesworth, James H. (Hg.): The Old Testament Pseudepigrapha. Vol. 1: Apocalyptic Literature and Testaments. Garden City (N.Y.) 1983. Vol. 2: Expansions of the 'Old Testament' and Legends, Wisdom and Philosophical Literature, Prayers, Psalms and Odes, Fragments of lost Judaeo-Hellenistic Works. Garden City (N.Y.) 1985.

Cohn, Leopold; Heinemann, Isaak; Adler, Maximilian u.a. (Hgg.): Philo von Alexandria. Die Werke in deutscher Übersetzung. Bd. 1-7. 2. Auflage. Berlin 1962.

Cohn, Leopold; Wendland, Paul (Hgg.): Philonis Alexandrini Operae quae supersunt. Bd. 1-7. Berlin 1896-1930. Unveränderter Nachdruck. Berlin 1962.

Derron, Pascale (Hg.): Les Sentences du Pseudo-Phocylide. Texte – Traduction – Commentaire. Paris 1986.

Dittenberger, Wilhelm (Hg.): Orientis graeci inscriptiones selectae. Leipzig 1903-1905.

Elliger, Karl; Rudolph, Wilhelm (Hgg.): Biblia Hebraica Stuttgartensia. Editio quinta emendata opera Adrian Schenker. Stuttgart 1983.

Gardner, Iain; Alcock, Anthony; Funk, Wolf P. (Hgg.): Coptic Documentary Texts from Kellis. Vol. 1. P. Kell. V (P. Kell. Copt. 10-52, O. Kell. Copt. 1-2). Oxford 1999. (Dakhleh Oasis Project Monograph. 9).

Georgi, Dieter (Hg.): Weisheit Salomos. Gütersloh 1980. (JSHRZ III.4)

Gunkel, Hermann: Das 4. Buch Esra. In: Kautzsch, Emil (Hg.): Die Apokryphen und Pseudepigraphen des Alten Testaments. Bd. 2: Die Pseudepigraphen des Alten Testaments. Darmstadt 1962. 331-401.

Hilgenfeld, Adolphus (Hg.): Messias Judaeorum. Libris eorum Paulo ante et Paulo post Christum natum conscriptus illustratus. Leipzig 1869.

Horst, Pieter W. van der: Pseudo-Phocylides. A new Translation and Introduction. In: Charlesworth, James H. (Hg.): The Old Testament Pseudepigrapha. Vol. 2: Expansions of the 'Old Testament' and Legends, Wisdom and Philosophical Literature, Prayers, Psalms and Odes, Fragments of lost Judaeo-Hellenistic Works. Garden City (N.Y.) 1985. 565-582.

Le Déaut, Roger: Targum du Pentateuque. Traduction des deux récensions palestiniennes complètes avec introduction, parallèles, notes et index. Tome 1: Genèse. Paris 1978. (Sources Chrétiennes. 245)

Ders.: Targum du Pentateuque. Traduction des deux récensions palestiniennes complètes avec introduction, parallèles, notes et index. Tome II. Exode et Lévitique. Paris 1979. (Sources Chrétiennes. 256)

Freedman, Harry (Hg.): Midrash Rabbah. Translated into English with Notes, Glossary and Indices. Vol. 1: Genesis. London, Bournemouth 1951.

Kautzsch, Emil (Hg.): Die Apokryphen und Pseudepigraphen des Alten Testaments. Bd. 1: Die Apokryphen des Alten Testemants. Bd. 2: Die Pseudepigraphen des Alten Testaments. Darmstadt 1962.

Metzger, Bruce M.: The Fourth Book of Ezra (Late First Century A.D.). With the Four Additional Chapters. A New Translation and Introduction. In: Charlesworth, James H. (Hg.): The Old Testament Pseudepigrapha. Vol. 1: Apocalyptic Literature and Testaments. Garden City (N.Y.) 1985.

Nock, Arthur D.; Festugière André-J. (Hgg.): Corpus Hermeticum. Tome I-IV. Paris 1945-1954.

Nestle, Erwin; Aland, Barbara und Kurt (Hgg.): Novum Testamentum Graece. 27. Auflage. Stuttgart 1993.

Pack, Roger A. (Hg.): Artemidori Daldiani Onirocriticon Libri V. Leipzig 1963. (Bibliotheca Scriptorum Graecorum et Romanorum Teubneriana)

PHI CD ROM. Teil 7: Greek documentary texts. 1. Inscriptions. 2. Papyri. Los Altos 1996.

Preisigke, Friedrich: Sammelbuch griechischer Urkunden aus Ägypten. Bd. 1: Urkunden Nr. 1 bis 6000. Straßburg 1915.

Rahlfs, Alfred (Hg.): Septuaginta. Id est Vetus Testamentum graece iuxta LXX interpretes. Duo volumina in uno. Stuttgart 1979.

Schreiner, Josef: Das 4. Buch Esra. In: JSHRZ 5/4. Gütersloh 1981.

Siegfried, Karl: Die Weisheit Salomos. In: Kautzsch, Emil (Hg.): Die Apokryphen und Pseudepigraphen des Alten Testaments. Bd. 1: Die Apokryphen des Alten Testaments. Darmstadt 1962. 476-507.

Theodor, Jehuda; Albeck, Chanoch (Hgg.): Midrash Bereshit Rabba. Critical Edition with Notes and Commentary. Second Printing. Jerusalem 1965.

Thesaurus Linguae Graecae. CD ROM. A digital library of Greek Literature. Irvine 2002.

Violet, Bruno (Hg.): Die Esra-Apokalypse (IV. Ezra). I. Teil: Die Überlieferung. Leipzig 1910. (GCS. 18)

Weber, Robertus; Fischer, Bonifatius; Gryson, Roger (Hgg.): Biblia Sacra iuxta Vulgatam Versionem. 5. Auflage. Stuttgart 2007.

Walter, Nikolaus: Pseudepigraphische jüdisch-hellenistische Dichtung: Pseudo-Phokylides, Pseudo-Orpheus, gefälschte Verse auf Namen griechischer Dichter. In: JSHRZ 4/3. Gütersloh 1983. 175-278.

Young, Douglas C. (Hg.): Pseudo-Pythagoras, Pseudo-Phocylides, Chares, Anonymi Aulodia, Fragmentum teliambicum. 2. Auflage. Leipzig 1971. (Bibliotheca Scriptorum Graecorum et Romanorum Teubneriana) 95-112.

Ziegler, Joseph (Hg.): Sapientia Salomonis. In: Septuaginta. Vetus testamentum Graecum Auctoritate Societas Litterarum Gottingensis. Bd. 12.1. 2. Auflage. Göttingen 1980.

2. Hilfsmittel

Bauer, Walter: Griechisch-deutsches Wörterbuch zu den Schriften des Neuen Testaments und der frühchristlichen Literatur. 5. Auflage. Berlin, New York 1971.

Ders.: Griechisch-deutsches Wörterbuch zu den Schriften des Neuen Testaments und der frühchristlichen Literatur. 6. Auflage. Berlin, New York 1988.

Blaß, Friedrich; Debrunner, Albert; Rehkopf, Friedrich: Grammatik des neutestamentlichen Griechisch. 17. Auflage. Göttingen 1990.

Gesenius, Wilhelm: Hebräisches und aramäisches Handwörterbuch über das Alte Testament. 17. Auflage. Berlin, Göttingen, Heidelberg 1962 (=1915).

Hübner, Hans: Wörterbuch zur Sapientia Salomonis. Mit dem Text der Göttinger Septuaginta (Joseph Ziegler). Göttingen 1985.

Kühner, Raphael; Gerth, Bernhard: Ausführliche Grammatik der griechischen Sprache. Zweiter Teil: Satzlehre. 4. Auflage. Leverkusen 1955.

Levy, Jacob: Chaldäisches Wörterbuch über die Targumim und einen großen Teil des rabbinischen Schrifttums. 3. Ausgabe. Erster Band: א-ל. Köln 1956.

Liddell, Henry G.; Scott, Robert; Jones, Henry S.: A Greek-English Lexicon. 9. Auflage. Oxford 1996.

Metzger, Bruce M.: A textual commentary on the Greek New Testament. A Companion Volume to the United Bible Societies' Greek New Testament (4. rev. ed.). 2. Auflage. Stuttgart 1994.

Moulton, James Hope: A Grammar of New Testament Greek. Vol. III by Nigel Turner: Syntax. Edinburgh 1963.

Pape, Wilhelm: Griechisch-deutsches Handwörterbuch. 2 Bde. 3. Auflage. Braunschweig 1880.

Preisigke, Friedrich: Wörterbuch der griechischen Papyrusurkunden mit Einschluß der griechischen Inschriften, Aufschriften, Ostraka, Mumienschilder usw. aus Ägypten. Bd. 1: A-K. Berlin 1925.

Radermacher, Ludwig: Neutestamentliche Grammatik. Das Griechisch des Neuen Testaments im Zusammenhang mit der Volkssprache. 2. Auflage. Tübingen 1925. (HNT. 1)

Schwyzer, Eduard: Griechische Grammatik auf der Grundlage von Karl Brugmanns Griechischer Grammatik. Bd. II: Syntax und syntaktische Stilistik. Vervollständigt und hrsg. von Albert Debrunner. 5. Auflage. München 1988. (HAW II.1.2)

3. Kommentare

Bachmann, Philipp: Der erste Brief des Paulus an die Korinther. 2. Auflage. Leipzig 1910. (KNT. 7)

Ders.: Der zweite Brief des Paulus an die Korinther. 4. Auflage. Leipzig, Erlangen 1922. (KNT. 8)

Barrett, Charles K.: A Commentary on the First Epistle to the Corinthians. Second Edition. London 1992. (BNTC)

Barrett, Charles K.: A Commentary on the Second Epistle to the Corinthians. London 1997. (BNTC)

Billerbeck, Paul: Die Briefe des Neuen Testaments und die Offenbarung des Johannis. Erläutert aus Talmud und Midrasch. 2. Auflage. München 1926. (Kommentar zum Neuen Testament aus Talmud und Midrasch. 3)

Bultmann, Rudolf: Der zweite Brief an die Korinther. Göttingen 1976. (KEK Sonderband)

Conzelmann, Hans: Der erste Brief an die Korinther. 2. Auflage. Göttingen 1981. (KEK. 5/11).

Dunn, James D.G.: Romans 1-8. Romans 9-16. 2 Vol. Dallas 1988. (WBC. 38 A.B)

Engel, Helmut: Das Buch der Weisheit. Stuttgart 1998. (NSK.AT. 16)

Fee, Gordon D.: The First Epistle to the Corinthians. Grand Rapids 1988. (NIC)

Fichtner, Johannes: Die Weisheit Salomos. Tübingen 1938. (HAT. II.6)

Fitzmyer, Joseph A.: Romans. A New Translation with Introduction and Commentary. London 1993. (AncB. 33)

Furnish, Victor P.: II Corinthians. Translated with Introduction, Notes, and Commentary. New York, London, Toronto u.a. 1984. (AncB. 33)

Gräßer, Erich: Der zweite Brief an die Korinther. Kapitel 1,1-7,16. Gütersloh, Würzburg 2002. (ÖTK.NT. 8/1)

Haacker, Klaus: Der Brief des Paulus an die Römer. Leipzig 1999. (ThHK. 6)

Heinrici, C.F. Georg: Der erste Brief an die Korinther. 8. Auflage. Göttingen 1896. (KEK. 5)

Ders.: Der zweite Brief an die Korinther. Göttingen 1900. (KEK. 6)

Horsley, Richard A.: 1 Corinthians. Nashville 1999.(AbBC)

Hübner, Hans: Die Weisheit Salomonis. Übersetzt und erklärt von Hans Hübner. Göttingen 1999. (ATD. Apokryphen. 4)

Käsemann, Ernst: An die Römer. 4. Auflage. Tübingen 1980. (HNT. 8a)

Klauck, Hans-Josef: 1. Korintherbrief. 3. Auflage. Würzburg 1992. (NEB.NT. 7)

Ders.: 2. Korintherbrief. 3. Auflage. Würzburg 1994. (NEB.NT. 8)

Lang, Friedrich: Die Briefe an die Korinther. 16. Auflage. Göttingen 1986. (NTD. 7)

Larcher, Chrysostome (OP): Le Livre de la Sagesse ou la Sagesse de Salomon. Vol 1. Paris 1983. (EtB.NS. 1)

Lietzmann, Hans: An die Korinther I.II. 4. Auflage (ergänzt von Georg Kümmel). Tübingen 1949. (HNT. 9)

Ders.: An die Römer. 5. Auflage. Tübingen 1971. (HNT. 8)

Lindemann, Andreas: Der erste Korintherbrief. Tübingen 2000. (HNT. 9.1)

Lohse, Eduard: Der Brief an die Römer. Göttingen 2003. (KEK. 4)

Martin, Ralph P.: 2 Corinthians. Waco 1986. (WBC. 40)

Merklein, Helmut; Gielen, Marlis: Der erste Brief an die Korinther. Kapitel 11,2-16,24. Gütersloh 2005. (ÖTK.NT. 7.3)

Michel, Otto: Der Brief an die Römer. 5. Auflage. Göttingen 1978. (KEK. 4)

Plummer, Alfred: A Critical and Exegetical Commentary on the Second Epistle of St. Paul to the Corinthians. Edinburgh 1985. (ICC)

Robertson, Archibald; Plummer, Alfred: A Critical and Exegetical Commentary on the First Epistle of St. Paul to the Corinthians. Edinburgh 1986. (ICC)

Runia, David: Philo of Alexandria: On the Creation of the Cosmos according to Moses. Introduction, Translation and Commentary. Leiden, Boston, Köln 2001.(PACS. 1)

Scarpat, Giuseppe: Libro della Sapienza. Testo, traduzione, introduzione e comento. Vol. 1. Brescia 1989. Vol. 2. Brescia 1996. Vol. 3. Brescia 1999.

Schlatter, Adolf: Paulus der Bote Jesu. Eine Deutung seiner Briefe an die Korinther. 4. Auflage. Stuttgart 1962.

Schmitt, Armin: Das Buch des Weisheit. Ein Kommentar. Würzburg 1986.

Ders.: Weisheit. Würzburg 1989. (NEB. 23)

Schrage, Wolfgang: Der erste Brief an die Korinther. Teilbd. 4: 1 Kor 15,1-16,24. Neukirchen-Vluyn 2001. (EKK. 7/4)

Stone, Michael E.: Fourth Ezra. A Commentary on the Book of Fourth Ezra. Minneapolis 1990. (Hermeneia)

Stuhlmacher, Peter: Der Brief an die Römer. 15. Auflage (2. Auflage dieser Fassung). Göttingen, Zürich 1989. (NTD. 6)

Theobald, Michael: Römerbrief Kapitel 1-11. Stuttgart 1992. (SKK. 6/1)

Thrall, Margaret E.: The Second Epistle to the Corinthians. Vol. 1. Introduction and Commentary on II Cor I-VII. Edinburgh 1994. (ICC)

Vilchez Lindez, José: Sabiduría. Pamplona 1990. (Nueva Biblia Española. Sapienciales. 5)

Weiß, Johannes: Der erste Korintherbrief. 9. Auflage. Göttingen 1910. (KEK. 5)

Wendland, Heinz-Dietrich: Die Briefe an die Korinther. 14. Auflage. Göttingen 1968 (NTD. 7)

Wilckens, Ulrich: Der Brief an die Römer. Teilbd. 1. Röm 1-5. Neukirchen-Vluyn 1978. (EKK. 6/1)

Ders.: Der Brief an die Römer. Teilbd. 2. Röm 6-11. Neukirchen-Vluyn 1980. (EKK. 6/2)

Windisch, Hans: Der zweite Korintherbrief. 9. Auflage. Göttingen 1924. (KEK. 6)

Winston, David: The Wisdom of Solomon. A New Translation with Introduction and Commentary. New York 1979. (AncBib. 43)

Wilson, Walter T.: The Sentences of Pseudo-Phocylides. Berlin 2005. (CEJL)

Wolff, Christian: Der zweite Brief des Paulus an die Korinther. Berlin 1989. (ThHK. 8)

Ders.: Der erste Brief des Paulus an die Korinther. Berlin 1996. (ThHK. 8)

Ders.: Der erste Brief des Paulus an die Korinther. 2. Auflage. Leipzig 2000. (ThHK. 7)

Ziener, Georg: Das Buch der Weisheit. Düsseldorf 1970. (Die Welt der Bibel. Kleinkommentare zur Heiligen Schrift.)

4. Monographien und Aufsätze

Althaus, Paul: Das Bild Gottes bei Paulus. In: ThBl 20 (1941). 82-92.

Asher, Jeffrey R.: Polarity and Change in 1 Corinthians 15. A Study of Metaphysics, Rhetoric, and Resurrection. Tübingen 2000. (HUTh. 42)

Auffahrt, Christoph: Herrscherkult und Christuskult. In: Cancik, Hubert; Hitzl, Konrad (Hgg.): Die Praxis der Herrscherverehrung in Rom und seinen Provinzen. Tübingen 2003. 283-317.

Back, Frances: Verwandlung durch Offenbarung bei Paulus. Eine religionsgeschichtlich-exegetische Untersuchung zu 2 Kor 2,14-4,6. Tübingen 2002. (WUNT. II.153)

Bär, Jochen: Sprachreflexion der deutschen Frühromantik. Konzepte zwischen Universalpoesie und Grammatischem Kosmopolitismus. Mit lexikographischem Anhang. Berlin, New York 1999. (Studia linguistica Germanica. 50)

Ders.: Lexikographie und Begriffsgeschichte. Probleme, Paradigmen, Perspektiven. In: Wiegand, Herbert Ernst (Hg.): Wörterbücher in der Diskussion IV. Vorträge aus dem Heidelberger Lexikographischen Kolloquium. Tübingen 2000. (Lexicographica. Series Maior. 100) 29-84.

Barclay, John M.G.: Jews in the Mediterranean Diaspora. From Alexander to Trajan (323 BCE – 117 CE). Edinburgh 1996.

Barrett, Charles K.: The Significance of the Adam-Christ-Typology for the Resurrection of the Dead. 1Co 15,20-22.45-49. In: Aletti, Jean-Noël; Barrett, Charles K.; Carrez, Maurice (Hgg): Résurrection du Christ et des Chrétiens (1 Co 15). Avec la collabora-

tion de S. Agourides u.a., par le soin de Lorenzo de Lorenzi. Rom 1985.
(SMBen.BE.8) 99-122.

Barth, Gerhard: Zur Frage nach der in 1Korinther 15 bekämpften Auferstehungsleugnung. In: ZNW 83 (1992). 187-201.

Bauer, Karl-Adolf: Leiblichkeit das Ende aller Werke Gottes. Die Bedeutung der Leiblichkeit des Menschen bei Paulus. Gütersloh 1971. (StUNT. 4)

Baumgärtel, Friedrich: Art. σάρξ κτλ. B. Altes Testament. In: ThWNT 7 (1964). 105-
108.

Becker, Jürgen: Auferstehung der Toten im Urchristentum. Stuttgart 1976. (SBS. 82)

Belleville, Linda L.: Reflections of Glory. Paul's Polemical Use of the Moses-Doxa Tradition in 2 Corinthians 3,1-18. Sheffield 1991. (JSNT.S. 52)

Dies.: Tradition or Creation?. Paul's Use of the Exodus 34 Tradition in 2 Corinthians
3,7-18. In: Evans, Craig A.; Sanders; James A. (Hgg.): Paul and the Scriptures of Israel. Sheffield 1993. (JSNT.S. 83) 165-186.

Belting, Hans: Bild-Anthropologie. Entwürfe für eine Bildwissenschaft. München 2001.
(Bild und Text)

Ders.: Das echte Bild. Bildfragen als Glaubensfragen. München 2005.

Berlejung, Angelika: Geheimnis und Ereignis. Zur Funktion und Aufgabe der Kultbilder
in Mesopotamien. In: JBTh 13 (1999). 109-143.

Betz, Hans-Dieter: The Concept of the ‚Inner Human Being' (ὁ ἔσω ἄνθρωπος) in the
Anthropology of Paul. In: NTS 46 (2000). 315-341.

Bieder, Werner: Art. πνεῦμα κτλ. C. Geist im Judentum. I. πνεῦμα in LXX. 8. πνεῦμα
in Sapientia. In: ThWNT 6 (1959). 369f.

Ders.: Art. πνεῦμα κτλ. C. Geist im Judentum. II. πνεῦμα im hellenistischen Judentum.
1. Philo. In: ThWNT 6 (1959). 370-373. (Bieder 1959a)

Bieringer, Reimund: Die Teilungshypothesen zum 2. Korintherbrief. Ein Forschungsüberblick. In: Ders.; Lambrecht, Jan (Hgg.): Studies on 2 Corinthians. Leuven 1994.
(BEThL. 112) 67-105. (Bieringer 1994a)

Ders.: Die Gegner des Paulus im 2. Korintherbrief. In: Ders.; Lambrecht, Jan (Hgg.):
Studies on 2 Corinthians. Leuven 1994. (BEThL. 112) 181-221. (Bieringer 1994b)

Ders.: 2 Korinther 6,14-7,1 im Kontext des 2. Korintherbriefes. Forschungsüberblick und
Versuch eines eigenen Zugangs. In: Ders.; Lambrecht, Jan (Hgg.): Studies on 2 Corinthians. Leuven 1994. (BEThL. 112). 551-570. (Bieringer 1994c)

Bluhm, Claudia; Deissler, Dirk; Scharloth, Joachim u.a. (Hgg.): Linguistische Dis-
kursanalyse. Überblick, Probleme, Perspektiven. In: Sprache und Literatur in Wissenschaft und Unterricht 86 (2000). 3-19.

Boismard, Marie-Émile: Eikon im Neuen Testament. In: RB 66 (1959). 420-424.

Borgen, Peder: Philo of Alexandria. In: Stone, Michael E. (Hg.): Jewish Writings of the
Second Temple Period. Apocrypha, Pseudepigrapha, Qumran Sectarian Writings,
Philo, Josephus. Assen 1984. (CRI. 2) 233-282.

Ders.: Philo, John and Paul. New Perspectives on Judaism and Early Christianity. Atlanta
1987.

Ders.: Gottesbewusstsein. Exegetische Studien zur Soteriologie und Mystik bei Philo von
Alexandria. In: JThS 53 (2002). 165-173.

Bousset, Wilhelm: Kyrios Christos. Geschichte des Christusglaubens von den Anfängen
des Christentums bis Irenäus. 3. Auflage. Göttingen 1926.

Brandenburger, Egon: Fleisch und Geist. Paulus und die dualistische Weisheit. Neukirchen-Vluyn 1968. (WMANT. 29)

Bréhier, Emile: Les idées philosophiques et religieuses de Philon d'Alexandrie. 3. Auflage. Paris 1950.

Bulembat, Jean-Bosco Matand: Noyau et enjeux de l'eschatologie paulinienne. De l'apocalyptique juive et de l'eschatologie hellénistique dans quelques argumentations de l'apôtre Paul. Etude rhétorico-exégetique de 1 Co 15,35-58; 2 Cor 5,1-10 et Rm 8,18-30. Berlin, New York 1997. (BZNW. 84)

Bultmann, Rudolf: Theologie des Neuen Testaments. 9. Auflage. Tübingen 1984. (UTB. 630)

Burchard, Christoph: 1 Korinther 15, 39-41. In: ZNW 75 (1984). 237-258.

Busse, Dietrich: Historische Semantik. Analyse eines Programms. Stuttgart 1987. (Sprache und Geschichte. 13)

Ders.: Begriff oder Diskurs? Zu theoretischen Grundlagen und Methodenfragen einer historisch-semantischen Epistemologie. In: Dutt, Carsten (Hg.): Herausforderungen der Begriffsgeschichte. Heidelberg 2003.

Ders.; Teubert, Wolfgang: Ist der Diskurs ein sprachwissenschaftliches Objekt? Zur Methodenfrage der historischen Semantik. In: Busse, Dietrich; Hermanns, Fritz; Teubert, Wolfgang (Hgg.): Begriffsgeschichte und Diskursgeschichte. Opladen 1994. 10-28.

Cavallin, Hans C.: Life after Death. Paul's Argument for the Resurrection of the Dead in I Cor 15. Part I. An Enquiry into the Jewish Background. Lund 1974. (CB.NT. 7.1)

Chadwick, Henry: St. Paul and Philo of Alexandria. In: Bulletin of the John Ryland's Library 48 (1965/66). 286-307.

Cohen, Naomi G.: The Mystery Terminology in Philo. In: Deines, Roland; Niebuhr, Karl-Wilhelm (Hgg.): Philo und das Neue Testament. Wechselseitige Wahrnehmungen. I. Internationales Symposium zum Corpus Judaeo-Hellenisticum 1.-4. Mai 2003, Eisenach/Jena. Tübingen 2004. 173-187.

Collange, Jean-François: Enigmes de la deuxième épître de Paul aux Corinthiens. Cambridge 1972. (MSSNTS. 18)

Collins, John J.: Jewish Wisdom in the Hellenistic Age. Edinburgh 1998.

Colpe, Carsten: Die religionsgeschichtliche Schule. Darstellung und Kritik ihres Bildes vom gnostischen Erlösermythos. Göttingen 1961. (FRLANT. 78).

Corssen, P. (?): Paulus und Porphyrios. (Zur Erklärung von 2 Kor 3,18). In: ZNW 19 (1919/1920). 2-10.

D'Alario, Vittoria: La réflexion sur le sens de la vie en Sg 1-6. Une réponse aux questions de Job et Qohélet. In: Calduch-Benages, Nuria; Vermeylen, Jacques (Hgg.): Treasures of Wisdom. Studies in Ben Sira and the Book of Wisdom. Festschrift M. Gilbert. Leuven 1999. (BEThL. 143) 313-329.

Dautzenberg, Gerhard: Art. εὐωδία, ὀσμή. In: EWNT 2 (1992). 226-229. (Dautzenberg 1992)

Ders.: Art. θριαμβεύω. In: EWNT 2 (1992). 384-386. (Dautzenberg 1992a)

Delling, Gerhard: Art. θριαμβεύω. In: ThWNT 3 (1938). 159f.

Des-Places, Edouard: Eikon im Neuen Testament. In: Biblica 40 (1959). 110f.

Dey, Lala K.: The Intermediary World and Patterns of Perfection in Philo and Hebrews. Richmond 1975. (SNTS.DS. 25)

Dillon, John: The Middle Platonists. A Study of Platonism. 80 B.C. to A.D. 220. London 1977.

Ders.: A Response to Runia and Sterling. In: SPhA 5 (1993). 151-155.

Dunn, James D.G.: 2. Corinthians III.17 – "The Lord is the Spirit". In: JThS 21 (1970). 309-320.

Ders.: The Image of God False and True. A Sketch. In: Mittmann-Richert, Ulrike (Hg.): Der Mensch vor Gott. Forschungen zum Menschenbild in Bibel, antikem Judentum und Koran. FS Hermann Lichtenberger. Neukirchen-Vluyn 2003. 15-23.

Ders.: The Theology of Paul the Apostle. London, New York 2005.

Dupont, Jacques: Le chrétien, miroir de la gloire divine d'après 2 Cor III,18. In: RB 56 (1949). 392-411.

Eckert, Jost: Christus als „Bild Gottes" und die Gottebenbildlichkeit des Menschen in der paulinischen Theologie. In: Frankemölle, Hubert; Kertelge, Karl (Hgg.): Vom Urchristentum zu Jesus. FS J. Gnilka. Freiburg, Basel, Wien 1989. 337-357.

Eltester, Friedrich-Wilhelm: Eikon im Neuen Testament. Berlin 1958. (BZNW. 23)

Engel, Helmut: „Was Weisheit ist und wie sie entstand, will ich verkünden." Weish 7,22-8,1 innerhalb des ἐγκόμιον τῆς σοφίας (6,22-11,1) als Stärkung der Plausibilität des Judentums angesichts hellenistischer Philosophie und Religiosität. In: Hentschel, Georg; Zenger, Erich (Hgg.): Lehrerin der Gerechtigkeit. Studien zum Buch der Weisheit. Leipzig 1990. (EThS. 19) 67-102.

Farina, Claudio: Die Leiblichkeit der Auferstandenen. Ein Beitrag zur Analyse des paulinischen Gedankenganges in 1 Kor 15,35-58. Würzburg, Diss. 1971.

Fossum, Jarl E.: Introduction. The New Testament and Early Jewish Mysticism. In: Ders.: The Image of the Invisible God. Essays on the Influence of Jewish Mysticism on Early Christology. Fribourg, Göttingen 1995. 1-11.

Gerber, Christine: Paulus und seine ‚Kinder'. Studien zur Beziehungsmetaphorik der paulinischen Briefe. Berlin, New York 2005. (BZNW. 136)

Georgi, Dieter: Die Gegner des Apostels Paulus im 2. Korintherbrief. Studien zur religiösen Propaganda in der Spätantike. Neukirchen-Vluyn 1964. (WMANT. 11)

Gilbert, Maurice (S.J.): La critique des dieux dans le livre de la Sagesse. Sg 13-15. Rom 1973. (AnBib. 53)

Ders.: Art. Sagesse de Salomon. In: CBS 11 (1991). 58-119.

Goodenough, Erwin R.: By Light, Light. The Mystic Gospel of Hellenistic Judaism. Amsterdam 1969.

Görg, Manfred: Die Religionskritik in Weish 13,1f. Beobachtungen zur Entstehung der Sapientia Salomonis im späthellenistischen Alexandria. In: Hentschel, Georg; Zenger, Erich (Hgg.): Lehrerin der Gerechtigkeit. Studien zum Buch der Weisheit. Leipzig 1990. (EThS 19) 13-25.

Göttert, Karl Heinz: Einführung in die Rhetorik. Grundbegriffe – Geschichte – Rezeption. 3. Auflage. München 1998. (UTB. 1599)

Gruber, Margareta M.: Herrlichkeit in Schwachheit. Eine Auslegung der Apologie des Zweiten Korintherbriefs 2 Kor 2,14-6,13. Würzburg 1998. (fzb. 89)

Gundry, Robert H.: SOMA in Biblical Theology. With Emphasis on Pauline Anthropology. Cambridge, London, New York u.a. 1976. (SNTS Monograph Series. 29)

Güttgemanns, Erhardt: Der leidende Apostel und sein Herr. Studien zur paulinischen Christologie. Göttingen 1966. (FRLANT. 91)

Hay, David M.: Philo's Anthropology, the Spiritual Regimen of the Therapeutae, and a Possible Connection with Corinth. In: Deines, Roland; Niebuhr, Karl-Wilhelm (Hgg.): Philo und das Neue Testament. Wechselseitige Wahrnehmungen. I. Internationales Symposium zum Corpus Judaeo-Hellenisticum 1.-4. Mai 2003, Eisenach/Jena. Tübingen 2004. 127-142.

Heckel, Theo K.: Der Innere Mensch. Die paulinische Verarbeitung eines platonischen Motivs. Tübingen 1993. (WUNT. II.53)

Hegermann, Harald: Die Vorstellung vom Schöpfungsmittler im hellenistischen Judentum und Urchristentum. Berlin 1961.

Hehn, Johannes: Zum Terminus „Bild Gottes". In: Weil, Gotthold (Hg.): FS Eduard Sachau. Berlin 1915. 36-52.

Heininger, Bernhard: Paulus und Philo als Mystiker? Himmelsreisen im Vergleich (2Kor 12,2-4; SpecLeg III 1-6). In: Deines, Roland; Niebuhr, Karl-Wilhelm (Hgg.): Philo und das Neue Testament. Wechselseitige Wahrnehmungen. I. Internationales Symposium zum Corpus Judaeo-Hellenisticum 1.-4. Mai 2003, Eisenach/Jena. Tübingen 2004. 189-204.

Hermanns, Fritz: Linguistische Anthropologie. Skizze eines Gegenstandsbereiches linguistischer Mentalitätsgeschichte. In: Busse, Dietrich; Hermann, Fritz; Teubert, Wolfgang (Hgg.): Begriffsgeschichte und Diskursgeschichte. Methodenfragen und Forschungsergebnisse der historischen Semantik. Opladen 1994. 29-59.

Ders.: Sprachgeschichte als Mentalitätsgeschichte. Überlegungen zu Sinn und Form und Gegenstand historischer Semantik. In: Gardt, Andreas; Mattheier, Klaus; Reichmann, Oskar (Hgg.): Sprachgeschichte des Neuhochdeutschen. Gegenstände, Methoden, Theorien. Tübingen 1995. (RGL. 156) 69-102. (Hermanns 1995)

Ders.: Kognition, Emotion, Intention. Dimensionen lexikalischer Semantik. In: Harras, Gisela (Hg.): Die Ordnung der Wörter. Kognitive und lexikalische Strukturen. Berlin, New York 1995. 138-178. (Hermanns 1995a)

Holzhausen, Jens: Der ‚Mythos vom Menschen‘ im hellenistischen Ägypten. Eine Studie zum ‚Poimandres‘ (= CH I), zu Valentin und dem gnostischen Mythos. Bodenheim 1994. (Theophaneia. 33)

Horsley, Richard A.: "How can you say that there is no Resurrection of the Dead?" Spitirual Elitism in Corinth. In: NT 20 (1978). 203-321.

Horst, Pieter W. van der: Pseudo-Phocylides and the New Testament. In: ZNW 69 (1978). 187-202.

Hübner, Hans: Art. καταργέω. In: EWNT 2 (1992). 659-661.

Ders.: Die Sapientia Salomonis und die antike Philosophie. In: Ders. (Hg.): Die Weisheit Salomos im Horizont biblischer Theologie. Neukirchen-Vluyn 1993. (BThSt. 22) 55-81.

Ders.: Vetus Testamentum in novo. Bd. 2: Corpus Paulinum. Göttingen 1997.

Hugedé, Norbert: La métaphore du miroir dans les épîtres de Saint Paul aux Corinthiens. Neuchâtel, Paris 1957.

Hultgren, Stephen: The Origin of Paul's Doctrine of the Two Adams in 1 Corinthians 15.45-49. In: JSNT 25 (2003). 343-370.

Hurtado, Larry W.: Lord Jesus Christ. Devotion to Jesus in Early Christianity. Grand Rapids, Cambridge 2003.

Janssen, Claudia: Anders ist die Schönheit der Körper. Paulus und die Auferstehung in 1 Kor 15. Gütersloh 2005.

Jeremias, Joachim: "Flesh and Blood cannot inherit the Kingdom of God" (I Cor. XV. 50). In: Ders.: Abba. Studien zur neutestamentlichen Theologie und Zeitgeschichte. Göttingen 1966. 298-307.

Jervell, Jacob: Imago Dei. Gen 1,26f. im Spätjudentum, in der Gnosis und in den paulinischen Briefen. Göttingen 1960. (FRLANT II. 58)

Ders.: Art. Bild Gottes. I. Biblische, frühjüdische und gnostische Auffassungen. In: TRE 6 (1980). 491-498.

Jewett, Robert: Paul's Anthropological Terms. A Study of their Use in Conflict Settings. Leiden 1971. (AGJU. 10)

Jonas, Hans: Gnosis und spätantiker Geist. Teil 2/1: Von der Mythologie zur mystischen Philosophie. 2. Auflage. Göttingen 1966.

Kaiser, Holger: Die Bedeutung des leiblichen Daseins in der paulinischen Eschatologie. Teil 1: Studien zum religions- und traditionsgeschichtlichen Hintergrund der Auseinandersetzung in 2. Kor 5,1-10 (und 1. Kor 15) im palästinischen und hellenistischen Judentum. Teil 2: Anmerkungen. Heidelberg, Diss. 1974.

Kaiser, Otto: Anknüpfung und Widerspruch. Die Antwort der jüdischen Weisheit auf die Herausforderung durch den Hellenismus. In: Ders.: Gottes und der Menschen Weisheit. Gesammelte Aufsätze. Berlin, New York 1998. (BZNW. 261) 201-216.

Käsemann, Ernst: Leib und Leib Christi. Eine Untersuchung zur paulinischen Begrifflichkeit. Tübingen 1933. (BHTh. 9)

Ders.: Anliegen und Eigenart der paulinischen Abendmahlslehre. In: Ders.: Exegetische Versuche und Besinnungen. Auswahl. Göttingen 1986. 9-32.

Kasher, Aryeh: The Jews in Hellenistic and Roman Egypt. The Struggle for Equal Rights. Tübingen 1985. (TSAJ. 7)

Keyser, Paul-Gerhard: Sapientia Salomonis und Paulus. Eine Analyse der Sapientia Salomonis und ein Vergleich ihrer theologischen und anthropologischen Probleme mit denen des Paulus im Römerbrief. Halle, Diss. 1971.

Kim, Seyoon: The Origin of Paul's Gospel. 2. Auflage. Tübingen 1984. (WUNT II. 4)

Kittel, Helmuth: Die Herrlichkeit Gottes. Studie zu Geschichte und Wesen eines neutestamentlichen Begriffs. Gießen 1934. (BZNW 16)

Ders.: Art. δοκέω κτλ. A. Der griechische Sprachgebrauch von δόξα. In: ThWNT 2 (1935). 236-240. (Kittel 1935)

Ders.: Art. δοκέω κτλ. F. Der neutestamentliche Gebrauch von δόξα I. In: ThWNT 2 (1935). 240. (Kittel 1935a)

Ders.: Art. δοκέω κτλ. F. Der neutestamentliche Gebrauch von δόξα II. In: ThWNT 2 (1935). 250-255. (Kittel 1935b)

Ders.: Art. εἰκών. F. Der übertragene Gebrauch von „Bild" im NT. In: ThWNT 2 (1935). 393-396. (Kittel 1935c)

Klauck, Hans-Josef: Erleuchtung und Verkündigung. Auslegungsskizze zu 2 Kor 4,1-6. In: Lorenzi, Lorenzo de (Hg.): Paolo Ministro del Nuovo Testamento (2 Cor 2,14-4,6). Rom 1987. (SMBen.BE. 9) 267-297.

Kleinknecht, Hermann: Art. εἰκών. C. Der griechische Sprachgebrauch von εἰκών. In: ThWNT 2 (1935). 386-387.

Ders.: Art. πνεῦμα im Griechischen. I. Die Wortbedeutung. In: ThWNT 6 (1959). 333-357.

Kolarczik, Michael (S.J.): The Ambiguity of Death in the Book of Wisdom 1-6. A Study of Literary Structure and Interpretation. Rom 1991. (AnBib. 127)

Ders.: Universalism and Justice in the Wisdom of Solomon. In: Calduch-Benages, Nuria; Vermeylen, Jacques (Hgg.): Treasures of Wisdom. Studies in Ben Sira and the Book of Wisdom. FS M.Gilbert. Leuven 1999. (BEThL. 143) 289-301.

Kürzinger, Josef: Σύμμορφος τῆς εἰκόνος τοῦ υἱοῦ αὐτοῦ (Röm 8,29). In: BZ.NF 2 (1958). 294-299.

Lambrecht, Jan: Transformation in 2 Cor 3,18. In: Bib 64 (1983). 243-254.

Ders.: Structure and Line of Thought in 2 Cor 2,14-4,6. In: Bieringer, Reimund; Lambrecht, Jan (Hgg.): Studies on 2 Corinthians. Leuven 1994. (BEThL. 112) 257-294. (Lambrecht 1994a)

Ders.: The Eschatological Outlook in 2 Corinthians 4,7-15. In: Bieringer, Reimund; Lambrecht, Jan (Hgg.): Studies on 2 Corinthians. Leuven 1994. (BEThL. 112) 335-349. (Lambrecht 1994b)

Lampe, Peter: Paul's Concept of a Spiritual Body. In: Peters, Ted; Russell, Robert J.; Welker, Michael (Hgg.): Resurrection. Theological and Scientific Assessments. Grand Rapids, Cambridge 2002. 103-114.

Larsson, Edvin: Christus als Vorbild. Eine Untersuchung zu den paulinischen Tauf- und Eikontexten. Uppsala 1962. (ASNU. XXIII.19)

Lattke, Michael: Art. Salomoschriften. I. Weisheit Salomos. In: RGG 7 ([4]2004). 805f.

Leaney, Alfred R.C.: Conformed to the Image of his Son (Rom VIII,29). In: NTS 10 (1963/64). 470-479.

Leisegang, Hans: Der Heilige Geist. Das Wesen und Werden der mystisch-intuitiven Erkenntnis in der Philosophie und Religion der Griechen. 1. Band. 1. Teil. Die vorchristlichen Anschauungen und Lehren vom πνεῦμα und der mystisch-intuitiven Erkenntnis. Darmstadt 1967.

Lindemann, Andreas: Die Auferstehung der Toten. Adam und Christus nach 1 Kor 15. In: Evang, Martin u.a. (Hgg.): Eschatologie und Schöpfung. FS Erich Gräßer. Berlin, New York 1997. (BZNW. 89) 155-167.

Lobenstein-Reichmann, Anja: Freiheit bei Luther. Lexikographische Textanalyse als Methode historischer Semantik. Berlin, New York 1998. (Studia linguistica Germanica. 46)

Lohse, Eduard: Imago Dei bei Paulus. In: Matthias, Walter; Wolf, E. (Hgg.): Libertas Christiana. FS F. Delekat. München 1957. (BEvTh. 26) 122-135.

Mack, Burton L.: Imitatio Mosis. Patterns of Cosmology and Soteriology in the Hellenistic Synagoge. In: StPhilo 1 (1972). 27-55.

Ders.: Logos und Sophia. Untersuchungen zur Weisheitstheologie im hellenistischen Judentum. Göttingen 1973. (StUNT. 10)

Ders.: Philo Judaeus and Exegetical Traditions in Alexandria. In: ANRW II.21.1 (1984). 227-271.

Markschies, Christoph: Art. Innerer Mensch. In: RAC 18 (1997). 266-312.

Ders.: Die Gnosis. München 2001. (C.H. Beck Wissen. 2173)

Marques, Valdir: „Eikón" em Paulo. Investigacao teológica e bíblica à luz da LXX. Rom 1986.

Martin, Dale B.: The Corinthian Body. New Haven, London 1995.

McKenzie, John L.: Eikon im Neuen Testament. In: CBQ 21 (1959). 242f.

McNamara, Martin (M.S.C.): The New Testament and the Palestinian Targum to the Pentateuch. Rom 1966. (AnBib. 27a)

Moule, Charles F.: 2 Cor 3,18b, καθάπερ ἀπὸ τοῦ κυρίου πνεύματος. In: Baltensweiler, Heinrich; Reicke, Bo (Hgg.): Neues Testament und Geschichte. FS O. Cullmann. Zürich 1972. 231-237.

Müller, Karlheinz: Die Leiblichkeit des Heils. 1 Kor 15,35-58. In: Aletti, Jean-Noël; Barrett, Charles K.; Carrez, Maurice u.a. (Hgg.): Résurrection du Christ et des Chrétiens (1 Co 15). Avec la collaboration de S. Agourides u.a., par le soin de Lorenzo de Lorenzi. Rom 1985. (SM.Ben.BE. 8) 171-255.

Newman, Carey: Paul's Glory-Christology. Tradition and Rhetoric. Leiden, New York, Kopenhagen u.a. 1992.

Nickelsburg, George W.E.: Philo among Greeks, Jews and Christians. In: Deines, Roland; Niebuhr, Karl-Wilhelm (Hgg.): Philo und das Neue Testament. Wechselseitige Wahrnehmungen. I. Internationales Symposium zum Corpus Judaeo-Hellenisticum 1.-4. Mai 2003, Eisenach/Jena. Tübingen 2004. 53-72.

Niebuhr, Karl-Wilhelm: Gesetz und Paränese. Katechismusartige Weisungsreihen in der frühjüdischen Literatur. Tübingen 1987. (WUNT. II.28)

Ders.: Die Paulusbriefsammlung. In: Ders.: (Hg.): Grundinformation Neues Testament. Eine bibelkundlich-theologische Einführung. 2. Auflage. Göttingen 2003. 196-293.

Nikiprowetzky, Valentin: Le commentaire de l'écriture chez Philon d'Alexandrie. Paris, Diss. 1974.

Noack, Christian: Gottesbewußtsein. Exegetische Studien zur Soteriologie und Mystik bei Philo von Alexandria. Tübingen 2000. (WUNT. II.116)

Nobile, Marco: La thématique eschatologique dans le livre de la Sagesse en relation avec l'apocalyptique. In: Treasures of Wisdom. Studies in Ben Sira and the Book of Wisdom. FS M.Gilbert. Leuven 1999. (Bibliotheca Ephemeridum Theologicarum Lovaniensium. CXLIII) 303-312.

Offerhaus, Ulrich: Komposition und Intention der Sapientia Salomonis. Bonn, Diss. 1981.

Osten-Sacken, Peter von der: Römer 8 als Beispiel paulinischer Soteriologie. Göttingen 1975. (FRLANT. 112)

Ders.: Die Decke des Mose. Zur Exegese und Hermeneutik von Geist und Buchstabe in 2. Korinther 3. In: ders.: Die Heiligkeit der Tora. Studien zum Gesetz bei Paulus. München 1989. 87-115.

Pearson, Birger A.: The Pneumatikos-Psychikos Terminology in 1 Corinthians. A Study in the Theology of the Corinthian Opponents of Paul and its Relation to Gnosticism. Missoula 1976. (SBL.DS.12)

Ders.: Philo and Gnosticism. In: ANRW II.21.2 (1984). 322-341.

Ders.: Cracking a Conundrum. Christian Origins in Egypt. In: Studia Theologica 57 (2003). 61-75.

Pöhlmann, Wolfgang: Art. σύμμορφος. In: EWNT 3 (1992). 688f.

Pratscher, Wilhelm: Art. Bild/ εἰκών. In: TBLNT 1 (1997). 177f.

Quispel, Gilles: Der gnostische Anthropos und die jüdische Tradition. In: Eranos-Jahrbuch 12 (1954). 195-234.

Rad, Gerhard von: Art. δοκέω κτλ. C. δόξα im AT. In: ThWNT 2 (1935). 240-245.

Raurell, Frederic: From ΔΙΚΑΙΟΣΥΝΗ to ᾽ΑΘΑΝΑΣΙΑ (WIS 1,1-15). In: Calduch-Benages, Nuria; Vermeylen, Jacques (Hgg.): Treasures of Wisdom. Studies in Ben Sira and the Book of Wisdom. FS M.Gilbert. Leuven 1999. (BEThL. 143) 331-349.

Reinmuth, Eckart: Anthropologie im Neuen Testament. Tübingen 2006. (UTB. 2768)

Reitzenstein, Richard: Zur Geschichte der Alchemie und des Mystizismus. In: Nachrichten von der Königlichen Gesellschaft der Wissenschaften zu Göttingen. Philologisch-historische Klasse 1 (1919). 1-37.

Ders.: Die hellenistischen Mysterienreligionen nach ihren Grundgedanken und Wirkungen. 3. Auflage. Darmstadt 1956 (= 1927).

Robinson, John A.T.: The Body. A Study in Pauline Theology. London 1953.

Rösel, Martin: Übersetzung als Vollendung der Auslegung. Studien zur Genesis-Septuaginta. Berlin, New York 1994. (BZAW. 223)

Rowe, C. Kavin: New Testament Iconography? Situating Paul in the Absence of Material Evidence. In: Weissenrieder, Annette; Wendt, Friederike; Gemünden, Petra von (Hgg.): Picturing the New Testament. Studies in Ancient Visual Images. Tübingen 2005. (WUNT.II.193) 289-312.

Runia, David T.: God and man in Philo of Alexandria. In: Runia, David T.: Exegesis and Philosophy. Studies on Philo of Alexandria. Aldershot, Brookfield 1990. 48-75.

Ders.: Philo in Early Christian Literature. A Survey. Assen 1993. (CRI III.3)

Ders.: Was Philo a Middle Platonist? A difficult question revisited. In: SPhA 5 (1993) 112-140.

Sand, Alexander: Art. ψυχή. In: EWNT 3. 1197-1203.

Ders.: Art. ψυχικός. In: EWNT 3. 1203f.

Sandelin, Karl-Gustav: Die Auseinandersetzung mit der Weisheit in 1. Korinther 15. Åbo, Diss. 1976.

Sanders, Ed. Parish: Paulus. Eine Einführung. Stuttgart 1995. (RUB. 9356)

Sandmel, Samuel: Philo Judaeus. An Introduction to the Man, his Writings, and his Significance. In: ANRW II.21.1 (1984). 3-46.

Saussure, Ferdinand de: Grundfragen der allgemeinen Sprachwissenschaft. Berlin 1931.

Schaller, Berndt: Gen 1.2 im antiken Judentum. Göttingen, Diss. 1961

Ders.: Adam und Christus bei Paulus. Oder: Über Brauch und Fehlbrauch von Philo in der neutestamentlichen Forschung. In: Deines, Roland; Niebuhr, Karl-Wilhelm (Hgg.): Philo und das Neue Testament. Wechselseitige Wahrnehmungen. I. Internationales Symposium zum Corpus Judaeo-Hellenisticum 1.-4. Mai 2003, Eisenach/Jena. Tübingen 2004. 143-153.

Scheer, Tanja S.: Die Gottheit und ihr Bild. Untersuchungen zur Funktion griechischer Kultbilder in Religion und Politik. München 2000. (Zetemata. 105)

Schenke, Hans-Martin: Der Gott „Mensch" in der Gnosis. Ein religionsgeschichtlicher Beitrag zur Diskussion über die paulinische Anschauung von der Kirche als Leib Christi. Göttingen 1960.

Schmithals, Werner: Die Gnosis in Korinth. Eine Untersuchung zu den Korintherbriefen. 3. Auflage. Göttingen 1969. (FRLANT. 66)

Schneider, Sebastian: Vollendung des Auferstehens. Eine exegetische Untersuchung von 1 Kor 15,51-52 und 1 Thess 4,13-18. Würzburg 2000. (fzb. 97)

Schniewind, Julius: Die Leugner der Auferstehung in Korinth. In: Ders.: Nachgelassene Reden und Aufsätze. Hg. von Erich Kähler. Gießen, Basel 1987. 110-139.

Schroer, Silvia: Die Weisheit hat ihr Haus gebaut. Studien zur Gestalt der Sophia in den biblischen Schriften. Mainz 1996.

Dies.: Das Buch der Weisheit. In: Zenger, Erich; Fabry, Heinz-Josef; Braulik, Georg u.a. (Hgg.): Einleitung in das Alte Testament. 3. Auflage. Stuttgart, Berlin, Köln 1998. (Kohlhammer Studienbücher Theologie. 1) 352-362.

Dies.; Staubli, Thomas: Die Körpersymbolik der Bibel. Darmstadt 1998.

Schulz, Siegfried: Die Decke des Mose. Untersuchungen zu einer vorpaulinischen Überlieferung in 2 Kor 3,7-18. In: ZNW 49 (1958). 1-30.

Schwanz, Peter: Imago Dei als christologisch-anthropologisches Problem in der Geschichte der Alten Kirche von Paulus bis Clemens von Alexandrien. Halle 1970. (Arbeiten zur Geschichte und Religionswissenschaft. 2)

Ders.: Der Wandel in der Gottebenbildlichkeits-Vorstellung vom Neuen Testament zur frühen Patristik. Zugleich ein Versuch zur Standortbestimmung biblischer Theologie: Von der Unaufgebbarkeit des Johannes. In: Kairos 16 (1974). 268-294.

Schweitzer, Albert: Die Mystik des Apostels Paulus. Tübingen 1930.

Schweizer, Eduard: Art. σῶμα κτλ. In: ThWNT 7 (1964). 1024-1091.

Scroggs, Robin: The last Adam. A Study in Pauline Anthropology. Philadelphia 1966.

Segal, Alan F.: Paul the Convert. The Apostolate and Apostacy from Saul the Pharisee. New Haven, London 1990.

Sellin, Gerhard: Der Streit um die Auferstehung der Toten. Eine religionsgeschichtliche und exegetische Untersuchung von 1 Korinther 15. Göttingen 1986. (FRLANT. 138)

Ders.: Einflüsse philonischer Logos-Theologie in Korinth. Weisheit und Apostelpartei (1Kor 1-4). In: Deines, Roland; Niebuhr, Karl-Wilhelm (Hgg.): Philo und das Neue Testament. Wechselseitige Wahrnehmungen. I. Internationales Symposium zum Corpus Judaeo-Hellenisticum 1.-4. Mai 2003, Eisenach/Jena. Tübingen 2004. 165-172.

Sisti, Adalberto: Vita e morte nel libro della Sapienza. In: Bibbia e oriente 136 (1983). 49-61.

Spörlein, Bernhard: Die Leugnung der Auferstehung. Eine historisch-kritische Untersuchung zu 1 Kor 15. Regensburg 1971.

Steenburg, Dave: The Case against the Synonymity of Morphe and Eikon. In: JSNT 34 (1988). 77-85.

Stemberger, Günter: Zur Auferstehungslehre in der rabbinischen Literatur. In: Kairos 15 (1973). 238-266.

Ders.: Einleitung in Talmud und Midrasch. 8. Auflage. München 1992.

Sterling, Gregory E.: Platonizing Moses. Philo and Middle Platonism. In: SphA 5 (1993). 96-111.

Ders.: "Wisdom among the Perfect:" Creation Traditions in Alexandrian Judaism and Corinthian Christianity. In: NT 37 (1995). 355-384.

Ders.: 'Thus are Israel.' Jewish Self-Definition in Alexandria. SphA 7 (1995). 1-18. (Sterling 1995a)

Ders.: The Place of Philo of Alexandria in the Study of Christian Origins. In: Deines, Roland; Niebuhr, Karl-Wilhelm (Hgg.): Philo und das Neue Testament. Wechselseitige Wahrnehmungen. I. Internationales Symposium zum Corpus Judaeo-Hellenisticum 1.-4. Mai 2003, Eisenach/Jena. Tübingen 2004. 21-52.

Stockhausen, Carol K.: Moses' Veil and the Glory of the New Covenant. The Exegetical Substructure of II Cor 3,1-4,6. Rom 1989. (AnBib. 116)

Dies.: 2 Corinthians 3 and the Principles of Pauline Exegesis. In: Evans, Craig A.; Sanders; James A (Hgg.): Paul and the Scriptures of Israel. Sheffield 1993. (JSNT.S. 83) 143-164.

Taylor, R.J. (?): The Eschatological Meaning of Life and Death in the Book of Wisdom I-V. In: EThL 42 (1966). 72-137.

Theißen, Gerd: Psychologische Aspekte paulinischer Theologie. 2. Auflage. Göttingen 1993.

Tobin, Thomas H. (SJ): The Creation of Man. Philo and the History of Interpretation. Washington D.C. 1983. (CBQ.MS. 14)

Ders.: Was Philo a Middle Platonist? Some Suggestions. In: SPhA 5 (1993). 147-150.

Trier, Jost: Sprachliche Felder. In: Zeitschrift für deutsche Bildung 8 (1932). 417-427. (Abgedruckt in: Hoffmann, Ludger (Hg.): Sprachwissenschaft. Ein Reader. 2. Auflage. Berlin, New York 2000.)

Ueding, Gert; Steinbrink, Bernd: Grundriß der Rhetorik. Geschichte, Technik, Methode. 3. Auflage. Stuttgart, Weimar 1994.

Vanhoye, Albert: L'interprétation d'Ex 34 en 2 Co 3,7-14. In: Lorenzi, Lorenzo de (Hg.): Paolo Ministro del Nuovo Testamento (2 Co 2,14-4,6). Rom 1987 (SMBen.BE.9) 159-180.

Verburg, Winfried: Endzeit und Entschlafene. Syntaktisch-sigmatische, semantische und pragmatische Analyse von 1 Kor 15. Würzburg 1996. (fzb. 78)

Vernant, Jean-Pierre: Image et apparence dans la théorie platonicienne de la mimêsis. In: Journal de Psychologie 72 (1975). 133-160.

Volgger, David: Die Adressaten des Weisheitsbuches. In: Biblica 82 (2001). 153-177.

Völker, Walther: Fortschritt und Vollendung bei Philo von Alexandrien. Eine Studie zur Geschichte der Frömmigkeit. Leipzig 1938. (TU. 49)

Vollenweider, Samuel: Zwischen Monotheismus und Engelchristologie. Überlegungen zur Frühgeschichte des Christusglaubens. In: ZThK 99 (2002). 21-44.

Ders.: Der Menschgewordene als Ebenbild Gottes. Zum frühchristlichen Verständnis der Imago Dei. In: ders.: Horizonte neutestamentlicher Christologie. Studien zu Paulus und zur frühchristlichen Theologie. Tübingen 2002. (WUNT. 144) 53-70. (Vollenweider 2002a)

Wandrey, Irina: Art. Pseudo-Phokylides. In: RGG 6 (⁴2003).

Wedderburn, Alexander J.M.: Philo's Heavenly Man. In: NT 15 (1973). 301-326.

Ders.: Baptism and Resurrection. Studies in Pauline Theology against its Graeco-Roman Background. Tübingen 1987. (WUNT. 44)

Weißenrieder, Annette: Der Blick in den Spiegel. II Kor 3,18 vor dem Hintergrund antiker Spiegeltheorien und ikonographischer Abbildungen. In: Dies.; Wendt, Friederike; Gemünden, Petra von (Hgg.): Picturing the New Testament. Studies in Ancient Visual Images. Tübingen 2005. (WUNT.II.193) 313-343.

Werner, Wolfgang: „Denn Gerechtigkeit ist unsterblich." Schöpfung, Tod und Unvergänglichkeit nach Weish 1,11-15 und 2,21-24. In: Hentschel, Georg; Zenger, Erich (Hgg.): Lehrerin der Gerechtigkeit. Studien zum Buch der Weisheit. Leipzig 1991. (EThS 19) 26-61.

Willms, Hans: Εἰκών. Eine begriffsgeschichtliche Untersuchung zum Platonismus. 1. Teil: Philon von Alexandreia. Mit einer Einführung über Platon und die Zwischenzeit. Münster 1935.

Winston, David: Logos and Mystical Theology in Philo of Alexandria. Cincinnati 1985.

Ders.: Response to Runia and Sterling. In: SPhA 5 (1993). 141-146.

Wright, Nicholas T.: Reflected Glory. 2 Corinthians 3:18. In: Hurst, Lincoln D.; Wright, Nicholas T. (Hgg.): The Glory of Christ in the New Testament. Studies in Christology. FS G.B. Caird. Oxford 1987. 139-150.

Zeller, Dieter: Art. ἄφρων. In: EWNT 1 (1992). 445.

Ders.: Die angebliche enthusiastische oder spiritualistische Front in 1 Kor 15. In: SPhA 13 (2001). 176-189.

Ders.: Philonische Logos-Theologie im Hintergrund des Konflikts von 1Kor 1-4? In: Deines, Roland; Niebuhr, Karl-Wilhelm (Hgg.): Philo und das Neue Testament. Wechselseitige Wahrnehmungen. I. Internationales Symposium zum Corpus Judaeo-Hellenisticum 1.-4. Mai 2003, Eisenach/Jena. Tübingen 2004. 155-163.

Zmijewski, Josef: Art. ἀσθενής, ἀσθένεια κτλ. In: EWNT 1 (1992). 408-413.

Stellenregister (in Auswahl)

8,29	3, 5-7, 12, 141, 207ff, 253, 256, 260	3,12-18	222-231
8,31-39	206f	3,12-14a	222-224
12,1	255	3,14b-15	224f
		3,16-18	225-231
		3,18	3, 5-8, 12, 15, 141, 195, 247ff, 259

1. Korintherbrief

1-4	263, 265	4,1-6	231-236
5,1-8	263	4,4-6	114
6	265	4,4	3, 5-8, 12, 15, 141, 195, 252ff, 256, 259
6,12-20	255, 263		
7	265	4,6	15
8-10	265	4,7ff	250
11,2-16	263	4,7-5,10	236-244
11,7	141, 255f, 259	4,7-12	236-238
11,14	183	4,13-15	238
15,1ff	266	4,16-18	238-240
15,1-34	143-145	5,1-10	240-244
15,21f	185	5,1-5	240-243
15,30-32	146	5,6-10	243f
15,35-58	146-171	5,6	114
15,35-38	149-154	5,11-21	244f
15,39-41	154-155	6,1-10	246
15,42-44	156f	6,11-13	246
15,44b-49	158-167	7,2-4	246
15,50-58	167-171		
15,56	185	**Epheserbrief**	
15,49	3, 5-8, 12, 37, 141f, 172ff, 195ff, 253, 256, 260	4,22-24	7
		4,24	9

Philipperbrief

2,6	7, 9
3,20f	209f

2. Korintherbrief

1,1-2,13	212f
2,14-7,4	212, 214-246, 261
2,14-16a	214f
2,16b-17	215f
3,1-3	216
3,4-6	217
3,7-11	217-222

Kolosserbrief

1,15	3-7, 12, 17
1,15ff	265
3,10	4-7, 12, 17

3. Frühjüdische Schriften

2. Makkabäer

7	34

4. Makkabäer

14,5	34
16,13	34

Jesus Sirach

17	42
17,3	11, 16

Sapientia Salomonis

1,1-6,21	25
1,1-10	52

4. Philo

| II.242 | 101 |
| II.252 | 113 |

De Abrahamo (Abr.)
119	100
164	81
220	81
224	81
256-258	81
271	81

De Josepho (Jos.)
| 106 | 84 |
| 116 | 114 |

De vita Mosis (Mos.)
I.4	81
I.76	80
I.175	114
I.277	114
II.33	82
II.58	83
II.65	77
II.138	85
II.265	114

De Decalogo (decal.)
| 175 | 114 |

De specialibus legibus (spec.)
I.31	85
I.45	17
I.50	83
I.81	91
I.171	116
I.173.175	83
I.204	83
I.227	85
I.269	81
I.288	77
I.345	85
II.3	84
II.29	82
II.44.45.47.	81
II.147	81
III.6	79, 99
III.83	91
III.207	76
IV.49	114
IV.52	99

| IV.107 | 82 |
| IV.123 | 56, 110 |

De Virtutibus (virt.)
4.8	81
62	102
79	79
188	77
205	75, 117
217	114

De praemiis et poenis (praem.)
8	84
35	85
46	98
81	83
104	83
115	81
122	83
123	85

Quod omnis probus liber sit (prob)
4	105
5	99
94	79

De vita contemplativa (cont.)
13	86
19	81
35.68	84
78	99

De aeternitate mundi (Aet)
| 46 | 104 |

In Flaccum
| 41-43 | 64 |

Legatio ad Gaium
| 134-137 | 64 |
| 346 | 64 |

De providentia (prov.)
| II.19 | 78 |

Quaestiones in Genesim (QG)
I.8	108
I.51	111
II.28	110
II.59	111

II.62   92
IV.43   105

Quaestiones in Exodum (QE)
2.45.47   17

5. Rabbinische Literatur

Bereschit Rabba
14.5   163
14.8   163

Targum Pseudo-Jonathan
Ex 34,29   248f

6. Antike Autoren

Artemidorus

Onirocriticon
2.7   250
2.36   250
3.31   250
4.27   250
5.3   250
5.12   250
5.67   250

Empedocles

Fragmenta
109A   60

Platon

Theaetetus (Theaet)
176B   75

Politeia (Polit)
540A   56

Phaedrus (Phaedr)
250B   56

Respublica (Resp)
509A   56

Timaeus (Tim)
92C   56

Plutarch

Conjugalia praecepta
139F   59

De facie in orbe lunae
920F   59

Παροιμίαι αἷς᾽ Ἀλεξανδρεῖς
ἐχρῶντο
1.65   56

Platonicae Quaestiones
1001E   56

Pseudo-Phocylides
106   16, 108, 136

7. Papyri

Oxyrhynchus Papyri (P.Oxy.)
XXXI 2603   250

Autorenregister (in Auswahl)

Sachregister

Wissenschaftliche Untersuchungen zum Neuen Testament
Alphabetische Übersicht der ersten und zweiten Reihe

Ådna, Jostein: Jesu Stellung zum Tempel. 2000. *Bd. II/119.*

Ådna, Jostein (Hrsg.): The Formation of the Early Church. 2005. *Bd. 183.*

– und *Hans Kvalbein* (Hrsg.): The Mission of the Early Church to Jews and Gentiles. 2000. *Bd. 127.*

Alexeev, Anatoly A., Christos Karakolis und *Ulrich Luz* (Hrsg.): Einheit der Kirche im Neuen Testament. Dritte europäische orthodox-westliche Exegetenkonferenz in Sankt Petersburg, 24.–31. August 2005. 2008. *Band 218.*

Alkier, Stefan: Wunder und Wirklichkeit in den Briefen des Apostels Paulus. 2001. *Bd. 134.*

Allen, David M.: Deuteronomy and Exhortation in Hebrews. 2008. *Bd. II/238.*

Anderson, Paul N.: The Christology of the Fourth Gospel. 1996. *Bd. II/78.*

Appold, Mark L.: The Oneness Motif in the Fourth Gospel. 1976. *Bd. II/1.*

Arnold, Clinton E.: The Colossian Syncretism. 1995. *Bd. II/77.*

Ascough, Richard S.: Paul's Macedonian Associations. 2003. *Bd. II/161.*

Asiedu-Peprah, Martin: Johannine Sabbath Conflicts As Juridical Controversy. 2001. *Bd. II/132.*

Attridge, Harold W.: siehe *Zangenberg, Jürgen.*

Aune, David E.: Apocalypticism, Prophecy and Magic in Early Christianity. 2006. *Bd. 199.*

Avemarie, Friedrich: Die Tauferzählungen der Apostelgeschichte. 2002. *Bd. 139.*

Avemarie, Friedrich und *Hermann Lichtenberger* (Hrsg.): Auferstehung – Ressurection. 2001. *Bd. 135.*

– Bund und Tora. 1996. *Bd. 92.*

Baarlink, Heinrich: Verkündigtes Heil. 2004. *Bd. 168.*

Bachmann, Michael: Sünder oder Übertreter. 1992. *Bd. 59.*

Bachmann, Michael (Hrsg.): Lutherische und Neue Paulusperspektive. 2005. *Bd. 182.*

Back, Frances: Verwandlung durch Offenbarung bei Paulus. 2002. *Bd. II/153.*

Baker, William R.: Personal Speech-Ethics in the Epistle of James. 1995. *Bd. II/68.*

Bakke, Odd Magne: 'Concord and Peace'. 2001. *Bd. II/143.*

Balch, David L.: Roman Domestic Art and Early House Churches. 2008. *Bd. 228.*

Baldwin, Matthew C.: Whose *Acts of Peter?* 2005. *Bd. II/196.*

Balla, Peter: Challenges to New Testament Theology. 1997. *Bd. II/95.*

– The Child-Parent Relationship in the New Testament and its Environment. 2003. *Bd. 155.*

Bammel, Ernst: Judaica. Bd. I 1986. *Bd. 37.*

– Bd. II 1997. *Bd. 91.*

Barton, Stephen C.: siehe *Stuckenbruck, Loren T.*

Bash, Anthony: Ambassadors for Christ. 1997. *Bd. II/92.*

Bauernfeind, Otto: Kommentar und Studien zur Apostelgeschichte. 1980. *Bd. 22.*

Baum, Armin Daniel: Pseudepigraphie und literarische Fälschung im frühen Christentum. 2001. *Bd. II/138.*

Bayer, Hans Friedrich: Jesus' Predictions of Vindication and Resurrection. 1986. *Bd. II/20.*

Becker, Eve-Marie: Das Markus-Evangelium im Rahmen antiker Historiographie. 2006. *Bd. 194.*

Becker, Eve-Marie und *Peter Pilhofer* (Hrsg.): Biographie und Persönlichkeit des Paulus. 2005. *Bd. 187.*

Becker, Michael: Wunder und Wundertäter im frührabbinischen Judentum. 2002. *Bd. II/144.*

Becker, Michael und *Markus Öhler* (Hrsg.): Apokalyptik als Herausforderung neutestamentlicher Theologie. 2006. *Bd. II/214.*

Bell, Richard H.: Deliver Us from Evil. 2007. *Bd. 216.*

– The Irrevocable Call of God. 2005. *Bd. 184.*

– No One Seeks for God. 1998. *Bd. 106.*

– Provoked to Jealousy. 1994. *Bd. II/63.*

Bennema, Cornelis: The Power of Saving Wisdom. 2002. *Bd. II/148.*

Bergman, Jan: siehe *Kieffer, René*

Bergmeier, Roland: Das Gesetz im Römerbrief und andere Studien zum Neuen Testament. 2000. *Bd. 121.*

Bernett, Monika: Der Kaiserkult in Judäa unter den Herodiern und Römern. 2007. *Bd. 203.*

Betz, Otto: Jesus, der Messias Israels. 1987. *Bd. 42.*

– Jesus, der Herr der Kirche. 1990. *Bd. 52.*

Beyschlag, Karlmann: Simon Magus und die christliche Gnosis. 1974. *Bd. 16.*

Bieringer, Reimund: siehe *Koester, Craig.*

Bittner, Wolfgang J.: Jesu Zeichen im Johannes-evangelium. 1987. *Bd. II/26.*

Bjerkelund, Carl J.: Tauta Egeneto. 1987. *Bd. 40.*

Blackburn, Barry Lee: Theios Ane- r and the Markan Miracle Traditions. 1991. *Bd. II/40.*

Blanton IV, Thomas R.: Constructing a New Covenant. 2007. *Bd. II/233.*

Bock, Darrell L.: Blasphemy and Exaltation in Judaism and the Final Examination of Jesus. 1998. *Bd. II/106.*

Bockmuehl, Markus N.A.: Revelation and Mystery in Ancient Judaism and Pauline Christianity. 1990. *Bd. II/36.*

Bøe, Sverre: Gog and Magog. 2001. *Bd. II/135.*

Böhlig, Alexander: Gnosis und Synkretismus. Teil 1 1989. *Bd. 47* – Teil 2 1989. *Bd. 48.*

Böhm, Martina: Samarien und die Samaritai bei Lukas. 1999. *Bd. II/111.*

Böttrich, Christfried: Weltweisheit – Menschheitsethik – Urkult. 1992. *Bd. II/50.*

– */Herzer, Jens* (Hrsg.): Josephus und das Neue Testament. 2007. *Bd. 209.*

Bolyki, János: Jesu Tischgemeinschaften. 1997. *Bd. II/96.*

Bosman, Philip: Conscience in Philo and Paul. 2003. *Bd. II/166.*

Bovon, François: Studies in Early Christianity. 2003. *Bd. 161.*

Brändl, Martin: Der Agon bei Paulus. 2006. *Bd. II/222.*

Breytenbach, Cilliers: siehe *Frey, Jörg.*

Brocke, Christoph vom: Thessaloniki – Stadt des Kassander und Gemeinde des Paulus. 2001. *Bd. II/125.*

Brunson, Andrew: Psalm 118 in the Gospel of John. 2003. *Bd. II/158.*

Büchli, Jörg: Der Poimandres – ein paganisiertes Evangelium. 1987. *Bd. II/27.*

Bühner, Jan A.: Der Gesandte und sein Weg im 4. Evangelium. 1977. *Bd. II/2.*

Burchard, Christoph: Untersuchungen zu Joseph und Aseneth. 1965. *Bd. 8.*

– Studien zur Theologie, Sprache und Umwelt des Neuen Testaments. Hrsg. von D. Sänger. 1998. *Bd. 107.*

Burnett, Richard: Karl Barth's Theological Exegesis. 2001. *Bd. II/145.*

Byron, John: Slavery Metaphors in Early Judaism and Pauline Christianity. 2003. *Bd. II/162.*

Byrskog, Samuel: Story as History – History as Story. 2000. *Bd. 123.*

Cancik, Hubert (Hrsg.): Markus-Philologie. 1984. *Bd. 33.*

Capes, David B.: Old Testament Yaweh Texts in Paul's Christology. 1992. *Bd. II/47.*

Caragounis, Chrys C.: The Development of Greek and the New Testament. 2004. *Bd. 167.*

– The Son of Man. 1986. *Bd. 38.*

– siehe *Fridrichsen, Anton.*

Carleton Paget, James: The Epistle of Barnabas. 1994. *Bd. II/64.*

Carson, D.A., Peter T. O'Brien und *Mark Seifrid* (Hrsg.): Justification and Variegated Nomism.
Bd. 1: The Complexities of Second Temple Judaism. 2001. *Bd. II/140.*
Bd. 2: The Paradoxes of Paul. 2004. *Bd. II/181.*

Chae, Young Sam: Jesus as the Eschatological Davidic Shepherd. 2006. *Bd. II/216.*

Chapman, David W.: Ancient Jewish and Christian Perceptions of Crucifixion. 2008. *Bd. II/244.*

Chester, Andrew: Messiah and Exaltation. 2007. *Bd. 207.*

Chibici-Revneanu, Nicole: Die Herrlichkeit des Verherrlichten. 2007. *Bd. II/231.*

Ciampa, Roy E.: The Presence and Function of Scripture in Galatians 1 and 2. 1998. *Bd. II/102.*

Classen, Carl Joachim: Rhetorical Criticism of the New Testament. 2000. *Bd. 128.*

Colpe, Carsten: Iranier – Aramäer – Hebräer – Hellenen. 2003. *Bd. 154.*

Crump, David: Jesus the Intercessor. 1992. *Bd. II/49.*

Dahl, Nils Alstrup: Studies in Ephesians. 2000. *Bd. 131.*

Daise, Michael A.: Feasts in John. 2007. *Bd. II/229.*

Deines, Roland: Die Gerechtigkeit der Tora im Reich des Messias. 2004. *Bd. 177.*

– Jüdische Steingefäße und pharisäische Frömmigkeit. 1993. *Bd. II/52.*

– Die Pharisäer. 1997. *Bd. 101.*

Deines, Roland und *Karl-Wilhelm Niebuhr* (Hrsg.): Philo und das Neue Testament. 2004. *Bd. 172.*

Dennis, John A.: Jesus' Death and the Gathering of True Israel. 2006. *Bd. 217.*

Dettwiler, Andreas und *Jean Zumstein* (Hrsg.): Kreuzestheologie im Neuen Testament. 2002. *Bd. 151.*

Dickson, John P.: Mission-Commitment in Ancient Judaism and in the Pauline Communities. 2003. *Bd. II/159.*

Dietzfelbinger, Christian: Der Abschied des Kommenden. 1997. *Bd. 95.*

Dimitrov, Ivan Z., James D.G. Dunn, Ulrich Luz und *Karl-Wilhelm Niebuhr* (Hrsg.): Das Alte Testament als christliche Bibel in orthodoxer und westlicher Sicht. 2004. *Bd. 174.*

Dobbeler, Axel von: Glaube als Teilhabe. 1987. *Bd. II/22.*

Downs, David J.: The Offering of the Gentiles. 2008. *Bd. II/248.*

Dryden, J. de Waal: Theology and Ethics in 1 Peter. 2006. *Bd. II/209.*

Dübbers, Michael: Christologie und Existenz im Kolosserbrief. 2005. *Bd. II/191.*

Dunn, James D.G.: The New Perspective on Paul. 2005. *Bd. 185.*

Dunn , James D.G. (Hrsg.): Jews and Christians. 1992. *Bd. 66.*

– Paul and the Mosaic Law. 1996. *Bd. 89.*

– siehe *Dimitrov, Ivan Z.*

Dunn, James D.G., Hans Klein, Ulrich Luz und *Vasile Mihoc* (Hrsg.)*:* Auslegung der Bibel in orthodoxer und westlicher Perspektive. 2000. *Bd. 130.*

Ebel, Eva: Die Attraktivität früher christlicher Gemeinden. 2004. *Bd. II/178.*

Ebertz, Michael N.: Das Charisma des Gekreuzigten. 1987. *Bd. 45.*

Eckstein, Hans-Joachim: Der Begriff Syneidesis bei Paulus. 1983. *Bd. II/10.*

– Verheißung und Gesetz. 1996. *Bd. 86.*

Ego, Beate: Im Himmel wie auf Erden. 1989. *Bd. II/34.*

Ego, Beate, Armin Lange und *Peter Pilhofer* (Hrsg.): Gemeinde ohne Tempel – Community without Temple. 1999. *Bd. 118.*

– und *Helmut Merkel* (Hrsg.): Religiöses Lernen in der biblischen, frühjüdischen und frühchristlichen Überlieferung. 2005. *Bd. 180.*

Eisen, Ute E.: siehe *Paulsen, Henning.*

Elledge, C.D.: Life after Death in Early Judaism. 2006. *Bd. II/208.*

Ellis, E. Earle: Prophecy and Hermeneutic in Early Christianity. 1978. *Bd. 18.*

– The Old Testament in Early Christianity. 1991. *Bd. 54.*

Endo, Masanobu: Creation and Christology. 2002. *Bd. 149.*

Ennulat, Andreas: Die 'Minor Agreements'. 1994. *Bd. II/62.*

Ensor, Peter W.: Jesus and His 'Works'. 1996. *Bd. II/85.*

Eskola, Timo: Messiah and the Throne. 2001. *Bd. II/142.*

– Theodicy and Predestination in Pauline Soteriology. 1998. *Bd. II/100.*

Fatehi, Mehrdad: The Spirit's Relation to the Risen Lord in Paul. 2000. *Bd. II/128.*

Feldmeier, Reinhard: Die Krisis des Gottessohnes. 1987. *Bd. II/21.*

– Die Christen als Fremde. 1992. *Bd. 64.*

Feldmeier, Reinhard und *Ulrich Heckel* (Hrsg.): Die Heiden. 1994. *Bd. 70.*

Fletcher-Louis, Crispin H.T.: Luke-Acts: Angels, Christology and Soteriology. 1997. *Bd. II/94.*

Förster, Niclas: Marcus Magus. 1999. *Bd. 114.*

Forbes, Christopher Brian: Prophecy and Inspired Speech in Early Christianity and its Hellenistic Environment. 1995. *Bd. II/75.*

Fornberg, Tord: siehe *Fridrichsen, Anton.*

Fossum, Jarl E.: The Name of God and the Angel of the Lord. 1985. *Bd. 36.*

Foster, Paul: Community, Law and Mission in Matthew's Gospel. *Bd. II/177.*

Fotopoulos, John: Food Offered to Idols in Roman Corinth. 2003. *Bd. II/151.*

Frenschkowski, Marco: Offenbarung und Epiphanie. Bd. 1 1995. *Bd. II/79* – Bd. 2 1997. *Bd. II/80.*

Frey, Jörg: Eugen Drewermann und die biblische Exegese. 1995. *Bd. II/71.*

– Die johanneische Eschatologie. Bd. I. 1997. *Bd. 96.* – Bd. II. 1998. *Bd. 110.*

– Bd. III. 2000. *Bd. 117.*

Frey, Jörg und *Cilliers Breytenbach* (Hrsg.): Aufgabe und Durchführung einer Theologie des Neuen Testaments. 2007. *Bd. 205.*

– und *Udo Schnelle* (Hrsg.): Kontexte des Johannesevangeliums. 2004. *Bd. 175.*

– und *Jens Schröter* (Hrsg.): Deutungen des Todes Jesu im Neuen Testament. 2005. *Bd. 181.*

–, *Jan G. van der Watt,* und *Ruben Zimmermann* (Hrsg.): Imagery in the Gospel of John. 2006. *Bd. 200.*

Freyne, Sean: Galilee and Gospel. 2000. *Bd. 125.*

Fridrichsen, Anton: Exegetical Writings. Hrsg. von C.C. Caragounis und T. Fornberg. 1994. *Bd. 76.*

Gäbel, Georg: Die Kulttheologie des Hebräerbriefes. 2006. *Bd. II/212.*

Gäckle, Volker: Die Starken und die Schwachen in Korinth und in Rom. 2005. *Bd. 200.*

Garlington, Don B.: 'The Obedience of Faith'. 1991. *Bd. II/38.*

– Faith, Obedience, and Perseverance. 1994. *Bd. 79.*

Garnet, Paul: Salvation and Atonement in the Qumran Scrolls. 1977. *Bd. II/3.*

Gemünden, Petra von (Hrsg.): siehe *Weissenrieder, Annette.*

Gese, Michael: Das Vermächtnis des Apostels. 1997. *Bd. II/99.*

Gheorghita, Radu: The Role of the Septuagint in Hebrews. 2003. *Bd. II/160.*

Gordley, Matthew E.: The Colossian Hymn in Context. 2007. *Bd. II/228.*

Gräbe, Petrus J.: The Power of God in Paul's Letters. 2000. *Bd. II/123.*

Gräßer, Erich: Der Alte Bund im Neuen. 1985. *Bd. 35.*

– Forschungen zur Apostelgeschichte. 2001. *Bd. 137.*

Grappe, Christian (Hrsg.): Le Repas de Dieu – Das Mahl Gottes. 2004. *Bd. 169.*

Wissenschaftliche Untersuchungen zum Neuen Testament

Gray, Timothy C.: The Temple in the Gospel of Mark. 2008. *Bd. II/242.*

Green, Joel B.: The Death of Jesus. 1988. *Bd. II/33.*

Gregg, Brian Han: The Historical Jesus and the Final Judgment Sayings in Q. 2005. *Bd. II/207.*

Gregory, Andrew: The Reception of Luke and Acts in the Period before Irenaeus. 2003. *Bd. II/169.*

Grindheim, Sigurd: The Crux of Election. 2005. *Bd. II/202.*

Gundry, Robert H.: The Old is Better. 2005. *Bd. 178.*

Gundry Volf, Judith M.: Paul and Perseverance. 1990. *Bd. II/37.*

Häußer, Detlef: Christusbekenntnis und Jesus-überlieferung bei Paulus. 2006. *Bd. 210.*

Hafemann, Scott J.: Suffering and the Spirit. 1986. *Bd. II/19.*

– Paul, Moses, and the History of Israel. 1995. *Bd. 81.*

Hahn, Ferdinand: Studien zum Neuen Testament.
Bd. I: Grundsatzfragen, Jesusforschung, Evangelien. 2006. *Bd. 191.*
Bd. II: Bekenntnisbildung und Theologie in urchristlicher Zeit. 2006. *Bd. 192.*

Hahn, Johannes (Hrsg.): Zerstörungen des Jerusalemer Tempels. 2002. *Bd. 147.*

Hamid-Khani, Saeed: Relevation and Concealment of Christ. 2000. *Bd. II/120.*

Hannah, Darrel D.: Michael and Christ. 1999. *Bd. II/109.*

Hardin, Justin K.: Galatians and the Imperial Cult? 2007. *Bd. II /237.*

Harrison, James R.: Paul's Language of Grace in Its Graeco-Roman Context. 2003. *Bd. II/172.*

Hartman, Lars: Text-Centered New Testament Studies. Hrsg. von D. Hellholm. 1997. *Bd. 102.*

Hartog, Paul: Polycarp and the New Testament. 2001. *Bd. II/134.*

Heckel, Theo K.: Der Innere Mensch. 1993. *Bd. II/53.*

– Vom Evangelium des Markus zum viergestaltigen Evangelium. 1999. *Bd. 120.*

Heckel, Ulrich: Kraft in Schwachheit. 1993. *Bd. II/56.*

– Der Segen im Neuen Testament. 2002. *Bd. 150.*

– siehe *Feldmeier, Reinhard.*

– siehe *Hengel, Martin.*

Heiligenthal, Roman: Werke als Zeichen. 1983. *Bd. II/9.*

Heliso, Desta: Pistis and the Righteous One. 2007. *Vol. II/235.*

Hellholm, D.: siehe *Hartman, Lars.*

Hemer, Colin J.: The Book of Acts in the Setting of Hellenistic History. 1989. *Bd. 49.*

Hengel, Martin: Judentum und Hellenismus. 1969, ³1988. *Bd. 10.*

– Die johanneische Frage. 1993. *Bd. 67.*

– Judaica et Hellenistica . Kleine Schriften I. 1996. *Bd. 90.*

– Judaica, Hellenistica et Christiana. Kleine Schriften II. 1999. *Bd. 109.*

– Paulus und Jakobus. Kleine Schriften III. 2002. *Bd. 141.*

– Studien zur Christologie. Kleine Schriften IV. 2006. *Bd. 201.*

– und *Anna Maria Schwemer:* Paulus zwischen Damaskus und Antiochien. 1998. *Bd. 108.*

– Der messianische Anspruch Jesu und die Anfänge der Christologie. 2001. *Bd. 138.*

– Die vier Evangelien und das eine Evangelium von Jesus Christus. 2008. *Bd. 224.*

Hengel, Martin und *Ulrich Heckel* (Hrsg.): Paulus und das antike Judentum. 1991. *Bd. 58.*

– und *Hermut Löhr* (Hrsg.): Schriftauslegung im antiken Judentum und im Urchristentum. 1994. *Bd. 73.*

– und *Anna Maria Schwemer* (Hrsg.): Königsherrschaft Gottes und himmlischer Kult. 1991. *Bd. 55.*

– Die Septuaginta. 1994. *Bd. 72.*

–, *Siegfried Mittmann* und *Anna Maria Schwemer* (Hrsg.): La Cité de Dieu / Die Stadt Gottes. 2000. *Bd. 129.*

Hentschel, Anni: Diakonia im Neuen Testament. 2007. *Bd. 226.*

Hernández Jr., Juan: Scribal Habits and Theological Influence in the Apocalypse. 2006. *Bd. II/218.*

Herrenbrück, Fritz: Jesus und die Zöllner. 1990. *Bd. II/41.*

Herzer, Jens: Paulus oder Petrus? 1998. *Bd. 103.*

– siehe *Böttrich, Christfried.*

Hill, Charles E.: From the Lost Teaching of Polycarp. 2005. *Bd. 186.*

Hoegen-Rohls, Christina: Der nachösterliche Johannes. 1996. *Bd. II/84.*

Hoffmann, Matthias Reinhard: The Destroyer and the Lamb. 2005. *Bd. II/203.*

Hofius, Otfried: Katapausis. 1970. *Bd. 11.*

– Der Vorhang vor dem Thron Gottes. 1972. *Bd. 14.*

– Der Christushymnus Philipper 2,6–11. 1976, ²1991. *Bd. 17.*

– Paulusstudien. 1989, ²1994. *Bd. 51.*

– Neutestamentliche Studien. 2000. *Bd. 132.*

– Paulusstudien II. 2002. *Bd. 143.*

– Exegetische Studien. 2008. *Bd. 223.*

– und *Hans-Christian Kammler:* Johannesstudien. 1996. *Bd. 88.*

Holmberg, Bengt (Hrsg.): Exploring Early
Christian Identity. 2008. *Bd. 226.*
– und *Mikael Winninge* (Hrsg.): Identity For-
mation in the New Testament. 2008.
Bd. 227.
Holtz, Traugott: Geschichte und Theologie des
Urchristentums. 1991. *Bd. 57.*
Hommel, Hildebrecht: Sebasmata. Bd. 1 1983.
Bd. 31 – Bd. 2 1984. *Bd. 32.*
Horbury, William: Herodian Judaism and New
Testament Study. 2006. *Bd. 193.*
Horst, Pieter W. van der: Jews and Christians
in Their Graeco-Roman Context. 2006.
Bd. 196.
Hvalvik, Reidar: The Struggle for Scripture and
Covenant. 1996. *Bd. II/82.*
Jauhiainen, Marko: The Use of Zechariah in
Revelation. 2005. *Bd. II/199.*
Jensen, Morten H.: Herod Antipas in Galilee.
2006. *Bd. II/215.*
Johns, Loren L.: The Lamb Christology of the
Apocalypse of John. 2003. *Bd. II/167.*
Jossa, Giorgio: Jews or Christians? 2006.
Bd. 202.
Joubert, Stephan: Paul as Benefactor. 2000.
Bd. II/124.
Judge, E. A.: The First Christians in the Roman
World. 2008. *Bd. 229.*
Jungbauer, Harry: „Ehre Vater und Mutter".
2002. *Bd. II/146.*
Kähler, Christoph: Jesu Gleichnisse als Poesie
und Therapie. 1995. *Bd. 78.*
Kamlah, Ehrhard: Die Form der katalogischen
Paränese im Neuen Testament. 1964. *Bd. 7.*
Kammler, Hans-Christian: Christologie und
Eschatologie. 2000. *Bd. 126.*
– Kreuz und Weisheit. 2003. *Bd. 159.*
– siehe *Hofius, Otfried.*
Karakolis, Christos: siehe *Alexeev,
Anatoly A.*
Karrer, Martin und *Wolfgang Kraus* (Hrsg.):
Die Septuaginta – Texte, Kontexte, Lebens-
welten. 2008. *Band 219.*
Kelhoffer, James A.: The Diet of John the Bap-
tist. 2005. *Bd. 176.*
– Miracle and Mission. 1999. *Bd. II/112.*
Kelley, Nicole: Knowledge and Religious Au-
thority in the Pseudo-Clementines. 2006.
Bd. II/213.
Kieffer, René und *Jan Bergman* (Hrsg.): La
Main de Dieu / Die Hand Gottes. 1997.
Bd. 94.
Kierspel, Lars: The Jews and the World in the
Fourth Gospel. 2006. *Bd. 220.*
Kim, Seyoon: The Origin of Paul's Gospel.
1981, ²1984. *Bd. II/4.*
– Paul and the New Perspective. 2002.
Bd. 140.
– "The 'Son of Man'" as the Son of God.
1983. *Bd. 30.*

Klauck, Hans-Josef: Religion und Gesellschaft
im frühen Christentum. 2003. *Bd. 152.*
Klein, Hans: siehe *Dunn, James D.G.*
Kleinknecht, Karl Th.: Der leidende Gerecht-
fertigte. 1984, ²1988. *Bd. II/13.*
Klinghardt, Matthias: Gesetz und Volk Gottes.
1988. *Bd. II/32.*
Kloppenborg, John S.: The Tenants in the Vine-
yard. 2006. *Bd. 195.*
Koch, Michael: Drachenkampf und Sonnenfrau.
2004. *Bd. II/184.*
Koch, Stefan: Rechtliche Regelung von Kon-
flikten im frühen Christentum. 2004.
Bd. II/174.
Köhler, Wolf-Dietrich: Rezeption des Matthäus-
evangeliums in der Zeit vor Irenäus. 1987.
Bd. II/24.
Köhn, Andreas: Der Neutestamentler Ernst
Lohmeyer. 2004. *Bd. II/180.*
Koester, Craig und *Reimund Bieringer* (Hrsg.):
The Resurrection of Jesus in the Gospel of
John. 2008. *Bd. 222.*
Konradt, Matthias: Israel, Kirche und die Völ-
ker im Matthäusevangelium. 2007. *Bd. 215.*
Kooten, George H. van: Cosmic Christology
in Paul and the Pauline School. 2003.
Bd. II/171.
– Paul's Anthropology in Context. 2008.
Bd. 232.
Korn, Manfred: Die Geschichte Jesu in verän-
derter Zeit. 1993. *Bd. II/51.*
Koskenniemi, Erkki: Apollonios von Tyana in
der neutestamentlichen Exegese. 1994.
Bd. II/61.
– The Old Testament Miracle-Workers in Ear-
ly Judaism. 2005. *Bd. II/206.*
Kraus, Thomas J.: Sprache, Stil und histori-
scher Ort des zweiten Petrusbriefes. 2001.
Bd. II/136.
Kraus, Wolfgang: Das Volk Gottes. 1996.
Bd. 85.
– siehe *Karrer, Martin.*
– siehe *Walter, Nikolaus.*
– und *Karl-Wilhelm Niebuhr* (Hrsg.): Früh-
judentum und Neues Testament im Horizont
Biblischer Theologie. 2003. *Bd. 162.*
Kreplin, Matthias: Das Selbstverständnis Jesu.
2001. *Bd. II/141.*
Kuhn, Karl G.: Achtzehngebet und Vaterunser
und der Reim. 1950. *Bd. 1.*
Kvalbein, Hans: siehe *Ådna, Jostein.*
Kwon, Yon-Gyong: Eschatology in Galatians.
2004. *Bd. II/183.*
Laansma, Jon: I Will Give You Rest. 1997.
Bd. II/98.
Labahn, Michael: Offenbarung in Zeichen und
Wort. 2000. *Bd. II/117.*
Lambers-Petry, Doris: siehe *Tomson,
Peter J.*
Lange, Armin: siehe *Ego, Beate.*

Lampe, Peter: Die stadtrömischen Christen in den ersten beiden Jahrhunderten. 1987, ²1989. *Bd. II/18.*

Landmesser, Christof: Wahrheit als Grundbegriff neutestamentlicher Wissenschaft. 1999. *Bd. 113.*

– Jüngerberufung und Zuwendung zu Gott. 2000. *Bd. 133.*

Lau, Andrew: Manifest in Flesh. 1996. *Bd. II/86.*

Lawrence, Louise: An Ethnography of the Gospel of Matthew. 2003. *Bd. II/165.*

Lee, Aquila H.I.: From Messiah to Preexistent Son. 2005. *Bd. II/192.*

Lee, Pilchan: The New Jerusalem in the Book of Relevation. 2000. *Bd. II/129.*

Lichtenberger, Hermann: Das Ich Adams und das Ich der Menschheit. 2004. *Bd. 164.*

– siehe *Avemarie, Friedrich.*

Lierman, John: The New Testament Moses. 2004. *Bd. II/173.*

– (Hrsg.): Challenging Perspectives on the Gospel of John. 2006. *Bd. II/219.*

Lieu, Samuel N.C.: Manichaeism in the Later Roman Empire and Medieval China. ²1992. *Bd. 63.*

Lindgård, Fredrik: Paul's Line of Thought in 2 Corinthians 4:16-5:10. 2004. *Bd. II/189.*

Loader, William R.G.: Jesus' Attitude Towards the Law. 1997. *Bd. II/97.*

Löhr, Gebhard: Verherrlichung Gottes durch Philosophie. 1997. *Bd. 97.*

Löhr, Hermut: Studien zum frühchristlichen und frühjüdischen Gebet. 2003. *Bd. 160.*

– siehe *Hengel, Martin.*

Löhr, Winrich Alfried: Basilides und seine Schule. 1995. *Bd. 83.*

Lorenzen, Stefanie: Das paulinische Eikon-Konzept. 2008. *Bd. II/250.*

Luomanen, Petri: Entering the Kingdom of Heaven. 1998. *Bd. II/101.*

Luz, Ulrich: siehe *Alexeev, Anatoly A.*

–: siehe *Dunn, James D.G.*

Mackay, Ian D.: John's Raltionship with Mark. 2004. *Bd. II/182.*

Mackie, Scott D.: Eschatology and Exhortation in the Epistle to the Hebrews. 2006. *Bd. II/223.*

Maier, Gerhard: Mensch und freier Wille. 1971. *Bd. 12.*

– Die Johannesoffenbarung und die Kirche. 1981. *Bd. 25.*

Markschies, Christoph: Valentinus Gnosticus? 1992. *Bd. 65.*

Marshall, Peter: Enmity in Corinth: Social Conventions in Paul's Relations with the Corinthians. 1987. *Bd. II/23.*

Martin, Dale B.: siehe *Zangenberg, Jürgen.*

Mayer, Annemarie: Sprache der Einheit im Epheserbrief und in der Ökumene. 2002. *Bd. II/150.*

Mayordomo, Moisés: Argumentiert Paulus logisch? 2005. *Bd. 188.*

McDonough, Sean M.: YHWH at Patmos: Rev. 1:4 in its Hellenistic and Early Jewish Setting. 1999. *Bd. II/107.*

McDowell, Markus: Prayers of Jewish Women. 2006. *Bd. II/211.*

McGlynn, Moyna: Divine Judgement and Divine Benevolence in the Book of Wisdom. 2001. *Bd. II/139.*

Meade, David G.: Pseudonymity and Canon. 1986. *Bd. 39.*

Meadors, Edward P.: Jesus the Messianic Herald of Salvation. 1995. *Bd. II/72.*

Meißner, Stefan: Die Heimholung des Ketzers. 1996. *Bd. II/87.*

Mell, Ulrich: Die „anderen" Winzer. 1994. *Bd. 77.*

– siehe *Sänger, Dieter.*

Mengel, Berthold: Studien zum Philipperbrief. 1982. *Bd. II/8.*

Merkel, Helmut: Die Widersprüche zwischen den Evangelien. 1971. *Bd. 13.*

– siehe *Ego, Beate.*

Merklein, Helmut: Studien zu Jesus und Paulus. Bd. 1 1987. *Bd. 43.* – Bd. 2 1998. *Bd. 105.*

Metzdorf, Christina: Die Tempelaktion Jesu. 2003. *Bd. II/168.*

Metzler, Karin: Der griechische Begriff des Verzeihens. 1991. *Bd. II/44.*

Metzner, Rainer: Die Rezeption des Matthäusevangeliums im 1. Petrusbrief. 1995. *Bd. II/74.*

– Das Verständnis der Sünde im Johannesevangelium. 2000. *Bd. 122.*

Mihoc, Vasile: siehe *Dunn, James D.G..*

Mineshige, Kiyoshi: Besitzverzicht und Almosen bei Lukas. 2003. *Bd. II/163.*

Mittmann, Siegfried: siehe *Hengel, Martin.*

Mittmann-Richert, Ulrike: Magnifikat und Benediktus. 1996. *Bd. II/90.*

Miura, Yuzuru: David in Luke-Acts. 2007. *Bd. II/232.*

Mournet, Terence C.: Oral Tradition and Literary Dependency. 2005. *Bd. II/195.*

Mußner, Franz: Jesus von Nazareth im Umfeld Israels und der Urkirche. Hrsg. von M. Theobald. 1998. *Bd. 111.*

Mutschler, Bernhard: Das Corpus Johanneum bei Irenäus von Lyon. 2005. *Bd. 189.*

Nguyen, V. Henry T.: Christian Identity in Corinth. 2008. *Bd. II/243.*

Niebuhr, Karl-Wilhelm: Gesetz und Paränese. 1987. *Bd. II/28.*

– Heidenapostel aus Israel. 1992. *Bd. 62.*

– siehe *Deines, Roland*

– siehe *Dimitrov, Ivan Z.*

- und *Ulrich Mell* (Hrsg.): Paulus und Johannes. 2006. *Bd. 198.*
Salier, Willis Hedley: The Rhetorical Impact of the Se-meia in the Gospel of John. 2004. *Bd. II/186.*
Salzmann, Jorg Christian: Lehren und Ermahnen. 1994. *Bd. II/59.*
Sandnes, Karl Olav: Paul – One of the Prophets? 1991. *Bd. II/43.*
Sato, Migaku: Q und Prophetie. 1988. *Bd. II/29.*
Schäfer, Ruth: Paulus bis zum Apostelkonzil. 2004. *Bd. II/179.*
Schaper, Joachim: Eschatology in the Greek Psalter. 1995. *Bd. II/76.*
Schimanowski, Gottfried: Die himmlische Liturgie in der Apokalypse des Johannes. 2002. *Bd. II/154.*
- Weisheit und Messias. 1985. *Bd. II/17.*
Schlichting, Günter: Ein jüdisches Leben Jesu. 1982. *Bd. 24.*
Schließer, Benjamin: Abraham's Faith in Romans 4. 2007. *Band II/224.*
Schnabel, Eckhard J.: Law and Wisdom from Ben Sira to Paul. 1985. *Bd. II/16.*
Schnelle, Udo: siehe *Frey, Jörg.*
Schröter, Jens: Von Jesus zum Neuen Testament. 2007. *Band 204.*
- siehe *Frey, Jörg.*
Schutter, William L.: Hermeneutic and Composition in I Peter. 1989. *Bd. II/30.*
Schwartz, Daniel R.: Studies in the Jewish Background of Christianity. 1992. *Bd. 60.*
Schwemer, Anna Maria: siehe *Hengel, Martin*
Schwindt, Rainer: Das Weltbild des Epheserbriefes. 2002. *Bd. 148.*
Scott, Ian W.: Implicit Epistemology in the Letters of Paul. 2005. *Bd. II/205.*
Scott, James M.: Adoption as Sons of God. 1992. *Bd. II/48.*
- Paul and the Nations. 1995. *Bd. 84.*
Shum, Shiu-Lun: Paul's Use of Isaiah in Romans. 2002. *Bd. II/156.*
Siegert, Folker: Drei hellenistisch-jüdische Predigten. Teil I 1980. *Bd. 20* – Teil II 1992. *Bd. 61.*
- Nag-Hammadi-Register. 1982. *Bd. 26.*
- Argumentation bei Paulus. 1985. *Bd. 34.*
- Philon von Alexandrien. 1988. *Bd. 46.*
Simon, Marcel: Le christianisme antique et son contexte religieux I/II. 1981. *Bd. 23.*
Smit, Peter-Ben: Fellowship and Food in the Kingdom. 2008. *Bd. II/234.*
Snodgrass, Klyne: The Parable of the Wicked Tenants. 1983. *Bd. 27.*
Söding, Thomas: Das Wort vom Kreuz. 1997. *Bd. 93.*
- siehe *Thüsing, Wilhelm.*
Sommer, Urs: Die Passionsgeschichte des Markusevangeliums. 1993. *Bd. II/58.*

Sorensen, Eric: Possession and Exorcism in the New Testament and Early Christianity. 2002. *Band II/157.*
Souček, Josef B.: siehe *Pokorný, Petr.*
Southall, David J.: Rediscovering Righteousness in Romans. 2008. *Bd. 240.*
Spangenberg, Volker: Herrlichkeit des Neuen Bundes. 1993. *Bd. II/55.*
Spanje, T.E. van: Inconsistency in Paul? 1999. *Bd. II/110.*
Speyer, Wolfgang: Frühes Christentum im antiken Strahlungsfeld. Bd. I: 1989. *Bd. 50.*
- Bd. II: 1999. *Bd. 116.*
- Bd. III: 2007. *Bd. 213.*
Sprinkle, Preston: Law and Life. 2008. *Bd. II/241.*
Stadelmann, Helge: Ben Sira als Schriftgelehrter. 1980. *Bd. II/6.*
Stenschke, Christoph W.: Luke's Portrait of Gentiles Prior to Their Coming to Faith. *Bd. II/108.*
Sterck-Degueldre, Jean-Pierre: Eine Frau namens Lydia. 2004. *Bd. II/176.*
Stettler, Christian: Der Kolosserhymnus. 2000. *Bd. II/131.*
Stettler, Hanna: Die Christologie der Pastoralbriefe. 1998. *Bd. II/105.*
Stökl Ben Ezra, Daniel: The Impact of Yom Kippur on Early Christianity. 2003. *Bd. 163.*
Strobel, August: Die Stunde der Wahrheit. 1980. *Bd. 21.*
Stroumsa, Guy G.: Barbarian Philosophy. 1999. *Bd. 112.*
Stuckenbruck, Loren T.: Angel Veneration and Christology. 1995. *Bd. II/70.*
-, *Stephen C. Barton* und *Benjamin G. Wold* (Hrsg.): Memory in the Bible and Antiquity. 2007. *Vol. 212.*
Stuhlmacher, Peter (Hrsg.): Das Evangelium und die Evangelien. 1983. *Bd. 28.*
- Biblische Theologie und Evangelium. 2002. *Bd. 146.*
Sung, Chong-Hyon: Vergebung der Sünden. 1993. *Bd. II/57.*
Tajra, Harry W.: The Trial of St. Paul. 1989. *Bd. II/35.*
- The Martyrdom of St.Paul. 1994. *Bd. II/67.*
Theißen, Gerd: Studien zur Soziologie des Urchristentums. 1979, ³1989. *Bd. 19.*
Theobald, Michael: Studien zum Römerbrief. 2001. *Bd. 136.*
Theobald, Michael: siehe *Mußner, Franz.*
Thornton, Claus-Jürgen: Der Zeuge des Zeugen. 1991. *Bd. 56.*
Thüsing, Wilhelm: Studien zur neutestamentlichen Theologie. Hrsg. von Thomas Söding. 1995. *Bd. 82.*
Thurén, Lauri: Derhethorizing Paul. 2000. *Bd. 124.*

Thyen, Hartwig: Studien zum Corpus Iohanneum. 2007. *Bd. 214.*

Tibbs, Clint: Religious Experience of the Pneuma. 2007. *Bd. II/230.*

Toit, David S. du: Theios Anthropos. 1997. *Bd. II/91.*

Tomson, Peter J. und *Doris Lambers-Petry* (Hrsg.): The Image of the Judaeo-Christians in Ancient Jewish and Christian Literature. 2003. *Bd. 158.*

Tolmie, D. Francois: Persuading the Galatians. 2005. *Bd. II/190.*

Trebilco, Paul: The Early Christians in Ephesus from Paul to Ignatius. 2004. *Bd. 166.*

Treloar, Geoffrey R.: Lightfoot the Historian. 1998. *Bd. II/103.*

Tsuji, Manabu: Glaube zwischen Vollkommenheit und Verweltlichung. 1997. *Bd. II/93*

Twelftree, Graham H.: Jesus the Exorcist. 1993. *Bd. II/54.*

Ulrichs, Karl Friedrich: Christusglaube. 2007. *Bd. II/227.*

Urban, Christina: Das Menschenbild nach dem Johannesevangelium. 2001. *Bd. II/137.*

Vahrenhorst, Martin: Kultische Sprache in den Paulusbriefen. 2008. *Bd. 230.*

Vegge, Ivar: 2 Corinthians – a Letter about Reconciliation. 2008. *Bd. II/239.*

Visotzky, Burton L.: Fathers of the World. 1995. *Bd. 80.*

Vollenweider, Samuel: Horizonte neutestamentlicher Christologie. 2002. *Bd. 144.*

Vos, Johan S.: Die Kunst der Argumentation bei Paulus. 2002. *Bd. 149.*

Wagener, Ulrike: Die Ordnung des „Hauses Gottes". 1994. *Bd. II/65.*

Wahlen, Clinton: Jesus and the Impurity of Spirits in the Synoptic Gospels. 2004. *Bd. II/185.*

Walker, Donald D.: Paul's Offer of Leniency (2 Cor 10:1). 2002. *Bd. II/152.*

Walter, Nikolaus: Praeparatio Evangelica. Hrsg. von Wolfgang Kraus und Florian Wilk. 1997. *Bd. 98.*

Wander, Bernd: Gottesfürchtige und Sympathisanten. 1998. *Bd. 104.*

Waters, Guy: The End of Deuteronomy in the Epistles of Paul. 2006. *Bd. 221.*

Watt, Jan G. van der: siehe *Frey, Jörg.*

Watts, Rikki: Isaiah's New Exodus and Mark. 1997. *Bd. II/88.*

Wedderburn, A.J.M.: Baptism and Resurrection. 1987. *Bd. 44.*

Wegner, Uwe: Der Hauptmann von Kafarnaum. 1985. *Bd. II/14.*

Weissenrieder, Annette: Images of Illness in the Gospel of Luke. 2003. *Bd. II/164.*

–, *Friederike Wendt* und *Petra von Gemünden* (Hrsg.): Picturing the New Testament. 2005. *Bd. II/193.*

Welck, Christian: Erzählte ‚Zeichen'. 1994. *Bd. II/69.*

Wendt, Friederike (Hrsg.): siehe *Weissenrieder, Annette.*

Wiarda, Timothy: Peter in the Gospels. 2000. *Bd. II/127.*

Wifstrand, Albert: Epochs and Styles. 2005. *Bd. 179.*

Wilk, Florian: siehe *Walter, Nikolaus.*

Williams, Catrin H.: I am He. 2000. *Bd. II/113.*

Winninge, Mikael: siehe *Holmberg, Bengt.*

Wilson, Todd A.: The Curse of the Law and the Crisis in Galatia. 2007. *Bd. II/225.*

Wilson, Walter T.: Love without Pretense. 1991. *Bd. II/46.*

Winn, Adam: The Purpose of Mark's Gospel. 2008. *Bd. II/245.*

Wischmeyer, Oda: Von Ben Sira zu Paulus. 2004. *Bd. 173.*

Wisdom, Jeffrey: Blessing for the Nations and the Curse of the Law. 2001. *Bd. II/133.*

Witmer, Stephen E.: Divine Instruction in Early Christianity. 2008. *Bd. II/246.*

Wold, Benjamin G.: Women, Men, and Angels. 2005. *Bd. II/2001.*

– siehe *Stuckenbruck, Loren T.*

Wright, Archie T.: The Origin of Evil Spirits. 2005. *Bd. II/198.*

Wucherpfennig, Ansgar: Heracleon Philologus. 2002. *Bd. 142.*

Yates, John W.: The Spirit and Creation in Paul. 2008. *Vol. II/251.*

Yeung, Maureen: Faith in Jesus and Paul. 2002. *Bd. II/147.*

Zangenberg, Jürgen, Harold W. Attridge und *Dale B. Martin* (Hrsg.): Religion, Ethnicity and Identity in Ancient Galilee. 2007. *Bd. 210.*

Zimmermann, Alfred E.: Die urchristlichen Lehrer. 1984, ²1988. *Bd. II/12.*

Zimmermann, Johannes: Messianische Texte aus Qumran. 1998. *Bd. II/104.*

Zimmermann, Ruben: Christologie der Bilder im Johannesevangelium. 2004. *Bd. 171.*

– Geschlechtermetaphorik und Gottesverhältnis. 2001. *Bd. II/122.*

– Hermeneutik der Gleichnisse Jesu. 2008. *Bd. 231.*

– siehe *Frey, Jörg.*

Zumstein, Jean: siehe *Dettwiler, Andreas*

Zwiep, Arie W.: Judas and the Choice of Matthias. 2004. *Bd. II/187.*

Einen Gesamtkatalog erhalten Sie gerne vom Verlag
Mohr Siebeck – Postfach 2040 – D–72010 Tübingen
Neueste Informationen im Internet unter www.mohr.de